唐文治集

唐文治 著
鄧國光 輯釋

上海古籍出版社

選堂

歐陽艷華 何潔瑩 輯校

唐文治文章學論著集

第二册

國文陰陽剛柔大義下之上

《高等學堂國文講義》卷七

賈生文

陳政事疏 太陽

【釋】此篇從《漢書·賈誼列傳》本。

臣竊惟事勢，可爲痛哭者一，可爲流涕者二，可爲長太息者六，若其它背理而傷道者，難徧以疏舉。進言者皆曰：天下已安已治矣。臣獨以爲未也。曰安且治者，非愚則諛，皆非事實知治亂之體者也。夫抱火厝之積薪之下而寢其上，火未及燃，因謂之安，方今之勢，何以異此！本末舛逆，首尾衡決，國制搶攘，非甚有紀，胡可謂治！陛下何不壹令臣得孰數之於前，因陳治安之策，試詳擇焉！

夫射獵之娱，與安危之機孰急？使爲治勞智慮，苦身體，乏鐘鼓之樂，勿爲可也。樂與今同，而加之諸侯軌道，兵革不動，民保首領，匈奴賓服，四荒鄉風，百姓素朴，獄訟衰息，大數既得，則天下順治，海内之氣，清和咸理，生爲明帝，没爲明神，名譽之美，垂於無窮。《禮》祖有功而宗有德，使顧成之廟，稱爲太宗，上配太祖，與漢亡極。建久安之勢，成長治之業，以承祖廟，以奉六親，至孝也；以幸天下，以育羣生，至仁也；立經陳紀，輕重同得，後可以爲萬世法程，雖有愚幼不肖之嗣，猶得蒙業而安，至明也。以陛下之明達，因使少知治體者，得佐下風，致此非難也。其具可素陳於前，願幸無忽。臣謹稽之天地，驗之往古，按之當今之務，日夜念此至孰也，雖使舜、禹〔一〕復生，爲陛下計，亡以易此。

夫樹國固必相疑之勢，下數被其殃，上數爽其憂，甚非所以安上而全下也。今或親弟謀爲東帝，親兄之子，西鄉而擊，今吴又見告矣。天子春秋鼎盛，行義未過，德澤有加焉，猶尚如是，況莫大諸侯，權力且十此者虖！

然而天下少安何也？大國之王，幼弱未壯，漢之所置傅相，方握其事。數年之後，諸侯之王，大抵皆冠，血氣方剛，漢之傅相，稱病而賜罷，彼自丞尉以上，偏置私人，如此有異淮南、濟北之爲耶！此時而欲爲治安，雖堯、舜不治。

〔一〕「舜、禹」二字，《漢書》作「禹、舜」。考唐順之《文編》收録之版本，正作「舜、禹」。蓋按時序理順之，而唐先生有取焉。

黄帝曰：「日中必熭，操刀必割。」今令此道順而全安，甚易，不肯蚤爲，已迺墮骨肉之屬而抗剄之，豈有異秦之季世虖！夫以天子之位，乘今之時，因天之助，尚憚以危爲安，以亂爲治，假設陛下居齊桓之處，將不合諸侯而匡天下乎？臣又知陛下有所必不能矣。假設天下如曩時，淮陰侯尚王楚，黥布王淮南，彭越王梁，韓信王韓，張敖王趙，貫高爲相，盧綰王燕，陳豨在代，令此六七公者皆亡恙，當是時而陛下即天子位，能自安乎？臣有以知陛下之不能也。天下殽亂，高皇帝與諸公併起，非有仄室之勢以豫席之也。諸公幸者，迺爲中涓，其次厪得舍人，材之不逮至遠也。高皇帝以明聖威武，即天子位，割膏腴之地，以王諸公，多者百餘城，少者乃三四十縣，德至渥也。然其後十年之間，反者九起。陛下之與諸公，非親角材而臣之也，又非身封王之也，自高皇帝不能以是一歲爲安，故臣知陛下之不能也。然尚有可諉者曰疏，臣請試言其親者。假令悼惠王王齊，元王王楚，中子王趙，幽王王淮陽，共王王梁，靈王王燕，厲王王淮南，六七貴人皆亡恙，當是時，陛下即位，能爲治虖？臣又知陛下之不能也。若此諸王，雖名爲臣，實皆有布衣昆弟之心，慮亡不帝制而天子自爲者。擅爵人，赦死辠，甚者或戴黄屋，漢法令非行也。雖行不軌如厲王者，令之不肯聽，召之安可致乎！幸而來至，法安可得加！動一親戚，天下圜視而起。陛下之臣，雖有悍如馮敬者，適啓其口，匕首已陷其胸矣。陛下雖賢，誰與領此？故疏者必危，親者必亂，已然之效也。其異姓負彊而動者，漢已幸勝之矣，又不易其所以然。同姓襲是迹而動，既有徵矣，其勢盡又復然。殃旤之變，未知所移，明帝處之，尚不能以安，後世將如之何！

屠牛坦一朝解十二牛，而芒刃不頓者，所排擊剥割，皆衆理解也。至於髖髀之所，非斤則斧。夫仁義恩厚，人主之芒刃也；權勢法制，人主之斤斧也。今諸侯王，皆衆髖髀也，釋斤斧之用，而欲嬰以芒刃，臣以爲不缺則折。胡不用之淮南、濟北？勢不可也。

臣竊迹前事，大抵彊者先反。淮陰王楚最彊，則最先反；韓信倚胡，則又反；貫高因趙資，則又反；陳豨兵精，則又反；彭越用梁，則又反；黥布用淮南，則又反；盧綰最弱最後反。長沙迺在二萬五千户耳，功少而最完，勢疏而最忠，非獨性異人也，亦形勢然也。曩令樊、酈、絳、灌據數十城而王，今雖以殘亡可也；令信、越之倫，列爲徹侯而居，雖至今存可也。然則天下之大計可知已。欲諸王之皆忠附，則莫若令如長沙王；欲臣子之勿菹醢，則莫若令如樊、酈等；欲天下之治安，莫若衆建諸侯而少其力。力少則易使以義，國小則無邪心。令海内之勢，如身之使臂，臂之使指，莫不制從，諸侯之君，不敢有異心，輻湊竝進，而歸命天子，雖在細民，且知其安，故天下咸知陛下之明。割地定制，令齊、趙、楚各爲若干國，使悼惠王、幽王、元王之子孫，畢以次各受祖之分地，地盡而止，及燕、梁它國皆然。其分地衆而子孫少者，建以爲國，空而置之，須其子孫生者，舉使君之。諸侯之地，其削頗入漢者，爲徙其侯國，及封其子孫也，所以數償之；一寸之地，一人之衆，天子亡所利焉，誠以定治而已，故天下咸知陛下之廉。地制壹定，宗室子孫，莫慮不王，下無倍畔之心，上無誅伐之志，故天下咸知陛下之仁。法立而不犯，令行而不逆，貫高、利幾之謀不生，柴奇、開章之計不萌，細民鄉善，大臣致順，故天下咸知陛下之義。卧赤子天下之上而安，植遺腹，朝委裘，而天下不亂。當時大治，後世誦聖。壹動而五業附，陛下誰憚而久不爲此？

天下之勢，方病大瘇。一脛之大幾如要，一指之大幾如股，平居不可屈信，一二指搐，身慮亡聊。失今不治，必爲錮疾，後雖有扁鵲，不能爲已。病非徒瘇也，又苦𨂂盭。元王之子，帝之從弟也；今之王者，從弟之子也。惠王之子，親兄子也；今之王者，兄子之子也。親者或亡分地以安天下，疏者或制大權以偪天子，臣故曰非徒病瘇也，又苦𨂂盭。可爲痛哭者，此病是也。

天下之勢方倒縣。凡天子者，天下之首，何也？上也。蠻夷者，天下之足，何也？下也。今匈奴嫚娒侵掠，至不敬也，爲天下患，至亡已也，而漢歲金絮采繒以奉之。夷狄徵令，是主上之操也；天子共貢，是臣下之禮也。足反居上，首顧居下，倒縣如此，莫之能解，猶爲國有人乎？非亶倒縣而已，又類辟，且病痱。夫辟者一面病，痱者一方痛。今西邊北邊之郡，雖有長爵，不輕得復，五尺以上，不輕得息，斥候望烽燧不得卧，將吏被介胄而睡，臣故曰一方病矣。醫能治之，而上不使，可爲流涕者此也。

陛下何忍以帝皇之號，爲戎人諸侯，勢既卑辱，而旤不息，長此安窮！進謀者率以爲是，固不可解也，亡具甚矣。臣竊料匈奴之衆，不過漢一大縣，以天下之大，困於一縣之衆，甚爲執事者羞之。陛下何不試以臣爲屬國之官，以主匈奴？行臣之計，請必係單于之頸，而制其命，伏中行説而笞其背，舉匈奴之衆，惟上之令。今不獵猛敵而獵田彘，不搏反寇而搏畜菟，翫細娛而不圖大患，非所以爲安也。德可遠施，威可遠加，而直數百里外，威令不信，可爲流涕者此也。

今民賣僮者，爲之繡衣絲履，偏諸緣，内之閑中，是古天子后服，所以廟而不宴者也，而庶人得以衣婢妾。白縠之表，薄紈之裏，緁以偏諸，美者黼繡，是古天子之服，今富人大賈，嘉會召客者以被牆。古者以奉一帝一后而節適，今庶人屋壁，得爲帝服，倡優下賤，得爲后飾，然而天下不屈者，殆未有也。且帝之身自衣皁〔一〕綈，而富民牆屋被文繡；天子之后以緣其領，庶人孽妾緣其履：此臣所謂舛也。夫百人作之，不能衣一人，欲天下亡寒，胡可得也？一人耕之，十人聚而食之，欲天下亡飢，不可得也。飢寒切於民之肌膚，欲其亡爲奸邪，不可得也。國已屈矣，盜賊直須時耳，然而獻計者曰「毋動」，爲大耳。夫俗至大不敬也，至亡等也，至冒上也，進計者猶曰「毋爲」，可爲長太息者此也。

商君遺禮義，棄仁恩，并心於進取，行之二歲，秦俗日敗。故秦人家富子壯則出分，家貧子壯則出贅。借父耰鉏，慮有德色；母取箕箒，立而誶語。抱哺其子，與公併倨；婦姑不相説，則反脣而相稽。其慈子耆利，不同禽獸者亡幾耳。然并心而赴時，猶曰：「蹷六國，兼天下。」功成求得矣，終不知反廉愧之節，仁義之厚。信并兼之法，遂進取之業，天下大敗；衆掩寡，智欺愚，勇威怯，壯陵衰，其亂至矣。是以大賢起之，威震海内，德從天下。曩之爲秦者，今轉而爲漢矣。然其遺風餘俗，猶尚未改。今世以侈靡相競，而上無制度，棄禮誼，捐廉耻日甚，可謂月異而歲不同矣。逐利不耳，慮非

〔一〕「皁」字原誤作「皁」。

顧行也，今其甚者，殺父兄矣。盜者剟寢户之簾，搴兩廟之器，白晝大都之中，剽吏而奪之金。矯僞者出幾十萬石粟，賦六百餘萬錢，乘傳而行郡國，此其無行義之尤至者也。而大臣特以簿書不報，期會之間，以爲大故。至於俗流失，世壞敗，因恬而不知怪，慮不動於耳目，以爲是適然耳。夫移風易俗，使天下回心而鄉道，類非俗吏之所能爲也。俗吏之所務，在於刀筆筐篋，而不知大體。陛下又不自憂，竊爲陛下惜之。

夫立君臣，等上下，使父子有禮，六親有紀，此非天之所爲，人之所設也。夫人之所設，不爲不立，不植則僵，不修則壞。筦子〔一〕曰：「禮義廉耻，是謂四維；四維不張，國乃滅亡。」使筦子愚人也則可，筦子而少知治體，則是豈可不爲寒心哉！秦滅四維而不張，故君臣乖亂，六親殃戮，奸人並起，萬民離叛，凡十三歲而社稷爲虛。今四維猶未備也，故奸人幾幸，而衆心疑惑。豈如今定經制，令君君臣臣，上下有差，父子六親，各得其宜，奸人亡所幾幸，而羣臣衆信，上不疑惑！此業壹定，世世常安，而後有所持循矣。若夫經制不定，是猶渡江河亡維楫，中流而遇風波，船必覆矣。可爲長太息者此也。

夏爲天子，十有餘世，而殷受之。殷爲天子，二十餘世，而周受之。周爲天子，三十餘世，而秦受之。秦爲天子，二世而亡。人性不甚相遠也，何三代之君有道之長，而秦無道之暴也？其故可知也。

〔一〕筦子，即管子。

古之王者，太子迺生，固舉以禮，使士負之，有司齊肅端冕，見之南郊，見于天也。過闕則下，過廟則趨，孝子之道也，故自爲赤子，而教固已行矣。昔者成王幼在繈抱之中，召公爲太保，周公爲太傅，太公爲太師。保，保其身體；傅，傅之德義；師，道之教訓：此三公之職也。於是爲置三少，皆上大夫也，曰少保、少傅、少師，是與太子宴者也。故迺孩提有識，三公、三少固明孝仁禮義以道習之，逐去邪人，不使見惡行。於是皆選天下之端士，孝悌博聞有道術者，以衛翼之，使與太子居處出入。故太子迺生而見正事，聞正言，行正道，左右前後皆正人也。夫習與正人居之，不能毋正，猶生長於齊，不能不齊言也；習與不正人居之，不能毋不正，猶生長於楚之地，不能不楚言也。故擇其所嗜，必先受業，迺得嘗之；擇其所樂，必先有習，迺得爲之。孔子曰：「少成若天性，習慣如自然。」及太子少長知妃色，則入于學。學者，所學之官也。《學禮》曰：「帝入東學，上親而貴仁，則親疏有序，而恩相及矣；帝入南學，上齒而貴信，則長幼有差，而民不誣矣；帝入西學，上賢而貴德，則聖智在位，而功不遺矣；帝入北學，上貴而尊爵，則貴賤有等，而下不隃矣；帝入太學，承師問道，退習而考於太傅，太傅罰其不則，而匡其不及，則德智長，而治道得矣。此五學者既成於上，則百姓黎民，化輯於下矣。」及太子既冠成人，免於保傅之嚴，則有記過之史，徹膳之宰，進善之旌，誹謗之木，敢諫之鼓。瞽史誦詩，工誦箴諫，大夫進謀，士傳民語。習與智長，故切而不愧；化與心成，故中道若性。三代之禮，春朝朝日，秋暮夕月，所以明有敬也；春秋入學，坐國老，執醬而親餽之，所以明有孝也；行以鸞和，步中《采齊》，趣中《肆夏》，所以明有度也；其於禽獸，見其生不食其死，聞其聲不食其肉，故遠庖廚，所以長恩，且明有仁也。

夫三代之所以長久者，以其輔翼太子，有此具也。及秦而不然。其俗固非貴辭讓也，所上者告訐也；固非貴禮義也，所上者刑罰也。使趙高傅胡亥而教之獄，所習者非斬劓人則夷人之三族也。故胡亥今日即位，而明日射人，忠諫者謂之誹謗，深計者謂之妖言，其視殺人若艾草菅然。豈惟胡亥之性惡哉？彼其所以道之者非其理故也。

鄙諺曰：「不習爲吏，視已成事。」又曰：「前車覆，後車誡。」夫三代之所以長久者，其已事可知也；然而不能從者，是不法聖智也。秦世之所以亟絶者，其轍迹可見也；然而不避，是後車又將覆也。夫存亡之變，治亂之機，其要在是矣。天下之命，縣於太子；太子之善，在於早諭教與選左右。夫心未濫而先諭教，則化易成也；開於道術智誼之指，則教之力也。若其服習積貫，則左右而已。夫胡、粤之人，生而同聲，嗜欲不異，及其長而成俗，累數譯而不能相通，行有雖死而不相爲者，則教習然也。臣故曰：選左右早諭教最急。夫教得而左右正，則太子正矣，太子正而天下定矣。《書》曰：「一人有慶，兆民賴之。」此時務也。

凡人之智，能見已然，不能見將然。夫禮者，禁於將然之前；而法者，禁於已然之後，是故法之所用易見，而禮之所爲至難知也。若夫慶賞以勸善，刑罰以懲惡，先王執此之政，堅如金石，行此之令，信如四時，據此之公，無私如天地耳，豈顧不用哉？然而曰禮云禮云者，貴絶惡於未萌，而起教於微眇，使民日遷善遠辠，而不自知也。孔子曰：「聽訟吾猶人也，必也使無訟乎！」爲人主計者，莫如先審取舍；取舍之極定於内，而安危之萌應於外矣。安者非一日而安也，危者非一日而危也，皆以積漸然，不可不察也。人主之所積，在其〔一〕取舍。以禮義治之者積禮義，以刑罰治之者積刑罰。刑罰積而民怨背，禮義積而民和親。故世主欲民之善同，而所以使民善者或異。或道之以德教，或敺〔二〕之以法令。道之以德教者，德教洽而民氣樂；敺之以法令者，法令極而民風哀。哀樂之感，禍福之應也。秦王之欲尊宗廟而安子孫，與湯、武同，然而湯、武廣大其德行，六七百歲而弗失，秦王治天下十餘歲則大敗。此無它故矣，湯、武之定取舍審，而秦王之定取舍不審矣。夫天下大器也。今人之置器，置諸安處則安，置之危處則危。天下之情，與器無以異，在天子之所置之。湯、武置天下於仁義禮樂，而德澤洽，禽獸草木廣裕，德被蠻貊四夷，累子孫數十世，此天下所共聞也。秦王置天下於法令刑罰，德澤亡一有，而怨毒盈於世，下憎惡之如仇讎，禍幾及身，子孫誅絶，此天下之所共見也。是非其明效大驗邪！

人之言曰：「聽言之道，必以其事觀之，則言者莫敢妄言。」今或言禮誼之不如法令，教化之不如刑罰，人主胡不引殷、周、秦事以觀之也？

人主之尊譬如堂，羣臣如陛，衆庶如地。故陛九級上，廉遠地則堂高；陛亡級，廉近地則堂卑。

〔一〕「其」字原作「於」。
〔二〕敺，同驅。

高者難攀，卑者易陵，理勢然也。故古者聖王制爲等列，内有公卿、大夫、士，外有公、侯、伯、子、男，然後有官師、小吏，延及庶人，等級分明，而天子加焉，故其尊不可及也。里諺曰：「欲投鼠而忌器。」此善諭也。鼠近於器，尚憚不投，恐傷其器，況於貴臣之近主乎！

廉耻節禮以治君子，故有賜死而亡戮辱。是以黥、劓之辠，不及大夫，以其離主上不遠也。禮不敢齒君之路馬，蹴其芻者有罰；見君之几杖則起，遭君之乘車則下，入正門則趨；君之寵臣雖或有過，刑戮之辠不加其身者，尊君之故也。此所以爲主上豫遠不敬也，所以體貌大臣而勵其節也。今自王、侯、三公之貴，皆天子之所改容而禮之也，古天子之所謂伯父、伯舅也，而今〔一〕與衆庶同黥、劓、髡、刖、笞、傌、棄市之法，然則堂不亡陛虖？被戮辱者不泰迫虖？廉耻不行，大臣無迺握重權，大官而有徒隸亡耻之心虖？夫望夷之事，二世見當以重法者，投鼠而不忌器之習也。

臣聞之，履雖鮮，不加於枕；冠雖敝，不以苴履。夫嘗已在貴寵之位，天子改容而體貌之矣，吏民嘗俯伏以敬畏之矣，今而有過，帝令廢之可也，退之可也，賜之死可也，滅之可也；若夫束縛之，係緤之，輸之司寇，編之徒官，司寇小吏，詈罵而榜笞之，殆非所以令衆庶見也。夫卑賤者習知尊貴者之一旦吾亦乃可以加此也，非所以習天下也，非尊尊貴貴之化也。夫天子之所嘗敬，衆庶之所嘗寵，死而死耳，賤人安宜得如此而頓辱之哉！

〔一〕「今」字見於《古文淵鑑》本，《漢書》作「令」。

豫讓事中行之君，智伯伐而滅之，移事智伯。及趙滅智伯，豫讓釁面吞炭，必報襄子，五起而不中。人問豫子，豫子曰：「中行衆人畜我，我故衆人事之；智伯國士遇我，我故國士報之。」故此一豫讓也，反君事讐，行若狗彘，已而抗節致忠，行出乎列士，人主使然也。故主上遇其大臣如遇犬馬，彼將犬馬自爲也；如遇官徒，彼將官徒自爲也。頑頓亡耻，奊詬亡節，廉耻不立，且不自好，苟若而可，故見利則逝，見便則奪。主上有敗，則因而挻之矣；主上有患，則吾苟免而已，立而觀之耳；有便吾身者，則欺賣而利之耳。人主將何便於此？羣下至衆，而主上至少也，所託財器職業者，粹於羣下也。俱亡耻，俱苟妄，則主上最病。故古者禮不及庶人，刑不至大夫，所以厲寵臣之節也。古者大臣有坐不廉而廢者，不謂不廉，曰「簠簋不飾」；坐汙穢淫亂，男女無別者，不曰汙穢，曰「帷薄不修」；坐罷軟不勝任者，不曰罷軟，曰「下官不職」。故貴大臣定有其辠矣，猶未斥然正以謼之也，尚遷就而爲之諱也。故其在大譴大何之域者，聞譴何，則白冠氂纓，盤水加劍，造請室而請辠耳，上不執縛係引而行也。其有中罪者，聞命而自弛，上不使人頸盭而加也。其有大辠者，聞命則北面再拜，跪而自裁，上不使捽抑而刑之也，曰：「子大夫自有過耳！吾遇子有禮矣。」遇之有禮，故羣臣自憙；嬰以廉耻，故人矜節行。上設廉耻禮義以遇其臣，而臣不以節行報其上者，則非人類也。故化成俗定，則爲人臣者，主耳忘身，國耳忘家，公耳忘私，利不苟就，害不苟去，惟義所在，上之化也。故父兄之臣誠死宗廟，法度之臣誠死社稷，輔翼之臣，誠死君上，守圄捍敵之臣誠死城郭封疆。故曰聖人有金城者，比物此志也。彼且爲我死，故吾得與之俱生；彼且爲我亡，故吾得與之俱存；夫將爲我危，故吾得與之皆安。顧行而忘利，守節而仗義，故可以託不御之權，可以寄六尺之孤。此厲廉耻行禮誼之所致也，主上何喪焉！此之不爲，而顧彼之久行，故曰可爲長太息者此也。

論積貯疏 太陽

【釋】文在《漢書・食貨志》。

筦子曰：「倉廩實而知禮節。」民不足而可治者，自古及今，未之嘗聞。古之人曰：「一夫不耕，或受之飢；一女不織，或受之寒。」生之有時，而用之亡度，則物力必屈。古之治天下，至纖至悉也，故其畜積足恃。今背本而趨末，食者甚衆，是天下之大殘也；淫侈之俗，日日以長，是天下之大賊也。殘賊公行，莫之或止；大命將泛，莫之振救。生之者甚少，而靡之者甚多，天下財産，何得不蹷！漢之爲漢，幾四十年矣，公私之積，猶可哀痛。失時不雨，民且狼顧；歲惡不入，請賣爵、子。既聞耳矣，安有爲天下阽危者若是而上不驚者！

世之有饑穰，天之行也，禹、湯被之矣。即不幸有方二三千里之旱，國胡以相恤？卒然邊境有急，數千百萬之衆，國胡以餽之？兵旱相乘，天下大屈，有勇力者聚徒而衡擊，罷夫羸老，易子而齩其骨。政治未畢通也，遠方之能疑者，並舉而争起矣，迺駭而圖之，豈將有及乎？

夫積貯者，天下之大命也。苟粟多而財有餘，何爲而不成？以攻則取，以守則固，以戰則勝。懷敵附遠，何招而不至？今毆民而歸之農，皆著於本，使天下各食其力，末技游食之民，轉而緣南畮，則畜積足而人樂其所矣。可以爲富安天下，而直爲此廩廩也，竊爲陛下惜之！

弔屈原賦 少陰

【釋】此篇並載《史記·屈賈列傳》《漢書·賈誼列傳》《文選》。此篇大抵從《史記》爲主，蓋因《史記》爲時間最早者。

共承嘉惠兮，竢〔一〕罪長沙。側聞屈原兮，自沈汨羅。造託湘流兮，敬弔先生。遭世罔極兮，迺殞厥身。嗚呼哀哉兮〔二〕，逢時不祥！鸞鳳伏竄兮，鴟梟翱翔。闒茸尊顯兮，讒諛得志；賢聖逆曳兮，方正倒植。世謂隨、夷溷〔三〕兮，謂跖、蹻廉〔四〕；莫邪爲頓兮，鉛刀爲銛。于嗟嘿嘿兮，生之無故！斡棄周鼎兮〔五〕寶康瓠。騰駕罷牛兮驂蹇驢，驥垂兩耳兮服鹽車。章甫薦屨兮，漸不可久；嗟

〔一〕「竢」字與《漢書》本相同，《史》《選》則作「俟」。
〔二〕「兮」字《史》《選》皆無，《漢書》有「兮」字，唯「嗚呼」作「烏虖」。此句或從《史記》，而據上下文式添補「兮」字。
〔三〕「隨夷溷」與《漢》《選》本相同，《史記》本則作「伯夷貪」。
〔四〕「跖蹻廉」與《漢》《選》本相同，《史記》本則作「盜跖廉」。
〔五〕原刻「兮」下有「而」字，《史》《漢》《選》皆無，疑衍，故刪之。

苦先生兮，獨離此咎！訊曰：

已矣！國其莫我知，獨堙鬱兮其誰語？鳳漂漂其高逝兮，夫固自縮而遠去。襲九淵之神龍兮，沕深潛以自珍。彌融爚以隱處兮，夫豈從蟻與蛭螾？所貴聖人之神德兮，遠濁世而自藏。使騏驥可得係羈兮，豈云異夫犬羊！般紛紛其離此尤兮，亦夫子之辜也！瞝九州而相君兮，何必懷此都也？鳳皇翔于千仞〔一〕兮，覽德輝焉下之；見細德之險微兮，摇增翮逝而去之。彼尋常之汙瀆兮，豈能容吞舟之魚！横江湖之鱣鱏兮，固將制於螻蟻。

鵩鳥賦 少陰

【釋】文原載《史記·屈賈列傳》《漢書·賈誼列傳》及《文選》。此篇從《文選》本，所以不取《史》《漢》者，蓋二者皆存斟酌處。一則《史》《漢》載賈誼至長沙，皆云「適居」；而《文選》云「謫居」，貼合本事。二則《史記》未云鵩鳥爲不祥。三則《漢書》則盡去篇中「兮」字。是以三本之中，以《文選》爲優，此見先生取定版本之周圓考慮。

〔一〕《史記》「千仞」下有「之上」二字，此處與《漢》《選》本相同。

誼爲長沙王傅，三年有鵩鳥飛入誼舍，止於坐隅。鵩似〔一〕鴞，不祥鳥也。誼既以謫居長沙，長沙卑濕，誼自傷悼，以爲壽不得長，迺爲賦以自廣。其辭曰：

單閼之歲兮，四月孟夏，庚子日斜兮，鵩集予舍。止于坐隅兮，貌甚閑暇。異物來萃兮，私怪其故。發書占之兮，讖言其度，曰：「野鳥入室，主人將去。」請問於鵩兮〔二〕：「予去何之？吉乎告我，凶言其災。淹速之度兮，語余其期。」鵩乃歎息，舉首奮翼；口不能言，請對以臆。曰：「萬物變化兮，固無休息。斡流而遷兮，或推而還。形氣轉續兮，變化而蟺。沕穆無窮兮，胡可勝言！禍兮福所倚，福兮禍所伏；憂喜聚門兮，吉凶同域。彼吴彊大兮，夫差以敗；越棲會稽兮，句踐霸世。斯遊遂成兮，卒被五刑；傅説胥靡兮，乃相武丁。夫禍之與福兮，何異糾纆；命不可説兮，孰知其極？

「水激則旱兮，矢激則遠；萬物迴薄兮，振盪相轉。雲蒸雨降兮，糾錯相紛。大鈞播物兮，坱圠無垠。天不可預慮兮，道不可預謀；遲速有命兮，焉識其時？且夫天地爲鑪兮，造化爲工；陰陽爲炭兮，萬物爲銅。合散消息兮，安有常則！

「千變萬化兮，未始有極，忽然爲人兮，何足控摶；化爲異物兮，又何足患！小智自私兮，賤彼貴

〔一〕「似」字原作「如」，考《漢》《選》皆作「似」，《史記》又無「鵩似鴞」之句，故從《漢》《選》改之。

〔二〕「兮」字原闕，考《史》《選》「鵩」字下皆有「兮」字，故據以補之。

我；達人大觀兮，物無不可。貪夫殉財兮，烈士殉名。夸者死權兮，品庶每生。怵迫之徒兮，或趨西東；大人不曲兮，意變齊同。愚士繫俗兮，窘若囚拘；至人遺物兮，獨與道俱。衆人惑惑兮，好惡積億；真人恬漠兮，獨與道息。

「釋智遺形兮，超然自喪；寥廓忽荒兮，與道翺翔。乘流則逝兮，得坻則止；縱軀委命兮，不私與己。其生兮若浮，其死兮若休；澹乎若深淵〔一〕之静，泛乎若不繫之舟。不以生故自寶兮，養空而浮；德人無累兮，知命不憂。細故蔕芥兮，何足以疑！」

董生文

【釋】董仲舒文三篇皆從《漢書》本。

對賢良策一 太陰

制曰：朕獲承至尊休德，傳之無窮，而施之罔極，任大而守重，是以夙夜不皇康寧，永維萬事之

〔一〕「淵」字與《史》《漢》本相同，《文選》本則作「泉」。

統，猶懼有闕。故廣延四方之豪儁，郡國諸侯，公選賢良修絜博習之士，欲聞大道之要，至論之極。今子大夫褎然爲舉首，朕甚嘉之。子大夫其精心致思，朕垂聽而問焉。

蓋聞五帝三王之道，改制作樂，而天下洽和，百王同之。當虞氏之樂莫盛於《韶》，於周莫盛於《勺》。聖王已没，鐘鼓筦絃之聲未衰，而大道微缺，陵夷至虖桀、紂之行，王道大壞矣。夫五百年之間，守文之君，當塗之士，欲則先王之法，以戴翼其世者甚衆，然猶不能反，日以仆滅，至後王而後止，豈其所持操，或誖繆而失其統歟？固天降命不可復反，必推之於大衰而後息歟？烏虖！凡所爲屑屑，夙興夜寐，務法上古者，又將何補歟？三代受命，其符安在？災異之變，何緣而起？性命之情，或壽或夭，或仁或鄙，習聞其號，未燭厥理。伊欲風流而令行，刑輕而奸改，百姓和樂，政事宣昭，何修何飭而膏露降，百穀登，德潤四海，澤臻草木，三光全，寒暑平，受天之祐，享鬼神之靈，德澤洋溢，施虖方外，延及羣生？

子大夫明先聖之業，習俗化之變，終始之序，講聞高誼之日久矣，其明以諭朕。科别其條，勿猥勿并，取之於術，慎其所出。迺其不正不直，不忠不極，枉於執事，書之不泄，興於朕躬，毋悼後害。子大夫其盡心，靡有所隱，朕將親覽焉。

仲舒對曰：陛下發德音，下明詔，求天命與情性，皆非愚臣之所能及也。臣謹按《春秋》之中，視前世已行之事，以觀天人相與之際，甚可畏也。國家將有失道之敗，而天乃先出災害以譴告之，不知自省，又出怪異以警懼之，尚不知變，而傷敗迺至。以此見天心之仁愛人君，而欲止其亂也。自非大亡道之世者，天盡欲扶持而全安之，事在彊勉而已矣。彊勉學問，則聞見博而知益明；彊勉行道，則德日起而大有功：此皆可使還至而立有效者也。《詩》云：「夙夜匪懈。」《書》云：「茂哉茂哉。」皆彊勉之謂也。

道者，所繇適於治之路也，仁義禮樂，皆其具也。故聖王已殁，而子孫長久安寧數百歲，此皆禮樂教化之功也。王者未作樂之時，迺用先王之樂宜於世者，而以深入教化於民。教化之情不得，雅頌之樂不成，故王者功成作樂，樂其德也。樂者，所以變民風，化民俗也；其變民也易，其化民也著。故聲發於和而本於情，接於肌膚，藏於骨髓。故王道雖微缺，而筦絃之聲未衰也。夫虞氏之不爲政久矣，然而樂頌遺風，猶有存者，是以孔子在齊而聞《韶》也。夫人君莫不欲安存而惡危亡，然而政亂國危者甚衆，所任者非其人，而所繇者非其道，是以政日以仆滅也。夫周道衰於幽、厲，非道亡也，幽、厲不繇也。至於宣王，思昔先王之德，興滯補弊，明文、武之功業，周道粲然復興，詩人美之而作，上天祐之，爲生賢佐，後世稱誦，至今不絶。此夙夜不懈行善之所致也。孔子曰「人能宏道，非道宏人」也。故治亂興廢在於己，非天降命，不可得反，其所操持誖謬，失其統也。

臣聞天之所大奉使之王者，必有非人力之所能致而自至者，此受命之符也。天下之人，同心歸之，若歸父母，故天瑞應誠而至。《書》曰：「白魚入於王舟，有火覆於王屋，流爲烏。」此蓋受命之符也。周公曰：「復哉復哉。」孔子曰：「德不孤，必有鄰。」皆積善累德之效也。及至後世，淫佚衰微，不能統理羣生，諸侯背畔，殘賤良民，以争壤土，廢德教而任刑罰。刑罰不中則生邪氣，邪氣積於下，怨惡畜於上。上下不和，則陰陽繆盭，而妖孽生矣。此災異所緣而起也。

臣聞命者，天之令也；性者，生之質也；情者，人之欲也。或夭或壽，或仁或鄙，陶冶而成之，不能粹美，有治亂之所生，故不齊也。孔子曰：「君子之德風也，小人之德草也，草上之風必偃。」故堯、舜行德則民仁壽，桀、紂行暴則民鄙夭。夫上之化下，下之從上，猶泥之在鈞，惟甄者之所爲；猶金之在鎔，惟冶者之所鑄。「綏之斯來，動之斯和」，此之謂也。

臣謹按《春秋》之文，求王道之端，得之於正。正次王，王次春。春者，天之所爲也；正者，王之所爲也。其意曰上承天之所爲，而下以正其所爲，正王道之端云爾。然則王者欲有所爲，宜求其端於天。天道之大者在陰陽。陽爲德，陰爲刑；刑主殺而德主生。是故陽常居大夏，而以生育養長爲事；陰常居大冬，而積於空虛無用之處。以此見天之任德不任刑也。天使陽出布施於上，而主歲功；使陰入伏於下，而時出佐陽。陽不得陰之助，亦不能獨成歲。終陽以成歲爲名，此天意也。王者承天意以從事，故任德教而不任刑。刑者不可任以治世，猶陰之不可任以成歲也。爲政而任刑，不順於天，故先王莫之肯爲也。今廢先王德教之官，而獨任執法之吏治民，毋乃任刑之意歟！孔子曰：「不教而誅謂之虐。」虐政用於下，而欲德教之被四海，故難成也。

臣謹按《春秋》謂一元之意，一者，萬物之所從始也；元者，辭之所謂大也。謂一爲元者，視大始而欲正本也。《春秋》深探其本，而反自貴者始。故爲人君正心以正朝廷，正朝廷以正百官，正百官以正萬民，正萬民以正四方。四方正，遠近莫敢不一於正，而亡有邪氣奸其間者。是以陰陽調而風雨時，羣生和而萬民〔一〕殖，五穀登而草木茂。天地之間，被潤澤而大豐美；四海之内，聞盛德而皆徠臣。諸福之物，可致之祥，莫不畢至，而王道終矣。

孔子曰：「鳳鳥不至，河不出圖，吾已矣夫！」自悲可致此物，而身卑賤不得致也。今陛下貴爲天子，富有四海，居得致之位，操可致之勢，又有能致之資，行高而恩厚，知明而意美，愛民而好士，可謂誼主矣。然而天地未應，而美祥莫至者，何也？凡以教化不立，而萬民不正也。夫萬民之從利也，如水之走下，不以教化堤防之，不能止也。是故教化立而奸邪皆止者，其堤防完也；教化廢而奸邪並出，刑罰不能勝者，其堤防壞也。古之王者明於此，是故南面而治天下，莫不以教化爲大務。立太學以教於國，設庠序以化於邑，漸民以仁，摩民以誼，節民以禮，故其刑罰甚輕，而禁不犯者，教化行而習俗美也。

聖王之繼亂世也，掃除其迹而悉去之，復修教化而崇起之。教化已明，習俗已成，子孫循之，行五六百歲，尚未敗也。至周之末世，大爲亡道以失天下。秦繼其後，獨不能改，又益甚之，重禁文學，不得挾書，棄捐禮誼而惡聞之，其心欲盡滅先聖之道，而顓爲自恣苟簡之治，故立爲天子，十四歲而國破亡矣。自古以來，未嘗有以亂濟亂，大敗天下之民如秦者也。其遺毒餘烈，至今未滅，使習俗薄

〔一〕「民」字原作「物」。

惡，人民嚚頑，抵冒殊扞，熟爛如此之甚者也。孔子曰：「腐朽之木，不可雕也；糞土之牆，不可圬也。」今漢繼秦之後，如朽木糞牆矣，雖欲善治之，亡可奈何。法出而姦生，令下而詐起，如以湯止沸，抱薪救火，愈甚亡益也。竊譬之琴瑟不調，甚者必解而更張之，乃可鼓也；爲政而不行，甚者必變而更化之，乃可理也。當更張而不更張，雖有良工，不能善調也；當更化而不更化，雖有大賢，不能善治也。故漢得天下以來，常欲善治，而至今不可善治者，失之於當更化而不更化也。古人有言曰：「臨淵羨魚，不如退而結網。」今臨政而願治，七十餘歲矣，不如退而更化；更化則可善治，善治則災害日去，福禄日來。《詩》云：「宜民宜人，受禄於天。」爲政而宜於民者，固當受禄於天。夫仁義禮智信，五常之道，王者所當修飭也；五者修飭，故受天之祜，而享鬼神之靈，德施於方外，延及羣生也。

對賢良策二　太陰

制曰：蓋聞虞舜之時，遊於巖廊之上，垂拱無爲，而天下太平。周文王至於日昃不暇食，而宇内亦治。夫帝王之道，豈不同條共貫歟？何逸勞之殊也？

蓋儉者不造玄黄旌旗之飾。及至周室，設兩觀，乘大路，朱干玉戚，八佾陳於庭，而頌聲興。夫帝王之道，豈異指哉？或曰：「良玉不琢。」又云：「非文亡以輔德。」二端異焉。

殷人執五刑以督姦，傷肌膚以懲惡。成、康不式，四十餘年，天下不犯，囹圄空虛。秦國用之，死者甚衆，刑者相望，耗矣哀哉！

烏虖！朕夙寤晨興，惟前帝王之憲，永思所以奉至尊，章洪業，皆在力本任賢。今朕親耕籍田，以爲農先，勸孝弟，崇有德，使者冠蓋相望，問勤勞，恤孤獨，盡思極神，功烈休德，未始云獲也。今陰陽錯繆，氛氣充塞，羣生寡遂，黎民未濟，廉耻貿亂，賢不肖渾殽，未得其真，故詳延特起之士，意庶幾乎！今子大夫待詔百餘人，或道世務而未濟，稽諸上古而不同，考之於今而難行，毋乃牽於文繫而不得騁與？將所繇異術，所聞殊方與？各悉對著於篇，毋諱有司。明其指略，切磋究之，以稱朕意。

仲舒對曰：臣聞堯受命以天下爲憂，而未以位爲樂也，故誅逐亂臣，務求賢聖，是以舜、禹、稷、卨、咎繇衆聖輔德，賢能佐職，教化大行，天下和洽，萬民皆安仁樂誼，各得其宜，動作應禮，從容中道。故孔子曰：「如有王者，必世而後仁。」此之謂也。堯在位七十載，乃遜於位以禪虞舜。堯崩，天下不歸堯子丹朱而歸舜。舜知不可辟，乃即天子之位，以禹爲相，因堯之輔佐，繼其統業，是以垂拱無爲而天下治。孔子曰：「《韶》盡美矣，又盡善也。」此之謂也。至於殷紂，逆天暴物，殺戮賢知，殘賊百姓。伯夷、太公，皆當世賢者，隱處而不爲臣。守職之人，皆奔走逃亡，入於河海。天下秏亂，萬民不安，故天下去殷而從周。文王順天理物，師用賢聖，是以閎夭、太顛、散宜生等，亦聚於朝廷。愛施兆民，天下歸之，故太公起海濱而即三公也。當此之時，紂尚在上，尊卑昏亂，百姓散亡，故文王悼痛而欲安之，是以日昃不暇食也。孔子作《春秋》，先正王而繫萬事，見素王之文焉。繇此觀之，帝王之條貫同，然而勞逸異者，所遇之時異也。孔子曰：「《武》盡美矣，未盡善也。」此之謂也。

臣聞制度文采玄黄之飾，所以明尊卑，異貴賤，而勸有德也。故《春秋》受命所先制者，改正朔，易服色，所以應天也。然則宮室旌旗之制，有法而然者也。故孔子曰：「奢則不遜，儉則固。」儉非聖人之中制也。臣聞良玉不瑑，資質潤美，不待刻瑑，此亡異於達巷黨人不學而自知也。然則常玉不瑑，不成文章；君子不學，不成其德。

臣聞聖王之治天下也，少則習之學，長則材諸位，爵禄以養其德，刑罰以威其惡，故民曉於禮誼，而耻犯其上。武王行大誼，平殘賊，周公作禮樂以文之，至於成、康之隆，囹圄空虚，四十餘年，此亦教化之漸，而仁誼之流，非獨傷肌膚之效也。至秦則不然。師申、商之法，行韓非之説，憎帝王之道，以貪狼爲俗，非有文德以教訓於天也。誅名而不察實，爲善者不必免，而犯惡者不必刑也。是以百官皆飾虚辭而不顧實，外有事君之禮，内有背上之心，造僞飾詐，趣利無耻；又好用憯酷之吏，賦斂亡度，竭民財力，百姓散亡，不得從耕織之業，羣盜並起。是以刑者甚衆，死者相望，而奸不息，俗化使然也。故孔子曰：「道之以政，齊之以刑，民免而無耻。」此之謂也。

今陛下并有天下，海内莫不率服，廣覽兼聽，極羣下之知，盡天下之美，至德昭然，施於方外。夜郎、康居，殊方萬里，説德歸誼，此太平之致也。然而功不加於百姓者，殆王心未加焉。曾子曰：「尊其所聞，則高明矣；行其所知，則光大矣。高明光大，不在於它，在乎加之意而已。」願陛下因用所聞，設誠於内而致行之，則三王何異哉！

陛下親耕籍田，以爲農先，夙寤晨興，憂勞萬民，思惟往古，而務以求賢，此亦堯、舜之用心也，然而未云獲者，士素不厲也。夫不素養士而欲求賢，譬猶不瑑玉而求文采也。故養士之大者，莫大虖太學；太學者，賢士之所關也，教化之本原也。今以一郡一國之衆，對亡應書者，是王道往往而絶也。臣願陛下興太學，置明師，以養天下之士，數考問以盡其材，則英俊宜可得矣。今之郡縣、守令，民之師帥，所使承流而宣化也；故師帥不賢，則主德不宣，恩澤不流。今吏既亡教訓於下，或不承用主上之法，暴虐百姓，與奸爲市，貧窮孤弱，冤苦失職，甚不稱陛下之意。是以陰陽錯繆，氛氣充塞，羣生寡遂，黎民未濟，皆長吏不明，使至於此也。

夫長吏多出於郎中、中〔一〕郎、吏二千石子弟，選郎吏又以富訾，未必賢也。且古所謂功者，以任官稱職爲差，非所謂積日累久也。故小材雖累日，不離於小官；賢材雖未久，不害爲輔佐。是以有司竭力盡知，務治其業而以赴功。今則不然。累日以取貴，積久以致官，是以廉恥貿亂，賢不肖渾殽，未得其真。臣愚以爲使諸列侯、郡守、二千石，各擇其吏民之賢者歲貢各二人，以給宿衛，且以觀大臣之能；所貢賢者有賞，所貢不肖者有罰。夫如是，諸侯、吏二千石，皆盡心於求賢，天下之士，可得而官使也。徧得天下之賢人，則三王之盛易爲，而堯、舜之名可及也。毋以日月爲功，實試賢能爲上，量材而授官，録德而定位，則廉恥殊路，賢不肖異處矣。陛下加惠寬臣之罪，令勿牽制於文，使得切磋究之，臣敢不盡愚！

〔一〕原缺「中」字，據《漢書》補之。

對賢良策三　太陰

制曰：蓋聞「善言天者，必有徵於人；善言古者，必有驗於今」〔一〕。故朕垂問虖天人之應，上嘉唐、虞，下悼桀、紂，寖微寖滅寖明寖昌之道，虛心以改。今子大夫明於陰陽所以造化，習於先聖之道業，然而文采未極，豈惑虖當世之務哉？條貫靡竟，統紀未終，意朕之不明歟？聽若眩歟？夫三王之教，所祖不同而皆有失，或謂久而不易者道也，意豈異哉？今子大夫既著大道之極，陳治亂之端矣，其悉之究之，孰之復之。《詩》不云虖？「嗟爾君子，毋常安息，神之聽之，介爾景福。」朕將親覽焉，子大夫其茂明之。

仲舒復對曰：臣聞《論語》曰：「有始有卒者，其惟聖人虖！」今陛下幸加惠留聽於承學之臣，復下明册，以切其意，而究盡聖德，非愚臣之所能具也。前所上對，條貫靡竟，統紀不終，辭不別白，指不分明，此臣淺陋之罪也。

册曰：「善言天者，必有徵於人；善言古者，必有驗於今。」臣聞天者羣物之祖也，故徧覆包函而無所殊，建日月風雨以和之，經陰陽寒暑以成之。故聖人法天而立道，亦溥愛而亡私；布德施仁以厚之，設誼立義以導之。春者天之所以生也，仁者君之所以愛也；夏者天之所以長也，德者君之所

〔一〕《黄帝内經》文。

以養也；霜者天之所以殺也，刑者君之所以罰也。繇此言之，天人之徵，古今之道也。孔子作《春秋》，上揆之天道，下質諸人情，參之於古，考之於今。故《春秋》之所譏，災害之所加也；《春秋》之所惡，怪異之所施也。書邦家之過，兼災異之變，以此見人之所爲，其美惡之極，乃與天地流通而往來相應，此亦言天之一端也。古者修教訓之官，務以德善化民，民以大化之後，天下常亡一人之獄矣。今世廢而不修，亡以化民，民以故棄行誼而死財利，是以犯法而罪多，一歲之獄以萬千數。以此見古之不可不用也，故《春秋》變古則譏之。天令之謂命，命非聖人不行；質樸之謂性，性非教化不成；人欲之謂情，情非度制不節。是故王者上謹於承天意，以順命也；下務明教化民，以成性也；正法度之宜，別上下之序，以防欲也：修此三者，而大本舉矣。人受命於天，固超然異於羣生，入有父子兄弟之親，出有君臣上下之誼，會聚相遇，則有耆老長幼之施；粲然有文以相接，驩然有恩以相愛，此人之所以貴也。生五穀以食之，桑麻以衣之，六畜以養之，服牛乘馬，圈豹檻虎，是其得天之靈貴於物也。故孔子曰：「天地之性，人爲貴。」明於天性，知自貴於物；知自貴於物，然後知仁誼；知仁誼，然後重禮節；重禮節，然後安處善；安處善，然後樂循理；樂循理，然後謂之君子。故孔子曰：「不知命，亡以爲君子。」此之謂也。

册曰：「上嘉唐、虞，下悼桀、紂，寖微寖滅寖明寖昌之道，虛心以改。」臣聞聚少成多，積小致鉅，故聖人莫不以晻致明，以微致顯。是以堯發於諸侯，舜興虖深山，非一日而顯也，蓋有漸以致之矣。言出於己，不可塞也；行發於身，不可掩也。言行治之大者，君子之所以動天地也。故盡小者大，慎微者著。《詩》云：「惟此文王，小心翼翼。」故堯兢兢日行其道，而舜業業日致其孝，善積而名顯，德章而身尊，此其寖明寖昌之道也。積善在身，猶長日加益，而人不知也；積惡在身，猶火之銷膏，而人不見也。非明乎情性，察乎流俗者，孰能知之？此唐、虞之所以得令名，而桀、紂之可爲悼懼者也。夫善惡之相從，如景鄉之應形聲也。故桀、紂暴謾，讒賊並進，賢知隱伏，惡日顯，國日亂，晏然自以如日在天，終陵夷而大壞。夫暴逆不仁者，非一日而亡也，亦以漸至，故桀、紂雖亡道，然猶享國十餘年，此其寖微寖滅之道也。

册曰：「三王之教，所祖不同，而皆有失，或曰久而不易者道也，意豈異哉？」臣聞夫樂而不亂，復而不厭者，謂之道；道者萬世無弊，弊者道之失也。先王之道，必有偏而不起之處，故政有眊而不行，舉其偏者以補其弊而已矣。三王之道，所祖不同，非其相反，將以救溢扶衰，所遭之變然也。故孔子曰：「無爲而治者，其舜虖！」改正朔，易服色，以順天命而已；其餘盡循堯道，何更爲哉！故王者有改制之名，亡變道之實。然夏上忠，殷上敬，周上文者，所繼之捄，當用此也。孔子曰：「殷因於夏禮，所損益可知也；周因於殷禮，所損益可知也；其或繼周者，雖百世可知也。」此言百王之用，以此三者矣。夏因於虞，而獨不言所損益者，其道如一，而所上同也。道之大原出於天，天不變，道亦不變。是以禹繼舜，舜繼堯，三聖相受而守一道，亡救弊之政也，故不言其所損益也。繇此觀之，繼治世者其道同，繼亂世者其道變。今漢繼大亂之後，若宜少損周之文，致用夏之忠者。

陛下有明德嘉道，愍世俗之靡薄，悼王道之不昭，故舉賢良方正之士，論誼考問，將欲興仁誼之休德，明帝王之法制，建太平之道也。臣愚不肖，述所聞，誦所學，道師之言，廑能勿失爾。若迺論政事之得失，察天下之息耗，此大臣輔佐之職，三公九卿之任，非臣仲舒所能及也。然而臣竊有怪者。夫古之天下，亦今之天下；今之天下，亦古之天下。共是天下，古亦大治，上下和睦，習俗美盛，不令而行，不禁而止，吏無奸邪，民亡盜賊，囹圄空虛，德潤草木，澤被四海，鳳凰來集，麒麟來游，以古準今，壹何不相逮之遠也！安所繆盭而陵夷若是？意者有所失於古之道與？有所詭於天之理與？試迹之古，返之於天，黨可得見乎？

夫天亦有所分予，予之齒者去其角，傅之翼者兩其足，是所受大者，不得取小也。古之所予禄者，不食於力，不動於末，是亦受大者不得取小，與天同意者〔二〕也。夫已受大，又取小，天不能足，而況人虖！此民之所以囂囂苦不足也。身寵而載高位，家温而食厚禄，因乘富貴之資力，以與民爭利於下，民安能如之哉！是故衆其奴婢，多其牛羊，廣其田宅，博其產業，畜其積委，務此而亡已，以迫蹵民，民日削月朘，寖以大窮。富者奢侈羨溢，貧者窮急愁苦；窮急愁苦而不上救，則民不樂生；民不樂生，尚不避死，安能避罪！此刑罰之所以蕃，而奸邪不可勝者也。故受禄之家，食禄而已，不與民爭業，然後利可均布，而民可家足。此上天之理，而亦太古之道，天子之所宜法以爲制，大夫之所當循以爲行也。故公儀子相魯，之其家，見織帛，怒而出其妻；食於舍而茹葵，慍而拔其葵，曰：「吾已食禄，又奪園夫紅

〔二〕原缺「者」字。

女利虖！」古之賢人君子，在列位者皆如是，是故下高其行而從其教，民化其廉而不貪鄙。及至周室之衰，其卿大夫緩於誼而急於利，亡推讓之風，而有争田之訟。故詩人疾而刺之，曰：「節彼南山，惟石巖巖，赫赫師尹，民具爾瞻。」爾好誼，則民鄉仁而俗善；爾好利，則民好邪而俗敗。由是觀之，天子大夫者，下民之所視效，遠方之所四面而内望也。近者視而放之，遠者望而效之，豈可以居賢人之位，而爲庶人行哉！夫皇皇求財利，常恐乏匱者，庶人之意也；皇皇求仁義，常恐不能化民者，大夫之意也。《易》曰：「負且乘，致寇至。」乘車者，君子之位也；負擔者，小人之事也。此言居君子之位，而爲庶人之行者，其患禍必至也。若居君子之位，當君子之行，則舍公儀休之相魯，亡可爲者矣。

《春秋》大一統者，天地之常經，古今之通誼也。今師異道，人異論，百家殊方，指意不同，是以上亡以持一統；法制數變，下不知所守。臣愚以爲，諸不在六藝之科，孔子之術者，皆絶其道，勿使並進。邪辟之説滅息，然後統紀可一，而法度可明，民知所從矣。

司馬長卿文

諫獵書　太陽

【釋】此篇從《史記》，並間取《漢書》。

臣聞物有同類而殊能者，故力稱烏獲，捷言慶忌，勇期賁、育。臣之愚，竊以爲人誠有之，獸亦宜然。今陛下好陵阻險，射猛獸，卒然遇軼材之獸，駭不存之地，犯屬車之清塵，輿不及還轅，人不暇施巧，雖有烏獲、逢蒙之技，力不能〔一〕用，枯木朽株，盡爲害矣。是胡、越起於轂下，而羌、夷接軫也，豈不殆哉！雖萬全無患，然本非天子之所宜近也。

且夫清道而後行，中路而後馳，猶時有銜橛之變，而況涉乎蓬蒿，騁〔二〕乎丘墳，前有利獸之樂，而内無存變之意，其爲害〔三〕也不難矣！夫輕萬乘之重不以爲安，樂〔四〕出萬有一危之塗以爲娱，臣竊爲陛下不取〔五〕。

蓋明者遠見於未萌，而智者避危於無形，禍固多藏於隱微，而發於人之所忽者也。故鄙諺曰：「家累千金，坐不垂堂。」此言雖小，可以喻大。臣願陛下留意幸察。

諭巴蜀檄　太陽

【釋】此篇從《文選》本。

〔一〕「能」字《史記》本作「得」。《漢書》本雖作「能」，唯句首無「力」字。
〔二〕「騁」字《史記》本作「馳」。《漢書》本雖作「馳」，唯全句作「馳丘虚」。
〔三〕「害」字與《漢書》本相同，《史記》本則作「禍」。
〔四〕《史記》「樂」上有「而」字，此處與《漢書》本相同。
〔五〕《史記》「取」下有「也」字，此處與《漢書》本相同。

告巴蜀太守：蠻夷自擅，不討之日久矣，時侵犯邊境，勞士大夫。陛下即位，存撫天下，安集中國。然後興師出兵，北征匈奴，單于怖駭，交臂受事，屈膝請和。康居西域，重譯納貢，稽顙來享。移師東指，閩、越相誅。右弔番禺，太子入朝。南夷之君，西僰之長，常效貢職，不敢惰怠，延頸舉踵，喁喁然皆嚮風慕義，欲爲臣妾，道里遼遠，山川阻深，不能自致。夫不順者已誅，而爲善者未賞，故遣中郎將往賓之，發巴、蜀之士各五百人，以奉幣帛，衛使者不然，靡有兵革之事，戰鬬之患。今聞其乃發軍興制，驚懼子弟，憂患長老，郡又擅爲轉粟運輸，皆非陛下之意也。當行者或亡逃〔一〕自賊殺，亦非人臣之節也。

夫邊郡之士，聞烽舉燧燔，皆攝弓而馳，荷兵而走，流汗相屬，惟恐居後，觸白刃，冒流矢，議不反顧，計不旋踵，人懷怒心，如報私讎。彼豈樂死惡生，非編列之民，而與巴、蜀異主哉？計深慮遠，急國家之難，而樂盡人臣之道也。故有剖符之封，析珪而爵，位爲通侯，處列東第，終則遺顯號於後世，傳土地於子孫，行事甚忠敬，居位甚安逸，名聲施於無窮，功烈著而不滅。是以賢人君子，肝腦塗中原，膏液潤野草而不辭也。今奉幣役至南夷，即自賊殺，或亡逃抵誅，身死無名，謚爲至愚，耻及父母，爲天下笑。人之度量相越，豈不遠哉！然此非獨行者之罪也。父兄之教不先，子弟之率不謹，寡廉鮮耻而俗不長厚也。其被刑戮，不亦宜乎！

〔一〕「亡逃」原作「逃亡」，《史》《漢》《選》皆作「亡逃」，故據而改之。

陛下患使者有司之若彼，悼不肖愚民之如此，故遣信使，曉諭百姓以發卒之事，因數之以不忠死亡之罪，讓三老孝悌以不教誨之過。方今田時，重煩百姓，已親見近縣，恐遠所谿谷山澤之民不徧聞，檄到，亟下縣道，使咸喻陛下意，無忽。

子虛賦 太陽

【釋】此篇並載《史記・司馬相如列傳》《漢書・司馬相如列傳》《文選》。唐先生所選，字句跟《文選》最近。如「王悉發車騎」句之「王」，《史》《漢》本皆作「齊王」，唯《選》本無「齊」字。又如「子虛過奼烏有先生」之「奼」字，《史》本作「詫」，《漢》本作「姹」，《選》本作「奼」，先生選文與之相同，是知此篇大抵從《文選》本。

楚使子虛於齊，王悉發車騎，與使者出畋。畋罷，子虛過奼烏有先生，亡是公存焉。坐定，烏有先生問曰：「今日畋，樂乎？」子虛曰：「樂。」「獲多乎？」曰：「少。」「然則何樂？」對曰：「僕樂齊王之欲夸僕以車騎之衆，而僕對雲夢之事也。」曰：「可得聞乎？」

子虛曰：「可。王車駕千乘，選徒萬騎，畋於海濱。列卒滿澤，罘網彌山。掩兔轔鹿，射麋脚麟，鶩於鹽浦，割鮮染輪。射中獲多，矜而自功，顧謂僕曰：『楚亦有平原廣澤遊獵之地，饒樂若此者乎？楚王之獵，孰與寡人乎？』僕下車對曰：『臣，楚國之鄙人也，幸得宿衛十有餘年，時從出遊，遊於後園，覽於有無，然猶未能偏覩也，又焉足以言其外澤乎？』齊王曰：『雖然，略以子之所聞見而言之。』

「僕對曰：『唯唯。臣聞楚有七澤，嘗見其一，未覩其餘也。臣之所見，蓋特其小小者耳，名曰雲夢。雲夢者，方九百里，其中有山焉。

「『其山則盤紆岪鬱，隆崇嵂崒；岑崟參差，日月蔽虧。交錯糾紛，上干青雲；罷池陂陀，下屬江河。

「『其土則丹青赭堊，雌黄白坿〔一〕，錫碧金銀，衆色炫耀，照〔二〕爛龍鱗。

「『其石則赤玉玫瑰，琳瑉昆吾，瑊玏玄厲，碝石碔砆。

「『其東則有蕙圃，衡蘭芷若，芎藭菖蒲，江蘺蘼蕪，諸柘芭苴。

「『其南則有平原廣澤，登降〔三〕陁靡，案衍壇曼，緣以大江，限以巫山。

「『其高燥則生葴菥苞荔，薛沙青薠。其埤濕則生藏莨蒹葭，東蘠雕胡，蓮藕觚盧，菴閭軒于，衆物居之，不可勝圖。

「『其西則有湧泉清池，激水推移，外發芙蓉菱華，內隱巨石白沙。

〔一〕「坿」字原作「附」，考《史》《漢》《選》均作「坿」，故據以改之。
〔二〕「照」字原作「昭」，考《史》《漢》《選》均作「照」，故據以改之。
〔三〕「降」字原作「高」，考《史》《漢》《選》均作「降」，故據以改之。

「『其中則有神龜蛟鼉，瑇瑁鼈黿。

『其北則有陰林，其樹楩枏豫章，桂椒木蘭，檗離朱楊，樝梨梬栗，橘柚芬芳。

『其上則有鵷雛孔鸞，騰遠射干。其下則有白虎玄豹，蟃蜒〔一〕貙犴。於是乎乃使剸諸之倫，手格此獸。

『楚王乃駕馴駮之駟，乘雕玉之輿，靡魚須之橈旃，曳明月之珠旗，建干將之雄戟，左烏號之雕弓，右夏服之勁箭。陽子驂乘，孅阿爲御。案節未舒，即陵狡獸。蹵蛩蛩，轔距虛，軼野馬，轊陶駼，乘遺風，射遊騏。倏眒倩浰〔二〕，雷動猋至，星流霆擊。弓不虛發，中必決眦，洞胸達掖，絶乎心繫。獲若雨獸，揜草蔽地。

『於是楚王乃弭節徘徊，翱翔容與。覽乎陰林，觀壯士之暴怒，與猛獸之恐懼。徼谻受詘，殫覩衆物之變態。

『於是鄭女曼姬，被阿緆，揄紵縞，雜纖羅，垂霧縠；襞積褰縐，紆徐委曲，鬱橈谿谷；衯衯裶裶，揚袘戌〔三〕削，蜚襳垂髾；扶輿猗靡，翕呷萃蔡，下靡蘭蕙，上拂羽蓋；錯翡翠之威蕤，繆繞玉綏；眇眇忽忽，若神僊之髣髴。

〔一〕「蜒」字原作「蜓」，考《史》《漢》《選》均作「蜒」，故據以改之。

〔二〕「浰」字原作「利」，考《史》《漢》《選》均作「浰」，故據以改之。

〔三〕「戌」字原作「戊」，考《史》《選》均作「戌」，《漢》本則作「卹」，故據《史》《選》改之。

「『於是乃相與獠於蕙圃，媻姍勃窣，上下金堤。揜翡翠，射鵕鸃，微矰出，孅繳施，弋白鵠，連駕鵝，雙鶬下，玄鶴加。怠而後發，游於清池；浮文鷁，揚旌栧，張翠帷，建羽蓋，罔瑇瑁，鉤紫貝；摐金鼓，吹鳴籟，榜人歌，聲流喝，水蟲駭，波鴻沸，湧泉起，奔揚會，礧石相擊，硠硠礚礚，若雷霆之聲，聞乎數百里之外。『將息獠者，擊靈鼓，起烽燧，車按行，騎就隊，纚乎淫淫，般乎裔裔。

「『於是楚王乃登雲陽之臺，怕乎無爲，憺乎自持。勺藥之和具，而後御之。不若大王終日馳騁，曾不下輿，脟割輪焠，自以爲娛。臣竊觀之，齊殆不如。』於是齊王無以〔一〕應僕也。」

烏有先生曰：「是何言之過也！足下不遠千里，來貺齊〔二〕國，王悉發境内之士，備車騎之衆，與使者出畋，乃欲戮力致獲，以娱左右，何名爲夸哉！問楚地之有無者，願聞大國之風烈，先生之餘論也。今足下不稱楚王之德厚，而盛推雲夢以爲高，奢言淫樂而顯侈靡，竊爲足下不取也。必若所言，固非楚國之美也。無而言之，是害足下之信也。彰君惡，傷私義，二者無一可，而先生行之，必且輕於齊而累於楚矣。且齊東陼鉅海，南有琅琊，觀乎成山，射乎之罘。浮渤澥，游孟諸。邪與肅慎爲鄰，右以湯谷爲界。秋田乎青丘，彷徨乎海外。吞若雲夢者八九於其胸中，曾不蔕芥。若乃俶儻瑰瑋，異方殊類，珍怪鳥獸，萬端鱗崪，充牣其中，不可勝記，禹不能名，卨不能計。然在諸侯之位，不敢

〔一〕「以」字原作「所」，考《史》《漢》《選》均作「以」，故據以改之。
〔二〕「齊」字原作「吾」，考《史》《漢》《選》均作「齊」，故據以改之。

言游戲之樂，苑囿之大；先生又見客，是以王辭不復，何爲無以應哉！」

上林賦 太陽

【釋】此篇並載《史記·司馬相如列傳》《漢書·司馬相如列傳》《文選》。字句跟《文選》本最爲相近。如「人臣之所蹈藉」之「人臣」，《史》本作「人民」，《漢》本只作「人」，唯《選》本作「人臣」。又如「張樂乎膠葛之寓」之「寓」字，《史》《漢》本皆作「宇」，唯《選》本作「寓」。又如「恐後葉靡麗」之「葉」字，《史》《漢》本皆作「世」，唯《選》本作「葉」。又如「使山澤之人得至焉」之「人」字，《史》《漢》本皆作「民」，唯《選》本作「人」等。是知此篇大抵從《文選》本。

亡是公听然笑曰：「楚則失矣，而齊亦未爲得也。夫使諸侯納貢者，非爲財幣，所以述職也；封疆畫界者，非爲守禦，所以禁淫也。今齊列爲東藩，而外私肅慎，捐〔一〕國逾限，越海而田，其於義固未可也。且二君之論，不務明君臣之義，正諸侯之禮，徒事争於遊戲之樂，苑囿之大，欲以奢侈相勝，荒淫相越，此不可以揚名發譽，而適足以㝵〔二〕君自損也。且夫齊、楚之事，又烏足道乎！君未覩夫

〔一〕「捐」字原作「損」，考《史》《漢》《選》皆作「損」，故據而改之。
〔二〕「㝵」字，與《漢》本相同，《史》本作「貶」，《選》本作「㝵」。又據清胡克家《文選考異》考訂，當作「㝵」。

巨麗也，獨不聞天子之上林乎？

「左蒼梧，右西極，丹水更其南，紫淵徑其北。終始灞滻，出入涇渭，酆、鎬、潦、潏，紆餘委蛇，經營乎其内。蕩蕩乎八川分流，相背而異態。東西南北，馳騖往來。出乎椒丘之闕，行乎洲淤之浦，徑乎桂林之中，過乎泱莽之壄。汩乎混流，順阿而下，赴隘陿之口。觸穹石，激堆埼，沸乎暴怒。洶涌彭湃，滭弗宓汩，偪側泌瀄，横流逆折，轉騰潎洌。滂濞沆溉，穹隆雲橈，宛潬膠盭，逾波趨浥，涖涖下瀨。批巖衝擁，奔揚滯沛，臨坻注壑，瀺灂賈墜，沈沈隱隱，砰磅訇礚。潏潏淈淈，湁潗鼎沸，馳波跳沫，汩濦漂疾，悠遠長懷。寂漻無聲，肆乎永歸。然後灝溔潢漾，安翔徐回，翯乎滈滈，東注太湖，衍溢陂池。於是乎蛟龍赤螭，魱鰽漸離；鰅鰫鰬魠，禺禺魼鰨，揵鰭掉尾，振鱗奮翼，潛處乎深巖。魚鱉讙聲，萬物衆夥，明月珠子，的皪江靡，蜀石黄碝，水玉磊砢。磷磷爛爛，采色澔汗，蘩積乎其中。鴻鷫鵠鴇，駕鵝屬玉，交精旋目，煩鶩〔一〕庸渠，箴疵鵁盧，羣浮乎其上。汎淫泛濫，隨風澹淡，與波搖蕩，奄薄水渚。唼喋菁藻，咀嚼菱藕。

「於是乎崇山矗矗，巃嵸崔巍，深林巨木，嶄巖參差〔二〕。九嵕、巀嶭，南山峩峩，巖陁甗錡，摧崣崛崎，振溪通谷，蹇産溝瀆，谽呀豁閜，阜陵别隝。崴磈嵔廆，丘虚堀礨，隱轔鬱㠥，登降施靡，陂池貏

〔一〕「鶩」字原作「鶩」，考《史》《漢》《選》均作「鶩」，故據以改之。

〔二〕「參差」二字跟《漢》本相同，《史》本作「嵾嵯」，《選》本作「嵾嵳」。

豸，沇溶淫鬻，散渙夷陸，亭皋千里，靡不被築。揜以緑蕙，被以江蘺，糅以蘼蕪，雜以留夷。布結縷，攢戾莎，揭車衡蘭，槀本射干。茈薑蘘荷，葴持若蓀，鮮支黄礫，蔣苧青薠，布濩閎澤，延曼太原，離靡廣衍，應風披靡。吐芳揚烈，郁郁菲菲；衆香發越，肸蠁布寫，晻薆咇茀。

「於是乎周覽泛觀，縝紛軋芴，芒芒怳忽，視之無端，察之無涯。日出東沼，入乎西陂。其南則隆冬生長，踊水躍波；其獸則獱旄貘犛，沈牛麈麋，赤首圜題，窮奇象犀。其北則盛夏含凍裂地，涉冰揭河；其獸則麒麟角端，騊駼橐駝，蛩蛩驒騱，駃騠驢驘。

「於是乎離宫别館，彌山跨谷，高廊四注，重坐曲閣，華榱璧璫，輦道纚屬，步櫚周流，長途中宿。夷嵕築堂，累臺增成，巖窔洞房。頫杳眇而無見，仰攀〔一〕橑而捫天，奔星更於閨闥，宛虹拖於楯軒。青龍蚴蟉於東廂，象輿婉僤於西清，靈圄燕於閑館，偓佺之倫，暴於南榮，醴泉涌於清室，通川過於中庭。磐石振崖，嶔巖倚傾，嵯峨嶕嶫，刻削崢嶸，玫瑰碧琳，珊瑚叢生，瑉玉旁唐，玢豳文鱗，赤瑕駁犖，雜臿其間，晁采琬琰，和氏出焉。

「於是乎盧橘夏熟，黄甘橙榛，枇杷橪柿，亭柰厚朴，梬棗楊梅，櫻桃蒲陶，隱夫薁棣，荅遝離支，羅乎後宫，列乎北園。貤丘陵，下平原，揚翠葉，杌紫莖，發紅華，垂朱榮。煌煌扈扈，照曜鉅野。沙棠櫟櫧，華楓枰櫨，留落胥邪，仁頻并閭，欃檀木蘭，豫章女貞。長千仞，大連抱，夸條直暢，實葉葰

〔一〕「攀」字原作「扳」，考《史》《漢》《選》均作「攀」，故據以改之。

椕。攢立叢倚，連卷欐佹，崔錯發骫，坑衡閜砢，垂條扶疏，落英幡纚。紛溶箾蔘，猗狔從風，藰莅芔歙，蓋象金石之聲，管籥之音。偨池茈虒，旋還乎後宫，雜襲絫輯，被山緣谷，循阪下隰，視之無端，究之無窮。

「於是乎玄猨素雌，蜼玃飛蠝，蛭蜩蠼蝚，獑胡豰蛫，棲息乎其間。長嘯哀鳴，翩幡互經，夭蟜枝格，偃蹇杪顛。隃絶梁，騰殊榛，捷垂條，掉希間。牢落陸離，爛漫遠遷。若此者數千百處。娛遊往來，宫宿館舍，庖廚不徙，後宫不移，百官備具。

「於是乎背秋涉冬，天子校獵。乘鏤象，六玉虯，拖蜺旌，靡雲旗，前皮軒，後道游。孫叔奉轡，衛公參乘，扈從横行，出乎四校之中。鼓嚴簿，縱獵者，江河爲阹，泰山爲櫓。車騎靁起，殷天動地，先後陸離，離散别追，淫淫裔裔，緣陵流澤，雲布雨施。生貔豹，搏豺狼，手熊羆，足壄羊，蒙鶡蘇，絝白虎，被斑〔一〕文，跨壄馬。陵三嵕之危，下磧歷之坻；徑峻赴險，越壑厲水。椎蜚廉，弄獬豸，格蝦蛤，鋋猛氏，羂騕褭，射封豕。箭不苟害，解脰陷腦；弓不虚發，應聲而倒。

「於是乘輿弭節徘徊，翱翔往來，睨部曲之進退，覽將帥之變態。然後侵淫促節，儵敻遠去；流離輕禽，蹴履狡獸，轊白鹿，捷狡兔，軼赤電，遺光耀，追怪物，出宇宙。彎蕃弱，滿白羽，射遊梟，櫟蜚遽。擇肉而後發，先中而命處，弦矢分，藝殪仆。然後揚節而上浮，凌驚風，歷駭猋，乘虚

〔一〕「斑」字與《漢》本同，《史》本作「豳」，《選》本作「班」。

無，與神俱，躪玄鶴，亂昆雞，遒孔鸞，促鵔鸃，拂翳鳥，捎鳳皇，捷鵷雛，揜焦明。道盡途殫，迴車而還。消搖乎襄羊，降集乎北紘，率乎直指，晻乎反鄉。蹶石闕，歷封巒，過鳷鵲，望露寒，下棠梨，息宜春，西馳宣曲，濯鷁牛首，登龍臺，掩細柳，觀士大夫之勤略，均獵者之所得獲。徒車之所轥轢，步騎之所蹂若，人臣之所蹈藉，與其窮極倦𠜉，驚憚讋伏，不被創刃而死者，他他藉藉，填坑滿谷，掩平彌澤。

「於是乎游戲懈怠，置酒乎顥天之臺，張樂乎膠葛之寓。撞千石之鐘，立萬石之虡；建翠華之旗，樹靈鼉之鼓。奏陶唐氏之舞，聽葛天氏之歌〔一〕。千人唱，萬人和，山陵爲之震動，川谷爲之蕩波。巴渝宋、蔡，淮南干遮，文成顛歌。族居遞奏，金鼓迭起，鏗鎗闛鞈，洞心駭耳。荆、吴、鄭、衛之聲，《韶》《濩》《武》《象》之樂，陰淫案衍之音，鄢、郢繽紛，《激楚》結風。俳優侏儒狄鞮之倡，所以娱耳目樂心意者，麗靡爛漫於前，靡曼美色於後。若夫青琴、宓妃之徒，絶殊離俗，妖冶嫺都，靚糚〔二〕刻飾，便嬛綽約，柔橈嬛嬛〔三〕，嫵媚孅弱；曳獨繭之褕絏，眇閻易以卹削；便姍嫳屑，與俗殊服；芬芳漚鬱，酷烈淑郁；皓齒粲爛，宜笑的皪；長眉連娟，微睇緜藐；色授魂與，心愉於側。

〔一〕「歌」字原作「鼓」，考《史》《漢》《選》均作「鼓」，故據以改之。
〔二〕「糚」字原作「妝」，考《史》《漢》作「莊」，《選》本作「糚」，據《選》本爲正。
〔三〕「嬛嬛」二字與《史》《漢》本相同，《選》本作「嫚嫚」。

「於是酒中樂酣，天子芒然而思，似若有亡。曰：『嗟乎，此大奢侈！朕以覽聽餘閑，無事棄日，順天道以殺伐，時休息於此，恐後葉靡麗，遂往而不返，非所以爲繼嗣創業垂統也。』於是乎乃解酒罷獵，而命有司曰：『地可墾闢，悉爲農郊，以贍萌隸；隤牆填塹，使山澤之人得至焉。實陂池而勿禁，虚宫館而勿仞。發倉廩以救貧窮，補不足，恤鰥寡，存孤獨。出德號，省刑罰，改制度，易服色，革正朔，與天下爲更始。』

「於是歷吉日以齋戒，襲朝服，乘法駕，建華旗，鳴玉鸞。游於《六藝》之囿，馳騖乎仁義之塗，覽觀《春秋》之林。射《狸首》，兼《騶虞》，弋玄鶴，舞干戚，載雲罕，揜羣《雅》，悲《伐檀》，樂《樂胥》。修容乎《禮》園，翺翔乎《書》圃。述《易》道，放怪獸，登明堂，坐清廟，次羣臣，奏得失，四海之内，靡不受獲。於斯之時，天下大悦，鄉風而聽，隨流而化，芔然興道而遷義，刑錯而不用，德隆於三王，而功羡於五帝。若此故獵乃可喜也。若夫終日馳騁，勞神苦形，罷車馬之用，抏士卒之精，費府庫之財，而無德厚之恩。務在獨樂，不顧衆庶，忘國家之政，貪雉兔之獲，則仁者不繇也。

「從此觀之，齊、楚之事，豈不哀哉！地方不過千里，而囿居九百，是草木不得墾闢，而人無所食也。夫以諸侯之細，而樂萬乘之侈，僕恐百姓被其尤也。」

於是二子愀然改容，超若自失，逡巡避席曰：「鄙人固陋，不知忌諱，乃今日見教，謹受命矣。」

司馬子長文〔一〕

【釋】本卷所録司馬子長文，除《報任安書》外，其餘皆從《史記》本。

項羽本紀 太陽

項籍者，下相人也，字羽。初起時，年二十四。其季父項梁，梁父即楚將項燕，爲秦將王翦所戮者也。項氏世世爲楚將，封於項，故姓項氏。

項籍少時，學書不成，去學劍，又不成。項梁怒之。籍曰：「書足以記名姓而已。劍一人敵，不足學，學萬人敵。」於是項梁乃教籍兵法，籍大喜，略知其意，又不肯竟學。項梁嘗有櫟陽逮，乃請蘄獄掾曹咎，書抵櫟陽獄掾司馬欣，以故事得已。項梁殺人，與籍避仇於吴中。吴中賢士大夫，皆出項梁下。每吴中有大繇役及喪，項梁常爲主辦，陰以兵法部勒賓客及子弟，以是知其能。秦始皇帝游會稽，渡浙江，梁與籍俱觀。籍曰：「彼可取而代也。」梁掩其口曰：「毋妄言，族矣！」梁以此奇籍。

〔一〕原書目録中司馬子長前有「賈捐之文《罷珠崖對》太陽」，有目無文。

籍長八尺餘，力能扛鼎，才氣過人，雖吴中子弟，皆已憚籍矣。

秦二世元年七月，陳涉等起大澤中。其九月，會稽守通謂梁曰：「江西皆反，此亦天亡秦之時也。吾聞先即制人，後則爲人所制。吾欲發兵，使公及桓楚將。」是時桓楚亡在澤中。梁曰：「桓楚亡，人莫知其處，獨籍知之耳。」梁乃出，誡籍持劍居外待。梁復入與守坐，曰：「請召籍，使受命召桓楚。」守曰：「諾。」梁召籍入。須臾，梁眴籍曰：「可行矣！」於是籍遂拔劍斬守頭。項梁持守頭，佩其印綬。門下大驚，擾亂，籍所擊殺數十百人。一府中皆慴伏莫敢起。梁乃召故所知豪吏，諭以所爲起大事，遂舉吴中兵。使人收下縣，得精兵八千人。梁部署吴中豪傑爲校尉、候、司馬，有一人不得用，自言於梁。梁曰：「前時某喪，使公主某事，不能辦，以此不任用公。」衆乃皆伏。於是梁爲會稽守，籍爲裨將，徇下縣。

廣陵人召平，於是爲陳王徇廣陵，未能下。聞陳王敗走，秦兵又且至，乃渡江矯陳王命，拜梁爲楚王上柱國。曰：「江東已定，急引兵西擊秦。」項梁乃以八千人渡江而西。聞陳嬰已下東陽，使使欲與連和俱西。陳嬰者，故東陽令史，居縣中，素信謹，稱爲長者。東陽少年殺其令，相聚數千人，欲置長，無適用，乃請陳嬰。嬰謝不能，遂彊立嬰爲長，縣中從者得二萬人。少年欲立陳嬰便爲王，異軍蒼頭特起。陳嬰母謂嬰曰：「自我爲汝家婦，未嘗聞汝先古之有貴者。今暴得大名，不祥。不如有所屬，事成猶得封侯，事敗易以亡，非世所指名也。」嬰乃不敢爲王。謂其軍吏曰：「項氏世世將家，有名於楚。今欲舉大事，將非其人不可。我倚名族，亡秦必矣。」於是衆從其言，以兵屬項梁。項梁渡淮，黥布、蒲將軍亦以兵屬焉。凡六七萬人，軍下邳。

當是時，秦嘉已立景駒爲楚王，軍彭城東，欲距項梁。項梁謂軍吏曰：「陳王先首事，戰不利，未聞所在。今秦嘉倍陳王而立景駒，逆無道。」乃進兵擊秦嘉。秦嘉軍敗走，追之至胡陵。嘉還戰一日，嘉死，軍降。景駒走死梁地。項梁已并秦嘉軍，軍胡陵，將引軍而西。章邯軍至栗，項梁使別將朱雞石、餘樊君與戰。餘樊君死。朱雞石軍敗，亡走胡陵。項梁乃引兵入薛，誅雞石。項梁前使項羽別攻襄城，襄城堅守不下。已拔，皆坑之。還報項梁。項梁聞陳王定死，召諸別將會薛計事。此時沛公亦起沛，往焉。

居鄛人范增，年七十，素居家，好奇計，往説項梁曰：「陳勝敗固當。夫秦滅六國，楚最無罪。自懷王入秦不反，楚人憐之至今，故楚南公曰『楚雖三户，亡秦必楚』也。今陳勝首事，不立楚後而自立，其勢不長。今君起江東，楚蠭午之將，皆争附君者，以君世世楚將，爲能復立楚之後也。」於是項梁然其言，乃求楚懷王孫心民間，爲人牧羊，立以爲楚懷王，從民所望也。陳嬰爲楚上柱國，封五縣，與懷王都盱台。項梁自號爲武信君。

居數月，引兵攻亢父，與齊田榮、司馬龍且軍救東阿，大破秦軍於東阿。田榮即引兵歸，逐其王假。假亡走楚。假相田角亡走趙。角弟田閒故齊將，居趙不敢歸。田榮立田儋子市爲齊王。項梁已破東阿下軍，遂追秦軍。數使使趣齊兵，欲與俱西。田榮曰：「楚殺田假，趙殺田角、田閒，乃發兵。」項梁曰：「田假爲與國之王，窮來從我，不忍殺之。」趙亦不殺田角、田閒以市於齊。齊遂不肯發兵助楚。項梁使沛公及項羽，别攻城陽，屠之。西破秦軍濮陽東，秦兵收入濮陽。沛公、項羽乃攻定陶。定陶未下，去，西略地至雝丘，大破秦軍，斬李由。還攻外黄，外黄未下。

項梁起東阿，西北至定陶，再破秦軍，項羽等又斬李由，益輕秦，有驕色。宋義乃諫項梁曰：「戰勝而將驕卒惰者敗。今卒少惰矣，秦兵日益，臣爲君畏之。」項梁弗聽。乃使宋義使於齊。道遇齊使者高陵君顯曰：「公將見武信君乎？」曰：「然。」曰：「臣論武信君軍必敗。公徐行即免死，疾行則及禍。」秦果悉起兵益章邯，擊楚軍，大破之定陶，項梁死。沛公、項羽去外黄攻陳留，陳留堅守不能下。沛公、項羽相與謀曰：「今項梁軍破，士卒恐。」乃與吕臣軍俱引兵而東。吕臣軍彭城東，項羽軍彭城西，沛公軍碭。

章邯已破項梁軍，則以爲楚地兵不足憂，乃渡河擊趙，大破之。當此時，趙歇爲王〔一〕，陳餘爲將，張耳爲相，皆走入鉅鹿城。章邯令王離、涉閒圍鉅鹿，章邯軍其南，築甬道而輸之粟。陳餘爲將，將卒數萬人，而軍鉅鹿之北，此所謂河北之軍也。

楚兵已破於定陶，懷王恐，從盱台之彭城，并項羽、吕臣軍自將之。以吕臣爲司徒，以其父吕青爲令尹。以沛公爲碭郡長，封爲武安侯，將碭郡兵。

初，宋義所遇齊使者高陵君顯在楚軍，見楚王曰：「宋義論武信君之軍必敗，居數日，軍果敗。兵未戰而先見敗徵，此可謂知兵矣。」王召宋義，與計事而大悦之，因置以爲上將軍；項羽爲魯公，爲

〔一〕「王」字原作「主」，據《史記》爲正。

次將，范增爲末將，救趙。諸别將皆屬宋義，號爲卿子冠軍。行至安陽，留四十六日，不進。項羽曰：「吾聞秦軍圍趙王鉅鹿，疾引兵渡河，楚擊其外，趙應其内，破秦軍必矣。」宋義曰：「不然。夫搏牛之蝱，不可以破蟣蝨。今秦攻趙，戰勝則兵罷，我承其敝；不勝則我引兵鼓行而西，必舉秦矣。故不如先鬭秦、趙。夫被堅執鋭，義不如公；坐而運策，公不如義。」因下令軍中曰：「猛如虎，很如羊，貪如狼，彊不可使者，皆斬之！」乃遣其子宋襄相齊，身送之至無鹽，飲酒高會。天寒大雨，士卒凍飢。項羽曰：「將戮力而攻秦，久留不行。今歲饑民貧〔一〕，士卒食芋菽，軍無見糧，乃飲酒高會，不引兵渡河因趙食，與趙并力攻秦，乃曰『承其敝』。夫以秦之彊，攻新造之趙，其勢必舉趙。趙舉而秦彊，何敝之承！且國兵新破，王坐不安席，埽境内而專屬於將軍，國家安危，在此一舉。今不恤士卒而徇其私，非社稷之臣。」項羽晨朝上將軍宋義，即其帳中斬宋義頭，出令軍中曰：「宋義與齊謀反楚，楚王陰令羽誅之。」當是時，諸將皆慴服，莫敢枝梧。皆曰：「首立楚者，將軍家也。今將軍誅亂。」乃相與共立羽爲假上將軍。使人追宋義子，及之齊，殺之。使桓楚報命於懷王。懷王因使項羽爲上將軍，當陽君、蒲將軍皆屬項羽。

項羽已殺卿子冠軍，威震楚國，名聞諸侯。乃遣當陽君、蒲將軍將卒二萬渡河救鉅鹿。戰少利，陳餘復請兵。項羽乃悉引兵渡河，皆沈船，破釜甑，燒廬舍，持三日糧，以示士卒必死，無一還心。於

〔一〕「貧」字原作「病」，據《史記》爲正。

是至則圍王離，與秦軍遇，九戰，絶其甬道，大破之，殺蘇角，虜王離。涉閑不降楚，自燒殺。當是時，楚兵冠諸侯。諸侯軍救鉅鹿下者十餘壁，莫敢縱兵。及楚擊秦，諸將皆從壁上觀。楚戰士無不一以當十，楚兵呼聲動天，諸侯軍無不人人惴恐。於是已破秦軍，項羽召見諸侯將，入轅門，無不膝行而前，莫敢仰視。項羽由是始爲諸侯上將軍，諸侯皆屬焉。

章邯軍棘原，項羽軍漳南，相持未戰。秦軍數却，二世使人讓章邯。章邯恐，使長史欣請事。至咸陽，留司馬門三日，趙高不見，有不信之心。長史欣恐，還走其軍，不敢出故道，趙高果使人追之，不及。欣至軍，報曰：「趙高用事於中，下無可爲者。今戰能勝，高必疾妒吾功；戰不能勝，不免於死。願將軍孰計之。」陳餘亦遺章邯書曰：「白起爲秦將，南征鄢、郢，北阬馬服，攻城略地，不可勝計，而竟賜死。蒙恬爲秦將，北逐戎人，開榆中地數千里，竟斬陽周。何者？功多，秦不能盡封，因以法誅之。今將軍爲秦將三歲矣，所亡失以十萬數，而諸侯並起滋益多。彼趙高素諛日久，今事急，亦恐二世誅之，故欲以法誅將軍以塞責，使人更代將軍以脱其禍。夫將軍居外久，多内郤，有功亦誅，無功亦誅。且天之亡秦，無愚智皆知之。今將軍内不能直諫，外爲亡國將，孤特獨立而欲常存，豈不哀哉！將軍何不還兵與諸侯爲從，約共攻秦，分王其地，南面稱孤。此孰與身伏鈇質，妻子爲僇乎？」章邯狐疑，陰使候〔一〕始成使項羽，欲約。約未成，項羽使蒲將軍，日夜引兵渡三户，軍漳南，與

〔一〕「候」字原作「侯」，據《史記》爲正。

秦戰，再破之。項羽悉引兵，擊秦軍汙水上，大破之。

章邯使人見項羽，欲約。項羽召軍吏謀曰：「糧少，欲聽其約。」軍吏皆曰：「善。」項羽乃與期洹水南殷虛上。已盟，章邯見項羽而流涕，爲言趙高。項羽乃立章邯爲雍王，置楚軍中。使長史欣爲上將軍，將秦軍爲前行。

到新安。諸侯吏卒，異時故繇使屯戍過秦中，秦中吏卒遇之多無狀，及秦軍降諸侯，諸侯吏卒乘勝，多奴虜使之，輕折辱秦吏卒。秦吏卒多竊言曰：「章將軍等詐吾屬降諸侯，今能入關破秦，大善；即不能，諸侯虜吾屬而東，秦必盡誅吾父母妻子。」諸將微聞其計，以告項羽。項羽乃召黥布、蒲將軍計曰：「秦吏卒尚衆，其心不服，至關中不聽，事必危，不如擊殺之，而獨與章邯、長史欣、都尉翳入秦。」於是楚軍夜擊阬秦卒二十餘萬人新安城南。

行略定秦地。函谷關有兵守關不得入。又聞沛公已破咸陽，項羽大怒，使當陽君等擊關。項羽遂入，至于戲西。沛公軍霸上，未得與項羽相見。沛公左司馬曹無傷，使人言於項羽曰：「沛公欲王關中，使子嬰爲相，珍寶盡有之。」項羽大怒曰：「旦日饗士卒，爲擊破沛公軍！」當是時，項羽兵四十萬，在新豐鴻門，沛公兵十萬，在霸上。范增説項羽曰：「沛公居山東時，貪於財貨，好美姬。今入關，財物無所取，婦女無所幸，此其志不在小。吾令人望其氣，皆爲龍虎，成五采，此天子氣也。急擊勿失。」

楚左尹項伯者，項羽季父也，素善留侯張良。張良是時從沛公，項伯乃夜馳之沛公軍，私見張良，具告以事，欲呼張良與俱去。曰：「毋從俱死也。」張良曰：「臣爲韓王送沛公，沛公今事有急，亡去不義，不可不語。」良乃入，具告沛公。沛公大驚曰：「爲之奈何？」張良曰：「誰爲大王爲此計者？」曰：「鯫生説我曰：『距關毋内〔一〕諸侯，秦地可盡王也。』故聽之。」良曰：「料大王士卒，足以當項王乎？」沛公默然曰：「固不如也，且爲之奈何？」張良曰：「請往謂項伯，言沛公不敢背項王也。」沛公曰：「君安與項伯有故？」張良曰：「秦時與臣游，項伯殺人，臣活之。今事有急，故幸來告良。」沛公曰：「孰與君少長？」良曰：「長於臣。」沛公曰：「君爲我呼入，吾得兄事之。」張良出要項伯。項伯即入見沛公。沛公奉卮酒爲壽，約爲婚姻，曰：「吾入關，秋豪〔二〕不敢有所近，籍吏民，封府庫，而待將軍。所以遣將守關者，備他盜之出入與非常也。日夜望將軍至，豈敢反乎！願伯具言臣之不敢倍德也。」項伯許諾。謂沛公曰：「旦日不可不蚤自來謝項王。」沛公曰：「諾。」於是項伯復夜去至軍中，具以沛公言報項王。因言曰：「沛公不先破關中，公豈敢入乎？今人有大功而擊之，不義也，不如因善遇之。」項王許諾。

沛公旦日，從百餘騎來見項王，至鴻門，謝曰：「臣與將軍戮力而攻秦，將軍戰河北，臣戰河南，然不自意能先入關破秦，得復見將軍於此。今者有小人之言，令將軍與臣有郤。」項王曰：「此沛公

〔一〕「内」字原作「納」，據《史記》爲正。
〔二〕「豪」字原作「毫」，據《史記》爲正。

左司馬曹無傷言之；不然，籍何以至此。」項王即日因留沛公與飲。項王、項伯東嚮坐，亞父南嚮坐。亞父者，范增也。沛公北嚮坐，張良西嚮侍。范增數目項王，舉所佩玉玦以示之者三，項王默然不應。范增起出，召項莊謂曰：「君王爲人不忍，若入前爲壽，壽畢，請以劍舞，因擊沛公於坐，殺之。不者若屬皆且爲所虜。」莊則入爲壽。壽畢，曰：「君王與沛公飲，軍中無以爲樂，請以劍舞。」項王曰：「諾。」項莊拔劍起舞，項伯亦拔劍起舞，常〔一〕以身翼蔽沛公，莊不得擊。於是張良至軍門見樊噲。樊噲曰：「今日之事何如？」良曰：「甚急。今者項莊拔劍舞，其意常在沛公也。」噲曰：「此迫矣！臣請入與之同命。」噲即帶劍擁盾入軍門。交戟之衛士，欲止不內。樊噲側其盾以撞，衛士仆地，噲遂入，披帷西向立，瞋目視項王，頭髮上指，目眦盡裂。項王按劍而跽曰：「客何爲者？」張良曰：「沛公之驂乘樊噲者也。」項王曰：「壯士，賜之卮酒。」則與斗卮酒。噲拜謝，起立而飲之。項王曰：「賜之彘肩。」則與一生彘肩。樊噲覆其盾於地，加彘肩上，拔劍切而啗之。項王曰：「壯士，能復飲乎？」樊噲曰：「臣死且不避，卮酒安足辭！夫秦王有虎狼之心，殺人如不能舉，刑人如恐不勝，天下皆叛之。懷王與諸將約曰：『先破秦入咸陽者王之。』今沛公先破秦，入咸陽，豪毛不敢有所近，封閉宮室，還軍霸上，以待大王來。故遣將守關者，備他盜出入與非常也。勞苦而功高如此，未有封侯之賞，而聽細説，欲誅有功之人。此亡秦之續耳，竊爲大王不取也。」項王未有以應，曰：「坐。」樊

〔一〕「常」字原作「嘗」，據《史記》爲正。

噲從良坐。坐須臾，沛公起如廁，因招樊噲出。

沛公已出，項王使都尉陳平召沛公。沛公曰：「今者出，未辭也，爲之奈何？」樊噲曰：「大行不顧細謹，大禮不辭小讓。如今人方爲刀俎，我爲魚肉，何辭爲。」於是遂去。乃令張良留謝。良問曰：「大王來何操？」曰：「我持白璧一雙，欲獻項王；玉斗一雙，欲與亞父，會其怒，不敢獻。公爲我獻之。」張良曰：「謹諾。」當是時，項王軍在鴻門下，沛公軍在霸上，相去四十里。沛公則置車騎，脱身獨騎，與樊噲、夏侯嬰、靳彊、紀信等四人，持劍盾步走，從酈山下道芷陽間行。沛公謂張良曰：「從此道至吾軍，不過二十里耳。度我至軍中，公乃入。」沛公已去，間至軍中。張良入謝曰：「沛公不勝桮杓，不能辭。謹使臣良奉白璧一雙，再拜獻大王足下；玉斗一雙，再拜奉大將軍足下。」項王曰：「沛公安在？」良曰：「聞大王有意督過之，脱身獨去，已至軍矣。」項王則受璧，置之坐上。亞父受玉斗，置之地，拔劍撞而破之，曰：「唉！豎子不足與謀。奪項王天下者，必沛公也，吾屬今爲之虜矣。」沛公至軍，立誅殺曹無傷。

居數日，項羽引兵西屠咸陽，殺秦降王子嬰，燒秦宫室，火三月不滅；收其貨寶婦女而東。人或説項王曰：「關中阻山河四塞，地肥饒，可都以霸。」項王見秦宫室皆以燒殘破，又心懷思欲東歸，曰：「富貴不歸故鄉，如衣繡夜行，誰知之者。」説者曰：「人言楚人沐猴而冠耳，果然。」項王聞之，烹説者。

項王使人致命懷王。懷王曰：「如約。」乃尊懷王爲義帝。項王欲自王，先王諸將相。謂曰：

「天下初發難時，假立諸侯後以伐秦。然身被堅執鋭首事，暴露於野三年，滅秦定天下者，皆將相諸君與籍之力也。義帝雖無功，故當分其地而王之。」諸將皆曰：「善。」乃分天下，立諸將爲侯王。項王、范增疑沛公之有天下，業已講解，又惡負約，恐諸侯叛之，乃陰謀曰：「巴、蜀道險，秦之遷人皆居蜀。」乃曰：「巴、蜀亦關中地也。」故立沛公爲漢王，王巴、蜀、漢中，都南鄭。而三分關中，王秦降將，以距塞漢王。項王乃立章邯爲雍王，王咸陽以西，都廢丘。長史欣者，故爲櫟陽獄掾，嘗有德於項梁；都尉董翳者，本勸章邯降楚。故立司馬欣爲塞王，王咸陽以東至河，都櫟陽；立董翳爲翟王，王上郡，都高奴。徙魏王豹爲西魏王，王河東，都平陽。瑕丘申陽者，張耳嬖臣也，先下河南郡，迎楚河上，故立申陽爲河南王，都雒陽。韓王成因故都，都陽翟。趙將司馬印定河内，數有功，故立印爲殷王，王河内，都朝歌。徙趙王歇爲代王。趙相張耳素賢，又從入關，故立耳爲常山王，王趙地，都襄國。當陽君黥布爲楚將，常冠軍，故立布爲九江王，都六。鄱君吴芮率百越佐諸侯，又從入關，故立芮爲衡山王，都邾。義帝柱國共敖，將兵擊南郡功多，因立敖爲臨江王，都江陵。徙燕王韓廣爲遼東王。燕將臧荼，從楚救趙，因從入關，故立荼爲燕王，都薊。徙齊王田市爲膠東王。齊將田都，從共救趙，因從入關，故立都爲齊王，都臨菑。故秦所滅齊王建孫田安，項羽方渡河救趙，田安下濟北數城，引其兵降項羽，故立安爲濟北王，都博陽。田榮者，數負項梁，又不肯將兵從楚擊秦，以故不封。成安君陳餘，棄將印去，不從入關，然素聞其賢，有功於趙，聞其在南皮，故因環封三縣。番君將梅鋗功多，故封十萬户侯。項王自立爲西楚霸王，王九郡，都彭城。

漢之元年四月，諸侯罷戲下，各就國。項王出之國，使人徙義帝曰：「古之帝者，地方千里，必居上游。」乃使使徙義帝長沙郴縣。趣義帝行，其羣臣稍稍背叛之，乃陰令衡山、臨江王擊殺之江中。韓王成無軍功，項王不使之國，與俱至彭城，廢以爲侯，已又殺之。臧荼之國，因逐韓廣之遼東，廣弗聽，荼擊殺廣無終，并王其地。

田榮聞項羽徙齊王市膠東，而立齊將田都爲齊王，乃大怒，不肯遣齊王之膠東，因以齊反，迎擊田都。田都走楚。齊王市畏項王，乃亡之膠東就國。田榮怒，追擊殺之即墨。榮因自立爲齊王，而西擊殺濟北王田安，并王三齊。榮與彭越將軍印，令反梁地。陳餘陰使張同、夏説，説齊王田榮曰：「項羽爲天下宰，不平。今盡王故王於醜地，而王其羣臣諸將善地，逐其故主，趙王乃北居代，餘以爲不可。聞大王起兵，且不聽不義，願大王資餘兵，請以擊常山，以復趙王，請以國爲捍蔽。」齊王許之，因遣兵之趙。陳餘悉發三縣兵，與齊并力擊常山，大破之。張耳走歸漢。陳餘迎故趙王歇於代，反之趙。趙王因立陳餘爲代王。

是時漢還定三秦。項羽聞漢王皆已并關中，且東，齊、趙叛之，大怒。乃以故吴令鄭昌爲韓王，以距漢。令蕭公角等擊彭越。彭越敗蕭公角等。漢使張良徇韓，乃遺項王書曰：「漢王失職，欲得關中，如約即止，不敢東。」又以齊、梁反書遺項王曰：「齊欲與趙并滅楚。」楚以此故無西意，而北擊齊。徵兵九江王布。布稱疾不往，使將將數千人行。項王由此怨布也。漢之二年冬，項羽遂北至城陽，田榮亦將兵會戰。田榮不勝，走至平原，平原民殺之。遂北燒夷齊城郭宫屋，皆阬田榮降卒，係虜其老弱婦女。徇齊至北海，多所殘滅。齊人相聚而叛之。於是田榮弟田横，收齊亡卒，得數萬人，反城陽。項王因留，連戰未能下。

春，漢王部五諸侯兵，凡五十六萬人，東伐楚。項王聞之，即令諸將擊齊，而自以精兵三萬人南從魯，出胡陵。四月，漢皆已入彭城，收其貨寶美人，日置酒高會。項王乃西從蕭，晨擊漢軍而東，至彭城，日中大破漢軍。漢軍皆走，相隨入穀、泗水，殺漢卒十餘萬人。漢卒皆南走山，楚又追擊至靈壁東睢水上。漢軍却，爲楚所擠，多殺，漢卒十餘萬人，皆入睢水，睢水爲之不流。圍漢王三帀。於是大風從西北而起，折木發屋，揚沙石，窈冥晝晦，逢迎楚軍。楚軍大亂壞散，而漢王乃得與數十騎遁去。欲過沛收家室而西；楚亦使人追之沛，取漢王家；家皆亡，不與漢王相見。漢王道逢得孝惠、魯元，乃載行。楚騎追漢王，漢王急，推墮孝惠、魯元車下，滕公常下收載之。如是者三。曰：「雖急不可以驅，奈何棄之？」於是遂得脱。求太公、吕后不相遇。審食其從太公、吕后，間行求漢王，反遇楚軍。楚軍遂與歸報項王，項王常置軍中。

是時吕后兄周吕侯，爲漢將兵，居下邑，漢王間往從之，稍稍收其士卒。至滎陽，諸敗軍皆會。蕭何亦發關中老弱未傅，悉詣滎陽，復大振。楚起於彭城，常乘勝逐北，與漢戰滎陽南京、索間，漢敗楚，楚以故不能過滎陽而西。

項王之救彭城，追漢王，至滎陽，田横亦得收齊，立田榮子廣爲齊王。漢王之敗彭城，諸侯皆復與楚而背漢。漢軍滎陽，築甬道屬之河，以取敖倉粟。漢之三年，項王數侵奪漢甬道，漢王食乏，恐，請和，割滎陽以西爲漢。

項王欲聽之。歷陽侯范增曰：「漢易與耳，今釋弗取，後必悔之。」項王乃與范增急圍滎陽。漢王患之，乃用陳平計，間項王。項王使者來，爲太牢具舉欲進之。見使者，詳〔一〕驚愕曰：「吾以爲亞父使者，乃反項王使者。」更持去，以惡食食項王使者。使者歸報項王，項王乃疑范增與漢有私，稍奪之權。范增大怒曰：「天下事大定矣，君王自爲之。願賜骸骨歸卒伍。」項王許之。行未至彭城，疽發背而死。

漢將紀信説漢王曰：「事已急矣，請爲王誑楚爲王，王可以間出。」於是漢王夜出女子滎陽東門，被甲二千人，楚兵四面擊之。紀信乘黄屋車，傅左纛，曰：「城中食盡，漢王降。」楚軍皆呼萬歲。漢王亦與數十騎從城西門出走成皋。項王見紀信，問：「漢王安在？」曰：「漢王已出矣。」項王燒殺紀信。

漢王使御史大夫周苛、樅公、魏豹守滎陽。周苛、樅公謀曰：「反國之王，難與守城。」乃共殺魏豹。楚下滎陽城，生得周苛。項王謂周苛曰：「爲我將，我以公爲上將軍，封三萬户。」周苛罵曰：「若不趣降漢，漢今虜若，若非漢敵也。」項王怒，烹周苛，並殺樅公。

漢王之出滎陽，南走宛、葉，得九江王布，行收兵，復入保成皋。漢之四年，項王進兵圍成皋。漢

〔一〕「詳」字原作「佯」，據《史記》爲正。

王逃，獨與滕公出成皋北門，渡河走修武，從張耳、韓信軍。諸將稍稍得出成皋，從漢王。楚遂拔成皋欲西。漢使兵距之鞏，令其不得西。

是時彭越渡河擊楚東阿，殺楚將軍薛公。項王乃自東擊彭越。漢王得淮陰侯兵，欲渡河南。鄭忠説漢王，乃止壁河内。使劉賈將兵佐彭越燒楚積聚。項王東擊破之，走彭越。漢王則引兵渡河，復取成皋，軍廣武，就敖倉食。項王已定東海來，西與漢俱臨廣武而軍，相守數月。

當此時，彭越數反梁地，絶楚糧食，項王患之。爲高俎置太公其上，告漢王，曰：「今不急下，吾烹太公。」漢王曰：「吾與項羽俱北面受命懷王，曰『約爲兄弟』，吾翁即若翁，必欲烹而翁，則幸分我一杯羹。」項王怒，欲殺之。項伯曰：「天下事未可知，且爲天下者不顧家，雖殺之無益，祇益禍耳。」項王從之。

楚漢久相持未決，丁壯苦軍旅，老弱罷轉漕。項王謂漢王曰：「天下匈匈數歲者，徒以吾兩人耳，願與漢王挑戰決雌雄，毋徒苦天下之民父子爲也。」漢王笑謝曰：「吾寧鬭智，不能鬭力。」項王令壯士出挑戰。漢有善騎射者樓煩，楚挑戰三合，樓煩輒射殺之。項王大怒，乃自被甲持戟挑戰。樓煩欲射之，項王瞋目叱之，樓煩目不敢視，手不敢發，遂走還入壁，不敢復出。漢王使人間問之，乃項王也。漢王大驚。於是項王乃即漢王相與臨廣武間而語。漢王數之，項王怒欲一戰。漢王不聽，項王伏弩射中漢王。漢王傷，走入成皋。

項王聞淮陰侯已舉河北，破齊、趙，且欲擊楚，乃使龍且往擊之。淮陰侯與戰，騎將灌嬰擊之，大破楚軍，殺龍且。韓信因自立爲齊王。項王聞龍且軍破，則恐，使盱台人武涉，往説淮陰侯。淮陰侯弗聽。是時彭越復反，下梁地，絶楚糧。項王乃謂海春侯大司馬曹咎等曰：「謹守成皋，則漢欲挑戰，慎勿與戰，毋令得東而已。我十五日必誅彭越，定梁地，復從將軍。」乃東行，擊陳留、外黄。

外黄不下。數日已降，項王怒，悉令男子年十五已上詣城東欲阬之。外黄令舍人兒年十三，往説項王曰：「彭越彊劫外黄，外黄恐，故且降待大王。大王至，又皆阬之，百姓豈有歸心？從此以東，梁地十餘城皆恐，莫肯下矣。」項王然其言，乃赦外黄當阬者。東至睢陽，聞之皆争下項王。

漢果數挑楚軍戰，楚軍不出。使人辱之，五六日，大司馬怒，渡兵汜水。士卒半渡，漢擊之，大破楚軍，盡得楚國貨賂。大司馬咎、長史翳〔一〕、塞王欣皆自剄汜水上。大司馬咎者，故蘄獄掾，長史欣亦故櫟陽獄吏，兩人嘗有德於項梁，是以項王信任之。當是時，項王在睢陽，聞海春侯軍敗，則引兵還。漢軍方圍鍾離眛〔二〕於滎陽東，項王至，漢軍畏楚，盡走險阻。

是時，漢兵盛食多，項王兵罷食絶。漢遣陸賈説項王請太公，項王弗聽。漢王復使侯公往説項王，項王乃與漢約，中分天下，割鴻溝以西者爲漢，鴻溝而東者爲楚。項王許之，即歸漢王父母妻子。軍皆呼萬歲。漢王乃封侯公爲平國君。匿弗肯復見，曰：「此天下辯士，所居傾國，故號爲平國君。」

〔一〕原無「翳」字，據《史記》補之。
〔二〕「眛」原作「昧」，據《史記》爲正。

項王已約，乃引兵解而東歸。

漢欲西歸，張良、陳平説曰：「漢有天下太半，而諸侯皆附之。楚兵罷食盡，此天亡楚之時也，不如因其機而遂取之。今釋弗擊，此所謂『養虎自遺患』也。」漢王聽之。漢五年，漢王乃追項王至陽夏南，止軍，與淮陰侯韓信、建成侯彭越，期會而擊楚軍。至固陵，而信、越之兵不會。楚擊漢軍，大破之。漢王復入壁，深塹而自守。謂張子房曰：「諸侯不從約，爲之奈何？」對曰：「楚兵且破，信、越未有分地，其不至固宜。君王能與共分天下，今可立致也。即不能，事未可知也。君王能自陳以東傅海，盡與韓信；睢陽以北至穀城，以與彭越。使各自爲戰，則楚易敗也。」漢王曰：「善。」於是乃發使者告韓信、彭越曰：「并力擊楚。楚破，自陳以東傅海與齊王，睢陽以北至穀城與彭相國。」使者至，韓信、彭越皆報曰：「請今進兵。」韓信乃從齊往，劉賈軍從壽春並行，屠城父，至垓下。大司馬周殷叛楚，以舒屠六，舉九江兵隨劉賈、彭越，皆會垓下，詣項王。

項王軍壁垓下，兵少食盡，漢軍及諸侯兵圍之數重。夜聞漢軍四面皆楚歌，項王乃大驚曰：「漢皆已得楚乎？是何楚人之多也！」項王則夜起飲帳中。有美人名虞，常幸從；駿馬名騅，常騎之。於是項王乃悲歌忼慨，自爲詩曰：「力拔山兮氣蓋世，時不利兮騅不逝。騅不逝兮可奈何，虞兮虞兮奈若何！」歌數闋，美人和之。項王泣數行下，左右皆泣，莫能仰視。

於是項王乃上馬騎，麾下壯士騎從者，八百餘人，直夜潰圍南出馳走。平明，漢軍乃覺之，令騎將灌嬰以五千騎追之。項王渡淮，騎能屬者百餘人耳。項王至陰陵，迷失道，問一田夫。田夫紿曰：「左。」左，乃陷大澤中。以故漢追及之。項王乃復引兵而東，至東城，乃有二十八騎。漢騎追者數千人，項王自度不得脱，謂其騎曰：「吾起兵至今八歲矣，身七十餘戰，所當者破，所擊者服，未嘗敗北，遂霸有天下。然今卒困於此，此天之亡我，非戰之罪也。今日固決死，願爲諸君決戰，必三勝之，爲諸君潰圍斬將刈旗，令諸君知天亡我，非戰之罪也。」乃分其騎以爲四隊四嚮，漢軍圍之數重。項王謂其騎曰：「吾爲公取彼一將。」令四面騎馳下，期山東爲三處。於是項王大呼馳下，漢軍皆披靡，遂斬漢一將。是時赤泉侯爲騎將，追項王，項王瞋目而叱之，赤泉侯人馬俱驚，辟易數里。與其騎會爲三處。漢軍不知項王所在，乃分軍爲三，復圍之。項王乃馳，復斬漢一都尉，殺數十百人，復聚其騎，亡其兩騎耳。乃謂其騎曰：「何如？」騎皆伏曰：「如大王言。」

於是項王乃欲東渡烏江。烏江亭長檥船待，謂項王曰：「江東雖小，地方千里，衆數十萬人，亦足王也，願大王急渡。今獨臣有船，漢軍至，無以渡。」項王笑曰：「天之亡我，我何渡爲！且籍與江東子弟八千人，渡江而西，今無一人還，縱江東父兄，憐而王我，我何面目見之？縱彼不言，籍獨不愧於心乎？」乃謂亭長曰：「吾知公長者。吾騎此馬五歲，所當無敵，嘗一日行千里，不忍殺之，以賜公。」乃令騎皆下馬步行，持短兵接戰。獨籍所殺漢軍數百人。項王身亦被十餘創。顧見漢騎司馬吕馬童曰：「若非吾故人乎？」馬童面之，指王翳曰：「此項王也。」項王乃曰：「吾聞漢購我頭千金，邑萬户，吾爲若德。」乃自刎而死。王翳取其頭，餘騎相蹂踐，争項王，相殺者數十人。最其後，郎中騎楊喜、騎司馬吕馬童、郎中吕勝、楊武，各得其一體，五人共會其體皆是。故分其地爲五：封吕馬童爲中水侯，封王翳爲杜衍侯，封楊喜爲赤泉侯，封楊武爲吴防侯，封吕勝爲涅陽侯。

項王已死，楚地皆降漢，獨魯不下。漢乃引天下兵欲屠之，爲其守禮義，爲主死節，乃持項王頭示魯，魯父兄乃降。始楚懷王初封項籍爲魯公，及其死，魯最後下，故以魯公禮葬項王穀城。漢王爲發哀，泣之而去。

諸項氏枝屬，漢王皆不誅。乃封項伯爲射陽侯。桃侯、平皋侯、玄武侯皆項氏，賜姓劉。

太史公曰：吾聞之周生曰「舜目蓋重瞳子」，又聞項羽亦重瞳子，羽豈其苗裔邪〔一〕？何興之暴也！夫秦失其政，陳涉首難，豪傑蠭起，相與並争，不可勝數。然羽非有尺寸乘勢，起隴畝之中，三年遂將五諸侯滅秦，分裂天下而封王侯，政由羽出，號爲霸王，位雖不終，近古以來，未嘗有也。及羽背關懷楚，放逐義帝而自立，怨王侯叛己，難矣。自矜功伐，奮其私智而不師古，謂霸王之業，欲以力征經營天下，五年，卒亡其國，身死東城，尚不覺寤，而不自責，過矣。乃引「天亡我，非用兵之罪也」，豈不謬哉！

十二諸侯年表序 太陰

太史公讀《春秋曆譜諜》，至周厲王，未嘗不廢書而歎也。曰：嗚呼！師摯見之矣！紂爲象箸

〔一〕「邪」字原作「耶」，據《史記》爲正。

而箕子唏。周道缺，詩人本之衽席，《關雎》作。仁義陵遲，《鹿鳴》刺焉。及至厲王，以惡聞其過，公卿懼誅而禍作，厲王遂奔於彘，亂自京師始，而共和行政焉。

是後或力政，彊乘弱，興師不請天子。然挾王室之義，以討伐爲會盟主，政由五伯，諸侯恣行，淫侈不軌，賊臣篡子滋起矣。齊、晉、秦、楚，其在成周微甚，封或百里或五十里。晉阻三河，齊負東海，楚介江、淮，秦因雍州之固，四海〔一〕迭興，更爲霸主，文武所褒大封，皆威而服焉。是以孔子明王道，干七十餘君，莫能用，故西觀周室，論史記舊聞，興於魯而次《春秋》，上記隱，下至哀之獲麟，約其辭文，去其煩重，以制義法，王道備，人事浹。

七十子之徒，口受其傳指，爲有所刺譏褒諱挹損之文辭，不可以書見也。魯君子左丘明，懼弟子人人異端，各安其意，失其真，故因孔子史記，具論其語，成《左氏春秋》。鐸椒爲楚威王傅，爲王不能盡觀《春秋》，采取成敗，卒四十章，爲《鐸氏微》。趙孝成王時，其相虞卿，上采《春秋》，下觀近勢，亦著八篇，爲《虞氏春秋》。呂不韋者，秦莊襄王相，亦上觀尚古，删拾《春秋》，集六國時事，以爲《八覽》《六論》《十二紀》，爲《呂氏春秋》。及如荀卿、孟子、公孫固、韓非之徒，各往往捃摭《春秋》之文以著書，不可勝紀。漢相張蒼曆譜五德，上大夫董仲舒推《春秋》義，頗著文焉。

太史公曰：儒者斷其義，馳説者騁其辭，不務綜其終始。曆人取其年月，數家隆於神運，譜諜

〔一〕「海」字原作「國」，據《史記》爲正。按：曾國藩《經史百家集鈔》本與原刊相同。

獨記世謚，其辭略，欲一觀諸要難。於是譜十二諸侯，自共和訖孔子，表見《春秋》《國語》，學者所譏盛衰大指著於篇，爲成學治古文者要删焉。

六國年表序 太陰

太史公讀《秦記》，至犬戎敗幽王，周東徙洛邑，秦襄公始封爲諸侯，作西畤，用事上帝，僭端見矣。《禮》曰：「天子祭天地，諸侯祭其域内名山大川。」今秦雜戎翟之俗，先暴戾，後仁義，位在藩臣，而臚於郊祀，君子懼焉。及文公逾隴，攘夷狄，尊陳寶，營岐雍之間，而穆公修政，東竟至河，則與齊桓、晉文中國侯伯侔矣。

是後陪臣執政，大夫世禄，六卿擅晉權，征伐會盟，威重於諸侯。及田常殺簡公而相齊國，諸侯晏然弗討，海内争於戰功矣。三國終之卒分晉，田和亦滅齊而有之，六國之盛自此始。務在彊兵并敵，謀詐用而從衡短長之説起。矯稱蠭出，誓盟不信，雖置質剖符，猶不能約束也。

秦始小國僻遠，諸夏賓之，比于戎翟，至獻公之後，常雄諸侯。論秦之德義，不如魯、衛之暴戾者；量秦之兵，不如三晉之彊也。然卒并天下，非必險固便形勢利也，蓋若天所助焉。或曰「東方物所始生，西方物之成孰」。夫作事者必於東南，收功實者常於西北。故禹興於西羌，湯起於亳，周之王也，以豐鎬伐殷，秦之帝用雍州興，漢之興自蜀漢。

秦既得意，燒天下《詩》《書》，諸侯史記尤甚，爲其有所刺譏也。《詩》《書》所以復見者，多藏人家，而史記獨藏周室，以故滅。惜哉惜哉！獨有《秦記》，又不載日月，其文略不具。然戰國之權變，亦有可頗采者，何必上古。秦取天下多暴，然世異變，成功大。《傳》曰「法後王」，何也？以其近己而俗變相類，議卑而易行也。學者牽於所聞，見秦在帝位日淺，不察其終始，因舉而笑之不敢道，此與以耳食無異。悲夫！

余於是因《秦記》，踵《春秋》之後，起周元王，表六國時事，訖二世，凡二百七十年，著諸所聞興壞之端。後有君子，以覽觀焉。

秦楚之際月表序　太陰

太史公讀秦、楚之際，曰：初作難，發於陳涉；虐戾滅秦，自項氏；撥亂誅暴，平定海内，卒踐帝阼，成於漢家。五年之間，號令三嬗。自生民以來，未始有受命若斯之亟也。

昔虞、夏之興，積善累功數十年，德洽百姓，攝行政事，考之於天，然後在位。湯、武之王，乃由契、后稷，修仁行義十餘世，不期而會孟津八百諸侯，猶以爲未可，其後乃放弑。秦起襄公，章於文、繆，獻、孝之後，稍以蠶食六國，百有餘載，至始皇，乃能并冠帶之倫。以德若彼，用力如此，蓋一統若斯之難也。

秦既稱帝，患兵革不休，以有諸侯也，於是無尺土之封，墮壞名城，銷鋒鏑，鉏豪傑，維萬世之安。然王迹之興，起於閭巷，合從討伐，軼於三代，鄉秦之禁，適足以資賢者爲驅除難耳。故憤發其所爲天下雄，安在無土不王。此乃傳之所謂大聖乎？豈非天哉，豈非天哉！非大聖孰能當此受命而帝者乎？

漢興以來諸侯王年表序 太陰

太史公曰：殷以前尚矣。周封五等：公，侯，伯，子，男。然封伯禽、康叔於魯、衛，地各四百里，親親之義，襃有德也；太公於齊，兼五侯地，尊勤勞也。武王、成、康所封數百，而同姓五十五，地上不過百里，下三十里，以輔衛王室。管、蔡、康叔、曹、鄭，或過或損。厲、幽之後，王室缺，侯伯彊國興焉，天子微，弗能正。非德不純，形勢弱也。

漢興序二等。高祖末年，非劉氏而王者，若無功上所不置而侯者，天下共誅之。高祖子弟，同姓爲王者九國，惟獨長沙異姓，而功臣侯者百有餘人。自鴈門、太原以東，至遼陽，爲燕、代國；常山以南，太行左轉，度河、濟，阿、甄以東薄海，爲齊、趙國；自陳以西，南至九疑，東帶江、淮，穀、泗，薄會稽，爲梁、楚〔一〕、淮南、長沙國，皆外接於胡、越。而内地北距山以東，盡諸侯地，大者或五六郡，連城數十，置百官宫觀，僭於天子。漢獨有三河、東郡、潁川、南陽，自江陵以西至蜀，北自雲中至隴西，與内史凡十五郡，而公主列侯頗食邑其中。何者？天下初定，骨肉同姓者少，故廣彊庶孽，以鎮撫四

〔一〕原「楚」下有「吴」字，據《史記》爲正。按：曾國藩《經史百家集鈔》本同。

海，用承衛天子也。

漢定百年之間，親屬益疏，諸侯或驕奢，怵邪臣計謀，爲淫亂，大者叛逆，小者不軌于法，以危其命，殞身亡國。天子觀於上古，然後加惠，使諸侯得推恩分子弟國邑，故齊分爲七，趙分爲六，梁分爲五，淮南分三，及天子支庶子爲王，王子支庶爲侯，百有餘焉。吴楚時，前後諸侯或以適削地，是以燕、代無北邊郡，吴、淮南、長沙無南邊郡，齊、趙、梁〔一〕、楚支郡名山陂海咸納於漢。諸侯稍微，大國不過十餘城，小侯不過數十里，上足以奉貢職，下足以供養祭祀，以蕃輔京師。而漢郡八九十，形錯諸侯間，犬牙相臨，秉其阨塞地利，彊本幹，弱枝葉之勢也，尊卑明而萬事各得其所矣。

臣遷謹記高祖以來至太初諸侯，譜其下益損之時，令後世得覽。形勢雖彊，要之以仁義爲本。

魏公子傳　太陽

魏公子無忌者，魏昭王少子，而魏安釐王異母弟也。昭王薨，安釐王即位，封公子爲信陵君。是時范睢亡魏相秦，以怨魏，齊故，秦兵圍大梁，破魏華陽下軍，走芒卯。魏王及公子患之。

公子爲人仁而下士，士無賢不肖，皆謙而禮交之，不敢以其富貴驕士。士以此方數千里爭往歸之，致食客三千人。當是時，諸侯以公子賢多客，不敢加兵謀魏十餘年。

〔一〕「梁」字原作「燕」，據《史記》爲正。按：曾國藩《經史百家集鈔》本同。

公子與魏王博，而北境傳舉烽，言「趙寇至，且入界」。魏王釋博，欲召大臣謀。公子止王曰：「趙王田獵耳，非爲寇也。」復博如故。王恐，心不在博。居頃，復從北方來傳言曰：「趙王獵耳，非爲寇也。」魏王大驚曰：「公子何以知之？」公子曰：「臣之客，有能深得趙王陰事者，趙王所爲，客輒以報臣，臣以此知之。」是後魏王畏公子之賢能，不敢任公子以國政。

魏有隱士曰侯嬴，年七十，家貧，爲大梁夷門監者。公子聞之，往請，欲厚遺之。不肯受，曰：「臣修身絜行數十年，終不以監門困故，而受公子財。」公子於是乃置酒大會賓客。坐定，公子從車騎，虛左，自迎夷門侯生。侯生攝敝衣冠，直上載公子上坐，不讓，欲以觀公子。公子執轡愈恭。侯生又謂公子曰：「臣有客在市屠中，願枉車騎過之。」公子引車入市，侯生下見其客朱亥，俾倪故久立，與其客語，微察公子。公子顔色愈和。當是時，魏將相宗室賓客滿堂，待公子舉酒。市人皆觀公子執轡，從騎皆竊罵侯生。侯生視公子色終不變，乃謝客就車。至家，公子引侯生坐上坐，徧贊賓客，賓客皆驚。酒酣，公子起，爲壽侯生前。侯生因謂公子曰：「今日嬴之爲公子，亦足矣。嬴乃夷門抱關者也，而公子親枉車騎，自迎嬴於衆人廣坐之中，不宜有所過，今公子故過之。然嬴欲就公子之名，故久立公子車騎市中，過客以觀公子，公子愈恭。市人皆以嬴爲小人，而以公子爲長者，能下士也。」於是罷酒，侯生遂爲上客。

侯生謂公子曰：「臣所過屠者朱亥，此子賢者，世莫能知，故隱屠間耳。」公子往數請之，朱亥故不復謝，公子怪之。

魏安釐王二十年，秦昭王已破趙長平軍，又進兵圍邯鄲。公子姊爲趙惠文王弟平原君夫人，數遺魏王及公子書，請救於魏。魏王使將軍晉鄙將十萬衆救趙。秦王使使者告魏王曰：「吾攻趙旦暮且下，而諸侯敢救者，已拔趙，必移兵先擊之。」魏王恐，使人止晉鄙，留軍壁鄴，名爲救趙，實持兩端以觀望。平原君使者冠蓋相屬於魏，讓魏公子曰：「勝所以自附爲婚姻者，以公子之高義，爲能急人之困。今邯鄲旦暮降秦，而魏救不至，安在公子能急人之困也！且公子縱輕勝，棄之降秦，獨不憐公子姊邪〔一〕？」公子患之，數請魏王及賓客辯士，説王萬端。魏王畏秦，終不聽公子。公子自度終不能得之於王，計不獨生而令趙亡，乃請賓客約車騎百餘乘，欲以客往赴秦軍，與趙俱死。

行過夷門，見侯生，具告所以欲死秦軍狀。辭決而行，侯生曰：「公子勉之矣，老臣不能從。」公子行數里，心不快，曰：「吾所以待侯生者備矣，天下莫不聞。今吾且死，而侯生曾無一言半辭送我，我有所失哉？」復引車〔二〕還問侯生。侯生笑曰：「臣固知公子之還也。」曰：「公子喜士，名聞天下。今有難無他端，而欲赴秦軍，譬若以肉投餒虎，何功之有哉？尚安事客？然公子遇臣厚，公子往而臣不送，以是知公子恨之復返也。」公子再拜，因問侯生。乃屏人間語曰：「嬴聞晉鄙之兵符，常在王卧内，而如姬最幸，出入王卧内，力能竊之。嬴聞如姬父爲人所殺，如姬資之三年，自王以下，欲求報其

〔一〕「邪」字原作「耶」，據《史記》爲正。
〔二〕「車」字原作「軍」，據《史記》爲正。

父仇，莫能得。如姬爲公子泣，公子使客斬其仇頭，敬進如姬。如姬之欲爲公子死無所辭，顧未有路耳。公子誠一開口請如姬，如姬必許諾，則得虎符奪晉鄙軍，北救趙而西却秦，此五霸之伐也。」公子從其計，請如姬。如姬果盜晉鄙兵符與公子。

公子行，侯生曰：「將在外，主令有所不受，以便國家。公子即合符，而晉鄙不授公子兵，而復請之，事必危矣。臣客屠者朱亥可與俱，此人力士。晉鄙聽，大善；不聽，可使擊之。」於是公子泣。侯生曰：「公子畏死邪〔一〕？何泣也？」公子曰：「晉鄙嚄唶宿將，往恐不聽，必當殺之，是以泣耳，豈畏死哉？」於是公子請朱亥。朱亥笑曰：「臣乃市井鼓刀屠者，而公子親數存之，所以不報謝者，以爲小禮無所用。今公子有急，此乃臣效命之秋也。」遂與公子俱。公子過謝侯生。侯生曰：「臣宜從，老不能。請數公子行日，以至晉鄙軍之日，北鄉自剄以送公子。」公子遂行。

至鄴，矯魏王令代晉鄙。晉鄙合符，疑之，舉手視公子曰：「今吾擁十萬之衆，屯於境上，國之重任，今單車來代之，何如哉？」欲無聽。朱亥袖四十斤鐵椎，椎殺晉鄙，公子遂將晉鄙軍。勒兵，下令軍中曰：「父子俱在軍中，父歸；兄弟俱在軍中，兄歸；獨子無兄弟，歸養。」得選兵八萬人，進兵擊秦軍。秦軍解去，遂救邯鄲，存趙。趙王及平原君自迎公子於界，平原君負韊矢爲公子先引。趙王再拜曰：「自古賢人，未有及公子者也。」當此之時，平原君不敢自比於人。公子與侯生決，至軍，侯

〔一〕「邪」字原作「耶」，據《史記》爲正。

生果北鄉自剄。

魏王怒公子之盜其兵符，矯殺晉鄙，公子亦自知也。已却秦存趙，使將將其軍歸魏，而公子獨與客留趙。趙孝成王德公子之矯奪晉鄙兵而存趙，乃與平原君計，以五城封公子。公子聞之，意驕矜而有自功之色。客有説公子曰：「物有不可忘，或有不可不忘。夫人有德於公子，公子不可忘也。公子有德於人，願公子忘之也。且矯魏王令奪晉鄙兵以救趙，於趙則有功矣，於魏則未爲忠臣也。公子乃自驕而功之，竊爲公子不取也。」於是公子立自責，似若無所容者。趙王掃除自迎，執主人之禮，引公子就西階。公子側行辭讓，從東階上。自言辠過，以負於魏，無功於趙。趙王侍酒至暮，口不忍獻五城，以公子退讓也。公子竟留趙。趙王以鄗爲公子湯沐邑，魏亦復以信陵奉公子。公子留趙。

公子聞趙有處士毛公藏於博徒，薛公藏於賣漿家，公子欲見兩人，兩人自匿，不肯見公子。公子聞所在，乃間步往，從此兩人游，甚歡。平原君聞之，謂其夫人曰：「始吾聞夫人弟公子天下無雙，今吾聞之，乃妄從博徒、賣漿者游，公子妄人耳。」夫人以告公子。公子乃謝夫人去，曰：「始吾聞平原君賢，故負魏王而救趙，以稱平原君。平原君之游，徒豪舉耳，不求士也。無忌自在大梁時，常聞此兩人賢，至趙，恐不得見。以無忌從之游，尚恐其不我欲也，今平原君乃以爲羞，其不足從游。」乃裝爲去。夫人具以語平原君。平原君乃免冠謝，固留公子。平原君門下聞之，半去平原君歸公子，天下士復往歸公子，公子傾平原君客。

公子留趙十年不歸。秦聞公子在趙，日夜出兵東伐魏。魏王患之，使使往請公子。公子恐其怒之，乃誡門下有敢爲魏王使通者死。賓客皆背魏之趙，莫敢勸公子歸。毛公、薛公兩人往見公子曰：「公子所以重於趙，名聞諸侯者，徒以有魏也。今秦攻魏，魏急而公子不恤，使秦破大梁，而夷先王之宗廟，公子當何面目立天下乎？」語未及卒，公子立變色，告車趣駕歸救魏。

魏王見公子，相與泣，而以上將軍印授公子，公子遂將。魏安釐王三十年，公子使使遍告諸侯。諸侯聞公子將，各遣將將兵救魏。公子率五國之兵，破秦軍於河外，走蒙驁。遂乘勝逐秦軍至函谷關，抑秦兵，秦兵不敢出。當是時，公子威振天下，諸侯之客進兵法，公子皆名之，故世俗稱《魏公子兵法》。

秦王患之，乃行金萬斤於魏，求晉鄙客，令毁公子於魏王曰：「公子亡在外十年矣，今爲魏將，諸侯將皆屬。諸侯徒聞魏公子，不聞魏王。公子亦欲因此時定南面而王，諸侯畏公子之威，方欲共立之。」秦數使反間，僞賀公子得立爲魏王未也。魏王日聞其毁，不能不信，後果使人代公子將。公子自知再以毁廢，乃謝病不朝，與賓客爲長夜飲。飲醇酒，多近婦女，日夜爲樂。飲者四歲，竟病酒而卒。其歲，魏安釐王亦薨。

秦聞公子死，使蒙驁攻魏，拔二十城，初置東郡。其後秦稍蠶食魏，十八歲而虜魏王，屠大梁。

高祖始微少時，數聞公子賢。及即天子位，每過大梁，常祠公子。高祖十二年，從擊黥布還，爲公子置守冢五家，世世歲以四時奉祀公子。

太史公曰：吾過大梁之墟，求問其所謂夷門。夷門者，城之東門也。天下諸公子，亦有喜士者矣，然信陵君之接巖穴隱者，不恥下交，有以也。名冠諸侯，不虛耳。高祖每過之，而令民奉祀不絕也。

田單傳 太陽

田單者，齊諸田疏屬也。湣王時，單爲臨菑市掾，不見知。及燕使樂毅伐破齊，齊湣王出奔，已而保莒城。燕師長驅平齊，而田單走安平，令其宗人盡斷其車軸末而傅鐵籠。已而燕軍攻安平，城壞，齊人走，争塗，以轊折車敗，爲燕所虜，惟田單宗人以鐵籠故得脱，東保即墨。燕既盡降齊城，惟獨莒、即墨不下。燕軍聞齊王在莒，并兵攻之。淖齒既殺湣王於莒，因堅守距燕軍，數年不下。燕引兵東圍即墨，即墨大夫出與戰，敗死。城中相與推田單曰：「安平之戰，田單宗人以鐵籠得全，習兵。」立以爲將軍，以即墨距燕。

頃之燕昭王卒，惠王立，與樂毅有隙。田單聞之，乃縱反間於燕，宣言曰：「齊王已死，城之不拔者二耳。樂毅畏誅而不敢歸，以伐齊爲名，實欲連兵南面而王齊。齊人未附，故且緩攻即墨，以待其事。齊人所懼，惟恐他將之來，即墨殘矣。」燕王以爲然，使騎劫代樂毅。

樂毅因歸趙，燕人士卒忿。而田單乃令城中人食，必祭其先祖於庭，飛鳥悉翔舞城中下食。燕人怪之。田單因宣言曰：「神來下教我。」乃令城中人曰：「當有神人爲我師。」有一卒曰：「臣可以爲師乎？」因反走。田單乃起引還，東鄉坐，師事之。卒曰：「臣欺君，誠無能也。」田單曰：「子勿言也。」因師之。每出約束，必稱神師。乃宣言曰：「吾惟懼燕軍之劓所得齊卒，置之前行。與我戰，即墨敗矣。」燕人聞之，如其言。城中人見齊諸降者盡劓，皆怒，堅守，惟恐見得。單又縱反間曰：「吾懼燕人掘吾城外冢墓，僇先人，可爲寒心。」燕軍盡掘壟墓，燒死人。即墨人從城上望見，皆涕泣，俱欲出戰，怒自十倍。

田單知士卒之可用，乃身操版插，與士卒分功，妻妾編於行伍之間，盡散飲食饗士。令甲卒皆伏，使老弱女子乘城，遣使約降於燕，燕軍皆呼萬歲。田單又收民金得千溢〔一〕，令即墨富豪遺燕將曰：「即墨即降，願無虜掠吾族家妻妾，令安堵。」燕將大喜，許之。燕軍由此益懈。

田單乃收城中得千餘牛，爲絳繒衣，畫以五彩龍文，束兵刃於其角，而灌脂束葦於尾，燒其端。鑿城數十穴，夜縱牛，壯士五千人隨其後。牛尾熱，怒而奔燕軍，燕軍夜大驚。牛尾炬火，光明炫燿。燕軍視之，皆龍文，所觸盡死傷。五千人因銜枚擊之，而城中鼓譟從之，老弱皆擊銅器爲聲，聲動天地。燕軍大駭敗走。齊人遂夷殺其將騎劫。燕軍擾亂奔走，齊人追亡逐北，所過城邑，皆叛燕而歸田單。兵日益多，乘勝，燕日敗亡，卒至河上，而齊七十餘城，皆復爲齊。乃迎襄王於莒，入臨菑而聽政。

〔一〕「溢」原作「鎰」，據《史記》爲正。

襄王封田單，號曰安平君。

太史公曰：兵以正合，以奇勝，善之者出奇無窮。奇正還相生，如環之無端。夫始如處女，適人開户；後如脱兔，適不及距，其田單之謂邪〔一〕！

魏其武安侯列傳　太陽

魏其侯竇嬰者，孝文后從兄子也。父世觀津人。喜賓客。孝文時，嬰爲吴相，病免。孝景初即位，爲詹事。梁孝王者，孝景弟也，其母竇太后愛之。梁孝王朝，因昆弟燕飲。是時上未立太子，酒酣，從容言曰：「千秋之後，傳梁王。」太后驩。竇嬰引卮酒進上曰：「天下者，高祖天下，父子相傳，此漢之約也，上何以得擅傳梁王！」太后由此憎竇嬰。竇嬰亦薄其官，因病免。太后除竇嬰門籍，不得入朝請。

孝景三年，吴楚反。上察宗室諸竇，毋如竇嬰賢，乃召嬰。嬰入見，固辭，謝病不足任。太后亦慙。於是上曰：「天下方有急，王孫寧可讓邪〔二〕？」乃拜嬰爲大將軍，賜金千斤。嬰乃言袁盎、欒布諸名將賢士在家者進之。所賜金，陳之廊廡下，軍吏過，輒令財取爲用，金無入家者。竇嬰守滎陽，

〔一〕「邪」字原作「耶」，據《史記》爲正。
〔二〕「邪」字原作「耶」，據《史記》爲正。

監齊、趙兵。七國兵已盡破，封嬰爲魏其侯。諸游士賓客争歸魏其侯。孝景時，每朝議大事，條侯、魏其侯，諸列侯莫敢與亢禮。

孝景四年，立栗太子，使魏其侯爲太子傅。孝景七年，栗太子廢，魏其數争不能得。魏其謝病，屏居藍田南山之下。數月，諸賓客辯士説之，莫能來。梁人高遂乃説魏其曰：「能富貴將軍者，上也；能親將軍者，太后也。今將軍傅太子，太子廢而不能争，争不能得，又弗能死。自引謝病，擁趙女，屏閑處而不朝。相提而論，是自明揚主上之過。有如兩宫螫將軍，則妻子毋類矣。」魏其侯然之，乃遂起，朝請如故。

桃侯免相，竇太后數言魏其侯。孝景帝曰：「太后豈以爲臣有愛不相魏其？魏其者，沾沾自喜耳，多易。難以爲相，持重。」遂不用。用建陵侯衛綰爲丞相。

武安侯田蚡者，孝景后同母弟也，生長陵。魏其已爲大將軍，後方盛。蚡爲諸郎，未貴，往來侍酒魏其，跪起如子姪。及孝景晚節，蚡益貴幸，爲太中大夫。蚡辯有口，學《槃盂》諸書，王太后賢之。孝景崩，即日太子立，稱制，所鎮撫多有田蚡賓客計筴。蚡弟田勝，皆以太后弟，孝景後三年，封蚡爲武安侯，勝爲周陽侯。

武安侯新欲用事，爲相，卑下賓客，進名士家居者貴之，欲以傾魏其諸將相。建元元年，丞相綰病免，上議置丞相、太尉。籍福説武安侯曰：「魏其貴久矣，天下士素歸之。今將軍初興，未如魏其，即上以將軍爲丞相，必讓魏其。魏其爲丞相，將軍必爲太尉。太尉、丞相尊等耳，又有讓賢名。」武安侯乃微言太后風上，於是乃以魏其侯爲丞相，武安侯爲太尉。籍福賀魏其侯，因弔曰：「君侯資性，喜善疾惡，方今善人譽君侯，故至丞相。然君侯且疾惡，惡人衆，亦且毁君侯。君侯能兼容則幸久〔一〕；不能，今以毁去矣。」魏其不聽。

魏其、武安俱好儒術，推轂趙綰爲御史大夫，王臧爲郎中令。迎魯申公，欲設明堂，令列侯就國，除關，以禮爲服制，以興太平。舉適諸竇宗室毋節行者，除其屬籍。時諸外家爲列侯，列侯多尚公主，皆不欲就國，以故毁日至竇太后。太后好黄老之言，而魏其、武安、趙綰、王臧等，務隆推儒術，貶道家言，是以竇太后滋不説魏其等。及建元二年，御史大夫趙綰請無奏事東宮。竇太后大怒，乃罷逐趙綰、王臧等，而免丞相、太尉。以柏至侯許昌爲丞相，武彊侯莊青翟爲御史大夫。魏其、武安由此以侯家居。

武安侯雖不任職，以王太后故親幸，數言事多效，天下吏士趨勢利者，皆去魏其，歸武安。武安日益横。建元六年，竇太后崩，丞相昌、御史大夫青翟，坐喪事不辦免。以武安侯蚡爲丞相，以大司農韓安國爲御史大夫。天下士、郡國諸侯，愈益附武安。

武安者貌寢，生貴甚。又以爲諸侯王多長，上初即位，富於春秋，蚡以肺腑爲京師相，非痛折節以禮詘之，天下不肅。當是時，丞相入奏事，坐語移日，所言皆聽。薦人或起家至二千石，權移主上。

〔一〕「久」字原誤作「人」，據《史記》改之。

上乃曰：「君除吏已盡未？吾亦欲除吏。」嘗請考工地益宅，上怒曰：「君何不遂取武庫！」是後乃退。嘗召客飲，坐其兄蓋侯南鄉，自坐東鄉，以爲漢相尊，不可以兄故私橈。武安由此滋驕，治宅甲諸第，田園極膏腴，而市買郡縣器物，相屬於道。前堂羅鐘鼓，立曲旃；後房婦女以百數。諸侯奉金玉狗馬玩好，不可勝數。

魏其失竇太后，益疏不用，無勢。諸客稍稍自引而怠傲，惟灌將軍獨不失故。魏其日默默不得志，而獨厚遇灌將軍。灌將軍夫者，潁陰人也。夫父張孟，嘗爲潁陰侯嬰舍人得幸，因進之，至二千石，故蒙灌氏姓，爲灌孟。吴楚反時，潁陰侯灌何爲將軍，屬太尉，請灌孟爲校尉。夫以千人與父俱。灌孟年老，潁陰侯彊請之，鬱鬱不得意，故戰常陷堅，遂死吴軍中。軍法，父子俱從軍，有死事，得與喪歸。灌夫不肯隨喪歸，奮曰：「願取吴王若將軍頭，以報父之仇。」於是灌夫被甲持戟，募軍中壯士所善願從者數十人。及出壁門，莫敢前。獨二人及從奴十餘騎，馳入吴軍，至吴將麾下，所殺傷數十人。不得前，復馳還，走入漢壁，皆亡其奴，獨與一騎歸。夫身中大創十餘，適有萬金良藥，故得無死。夫創少瘳，又復請將軍曰：「吾益知吴壁中曲折，請復往。」將軍壯義之，恐亡夫，乃言太尉，太尉乃固止之。吴已破，灌夫以此名聞天下。

潁陰侯言之上，上以夫爲中郎將。數月，坐法去。後家居長安，長安中諸公莫弗稱之。孝景時至代相。孝景崩，今上初即位，以爲淮陽天下交勁兵處，故徙夫爲淮陽太守。建元元年，入爲太僕。二年，夫與長樂衛尉竇甫飲，輕重不得。夫醉，搏甫。甫，竇太后昆弟也。上恐太后誅夫，徙爲燕相。

數歲，坐法去官，家居長安。

灌夫爲人，剛直使酒，不好面諛。貴戚諸有勢在己之右，不欲加禮，必陵之。諸士在己之左，愈貧賤，尤益敬，與鈞。稠人廣衆，薦寵下輩。士亦以此多之。

夫不喜文學，好任俠，已然諾。諸所與交通，無非豪桀〔一〕大猾。家累數千萬，食客日數十百人。陂池田園，宗族賓客，爲權利，横於潁川。潁川兒乃歌之曰：「潁水清，灌氏寧；潁水濁，灌氏族。」

灌夫家居雖富，然失勢，卿相侍中賓客益衰。及魏其侯失勢，亦欲倚灌夫，引繩批根生平慕之後棄之者。灌夫亦倚魏其而通列侯宗室爲名高。兩人相爲引重，其游如父子然，相得驩甚無厭，恨相知晚也。

灌夫有服，過丞相。丞相從容曰：「吾欲與仲孺過魏其侯，會仲孺有服。」灌夫曰：「將軍乃肯幸臨況魏其侯，夫安敢以服爲解！請語魏其侯帳具，將軍旦日蚤臨！」武安許諾。灌夫具語魏其侯，如所謂武安侯。魏其與其夫人益市牛酒，夜灑掃，早帳具，至旦平明，令門下候伺。至日中，丞相不來。魏其謂灌夫曰：「丞相豈忘之哉？」灌夫不懌曰：「夫以服請宜往。」乃駕自往迎丞相。丞相特前戲語灌夫，殊無意往。及夫至門，丞相尚卧。於是夫入見曰：「將軍昨日幸許過魏其，魏其夫妻治具，自旦至今，未敢嘗食。」武安愕謝曰：「吾昨日醉，忽忘與仲孺言。」乃駕往，又徐行，灌夫愈益怒。及

〔一〕「桀」字原作「傑」，據《史記》爲正。

飲酒酣，夫起舞，屬丞相。丞相不起，夫從坐上語侵之。魏其乃扶灌夫去，謝丞相。丞相卒飲至夜，極驩而去。

丞相嘗使籍福，請魏其城南田。魏其大望曰：「老僕雖棄，將軍雖貴，寧可以勢奪乎！」不許。灌夫聞，怒駡籍福。籍福惡兩人有郄，乃謾自好謝丞相曰：「魏其老且死，易忍，且待之。」已而武安聞魏其、灌夫實怒不予田，亦怒曰：「魏其子嘗殺人，蚡活之。蚡事魏其，無所不可，何愛數頃田？且灌夫何與也？吾不敢復求田。」武安由此大怨灌夫、魏其。

元光四年春，丞相言：「灌夫家在潁川橫甚，民苦之。請案。」上曰：「此丞相事，何請。」灌夫亦持丞相陰事，爲奸利，受淮南王金，與語言。賓客居間，遂止，俱解。

夏，丞相取燕王女爲夫人。有太后詔，召列侯宗室皆往賀。魏其侯過灌夫，欲與俱。夫謝曰：「夫數以酒失得過丞相，丞相今者又與夫有郄。」魏其曰：「事已解。」彊與俱。飲酒酣，武安起爲壽，坐皆避席伏。已魏其侯爲壽，獨故人避席耳，餘半膝席。灌夫不悦，起行酒至武安。武安膝席曰：「不能滿觴。」夫怒，因嘻笑曰：「將軍貴人也，屬之！」時武安不肯。行酒次至臨汝侯，臨汝侯方與程不識耳語，又不避席。夫無所發怒，乃駡臨汝侯曰：「生平毀程不識不直一錢，今日長者爲壽，乃效女兒呫囁耳語！」武安謂灌夫曰：「程、李俱東西宫衛尉，今衆辱程將軍，仲孺獨不爲李將軍地乎？」灌夫曰：「今日斬頭陷匈，何知程、李乎！」坐乃起更衣，稍稍去。魏其侯去，麾灌夫出。武安遂怒曰：「此吾驕灌夫罪。」乃令騎留灌夫。灌夫欲出不得。籍福起爲謝，案灌夫項令謝。夫愈怒，不肯謝。武安乃麾騎縛夫置傳舍，召長史曰：「今日召宗室，有詔。」劾灌夫罵坐不敬，繫居室，遂按其前事，遣吏分曹逐捕諸灌氏支屬，皆得棄市罪。魏其侯大愧，爲資使賓客請，莫能解。武安吏皆爲耳目，諸灌氏皆亡匿。夫繫，遂不得告言武安陰事。

魏其鋭身爲救灌夫，夫人諫魏其曰：「灌將軍得罪丞相，與太后家忤，寧可救邪〔一〕？」魏其侯曰：「侯自我得之，自我捐之，無所恨。且終不令灌仲孺獨死，嬰獨生。」乃匿其家，竊出上書。立召入，具言灌夫醉飽事，不足誅。上然之，賜魏其食曰：「東朝廷辯之。」

魏其之東朝，盛推灌夫之善，言其醉飽得過，乃丞相以他事誣罪之。武安又盛毀灌夫所爲横恣，罪逆不道。魏其度不可奈何，因言丞相短。武安曰：「天下幸而安樂無事，蚡得爲肺腑，所好音樂狗馬田宅。蚡所愛倡優巧匠之屬，不如魏其、灌夫日夜招聚天下豪桀壯士與論議，腹誹而心謗，不仰視天而俯畫地，辟倪兩宫間，幸天下有變，而欲有大功。臣乃不知魏其等所爲。」於是上問朝臣：「兩人孰是？」御史大夫韓安國曰：「魏其言灌夫父死事，身荷戟馳入不測之吴軍，身被數十創，名冠三軍，此天下壯士，非有大惡，争杯酒，不足引他過以誅也。魏其言是也。丞相亦言灌夫通奸猾，侵細民，家累巨萬，横恣潁川，凌轢宗室，侵犯骨肉，此所謂『枝大於本，脛大於股，不折必披』，丞相言亦是。惟明主裁之。」主爵都尉汲黯是魏其。内史鄭當時是魏其，後不敢堅對。餘皆莫敢對。上怒内史

〔一〕「邪」字原作「耶」，據《史記》爲正。

曰：「公平生數言魏其、武安長短，今日廷論，局趣效轅下駒，吾并斬若屬矣。」即罷起入，上食太后。太后亦已使人候伺，具以告太后。太后怒不食曰：「今我在也，而人皆藉吾弟，令我百歲後，皆魚肉之矣。且帝寧能爲石人邪〔一〕！此特帝在，即録録，設百歲後，是屬寧有可信者乎？」上謝曰：「俱宗室外家，故廷辯之。不然，此一獄吏所決耳。」是時郎中令石建，爲上分別言兩人事。

武安已罷朝，出止車門，召韓御史大夫載，怒曰：「與長孺共一老秃翁，爲何首鼠兩端？」韓御史良久，謂丞相曰：「君何不自喜？夫魏其毁君，君當免冠解印綬歸，曰『臣以肺腑，幸得待罪，固非其任，魏其言皆是』。如此，上必多君有讓，不廢君。魏其必内愧，杜門齰舌自殺。今人毁君，君亦毁之，譬如賈豎女子争言，何其無大體也！」武安謝罪曰：「争時急，不知出此。」

於是上使御史簿責魏其所言，灌夫頗不讎，欺謾。劾繫都司空。孝景時，魏其常受遺詔曰：「事有不便，以便宜論上。」及繫，灌夫罪至族。事日急，諸公莫敢復明言於上。魏其乃使昆弟子上書言之，幸得復召見。書奏上，而案尚書，大行無遺詔。詔書獨藏魏其家，家丞封。乃劾魏其矯先帝詔，罪當棄市。五年十月，悉論灌夫及家屬。魏其良久乃聞，聞即恚，病痱不食，欲死。或聞上無意殺魏其，魏其復食治病。議定不死矣，乃有蜚語爲惡言聞上，故以十二月晦，論棄市渭城。

其春，武安侯病，專呼服謝罪。使巫視鬼者視之，見魏其、灌夫共守，欲殺之。竟死。子恬嗣。

〔一〕「邪」字原作「耶」，據《史記》爲正。

元朔三年，武安侯坐衣襜褕入宮，不敬。

淮南王安謀反覺，治。王前朝，武安侯爲太尉，時迎王至霸上，謂王曰：「上未有太子，大王最賢，高祖孫。即宫車晏駕，非大王立當誰哉！」淮南王大喜，厚遺金財物。上自魏其時，不直武安，特爲太后故耳。及聞淮南王金事，上曰：「使武安侯在者，族矣。」

太史〔一〕公曰：魏其、武安皆以外戚重，灌夫用一時決筴而名顯。魏其之舉以吴楚，武安之貴，在日月之際。然魏其誠不知時變，灌夫無術而不遜，兩人相翼，乃成禍亂。武安負貴而好權，杯酒責望，陷彼兩賢。嗚呼哀哉！遷怒及人，命亦不延。衆庶不載，竟被惡言。嗚呼哀哉！禍所從來矣！

李將軍傳　太陽

李將軍廣者，隴西成紀人也。其先曰李信，秦時爲將，逐得燕太子丹者也。故槐里，徙成紀。廣家世世受射。孝文帝十四年，匈奴大入蕭關，而廣以良家子從軍擊胡，用善騎射，殺首虜多，爲漢中郎。廣從弟李蔡亦爲郎，皆爲武騎常侍，秩八百石。嘗從行，有所衝陷折關，及格猛獸，而文帝曰：「惜乎子不遇時！如令子當高帝時，萬户侯豈足道哉！」

及孝景初立，廣爲隴西都尉，徙爲騎郎將。吴楚軍時，廣爲驍騎都尉，從太尉亞夫擊吴楚軍，取

〔一〕「史」字原誤作「后」。

旗，顯功名昌邑下。以梁王授廣將軍印，還，賞不行。徙爲上谷太守，匈奴日以合戰。典屬國公孫昆邪爲上泣曰：「李廣才氣，天下無雙，自負其能，數與虜敵，戰恐亡之。」於是乃徙爲上郡太守。後廣轉爲邊郡太守，徙上郡。嘗爲隴西、北地、雁門、代郡、雲中太守，皆以力戰爲名。

匈奴大入上郡，天子使中貴人從廣，勒習兵擊匈奴。中貴人將騎數十縱，見匈奴三人，與戰。三人還射，傷中貴人，殺其騎且盡。中貴人走廣。廣曰：「是必射雕者也。」廣乃遂從百騎，往馳三人。三人亡馬步行，行數十里，廣令其騎張左右翼，而廣身自射彼三人者，殺其二人，生得一人，果匈奴射雕者也。已縛之上馬，望匈奴有數千騎，見廣，以爲誘騎，皆驚上山陳。廣之百騎皆大恐，欲馳還走。廣曰：「吾去大軍數十里，今如此，以百騎走，匈奴追射我，立盡。今我留，匈奴必以我爲大軍誘之，必不敢擊我。」廣令諸騎曰：「前！」前未到匈奴陳二里所止，令曰：「皆下馬解鞍！」其騎曰：「虜多且近，即有急，奈何？」廣曰：「彼虜以我爲走，今皆解鞍以示不走，用堅其意。」於是胡騎遂不敢擊。有白馬將出護其兵，李廣上馬與十餘騎犇，射殺胡白馬將而復還，至其騎中解鞍，令士皆縱馬臥。是時會暮，胡兵終怪之，不敢擊。夜半時，胡兵亦以爲漢有伏軍於旁，欲夜取之，胡皆引兵而去。平旦，李廣乃歸其大軍。大軍不知廣所之，故弗從。

居久之，孝景崩，武帝立。左右以爲廣名將也，於是廣以上郡太守爲未央衛尉，而程不識亦爲長樂衛尉。程不識故與李廣俱以邊太守將軍屯。及出擊胡，而廣行無部伍行陳，就善水草屯舍止，人人自便，不擊刁斗以自衛，莫府省約文書籍事，然亦遠斥候，未嘗遇害。程不識正部曲行伍營陳，擊刁斗，士吏治軍簿至明，軍不得休息，然亦未嘗遇害。不識曰：「李廣軍極簡易，然虜卒犯之，無以禁也；而其士卒亦佚樂，咸樂爲之死。我軍雖煩擾，然虜亦不得犯我。」是時漢邊郡，李廣、程不識皆爲名將，然匈奴畏李廣之畧，士卒亦多樂從李廣而苦程不識。程不識，孝景時以數直諫爲太中大夫。爲人廉，謹於文法。

後漢以馬邑城誘單于，使大軍伏馬邑旁谷，而廣爲驍騎將軍，領屬護軍將軍。是時單于覺之去，漢軍皆無功。其後四歲，廣以衛尉爲將軍，出雁門，擊匈奴。匈奴兵多，破敗廣軍，生得廣。單于素聞廣賢，令曰：「得李廣，必生致之。」胡騎得廣，廣時傷病，置廣兩馬間，絡而盛卧。廣行十餘里，廣詳死，睨其旁，有一胡兒騎善馬。廣暫騰而上胡兒馬，因推墮兒，取其弓，鞭馬南馳數十里，復得其餘軍，因引而入塞。匈奴捕者騎數百追之，廣行取胡兒弓，射殺追騎，以故得脱。於是至漢，漢下廣吏。吏當廣所失亡多，爲虜所生得，當斬，贖爲庶人。

頃之家居數歲。廣家與故潁陰侯孫屏野居藍田南山中射獵。嘗夜從一騎出，從人田間飲。還至霸陵亭，霸陵尉醉，呵止廣。廣騎曰：「故李將軍。」尉曰：「今將軍尚不得夜行，何乃故也！」止廣宿亭下。居無何，匈奴入殺遼西太守，敗韓將軍，韓〔一〕將軍徙右北平。於是天子乃召拜廣爲右北平太守。廣即請霸陵尉與俱，至軍而斬之。

〔一〕原「韓」前有「後」字，據《史記》爲正。

廣居右北平，匈奴聞之，號曰「漢之飛將軍」，避之數歲，不敢入右北平。

廣出獵，見草中石，以爲虎而射之，中石没鏃，視之石也。因復更射之，終不能復入石矣。廣所居郡，聞有虎，嘗自射之。及居右北平，射虎，虎騰傷廣，廣亦竟射殺之。

廣廉，得賞賜，輒分其麾下，飲食與士共之。終廣之身，爲二千石四十餘年，家無餘財，終不言家産事。廣爲人長，猨臂，其善射亦天性也，雖其子孫他人學者，莫能及廣。廣訥，口少言，與人居，則畫地爲軍陳，射闊狹以飲。專以射爲戲，竟死。廣之將兵，乏絶之處見水，士卒不盡飲，廣不近水；士卒不盡食，廣不嘗食。寬緩不苛，士以此愛樂爲用。其射見敵急，非在數十步之内，度不中，不發，發即應弦而倒。用此其將兵數困辱，其射猛獸，亦爲所傷云。

居頃之，石建卒，于是上召廣代建爲郎中令。元朔六年，廣復爲後將軍，從大將軍軍出定襄，擊匈奴。諸將多中首虜，率以功爲侯者，而廣軍無功。後二〔一〕歲，廣以郎中令將四千騎，出右北平，博望侯張騫將萬騎，與廣俱，異道。行可數百里，匈奴左賢王將四萬騎圍廣。廣軍士皆恐，廣乃使其子敢往馳之。敢獨與數十騎馳，直貫胡騎，出其左右而還，告廣曰：「胡虜易與耳。」軍士乃安。廣爲圜陳外嚮，胡急擊之，矢下如雨。漢兵死者過半，漢矢且盡。廣乃令士持滿毋發，而廣身自以大黄射其裨將，殺數人，胡虜益解。會日暮，吏士皆無人色，而廣意氣自如，益治軍。軍中自是服其勇也。明

〔一〕「二」字原作「三」，據《史記》爲正。

日復力戰，而博望侯軍亦至，匈奴軍乃解去。漢軍罷，弗能追。是時廣軍幾没，罷歸。漢法博望侯留遲後期，當死，贖爲庶人。廣軍功自如，無賞。

初，廣之從弟李蔡，與廣俱事孝文帝。景帝時，蔡積功勞至二千石。孝武帝時至代相。以元朔五年，爲輕車將軍，從大將軍擊右賢王有功中率，封爲樂安侯。元狩二年中，代公孫弘爲丞相。蔡爲人在下中，名聲出廣下甚遠，然廣不得爵邑，官不過九卿，而蔡爲列侯，位至三公。諸廣之軍吏及士卒，或取封侯。廣嘗與望氣王朔燕語，曰：「自漢擊匈奴，而廣未嘗不在其中。而諸部校尉以下，才能不及中人，然以擊胡軍功，取侯者數十人。而廣不爲後人，然無尺寸之功，以得封邑者，何也？豈吾相不當侯邪？且固命也？」朔曰：「將軍自念，豈嘗有所恨乎？」廣曰：「吾嘗爲隴西守，羌嘗反，吾誘而降，降者八百餘人，吾詐而同日殺之。至今大恨獨此耳。」朔曰：「禍莫大於殺已降，此乃將軍所以不得侯者也。」

後二歲，大將軍、驃騎將軍大出擊匈奴，廣數自請行。天子以爲老，弗許。良久，乃許之，以爲前將軍。是歲元狩四年也。

廣既從大將軍青擊匈奴，既出塞，青捕虜，知單于所居，乃自以精兵走〔一〕之，而令廣并於右將軍軍，出東道。東道少回遠，而大軍行水草少，其勢不屯行。廣自請曰：「臣部爲前將軍，今大將軍乃

〔一〕「走」字原作「追」，據《史記》爲正。

徙令臣出東道，且臣結髮而與匈奴戰，今乃一得當單于，臣願居前，先死單于。」大將軍青亦陰受上誡，以爲李廣老，數奇，毋令當單于，恐不得所欲。而是時公孫敖新失侯，爲中將軍，從大將軍。大將軍亦欲使敖與俱當單于，故徙前將軍廣。廣時知之，固自辭於大將軍。大將軍不聽，令長史封書與廣之莫府曰：「急詣部如書。」廣不謝大將軍而起行，意甚愠怒，而就部引兵，與右將軍食其合軍出東道。軍亡導，或失道，後大將軍。大將軍與單于接戰，單于遁走，弗能得而還。南絶幕，遇前將軍、右將軍。廣已見大將軍，還入軍。大將軍使長史持糒醪遺廣，因問廣、食其失道狀，青欲上書報天子軍曲折。廣未對，大將軍使長史急責廣之幕府對簿。廣曰：「諸校尉無罪，乃我自失道。吾今自上簿。」

至莫府，廣謂其麾下曰：「廣結髮與匈奴大小七十餘戰，今幸從大將軍出接單于兵，而大將軍又徙廣部行回遠，而又迷失道，豈非天哉！且廣年六十餘矣，終不能復對刀筆之吏。」遂引刀自剄。廣軍士大夫一軍皆哭。百姓聞之，知與不知，無老壯皆爲垂涕。而右將軍獨下吏當死，贖爲庶人。

廣子三人，曰當户、椒、敢，爲郎。天子與韓嫣戲，嫣少不遜，當户擊嫣，嫣走。於是天子以爲勇。當户早死，拜椒爲代郡太守，皆先廣死。當户有遺腹子名陵。廣死軍時，敢從驃騎將軍。廣死明年，李蔡以丞相坐侵孝景園壖地，當下吏治，蔡亦自殺，不對獄，國除。李敢以校尉從驃騎將軍擊胡左賢王，力戰，奪左賢王鼓旗，斬首多，賜爵關内侯，食邑二百户，代廣爲郎中令。頃之，怨大將軍青之恨其父，乃擊傷大將軍，大將軍匿諱之。居無何，敢從上雍至甘泉宫獵。驃騎將軍去病與青有親，射殺敢。去病時方貴幸，上諱云鹿觸殺之。居歲餘，去病死。而敢有女，爲太子中人，愛幸。敢男禹，有寵於太子，然好利，李氏陵遲衰微矣。

李陵既壯，選爲建章監，監諸騎。善射，愛士卒。天子以爲李氏世將，而使將八百騎。嘗入匈奴二千餘里，過居延，視地形，無所見虜而還。拜爲騎都尉，將丹陽楚人五千人，教射酒泉、張掖，以屯衛胡。數歲，天漢二年秋，貳師將軍李廣利將三萬騎，擊匈奴右賢王於祁連天山，而使陵將其射士步兵五千人，出居延北，可千餘里，欲以分匈奴兵，毋令專走貳師也。陵既至期還，而單于以兵八萬圍擊陵軍。陵軍五千人，兵矢既盡，士死者過半，而所殺傷匈奴亦萬餘人。且引且戰，連鬬八日，還未到居延百餘里，匈奴遮狹絶道，陵食乏，而救兵不到，虜急擊招降陵。陵曰：「無面目報陛下。」遂降匈奴。其兵盡没，餘亡散得歸漢者四百餘人。

單于既得陵，素聞其家聲，及戰又壯，乃以其女妻陵而貴之。漢聞，族陵母妻子。自是之後，李氏名敗，而隴西之士居門下者，皆用爲耻焉。

太史公曰：《傳》曰：「其身正，不令而行。其身不正，雖令不從。」〔一〕其李將軍之謂也？余睹李將軍悛悛如鄙人，口不能道辭。及死之日，天下知與不知，皆爲盡哀，彼其忠實心誠信於士大夫也。諺曰：「桃李不言，下自成蹊。」此言雖小，可以諭大也。

〔一〕《論語·子路》語。

報任安書 太陽

【釋】此篇大體從《文選》，並間取《漢書·司馬遷列傳》。

太史公牛馬走司馬遷再拜言。少卿足下：曩者辱賜書，教以慎於接物，推賢進士爲務，意氣懃懃懇懇，若望僕不相師，而用流俗人之言。僕非敢如此也。僕雖罷駑，亦嘗側聞長者之遺風矣。顧自以爲身殘處穢，動而見尤，欲益反損，是以獨鬱悒而誰與語。諺曰：「誰爲爲之？孰令聽之？」蓋鍾子期死，伯牙終身不復鼓琴。何則？士爲知己者用，女爲悦己者容。若僕大質已虧缺矣，雖材懷隨〔一〕和，行若由夷，終不可以爲榮，適足以見笑而自點耳。

書辭宜答，會東從上來，又迫賤事，相見日淺，卒卒無須臾之閑，得竭至〔二〕意。今少卿抱不測之罪，涉旬月，迫季冬，僕又薄從上雍，恐卒然不可爲諱。是僕終已不得舒憤懣以曉左右，則長逝者魂魄，私恨無窮。請略陳固陋。闕然久不報，幸勿爲過。

僕聞之：修身者，智之符也；愛施者，仁之端也；取與者，義之表也；恥辱者，勇之決也；立

〔一〕「隨」字原作「隋」，據《漢》《選》爲正。
〔二〕「至」字原作「志」，據《漢》《選》爲正。

名者，行之極也。士有此五者，然後可以託於世，列於君子之林矣。故禍莫憯於欲利，悲莫痛於傷心，行莫醜於辱先，詬莫大於宮刑。刑餘之人，無所比數，非一世也，所從來遠矣。昔衛靈公與雍渠同載，孔子適陳；商鞅因景監見，趙良寒心；同子參乘，袁絲變色：自古而耻之。夫以中材之人，事有關於宦豎，莫不傷氣，而況於慷慨之士乎！如今朝廷雖乏人，奈何令刀鋸之餘，薦天下之豪俊哉！僕賴先人緒業，得待罪輦轂下，二十餘年矣。所以自惟：上之不能納忠效信，有奇策材力之譽，自結明主；次之又不能拾遺補闕，招賢進能，顯巖穴之士；外之不能備行伍，攻城野戰，有斬將搴旗之功；下之不能積日累勞，取尊官厚禄，以爲宗族交遊光寵。四者無一遂，苟合取容，無所短長之效，可見如此矣。鄉者僕亦嘗廁下大夫之列，陪〔一〕外廷末議。不以此時引維綱〔二〕，盡思慮，今已虧形，爲埽除之隸，在闒茸之中，乃欲仰首伸眉，論列是非，不亦輕朝廷，羞當世之士邪〔三〕！嗟乎！嗟乎！如僕尚何言哉！尚何言哉！

且事本末未易明也。僕少負不羈之才〔四〕，長無鄉曲之譽，主上幸以先人之故，使得奏薄伎，出入周衛之中。僕以爲戴盆何以望天，故絶賓客之知，忘室家之業，日夜思竭其不肖之才力，務壹心營

〔一〕原「陪」下有「奉」字，考《漢》《選》皆無，故删之。
〔二〕「維綱」原作「綱維」，據《漢》《選》爲正。
〔三〕「邪」原作「耶」，據《漢》《選》爲正。
〔四〕「陪」字《文選》作「行」，此處蓋從《漢書》。

職，以求親媚於主上。而事乃有大謬不然者。夫僕與李陵，俱居門下，素非相善也，趨舍異路，未嘗銜盃酒、接慇懃之餘懽。然僕觀其爲人，自守奇士，事親孝，與士信，臨財廉，取與義，分别有讓，恭儉下人，常思奮不顧身，以徇國家之急。其素所蓄積也，僕以爲有國士之風。夫人臣出萬死不顧一生之計，赴公家之難，斯已奇矣。今舉事一不當，而全軀保妻子之臣，隨而媒孽其短，僕誠私心痛之。且李陵提步卒不滿五千，深踐戎馬之地，足歷王庭，垂餌虎口，横挑彊胡，仰億萬之師，與單于連戰十有餘日，所殺過半當。虜救死扶傷不給。旃裘之君長咸震怖，乃悉徵其左右賢王，舉引弓之民〔一〕，一國共攻而圍之。轉鬬千里，矢盡道窮，救兵不至，士卒死傷如積。然陵一呼勞軍，士無不起，躬自流涕，沬血飲泣，更張空弮，冒白刃，北嚮争死敵者。陵未没時，使有來報，漢公卿王侯皆奉觴上壽。後數日，陵敗書聞，主上爲之食不甘味，聽朝不怡，大臣憂懼，不知所出。僕竊不自料其卑賤，見主上慘愴怛悼，誠欲效其款款之愚。以爲李陵素與士大夫絶甘分少，能得人之〔二〕死力，雖古之名將，不能過也。身雖陷敗，彼觀其意，且欲得其當而報於漢。事已無可奈何，其所摧敗，功亦足以暴於天下矣。僕懷欲陳之而未有路，適會召問，即以此指推言陵之功，欲以廣主上之意，塞睚眦之辭。未能盡明，明主不曉，以爲僕沮貳師，而爲李陵游説，遂下於理。拳拳之忠，終不能自列。因爲誣上，卒從吏

〔一〕「民」字，《文選》作「人」，此處蓋從《漢書》。
〔二〕《文選》無「之」字，此處蓋從《漢書》。

議。家貧，貨賂不足以自贖，交游莫救〔一〕，左右親近不爲一言。身非木石，獨與法吏爲伍，深幽囹圄之中，誰可告愬者！此真少卿所親見，僕行事豈不然乎？李陵既生降，隤其家聲，而僕又佴之蠶室，重爲天下觀笑。悲夫！悲夫！

事未易一二爲俗人言也。僕之先人，非有剖符丹書之功，文史星曆，近乎卜祝之間，固主上所戲弄，倡優所畜，流俗之所輕也。假令僕伏法受誅，若九牛亡一毛，與螻蟻何以異？而世〔二〕又不與能死節者次比〔三〕，特以爲智窮罪極，不能自免，卒就死耳。何也？素所自樹立使然也。人固有一死，死有〔四〕重於泰山，或輕於鴻毛，用之所趨異也。太上不辱先，其次不辱身，其次不辱理色，其次不辱辭令，其次詘體受辱，其次易服受辱，其次關木索、被箠楚受辱，其次剔毛髮、嬰金鐵受辱，其次毁肌膚、斷肢體受辱，最下腐刑，極矣。《傳》曰：「刑不上大夫。」〔五〕此言士節不可不勉勵也。猛虎在深山，百獸震恐，及在檻穽之中，摇尾而求食，積威約之漸也。故士有畫地爲牢，勢不可入，削木爲吏，議不可對，定計於鮮也。今交手足，受木索，暴肌膚，受榜箠，幽於圜牆之中，當此之時，見獄吏則頭

〔一〕原「救」下有「視」字，考《漢》《選》皆無，故删之。
〔二〕原「世」下有「俗」字，考《漢》《選》皆無，故删之。
〔三〕「次比」二字《漢書》無「次」字，《文選》二字俱無。
〔四〕「死有」二字，《文選》作「或」，此處蓋從《漢書》。
〔五〕《禮記·曲禮》語。

搶地，視徒隸則心惕息。何者？積威約之勢也。及已至是，言不辱者，所謂强顔耳，曷足貴乎！且西伯，伯也，拘於羑里；李斯，相也，具於五刑；淮陰，王也，受械於陳；彭越、張敖，南面稱孤，繫獄抵罪；絳侯誅諸吕，權傾五伯，囚於請室；魏其大將也，衣赭衣，關三木；季布爲朱家鉗奴；灌夫受辱於居室。此人皆身至王侯將相，聲聞鄰國，及罪至罔加，不能引決自裁。在塵埃之中，古今一體，安在其不辱也！由此言之，勇怯，勢也；彊弱，形也。審矣，何足怪乎！夫人不能早自裁繩墨之外，以稍陵遲，至於鞭箠之間，乃欲引節，斯不亦遠乎！古人所以重施刑於大夫者，殆爲此也。夫人情莫不貪生惡死，念父母，顧妻子，至激於義理者不然，乃有所不得已也。今僕不幸，早失父母，無兄弟之親，獨身孤立，少卿視僕於妻子何如哉？且勇者不必死節，怯夫慕義，何處不勉焉！僕雖怯懦欲苟活，亦頗識去就之分矣，何至自沈溺縲紲之辱哉！且夫臧獲婢妾，由能引決，況僕之不得已乎！所以隱忍苟活，幽於糞土之中而不辭者，恨私心有所不盡，鄙陋没世而文采不表於後世也。

古者富貴而名磨滅，不可勝記，惟倜儻非常之人稱焉。蓋文王拘而演《周易》；仲尼阨而作《春秋》；屈原放逐，乃賦《離騷》；左丘失明，厥有《國語》；孫子臏脚，《兵法》修列；不韋遷蜀，世傳《吕覽》；韓非囚秦，《説難》《孤憤》。《詩》三百篇，大抵聖賢發憤之所爲作也。此人皆意有所〔一〕鬱結，不得通其道，故述

〔一〕《文選》無「所」字，此處蓋從《漢書》。

往事，思來者。乃如左丘明〔一〕無目，孫子斷足，終不可用，退而論書策，以舒其憤，思垂空文以自見。僕竊不遜，近自託於無能之辭，網羅天下放失舊聞，略考其行事，綜其終始，稽其成敗興壞之紀，上計軒轅，下至於兹，爲十表，本紀十二，書八章，世家三十，列傳七十，凡百三十篇，亦欲以究天人之際，通古今之變，成一家之言。草創未就，會遭此禍，惜其不成，是以〔二〕就極刑而無愠色。僕誠以著此書，藏之名山，傳之其人，通邑大都，則僕償前辱之責，雖萬被戮，豈有悔哉！然此可爲智者道，難爲俗人言也。

且負下未易居，下流多謗議。僕以口語，遇遭此禍，重爲鄉里戮〔三〕笑，以污辱先人，亦何面目，復上父母之丘墓乎？雖累百世，垢彌甚耳！是以腸一日而九迴，居則忽忽若有所亡，出則不知其所往。每念斯耻，汗未嘗不發背霑衣也。身直爲閨閤之臣，寧得〔四〕自引，深〔五〕藏巖穴邪〔六〕！故且從俗浮沉，以通其狂惑。今少卿乃教以推賢進士，無乃與僕私心剌謬乎。今雖欲自雕琢，曼辭以自飾，無益於俗，不信，適足〔七〕取辱耳。要之死日，然後是非乃定。書不能悉意，略陳固陋。謹再拜。

〔一〕《文選》無「明」字，此處蓋從《漢書》。
〔二〕「是以」二字，《文選》作「已」字，此處蓋從《漢書》。
〔三〕「里戮」二字，《文選》作「黨所」，此處蓋從《漢書》。
〔四〕「得」字原作「能」，據《漢》《選》爲正。
〔五〕《文選》「深」上有「於」字，此處蓋從《漢書》。
〔六〕「邪」字原作「耶」，據《漢》《選》爲正。
〔七〕原「足」下有「以」字，據《漢》《選》爲正。

國文陰陽剛柔大義下之下

《高等學堂國文講義》卷八

揚子雲文

諫不受單于朝書 太陽

【釋】文出《漢書・匈奴傳》。

臣聞六經之治，貴於未亂；兵家之勝，貴於未戰。二者皆微，然而大事之本，不可不察也。今單于上書求朝，國家不許而辭之，臣愚以爲漢與匈奴，從此隙矣。夫北地之狄，五帝所不能臣，三王所不能制，其不可使隙甚明。臣不敢遠稱，請引秦以來明之：

以秦始皇之彊，蒙恬之威，帶甲四十餘萬，然不敢窺西河，乃築長城以界之。會漢初興，以高祖之威靈，三十萬衆困於平城，士或七日不食。時奇譎之士、石畫之臣甚衆，卒其所以脱者，世莫得而言也。又高皇后嘗〔一〕忿匈奴，羣臣庭議，樊噲請以十萬衆横行匈奴中，季布曰：「噲可斬也，妄阿順指！」於是大臣權書遺之，然後匈奴之結解，中國之憂平。及孝文時，匈奴侵暴北邊，候騎至雍甘泉，京師大駭，發三將軍屯細柳、棘門、霸上以備之，數月乃罷。孝武即位，設馬邑之權，欲誘匈奴，使韓安國將三十萬衆，徼於便墜，匈奴覺之而去，徒費財勞師，一虜不可得見，況單于之面乎！其後深惟社稷之計，規恢萬載之策，乃大興師數十萬，使衛青、霍去病操兵前後十餘年。於是浮西河，絶大幕，破寘顔，襲王庭，窮極其地，追奔逐北，封狼居胥山，禪於姑衍，以臨翰海，虜名王貴人以百數。自是之後，匈奴震怖，益求和親，然而未肯稱臣也。

且夫前世豈樂傾無量之費，役無罪之人，快心於狼望之北哉？以爲不一勞者不久佚，不暫費者不永寧，是以忍百萬之師，以摧餓虎之喙，運府庫之財，填盧山之壑而不悔也。至本始之初，匈奴有桀心，欲掠烏孫，侵公主，乃發五將之師十五萬騎獵其南，而長羅侯以烏孫五萬騎震其西，皆至質而還。時鮮有所獲，徒奮揚威武，明漢兵若雷風耳。雖空行空反，尚誅兩將軍。故北狄不服，中國未得高枕安寢也。逮至元康、神爵之間，大化神明，鴻恩溥洽，而匈奴内亂，五單于争立，日逐、呼韓邪携國歸死，扶伏稱臣，然尚羈縻之，計不顓制。自此之後，欲朝者不距，不欲者不彊。何者？外國天性忿鷙，形容魁健，負力怙氣，難化以善，易隸以惡，其彊難詘，其和難得。故未服之時，勞師遠攻，傾國殫貨，伏尸流血，破堅拔敵，如彼之難也；既服之後，慰薦撫循，交接賂遺，威儀俯仰，如此之備也。

〔一〕「嘗」字原作「常」。

往時嘗屠大宛之城，蹈烏桓之壘，探姑繒之壁，籍蕩姐之場，艾朝鮮之旃，拔兩越之旗，近不過旬月之役，遠不離二時之勞，固已犂其庭，掃其閭，郡縣而置之，雲徹席卷，後無餘菑。唯北狄爲不然，真中國之堅敵也，三垂比之懸矣，前世重之茲甚，未易可輕也。

今單于歸義，懷款誠之心，欲離其庭，陳見於前，此乃上世之遺策，神靈之所想望，國家雖費，不得已者也。奈何距以來厭之辭，疏以無日之期，消往昔之恩，開將來之隙！夫款而隙之，使有恨心，負前言，緣往辭，歸怨於漢，因以自絶，終無北面之心，威之不可，諭之不能，焉得不爲大憂乎！夫明者視於無形，聰者聽於無聲，誠先於未然，即蒙恬、樊噲不復施，棘門、細柳不復備，馬邑之策安所設，衛、霍之功何得用，五將之威安所震？不然，壹有隙之後，雖智者勞心於内，辯者轂擊於外，猶不若未然之時也。且往者圖西域，制車師，置城郭都護三十六國，費歲以大萬計者，豈爲康居、烏孫能逾白龍堆而寇西邊哉？乃以制匈奴也。夫百年勞之，一日失之，費十而愛一，臣竊爲國不安也。惟陛下少留意於未亂未戰，以遏邊萌之禍。

羽獵賦并序　太陽

【釋】此篇並載於《漢書·揚雄列傳》《文選》，内容大同小異。唐先生選文字句上並參二本，擇善而從。例如首句「孝成帝時羽獵」跟《選》本相同，《漢》本作「其十二月羽獵」，蓋上承傳文順時叙述，非獨立成篇。《選》本加以修繕，避免了起首突兀問題。又如「霹靂列缺」「星羅布列」兩句中「列」字，是皆從《漢》本。前句之「列」字與「裂」通，於空際中擘裂缺口之意甚明；後句之「列」則爲羅列之意，全句星羅棋布之意便顯豁。而《選》本皆作「烈」，則未及《漢》本貼切。可見是篇有意兼取兩本之優長。

孝成帝時羽獵，雄從。以爲昔在二帝三王，宫館臺榭，沼池苑囿，林麓藪澤，財足以奉郊廟，御賓客，充庖廚而已，不奪百姓膏腴穀土桑柘之地。女有餘布，男有餘粟，國家殷富，上下交足，故甘露零其庭，醴泉流其唐，鳳凰巢其樹，黄龍游其沼，麒麟臻其囿，神爵棲其林。昔者禹任益虞而上下和，草木茂；成湯好田而天下用足；文王囿百里，民以爲尚小；齊宣王囿四十里，民以爲大；裕民之與奪民也。武帝廣開上林，東南至宜春、鼎湖、御宿，昆吾，旁南山，西至長楊、五柞，北繞黄山，濱渭而東，周袤數百里。穿昆明池，象滇河，營建章、鳳闕、神明、馺娑，漸臺、泰液，象海水，周流方丈、瀛洲、蓬萊。游觀侈靡，窮妙極麗。雖頗割其三垂以贍齊民，然至羽獵，甲車戎馬，器械儲偫，禁禦所營，尚泰奢，麗誇詡，非堯、舜、成湯、文王三驅之意也。又恐後世復修前好，不折中以泉臺，故聊因校獵，賦以風之。其辭曰：

或稱羲、農，豈或帝王之彌文哉？論者云否，各以並時而得宜，奚必同條而共貫？則泰山之封，焉得七十而有二儀？是以創業垂統者，俱不見其爽，遐邇五三，孰知其是非？遂作頌曰：麗哉神聖，處於玄宫。富既與地乎侔訾，貴正與天乎比崇。齊桓曾不足使扶轂，楚嚴〔一〕未足以爲驂乘。狹

〔一〕「嚴」字原作「莊」，考《漢》《選》皆作「嚴」，故據以改之。

三王之阨僻，嶠高舉而大興。歷五帝之寥廓，涉三皇之登閎；建道德以爲師，友仁義與爲朋〔一〕。

於是玄冬季月，天地隆烈，萬物權輿於內，徂落於外，帝將惟田于靈之囿，開北垠，受不周之制，以奉終始顓頊、玄冥之統。迺詔虞人典澤，東延昆陵，西馳閶闔。儲積共偫，戍卒夾道，斬叢棘，夷野草，禦自汧、渭，經營酆、鎬，章皇周流，出入日月，天與地沓。爾乃虎路三嵕以爲司馬，圍經百里而爲殿門。外則正南極海，邪界虞淵，鴻濛沆茫，揭以崇山。營合圍會，然後先置乎白楊之南，昆明靈沼之東。賁、育之倫，蒙盾〔二〕負羽，杖鏌邪而羅者以萬計，其餘荷垂天之畢，張竟壄之罘，靡日月之朱竿，曳彗星之飛旗。青雲爲紛，虹蜺爲繯，屬之乎崑崙之虛，涣若天星之羅，浩如濤水之波，淫淫與與，前後要遮。欃槍爲闉，明月爲候，熒惑司命，天弧發射，鮮扁陸離，駢衍佖路。徽車輕武，鴻絧緁獵，殷殷軫軫，被陵緣岅，窮敻極遠者，相與列乎高原之上；羽騎營營，昈分殊事，繽紛往來，轠轤不絕，若光若滅者，布乎青林之下。

於是天子乃以陽晁，始出乎玄宮，撞鴻鍾〔三〕，建九旒，六白虎，載靈輿，蚩尤並轂，蒙公先驅。立歷天之旂，曳捎星之旃，霹靂列〔四〕缺，吐火施鞭。萃傱沇溶，淋離廓落，戲八鎮而開關；飛廉、雲師，

〔一〕此句跟《漢》本相同，《選》本「與」下有「之」字。
〔二〕「盾」字原作「質」，考《漢》《選》皆作「盾」，故據以改之。
〔三〕「鍾」字原作「鐘」，考《漢》《選》皆作「鍾」，故據以改之。
〔四〕「列」字跟《漢》本相同，《選》本作「烈」。

吸噏潚率，鱗羅布列〔一〕，攢以龍翰。啾啾蹌蹌，入西園，切神光；望平樂，徑竹林，蹂蕙圃，踐蘭唐。舉烽烈火，轡者施技，方馳千駟，狡騎萬帥。虓虎之陳，從横膠輵，猋拉雷厲，驞駍駖磕，洶洶旭旭，天動地岌。羨漫半散，蕭條數千萬里外。

若夫壯士忼慨，殊鄉别趣，東西南北，騁耆奔欲。拖蒼豨，跋犀犛，蹶浮麋。斮巨狿，搏玄猨，騰空虚，距連卷。踔夭蟜，娭〔二〕澗間，莫莫紛紛，山谷爲之風猋，林叢爲之生塵。及至獲夷之徒，蹶松柏，掌蒺蔾；獵蒙蘢，轔輕飛；履般首，帶修蛇；鉤赤豹，摼象犀；跇巒阬，超唐陂。車騎雲會，登降闇藹，泰華爲旒，熊耳爲綴。木仆山還，漫若天外，儲與乎大浦，聊浪乎宇内。

於是天清日晏，逢蒙列眥，羿氏控弦。皇車幽輵，光純天地，望舒彌轡，翼乎徐至於上蘭。移圍徙陣，浸淫蹴部，曲隊堅重，各按行伍。壁壘天旋，神抶電擊，逢之則碎，近之則破，鳥不及飛，獸不得過，軍驚師駭，刮野埽地。及至罕車飛揚，武騎聿皇；蹈飛豹，羂嘄陽；追天寶，出一方；應駍聲，擊流光。野盡山窮，囊括其雌雄，沇沇溶溶，遥噱虖紘中。三軍芒然，窮尣閼與，亶觀夫〔三〕剽禽之紲

〔一〕「列」字跟《漢》本相同，《選》本作「烈」。
〔二〕「娭」字原作「娱」，考《漢》《選》皆作「娭」，故據以改之。
〔三〕「夫」字原作「乎」，考《漢》《選》皆作「夫」，故據以改之。

隃〔一〕，犀兕之抵觸，熊羆之拏攫，虎豹之淩遽，徒角槍題注，蹷竦讋怖，魂亡魄失〔二〕，觸輻關脰。妄發期中，進退履獲，創淫輪夷，丘累陵聚。

於是禽殫中衰，相與集於靖冥之館，以臨珍池。灌以岐梁，溢以江河，東瞰目盡，西暢無崖，隨〔三〕珠和氏，焯爍其陂。玉石嶜崟，眩燿青熒，漢女水潛，怪物暗冥，不可殫形。玄鸞孔雀，翡翠垂榮，王雎關關，鴻鴈嚶嚶，羣娛乎其中。噍噍昆鳴，鳧鷖振鷺，上下砰磕，聲若雷霆。乃使文身之技，水格鱗蟲，淩堅冰，犯嚴淵，探巖排碕，薄索蛟螭，蹈獱獺，據黿鼉，抾靈蠵。入洞穴，出蒼梧，乘巨鱗，騎京魚。浮彭蠡，目有虞。方椎夜光之流離，剖明月之珠胎，鞭洛水之宓妃，餉屈原與彭胥。

於茲乎鴻生鉅儒，俄軒冕，雜衣裳，修唐典，匡《雅》《頌》，揖讓於前。昭光震燿，蠁曶如神，仁聲惠於北狄，武誼動於南鄰。是以旃裘之王，胡貉之長，移珍來享，抗手稱臣。前入圍口，後陳盧山。羣公常伯，楊朱、墨翟之徒，喟然並稱曰：「崇哉乎德，雖有唐、虞、大夏、成周之隆，何以侈茲！夫古之觀東嶽，禪梁基，舍此世也，其誰與哉？」

上猶謙讓而未俞也，方將上獵三靈之流，下決醴泉之滋，發黃龍之穴，窺鳳凰之巢，臨麒麟之囿，

〔一〕「隃」字原作「逾」，考《漢》《選》皆作「隃」，故據以改之。
〔二〕此句從《漢》本。《選》本作「徒角槍題，注蹷竦讋，怖魂亡魄」。
〔三〕「隨」字原作「隋」，考《漢》《選》皆作「隨」，故據以改之。

幸神雀之林。奢雲夢，侈孟諸，非章華，是靈臺，罕徂離宮，而輟觀遊，土事不飾，木功不雕，丞民乎農桑，勸之以弗怠，儕男女，使莫違；恐貧窮者不偏被洋溢之饒，開禁苑，散公儲，創道德之囿，弘仁惠之虞，馳弋乎神明之囿，覽觀乎羣臣之有亡；放雉兔，收罝罘，麋鹿芻蕘與百姓共之，蓋所以臻兹也。於是醇洪鬯之德，豐茂世之規，加勞三皇，勗勤五帝，不亦至乎！乃祗莊雍穆之徒，立君臣之節，崇賢聖之業，未遑苑囿之麗，遊獵之靡也。因回軫還衡，背阿房，反未央。

長楊賦并序　太陽

【釋】文並載《漢書·揚雄列傳》《文選》，字句大體相同。此篇用《文選》本爲多。如篇中「迺展人之所詘，振人之所乏」二句中之「人」字，皆與《選》本相同，《漢》本則作「民」字；「莫不蹻足抗首」之「首」字，與《選》本相同，《漢》本則作「手」字；「又恐後代迷於一時之事」之「代」字，與《選》本相同，《漢》本則作「世」字；「亦所以奉太尊之烈」之「尊」字，與《選》本相同，《漢》本則作「宗」字。

明年，上將大誇胡人以多禽獸，秋，命右扶風發民入南山，西自褒斜，東至弘農，南毆漢中，張羅網罝罘，捕熊羆、豪豬、虎豹、狖玃、狐兔、麋鹿，載以檻車，輸長楊射熊館。以網爲周阹，縱禽獸其中，令胡人手搏之，自取其獲，上親臨觀焉。是時農民不得收斂。雄從至射熊館，還，上《長楊賦》，聊因筆墨之成文章，故藉翰林以爲主人，子墨爲客卿以風〔一〕。其辭曰：

子墨客卿問於翰林主人曰：「蓋聞聖主之養民也，仁霑而恩洽，動不爲身。今年獵長楊，先命右扶風，左太華而右褒斜，椓嶻嶭而爲弋，紆南山以爲罝，羅千乘於林莽，列萬騎於山隅。帥軍踤阹，錫戎獲胡。搤熊羆，拖豪豬，木擁槍纍，以爲儲胥，此天下之窮覽極觀也。雖然，亦頗擾於農人。三旬有餘，其廑至矣，而功不圖。恐不識者外之則以爲娛樂之遊，內之則不以爲乾豆之事，豈爲民乎哉！且人君以玄默爲神，澹泊爲德，今樂遠出以露威靈，數摇動以罷車甲，本非人主之急務也，蒙竊惑焉。」

翰林主人曰：「吁，客何謂兹邪〔二〕！若客所謂知其一未覩其二，見其外不識其內也。僕嘗倦談，不能一二其詳，請略舉其凡，而客自覽其切焉。」

客曰：「唯唯。」

主人曰：「昔有彊秦，封豕其士，窫窳其民，鑿齒之徒，相與磨牙而争之，豪俊麋沸雲擾，羣黎爲之不康。於是上帝眷顧高祖。高祖奉命，順斗極，運天關，横鉅海，漂崑崙，提劍而叱之，所過麾城摲邑，下將降旗，一日之戰，不可殫記。當此之勤，頭蓬不暇梳，飢不及餐，鞮鍪生蟣蝨，介冑被霑汗，以

〔一〕「風」字原作「諷」，考《漢》《選》皆作「風」，故據以改之。

〔二〕「客何謂兹邪」，《史》本作「謂之兹邪」，《選》本「謂」下有「之」字。

爲萬姓請命乎皇天。迺展人之所詘，振人之所乏，規億載，恢帝業，七年之間而天下密如也。

「逮至聖文，隨風乘流，方垂意於至寧，躬服節儉，綈衣不弊，革鞜不穿，大廈不居，木器無文。於是後宫賤瑇瑁而疏珠璣，却翡翠之飾，除雕琢之巧，惡麗靡而不近，斥芬芳而不御，抑止絲竹晏〔一〕衍之樂，憎聞鄭、衛幼眇之聲，是以玉衡正而太階平也。

「其後熏鬻作虐，東夷横畔，羌、戎睚眥，閩、越相亂，遐眠爲之不安，中國蒙被其難。於是聖武勃怒，爰整其旅，迺命驃、衛，汾沄沸渭，雲合電發，猋騰波流，機駭蠭軼，疾如奔星，擊如震霆，碎轒轀，破穹廬，腦沙幕，髓余吾。遂躐乎王庭。敺橐駝，燒熐蠡，分勢單于，磔裂屬國，夷阬谷，拔鹵莽，刊山石，蹂屍輿廝，係累老弱。吮鋋瘢耆、金鏃淫夷者，數十萬人，皆稽顙樹頟，扶服蛾伏，二十餘年矣，尚不敢惕息。夫天兵四臨，幽都先加，迴戈邪指，南越相夷，靡節西征，羌僰東馳。是以遐方疏俗，殊鄰絶黨之域，自上仁所不化，茂德所不綏，莫不蹻足抗首，請獻厥珍，使海内澹然，永亡邊城之災，金革之患。

「今朝廷純仁，遵道顯義，并包書林，聖風雲靡。英華沈浮，洋溢八區，普天所覆，莫不沾濡。士〔二〕有不談王道者，則樵夫笑之。意者以爲事罔隆而不殺，物靡盛而不虧，故平不肆險，安不忘危。

〔一〕「晏」字原作「宴」，考《漢》《選》皆作「晏」，故據以改之。
〔二〕「士」字原作「其」，考《漢》《選》皆作「士」，故據以改之。

乃時以有年出兵，整輿竦戎，振師五柞，習馬長楊，簡力狡獸，校武票禽。乃萃然登南山，瞰烏弋，西厭月𥃤，東震日域。又恐後代迷於一時之事，常以此爲國家之大務，淫荒田獵，陵夷而不禦也，是以車不安軔，日未靡旃，從者彷彿，骫屬而還。亦所以奉太尊之烈，遵文、武之度，復三王之田，反五帝之虞；使農不輟耰，工不下機，婚姻以時，男女莫違；出悌〔一〕弟，行簡易，矜劬勞，休力役；見百年，存孤弱，帥與之同苦樂。然後陳鐘鼓之樂，鳴鞀磬之和，建碣磍之虡，拮隔鳴球，掉八列之舞。酌允鑠，肴樂胥，聽廟中之雍雍，受神人之福祜。歌投頌，吹合雅。其勤若此，故真神之所勞也。方將俟元符，以禪梁甫之基，增泰山之高，延光於將來，比榮乎往號，豈徒欲淫覽浮觀，馳騁秔稻之地，周流梨栗之林，蹂踐芻蕘，誇詡衆庶，盛狖玃之收，多麋鹿之獲哉！且盲者不見咫尺，而離婁燭千里之隅；客徒愛胡人之獲我禽獸，曾不知我亦已獲其王侯。」

言未卒，墨客降席，再拜稽首曰：「大哉體乎！允非小子之所能及也。乃今日發矇，廓然已昭矣！」

反離騷 少陰

【釋】此篇用《漢書》本。

〔一〕「悌」字，《漢》本作「愷」，《選》本作「凱」。

有周氏之蟬嫣兮，或鼻祖於汾隅，靈宗初諜伯僑兮，流於末之揚侯。淑周楚之豐烈兮，超既離虖皇波，因江潭而淮記兮，欽弔楚之湘纍。惟天軌之不辟兮，何純絜而離紛！紛纍以其淟涊兮，暗纍以其繽紛。

漢十世之陽朔兮，招搖紀於周正。正皇天之清則兮，度后土之方貞。圖纍承彼洪族兮，又覽纍之昌辭。帶鉤矩而佩衡兮，履欃槍以爲綦。纍初貯厥麗服兮，何文肆而質䶨！資娵娃之珍髢兮，鬻九戎而索賴。

鳳凰翔於蓬陼兮，豈駕鵞之能捷！騁驊騮以曲囏兮，驢騾連蹇而齊足。枳棘之榛榛兮，蝯貁擬而不敢下。靈修既信椒、蘭之唼佞兮，吾纍忽焉而不蚤睹？衿芰茄之緑衣兮，被芙蓉之朱裳。芳酷烈而莫聞兮，固不如襞而幽之離房。

閨中容競淖約兮，相態以麗佳，知衆嫭之嫉妒兮，何必颺纍之蛾眉？懿神龍之淵潛兮，竢慶雲而將舉。亡春風之被離兮，孰焉知龍之所處？愍吾纍之衆芬兮，颺爗爗之芳苓，遭季夏之凝霜兮，慶夭顇而喪榮。

橫江、湘以南淮兮，云走乎彼蒼吾。馳江潭之泛溢兮，將折衷乎重華。舒中情之煩或兮，恐重華之不纍與。陵陽侯之素波兮，豈吾纍之獨見許？精瓊靡與秋菊兮，將以延夫天年；臨汨羅而自隕兮，恐日薄於西山。

解扶桑之總轡兮，縱令之遂奔馳。鸞皇騰而不屬兮，豈獨飛廉與雲師！卷薜芷與若蕙兮，臨湘淵而投之；棍申椒與菌桂兮，赴江湖而漚之。費椒稰以要神兮，又勤索彼瓊茅，違靈氛而不從兮，反湛身於江皋！

纍既攀夫傅説兮，奚不信而遂行？徒恐鶗鴂之將鳴兮，顧先百草爲不芳！初纍棄彼虙妃兮，更思瑤臺之逸女。抨雄鴆以作媒兮，何百離而曾不壹耦！乘雲蜺之旖旎兮，望昆侖以樛流，覽四荒而顧懷兮，奚必云女彼高丘？

既亡鸞車之幽藹兮，焉駕八龍之委蛇？臨江瀕而掩涕兮，何有《九招》與《九歌》？夫聖哲之不遭兮，固時命之所有；雖增欷以於邑兮，吾恐靈修之不纍改。

昔仲尼之去魯兮，斐斐遲遲而周邁，終回復於舊都兮，何必湘淵與濤瀨！溷漁父之餔歠兮，絜沐浴之振衣，棄由聃之所珍兮，蹠彭咸之所遺！

玄攡 太陰

【釋】據劉韶軍《太玄集注》版本考證結論，佐證唐先生所録《玄攡》《玄瑩》兩篇乃屬於明抄本。

玄者，幽攡萬類而不見形者也。資陶虛無而生乎規，攔神明而定摹，通同古今以開類，攡措陰陽而發氣。一判一合，天地備矣。天日回行，剛柔接矣。還復其所，終始定矣。一生一死，性命瑩矣。

仰以觀乎象，俯以視乎情，察性知命，原始見終。三儀同科，厚薄相劘。圜則杌棿，方則嗇吝。噓則流體，唫則疑形。是故闔天謂之宇，闢宇謂之宙。

日月往來，一寒一暑。律則成物，曆則編時。律曆交道，聖人以謀。晝以好之，夜以醜之。一晝一夜，陰陽分索。夜道極陰，晝道極陽。牝牡羣貞，以攡吉凶。則君臣、父子、夫婦之道辨矣。是故日動而東，天動而西，天日錯行，陰陽更巡。死生相樛，萬物乃纏。故玄聘取天下之合而連之者也。綴之以其類，占之以其觚，曉天下之瞶瞶，瑩天下之晦晦者，其唯玄乎！夫玄晦其位而冥其畛，深其阜而眇其根，攘其功而幽其所以然也。故玄卓然示人遠矣，曠然廓人大矣，淵然引人深矣，渺然絕人眇矣。嘿而該之者玄也，攡而散之者人也。稽其門，闢其户，叩其鍵，然後乃應，況其否者乎！

人之所好而不足者善也，人之所醜而有餘者惡也。君子日强其所不足，而拂其所有餘，則玄之道幾矣。仰而視之在乎上，俯而窺之在乎下，企而望之在乎前，棄而忘之在乎後，欲違則不能，然而得其所者玄也。

故玄者用之至也。見而知之者智也，視而愛之者仁也，斷而決之者勇也，兼制而博用者公也，能以偶物者通也，無所繫輆者聖也，時與不時者命也。虛形萬物，所道之謂道也；因循無革，天下之理得之謂德也；理生昆羣兼愛之謂仁也；列敵度宜之謂義也。秉道德仁義而施之之謂業也。瑩天功明萬物之謂陽也，幽无形深不測之謂陰也。陽知陽而不知陰，陰知陰而不知陽，知陰知陽、知止知行、知晦知明者，其唯玄乎！

懸之者權也，平之者衡也。濁者使清，險者使平。離乎情者必著乎僞，離乎僞者必著乎情。情僞相盪，而君子小人之道，較然見矣。玄者以衡量者也。高者下之，卑者舉之，饒者取之，罄者與之，明者定之，疑者提之。規之者思也，立之者事也，説之者辯也，成之者信也。

夫天宙然示人神矣，夫地侘然示人明矣。天地尊位，神明通氣。有一、有二、有三，位各殊輩，回行九區，終始連屬，上下無隅。察龍虎之文，觀鳥龜之理，運諸泰政，繫之泰始，極焉以通璇璣之統，正玉衡之平。圜方之相研，剛柔之相干。盛則入衰，窮則更生。有實有虚，流止無常。

夫天地設，故貴賤序。四時行，故父子繼。律曆陳，故君臣理。常變錯，故百事析。質文形，故有無明。吉凶見，故善否著。虚實盪，故萬物纏。陽不極，則陰不萌。陰不極，則陽不牙。極寒生熱，極熱生寒。信道致詘，詘道致信。其動也，日造其所無而好其所新；其静也，日減其所爲而損其所成。故推之以刻，參之以晷。反覆其序，軫轉其道也。以見不見之形，抽不抽之緒，與萬物相連也。其上也縣天，下也淪淵，纖也入蔑，廣也包畛。其道游冥而挹盈，存存而亡亡，微微而章章，始始而終終。近玄者玄亦近之，遠玄者玄亦遠之。譬若天蒼蒼然在於東面南面西面北面，仰而无不在焉，及其俛則不見也。天豈去人哉？人自去也！冬至及夜半以後者，近玄之象也。進而未極，往而未至，虚而未滿，故謂之近玄。夏至及日中以後者，遠玄之象也。進極而退，往窮而還，已滿而損，故謂之遠玄。日一南而萬物死，日一北而萬物生；斗一北而萬物虚，斗一南而萬物盈。日之南也，右行而左還；斗之南也，左行而右還。或左或右，或死或生。神靈合謀，天地乃并，天神而地靈。

玄瑩 太陰

天地開闢，宇宙拓坦。天元咫步，日月紀數。周運曆統〔一〕，羣倫品庶。或合或離，或嬴或踦。故曰假哉天地，陷函啓化，罔裦於玄。終始幽明，表贊神靈。大陽乘陰，萬物該兼。周流九虛，而禨福絓羅。

凡十有二始，羣倫抽緒，故有一二三，以絓以羅，玄術瑩之。鴻本五行，九位重施，上下相因，醜在其中，玄術瑩之。天圜地方，極殖中央，動以歷静，時乘十二，以建七政，玄術瑩之。斗振天而進，日違天而退，或振或違，以立五紀，玄術瑩之。植表施景，榆漏率刻，昏明考中，作者以戒，玄術瑩之。泠竹爲管，室灰爲候，以揆百度，百度既設，濟民不誤，玄術瑩之。東西爲緯，南北爲經，經緯交錯，邪正以分，吉凶以形，玄術瑩之。鑿井澹水，鑽火難木，流金陶土，以和五美。五美之資，以資百體，玄術瑩之。奇以數陽，耦以數陰，奇耦推演，以計天下，玄術瑩之。六始爲律，六間爲吕，律吕既協，十二以調，日辰以數，玄術瑩之。方州部家，八十一所，畫下中上，以表四海，玄術瑩之。一辟、三公、九卿、二十七大夫、八十一元士，少則制衆，無則治有，玄術瑩之。

古者不霆不虞，慢其思慮；匪筮匪卜，吉凶交瀆。於是聖人乃作蓍龜，鑽精倚神，箝知休咎，玄

〔一〕「統」字原作「紀」。

術瑩之。是故欲知不可知，則擬之以乎卦兆；測深摹遠，則索之以乎思慮。二者其以精玄乎！夫精以卜筮，神動其變，精以思慮，謀合其適。精以立正，莫之能仆。精以有守，莫之能奪。故夫抽天下之蔓蔓，散天下之混混者，非精其孰能之？

夫作者貴其有循而體自然也。其所循也大，則其體也壯；其所循也小，則其體也瘠。其所循也直，則其體也渾；其所循也曲，則其體也散。故不懼所有，不彊所無。譬諸身，增則贅而割則虧。故質幹在乎自然，華藻在乎人事也，其可損益與？

夫一一所以摹始而測深也，三三所以盡終而極密也，二二所以參事而要中也，人道象焉。務其事而不務其辭，多其變而不多其文也。不約則其指不詳，不要則其應不博，不渾則其辭不散，不沈則其意不見。是故文以見乎質，辭以睹乎情，觀其施辭，則其心之所欲者見矣。

夫道有因有循，有革有化。因而循之，與道神之。革而化之，與時宜之。故因而能革，天道乃得；革而能因，天道乃馴。夫物不因不生，不革不成。故知因而不知革，物失其則；知革而不知因，物失其均。革之匪時，物失其基；因之匪理，物喪其紀。因革乎因革，國家之矩范也。矩范之動，成敗之效也。

立天之經，曰陰與陽；形地之緯，曰從與横；表人之行，曰晦與明。陰陽曰合其判，從横曰經其經，晦明曰别其材。陰陽該極也，經緯所遇也，晦明質性也。陽不陰，無與合其施；經不緯，無以成其誼；明不晦，無以别其德。陰陽所以抽嘖也，從横所以瑩理也，明晦所以昭事也。嘖情也，抽理也，瑩事也，昭君子之道也。

往來熏熏，得亡之門。夫何得何亡？得福而亡旤也。天地福順而旤逆，山川福庳而旤高，人道福正而旤衺。故君子内正而外馴，每以下人。是以動得福而亡旤也。福不醜不能生旤，旤不好不能成福。醜好乎醜好，君子所以亶表也。

夫福樂終而旤憂始。天地所貴曰福，鬼神所佑曰福，人道所喜曰福。其所賤惡皆曰旤。故惡福甚者其旤亢。晝人之旤少，夜人之旤多。晝夜散者，其旤福雜。

《韓文公集》盛推子雲，近曾文正亦極推子雲。子雲之文，若《解嘲》諸篇易識，至《太玄》則難知。自温公而後，殆尟有能讀之者矣。特選此以著一斑，俾好奇之士，因此以究心全書焉。

劉子政文

【釋】劉向文三篇皆在《漢書・楚元王傳》中。

條上災異封事 太陰

臣前幸得以骨肉備九卿，奉法不謹，乃復蒙恩。竊見災異並起，天地失常，徵表爲國。欲終不言，念忠臣雖在甽畝，猶不忘君，惓惓之義也，況重以骨肉之親，又加以舊恩未報乎！欲竭愚誠，又恐越職，然惟二恩未報，忠臣之義，一抒愚意，退就農畝，死無所恨。

臣聞舜命九官，濟濟相讓，和之至也。衆賢和於朝，則萬物和於野。故《簫韶》九成，而鳳凰來儀；擊石拊石，百獸率舞。四海之內，靡不和寧。及至周文，開基西郊，雜遝衆賢，罔不肅和，崇推讓之風，以銷分争之訟。文王既没，周公思慕，歌詠文王之德，其《詩》曰：「於穆清廟，肅雍顯相；濟濟多士，秉文之德。」當此之時，武王、周公繼政，朝臣和於內，萬國驩於外，故盡得其驩心，以事其先祖。其《詩》曰：「有來雍雍，至止肅肅，相維辟公，天子穆穆。」言四方皆以和來也。諸侯和於下，天應報於上，故《周頌》曰「降福穰穰」，又曰「飴我釐麰」。釐麰，麥也，始自天降。此皆以和致和，獲天助也。

下至幽、厲之際，朝廷不和，轉相非怨，詩人疾而憂之曰：「民之無良，相怨一方。」衆小在位而從邪議，歙歙相是而背君子，故其《詩》曰：「歙歙訿訿，亦孔之哀！謀之其臧，則具是違；謀之不臧，則具是依！」君子獨處守正，不撓衆枉，勉强以從王事，則反見憎毒讒愬，故其《詩》曰：「密勿從事，不敢告勞，無罪無辜，讒口嗷嗷！」當是之時，日月薄蝕而無光，其《詩》曰：「朔日辛卯，日有蝕之，亦孔之醜！」又曰：「彼月而微，此日而微，今此下民，亦孔之哀！」又曰：「日月鞠凶，不用其行；四國無政，不用其良！」天變見于上，地變動於下，水泉沸騰，山谷易處。其《詩》曰：「百川沸騰，山冢卒崩。高岸爲谷，深谷爲陵。哀今之人，胡憯莫懲！」霜降失節，不以其時，其《詩》曰：「正月繁霜，我心憂傷；民之訛言，亦孔之將！」言民以是爲非，甚衆大也。此皆不和，賢不肖易位之所致也。

自此之後，天下大亂，篡殺殃禍並作，厲王奔彘，幽王見殺。至乎平王末年，魯隱之始即位也。周大夫祭伯，乖離不和，出奔於魯，而《春秋》爲諱，不言「來奔」，傷其禍殃自此始也。是後尹氏世卿而專恣，諸侯背畔而不朝，周室卑微。二百四十二年之間，日食三十六，地震五，山陵崩阤二，彗星三見，夜常星不見，夜中星隕如雨一，火災十四。長狄入三國，五石隕墜，六鶂退飛，多麋，有蜮、蜚，鸜鵒來巢者皆一見。晝冥晦。雨木冰。李、梅冬實。七月霜降，草木不死。八月殺菽。大雨雹。雨雪、雷霆失序相乘。水、旱、饑，蝝、螽、螟，蠭午並起。當是時，禍亂輒應，弑君三十六，亡國五十二，諸侯奔走，不得保其社稷者，不可勝數也。周室多禍：晉敗其師於貿戎，伐其郊；鄭傷桓王，戎執其使；衛侯朔召不往，齊逆命而助朔；五大夫爭權；三君更立，莫能正理。遂至陵夷，不能復興。

由此觀之，和氣致祥，乖氣致異。祥多者其國安，異衆者其國危，天地之常經，古今之通義也。今陛下開三代之業，招文學之士，優游寬容，使得並進。今賢不肖渾殽，白黑不分，邪正雜糅，忠讒並進。章交公車，人滿北軍。朝臣舛午，膠戾乖剌，更相讒愬，轉相是非。傳授增加，文書紛糾，前後錯繆，毁譽渾亂。所以營惑耳目，感移心意，不可勝載。分曹爲黨，往往羣朋，將同心以陷正臣。正臣進者，治之表也；正臣陷者，亂之機也。乘治亂之機，未知孰任，而災異數見，此臣所以寒心者也。夫乘權藉勢之人，子弟鱗集於朝，羽翼陰附者衆，輻湊於前，毁譽將必用，以終乖離之咎。是以日月無光，雪霜夏隕，海水沸出，陵谷易處，列星失行，皆怨氣之所致也。夫遵衰周之軌迹，循詩人之所刺，而欲以成太平，致《雅》《頌》，猶却行而求及前人也。初元以來六年矣，案春秋六年之中，災異未有稠如今者也。夫有春秋之異，無孔子之救，猶不能解紛，況甚於春秋乎！

原其所以然者，讒邪並進也。讒邪之所以並進者，由上多疑心，既已用賢人而行善政，如或譖之，則賢人退而善政還。夫執狐疑之心者來讒賊之口，持不斷之意者開羣枉之門。讒邪進則衆賢退，羣枉盛則正士消。故《易》有《否》《泰》，「小人道長，君子道消」，君子道消，則政日亂，故爲否。否者閉而亂也。「君子道長，小人道消」，小人道消，則政日治，故爲泰。泰者通而治也。《詩》又云：「雨雪麃麃，見晛聿消。」與《易》同義。昔者鯀〔一〕、共工、驩兜，與舜、禹雜處堯朝，周公與管、蔡並居周位，當是時，迭進相毁，流言相謗，豈可勝道哉！帝堯、成王能賢舜、禹、周公，而消共工、管、蔡，故以大治，榮華至今。孔子與季、孟皆仕於魯，李斯與叔孫俱宦於秦，定公、始皇賢季、孟、李斯，而消孔子、叔孫，故以大亂，污辱至今。故治亂榮辱之端，在所信任；信任既賢，在於堅固而不移。《詩》云：「我心匪石，不可轉也。」言守善篤也。《易》曰：「涣汗其大號。」言號令如汗，汗出而不反者也。

〔一〕「鯀」字原置於「驩兜」之下，據《漢書》爲正。

今出善令，未能逾時而反，是反汗也；用賢未能三旬而退，是轉石也。《論語》曰：「見不善如探湯。」今二府奏佞讇不當在位，歷年而不去。故出令則如反汗，用賢則如轉石，去佞則如拔山。如此望陰陽之調，不亦難乎！

是以羣小窺見間隙，緣飾文字，巧言醜詆，流言飛文，譁於民間。故《詩》云：「憂心悄悄，愠於羣小。」小人成羣，誠足愠也。昔孔子與顔淵、子貢更相稱譽，不爲朋黨；禹、稷與皋陶傳相汲引，不爲比周。何則？忠於爲國，無邪心也。故賢人在上位，則引其類而聚之於朝，《易》曰：「飛龍在天，大人聚也。」在下位則思與其類俱進，《易》曰：「拔茅茹以其彙，征吉。」在上則引其類，在下則推其類，故湯用伊尹，不仁者遠，而衆賢至，類相致也。今佞邪與賢臣並在交戟之内，合黨共謀，違善依惡，歙歙訿訿，數設危險之言，欲以傾移主上。如忽然用之，此天地之所以先戒，災異之所以重至者也。

自古明聖，未有無誅而治者也。故舜有四放之罰，而孔子有兩觀之誅，然後聖化可得而行也。今以陛下明知，誠深思天地之心，迹察兩觀之誅，覽《否》《泰》之卦，觀雨雪之詩，歷周、唐之所進以爲法，原秦、魯之所消以爲戒，考祥應之福，省災異之禍，以揆當世之變，放遠邪佞之黨，壞散險詖之聚，杜閉羣枉之門，廣開衆正之路，決斷狐疑，分別猶豫，使是非炳然可知，則百異消滅，而衆祥並至，太平之基，萬世之利也。

臣幸得託肺附，誠見陰陽不調，不敢不通所聞。竊推《春秋》災異，以效今事一二，條其所以，不宜宣泄。臣謹重封昧死上。

論起昌陵疏 太陰

臣聞《易》曰：「安不忘危，存不忘亡，是以身安而國家可保也。」故聖賢之君，博觀終始，窮極事情，而是非分明。王者必通三統，明天命所授者博，非獨一姓也。孔子論《詩》至於「殷士膚敏，祼將于京」，喟然歎曰：「大哉天命！善不可不傳于子孫，是以富貴無常；不如是，則王公其何以戒慎，民萌何以勸勉？」蓋傷微子之事周，而痛殷之亡也。雖有堯、舜之聖，不能化丹朱之子；雖有禹、湯之德，不能訓末孫之桀、紂。自古及今，未有不亡之國也。昔高皇帝既滅秦，將都雒陽，感悟劉敬之言，自以德不及周，而賢於秦，遂徙都關中，依周之德，因秦之阻。世之長短，以德爲效，故常戰慄不敢諱亡。孔子所謂「富貴無常」，蓋謂此也。

孝文皇帝居霸陵，北臨廁，意悽愴悲懷，顧謂羣臣曰：「嗟乎！以北山石爲椁，用紵絮斮陳漆其間，豈可動哉！」張釋之進曰：「使其中有可欲，雖錮南山猶有隙；使其中無可欲，雖無石椁，又何戚焉？」夫死者無終極，而國家有廢興，故釋之之言，爲無窮計也。孝文寤焉，遂薄葬，不起山墳。

《易》曰：「古之葬者，厚衣之以薪，臧之中野，不封不樹。後世聖人，易之以棺槨。」棺槨之作，自黄帝始。黄帝葬於橋山，堯葬濟陰，丘壠皆小，葬具甚微。舜葬蒼梧，二妃不從。禹葬會稽，不改其列。殷湯無葬處，文、武、周公葬於畢，秦穆公葬於雍橐泉宫祈年館下，樗里子葬於武庫，皆無丘壠之處。此聖帝、明王、賢君、智士，遠覽獨慮無窮之計也。其賢臣孝子，亦承命順意而薄葬之，此誠奉安君父，忠孝之至也。

夫周公，武王弟也，葬兄甚微。孔子葬母於防，稱古墓而不墳，曰：「某，東西南北之人也，不可不識也。」爲四尺墳，遇雨而崩。弟子修之，以告孔子，孔子流涕曰：「吾聞之，古者不修墓。」蓋非之也。延陵季子適齊而反，其子死，葬於嬴、博之間，穿不及泉，斂以時服，封墳掩坎，其高可隱，而號曰：「骨肉歸復於土，命也，魂氣則無不之也。」夫嬴、博去吴千有餘里，季子不歸葬。孔子往觀曰：「延陵季子於禮合矣。」故仲尼孝子，而延陵慈父，舜、禹忠臣，周公弟弟，其葬君親骨肉，皆微薄矣，非苟爲儉，誠便於體也。宋桓司馬爲石槨，仲尼曰：「不如速朽。」秦相吕不韋集知略之士而造《春秋》，亦言薄葬之義，皆明於事情者也。

逮至吴王闔閭，違禮厚葬，十有餘年，越人發之。及秦惠文、武、昭、嚴、襄五王，皆大作丘壠，多其瘞臧，咸盡發掘暴露，甚足悲也。秦始皇帝葬於驪山之阿，下錮三泉，上崇山墳，其高五十餘丈，周回五里有餘。石槨爲游館，人膏爲燈燭，水銀爲江海，黄金爲鳧雁。珍寶之臧，機械之變，棺槨之麗，宫館之盛，不可勝原。又多殺宫人，生薶工匠，計以萬數。天下苦其役而反之，驪山之作未成，而周章百萬之師至其下矣。項籍燔其宫室營宇，往者咸見發掘。其後牧兒亡羊，羊入其鑿，牧者持火照求羊，失火燒其藏槨。自古至今，葬未有盛如始皇者也，數年之間，外被項籍之災，内離牧豎之禍，豈不哀哉！

是故德彌厚者葬彌薄，知愈深者葬愈微。無德寡知，其葬愈厚，丘隴彌高，宫廟甚麗，發掘必速。

由是觀之，明暗之效，葬之吉凶，昭然可見矣。周德既衰而奢侈，宣王賢而中興，更爲儉宮室，小寢廟，詩人美之，《斯干》之詩是也，上章道宮室之如制，下章言子孫之衆多也。及魯嚴公刻飾宗廟，多築臺囿，後嗣再絶，《春秋》刺焉。周宣如彼而昌，魯、秦如此而絶，是則奢儉之得失也。

陛下即位，躬親節儉，始營初陵，其制約小，天下莫不稱賢明。及徙昌陵，增埤爲高，積土爲山，發民墳墓，積以萬數，營起邑居，期日迫卒，功費大萬百餘。死者恨於下，生者愁於上，怨氣感動陰陽，因之以饑饉，物故流離以十萬數，臣甚惽焉。以死者爲有知，發人之墓，其害多矣；若其無知，又焉用大？謀之賢知則不説，以示衆庶則苦之。若苟以説愚夫淫侈之人，又何爲哉？陛下慈仁篤美甚厚，聰明疏達蓋世，宜弘漢家之德，崇劉氏之美，光昭五帝、三王，而顧與暴秦亂君競爲奢侈，比方丘隴，説愚夫之目，隆一時之觀，違賢知之心，亡萬世之安，臣竊爲陛下羞之。唯陛下上覽明聖黄帝、堯、舜、禹、湯、文、武、周公、仲尼之制，下觀賢知穆公、延陵、樗里、張釋之之意。孝文皇帝去墳薄葬，以儉安神，可以爲則；秦昭、始皇增山厚臧，以侈生害，足以爲戒。初陵之橅，宜從公卿大臣之議，以息衆庶。

諫外家封事 太陰

臣聞人君莫不欲安，然而常危；莫不欲存，然而常亡：失御臣之術也。夫大臣操權柄，持國政，未有不爲害者也。昔晉有六卿，齊有田、崔，衛有孫、寧，魯有季、孟，常掌國事，世執朝柄。終後田氏取齊；六卿分晉；崔杼弑其君光；孫林父、寧殖出其君衎，弑其君剽；季氏八佾舞於庭，三家者以《雍》徹，並專國政，卒逐昭公。周大夫尹氏筦朝事，濁亂王室，子朝、子猛更立，連年乃定。故經曰：「王室亂。」又曰：「尹氏弑王子克。」甚之也。《春秋》舉成敗，録禍福，如此類甚衆，皆陰盛而陽微、下失臣道之所致也。故《書》曰：「臣之有作威作福，害於而家，凶于而國。」孔子曰：「禄去公室，政逮大夫，危亡之兆。」秦昭王舅穰侯，及涇陽、葉陽君，專國擅勢，上假太后之威，三人者，權重於昭王，家富於秦國，國甚危殆，賴寤范睢之言，而秦復存。二世委任趙高，專權自恣，壅蔽大臣，終有閻樂望夷之禍，秦遂以亡。近事不遠，即漢所代也。

漢興，諸吕無道，擅相尊王。吕産、吕禄，席太后之寵，據將相之位，兼南北軍之衆，擁梁、趙王之尊，驕盈無厭，欲危劉氏。賴忠正大臣絳侯、朱虚侯等，竭誠盡節以誅滅之，然後劉氏復安。今王氏一姓，乘朱輪華轂者二十三人，青紫貂蟬，充盈幄内，魚鱗左右。大將軍秉事用權，五侯驕奢僭盛，並作威福，擊斷自恣，行汙而寄治，身私而託公，依東宫之尊，假甥舅之親，以爲威重。尚書、九卿、州牧、郡守皆出其門，筦執樞機，朋黨比周。稱譽者登進，忤恨者誅傷；游談者助之説，執政者爲之言。排擯宗室，孤弱公族，其有智能者，尤非毁而不進。遠絶宗室之任，不令得給事朝省，恐其與己分權。數稱燕王蓋主以疑上心，避諱吕、霍而弗肯稱。内有管、蔡之萌，外假周公之論，兄弟據重，宗族磐互。歷上古至秦、漢，外戚僭貴，未有如王氏者也。雖周皇父、秦穰侯、漢武安、吕、霍、上官之屬，皆不及也。

物盛必有非常之變先見，爲其人徵象。孝昭帝時，冠石立於泰山，仆柳起於上林，而孝宣帝即位。今王氏先祖墳墓在濟南者，其梓柱生枝葉，扶疏上出屋，根垂地中，雖立石、起柳，無以過此之明也。事勢不兩大，王氏與劉氏亦且不並立。如下有泰山之安，則上有累卵之危。陛下爲人子孫，守持宗廟，而令國祚移於外親，降爲皂隸，縱不爲身，奈宗廟何！婦人内夫家、外父母家，此亦非皇太后之福也。孝宣皇帝，不與舅平昌、樂昌侯權，所以全安之也。

夫明者起福於無形，銷患於未然。宜發明詔，吐德音，援近宗室，親而納信；黜遠外戚，毋授以政，皆罷令就第，以則效先帝之所行，厚安外戚，全其宗族，誠東宫之意、外家之福也。王氏永存，保其爵禄；劉氏長安，不失社稷，所以褒睦外内之姓，子子孫孫無疆之計也。如不行此策，田氏復見於今，六卿必起於漢，爲後嗣憂。昭昭甚明，不可不深圖，不可不蚤慮。《易》曰：「君不密則失臣，臣不密則失身，幾事不密則害成。」唯陛下深留聖思，審固幾密，覽往事之戒，以折中取信，居萬安之實，用保宗廟，久承皇太后，天下幸甚。

班孟堅文

【釋】本卷所録班固所撰人物列傳，皆從《漢書》本。

東方朔傳 少陽

東方朔，字曼倩，平原厭次人也。武帝初即位，徵天下舉方正賢良文學材力之士，待以不次之位，四方士多上書言得失，自衒鬻者以千數，其不足采者，輒報聞罷。朔初來，上書曰：「臣朔少失父母，長養兄嫂。年十三學書，三冬文史足用。十五學擊劍。十六學《詩》《書》，誦二十二萬言。十九學孫吴兵法，戰陣之具，鉦鼓之教，亦誦二十二萬言。凡臣朔固已誦四十四萬言。又常服子路之言。臣朔年二十二，長九尺三寸，目若懸珠，齒若編貝，勇若孟賁，捷若慶忌，廉若鮑叔，信若尾生。若此可以爲天子大臣矣。臣朔昧死再拜以聞。」

朔文辭不遜，高自稱譽，上偉之，令待詔公車，奉禄薄，未得省見。

久之，朔紿騶朱儒曰：「上以若曹無益於縣官，耕田力作，固不及人；臨衆處官，不能治民；從軍擊虜，不任兵事。無益於國用，徒索衣食，今欲盡殺若曹。」朱儒大恐啼泣。朔教曰：「上即過，叩頭請罪。」居有頃，聞上過，朱儒皆號泣頓首。上問：「何爲？」對曰：「東方朔言上欲盡誅臣等。」上知朔多端，召問朔：「何恐朱儒爲？」對曰：「臣朔生亦言，死亦言。朱儒長三尺餘，奉一囊粟，錢二百四十。臣長九尺餘，亦奉一囊粟，錢二百四十。朱儒飽欲死，臣朔飢欲死。臣言可用，幸異其禮；不可用，罷之，無令徒索長安米。」上大笑，因使待詔金馬門，稍得親近。

上嘗使諸數家射覆，置守宫盂下射之，皆不能中。朔自贊曰：「臣嘗受《易》，請射之。」迺别著布卦而對曰：「臣以爲龍又無角，謂之爲虵又有足，跂跂脈脈善緣壁，是非守宮即蜥蜴。」上曰：「善。」賜帛十匹。復使射他物，連中，輒賜帛。

時有幸倡郭舍人，滑稽不窮，常侍左右，曰：「朔狂幸中耳，非至數也。臣願令朔復射，朔中之，臣榜百，朔不能中，臣賜帛。」迺覆樹上寄生，令朔射之。朔曰：「是寠藪也。」舍人曰：「果知朔不能中也。」朔曰：「生肉爲膾，乾肉爲脯；著樹爲寄生，盆下爲寠藪。」上令倡監榜舍人，舍人不勝痛，呼謈。朔笑之曰：「咄！口無毛，聲謷謷，尻益高。」舍人恚曰：「朔擅詆欺天子從官，當棄市。」上問朔：「何故詆之？」對曰：「臣非敢詆之，迺與爲隱耳。」上曰：「隱云何？」朔曰：「夫口無毛者，狗竇也；聲謷謷者，鳥哺鷇也；尻益高者，鶴俛啄也。」舍人不服，因曰：「臣願復聞朔隱語，不知亦當榜。」即妄爲喈語曰：「令壺齟，老柏塗。伊優亞，狋吽牙。何謂也？」朔曰：「令者，命也。壺者，所以盛也。齟者，齒不正也。老者，人所敬也。柏者，鬼之廷也。塗者，漸洳徑也。伊優亞者，辭未定也。狋吽牙者，兩犬争也。」舍人所問，朔應聲輒對，變詐鋒出，莫能窮者，左右大驚。上以朔爲常侍郎，遂得愛幸。

久之伏日，詔賜從官肉。大官丞日晏不來，朔獨拔劍割肉，謂其同官曰：「伏日當早歸，請受賜。」即懷肉去。大官奏之。朔入，上曰：「昨賜肉不待詔，以劍割肉而去之，何也？」朔免冠謝。上曰：「先生起自責也。」朔再拜曰：「朔來！朔來！受賜不待詔，何無禮也！拔劍割肉，壹何壯也！割之不多，又何廉也！歸遺細君，又何仁也！」上笑曰：「使先生自責，迺反自譽！」復賜酒一石，肉百斤，歸遺細君。

初，建元三年，微行始出，北至池陽，西至黄山，南獵長楊，東游宜春。微行常用飲酎已。八九月中，與侍中常侍武騎，及待詔隴西北地良家子能騎射者，期諸殿門，故有「期門」之號自此始。微行以夜漏下十刻迺出，常稱平陽侯。旦明入山下，騎射鹿豕狐兔，手格熊羆，馳鶩禾稼稻秔之地。民皆號呼罵詈，相聚會，自言鄠杜令。令往，欲謁平陽侯，諸騎欲擊鞭之。令大怒，使吏呵止。獵者數騎見留，迺示以乘輿物，久之，迺得去。時夜出夕還，後齎五日糧，會朝長信宫，上大驩樂之。是後南山下乃知微行數出也，然尚迫於太后，未敢遠出。丞相御史知指，乃使右輔都尉徼循長楊以東，右内史發小民共待會所。後乃私置更衣，從宣曲以南十二所，中休更衣，投宿諸宫，長楊、五柞、倍陽、宣曲尤幸。於是上以爲道遠勞苦，又爲百姓所患，乃使太中大夫吾丘壽王，與待詔能用算者二人，舉籍阿城以南，盩厔以東，宜春以西，提封頃畝，及其賈直，欲除以爲上林苑，屬之南山。又詔中尉、左右内史，表屬縣草田，欲以償鄠杜之民。吾丘壽王奏事，上大悦稱善。時朔在傍，進諫曰：

「臣聞謙遜静慤，天表之應，應之以福；驕溢靡麗，天表之應，應之以異。今陛下累郎臺恐其不高也，弋獵之處恐其不廣也。如天不爲變，則三輔之地盡可以爲苑，何必盩厔、鄠、杜乎！奢侈越制，天爲之變，上林雖小，臣尚以爲大也。

「夫南山，天下之阻也，南有江、淮，北有河、渭。其地從汧隴以東，商雒以西，厥壤肥饒。漢興，去三河之地，止霸産以西，都涇、渭之南，此所謂天下陸海之地，秦之所以虜西戎兼山東者也。其山出玉石，金、銀、銅、鐵，豫章、檀、柘，異類之物，不可勝原，此百工所取給，萬民所卬足也。又有秔稻、梨栗、桑麻、竹箭之饒，土宜薑芋，水多鼃魚，貧者得以人給家足，無飢寒之憂。故豐鎬之間號爲土膏，其賈畝一金。今規以爲苑，絶陂池水澤之利，而取民膏腴之地，上乏國家之用，下奪農桑之業，棄成功，就敗事，損耗五穀，是其不可一也。且盛荆棘之林，而長養麋鹿，廣狐菟之苑，大虎狼之虚。又壞人冢墓，發人室廬，令幼弱懷土而思，耆老泣涕而悲，是其不可二也。斥而營之，垣而囿之，騎馳東西，車騖南北，又有深溝大渠，夫一日之樂，不足以危無堤之輿，是其不可三也。故務苑囿之大，不恤農時，非所以彊國富人也。

「夫殷作九市之宫而諸侯畔，靈王起章華之臺而楚民散，秦興阿房之殿而天下亂。糞土愚臣，忘生觸死，逆盛意，犯隆指，罪當萬死，不勝大願，願陳泰階六符，以觀天變，不可不省。」

是日因奏泰階之事，上迺拜朔爲太中大夫、給事中，賜黄金百斤。然遂起上林苑，如壽王所奏云。

久之，隆慮公主子昭平君，尚帝女夷安公主，隆慮主病困，以金千斤，銀千萬，爲昭平君豫贖死罪，上許之。隆慮主卒，昭平君日驕，醉殺主傅，獄繫内官。以公主子，廷尉上請請論。左右人人爲言：「前又入贖，陛下許之。」上曰：「吾弟老有是一子，死以屬我。」於是爲之垂涕歎息，良久曰：「法令者，先帝所造也，用弟故而誣先帝之法，吾何面目入高廟乎！又下負萬民。」乃可其奏，哀不能自止，左右盡悲。朔前上壽曰：「臣聞聖王爲政，賞不避仇敵，誅不擇骨肉。《書》曰：『不偏不黨，王道蕩蕩。』此二者，五帝所重，三王所難也。陛下行之，是以四海之内，元元之民，各得其所，天下幸甚！臣朔奉觴昧死再拜上萬歲壽。」上迺起，入省中，夕時，召讓朔曰：「《傳》曰：『時然後言，人不厭其言。』〔一〕今先生上壽，時乎？」朔免冠頓首曰：「臣聞樂太甚則陽溢，哀太甚則陰損，陰陽變則心氣動，心氣動則精神散，精神散〔二〕而邪氣及。銷憂者莫若酒，臣朔所以上壽者，明陛下正而不阿，因以止哀也。愚不知忌諱，當死。」先是朔嘗醉入殿中，小遺殿上，劾不敬。有詔免爲庶人，待詔宦者署，因此對，復爲中郎，賜帛百匹。

初，帝姑館陶公主號竇太主，堂邑侯陳午尚之。午死，主寡居，年五十餘矣，近幸董偃。始偃與母，以賣珠爲事，偃年十三，隨母出入主家。左右言其姣好，主召見，曰：「吾爲母養之。」因留第中，教書計、相馬、御射，頗讀傳記。至年十八而冠，出則執轡，入則侍内。爲人温柔愛人，以主故，諸公接之，名稱城中，號曰董君。主因推令散財交士，令中府曰：「董君所發，一日金滿百斤，錢滿百萬，帛滿千匹，乃白之。」安陵爰叔者，爰盎兄子也，與偃善，謂偃曰：「足下私侍漢主，挾不測之罪，將欲安處乎？」偃懼曰：「憂之久矣，不知所以。」爰叔曰：「顧城廟遠無宿宮，又有萩竹籍田，足下何不白主獻長門園？此上所欲也。如是上知計出於足下也，則安枕而卧，長無慘怛之憂。久之不然，上且

〔一〕《論語·憲問》語。
〔二〕「精神散」三字原脱。

請之，於足下何如？」偃頓首曰：「敬奉教。」入言之主，主立奏書獻之。上大説，更名竇大主園爲長門宮。主大喜，使偃以黄金百斤爲爰叔壽。

叔因是爲董君畫求見上之策，令主稱疾不朝。上往臨疾，問所欲，主辭謝曰：「妾幸蒙陛下厚恩，先帝遺德，奉朝請之禮，備臣妾之儀，列爲公主，賞賜邑入，隆天重地，死無以塞責。一日卒有不勝洒掃之職，先狗馬填溝壑，竊有所恨，不勝大願，願陛下時忘萬事，養精游神，從中掖庭回輿，枉路臨妾山林，得獻觴上壽，娛樂左右。如是而死，何恨之有！」上曰：「主何憂？幸得愈。恐羣臣從官多，大爲主費。」上還，有頃，主疾愈，起謁，上以錢千萬從主飲。後數日，上臨山林，主自執宰敝膝，道入登階就坐。坐未定，上曰：「願謁主人翁。」主乃下殿去簪珥，徒跣頓首謝曰：「妾無狀，負陛下，身當伏誅。陛下不致之法，頓首死罪。」有詔謝。主簪履起，之東箱，自引董君。董君緑幘傅韝，隨主前伏殿下。主迺贊：「館陶公主庖人臣偃昧死再拜謁。」因叩頭謝，上爲之起。有詔賜衣冠上。偃起走就衣冠，主自奉食進觴。當是時，董君見尊不名，稱爲「主人翁」，飲大歡樂。主迺請賜將軍、列侯、從官金錢雜繒各有數。於是董君貴寵，天下莫不聞。郡國狗馬、蹵鞠、劍客輻湊董氏。常從遊戲北宮，馳逐平樂，觀雞鞠之會，角狗馬之足，上大驩樂之。於是上爲竇太主置酒宣室，使謁者引内董君。

是時，朔陛戟殿下，辟戟而前曰：「董偃有斬罪三，安得入乎？」上曰：「何謂也？」朔曰：「偃以人臣私侍公主，其罪一也。敗男女之化，而亂婚姻之禮，傷王制，其罪二也。陛下富於春秋，方積思於六經，留神於王事，馳騖於唐虞，折節於三代，偃不遵經勸學，反以靡麗爲右，奢侈爲務，盡狗馬之樂，極耳目之欲，行邪枉之道，徑淫辟之路，是乃國家之大賊，人主之大蜮。偃爲淫首，其罪三也。昔伯姬燔而諸侯憚，奈何乎陛下？」上默然不應，良久曰：「吾業以設飲，後而自改。」朔曰：「不可。夫宣室者，先帝之正處也，非法度之政，不得入焉。故淫亂之漸，其變爲篡，是以豎貂爲淫，而易牙作患，慶父死而魯國全，管、蔡誅而周室安。」上曰：「善。」有詔止，更置酒北宫，引董君從東司馬門。東司馬門更名東交門。賜朔黄金三十斤。董君之寵，由是日衰，至年三十而終。後數歲，竇太主卒，與董君會葬於霸陵。是後公主貴人多逾禮制，自董偃始。

時天下侈靡趨末，百姓多離農畝。上從容問朔：「吾欲化民，豈有道乎？」朔對曰：「堯、舜、禹、湯、文、武、成、康，上古之事，經歷數千載，尚難言也，臣不敢陳。願近述孝文皇帝之時，當世耆老，皆聞見之。貴爲天子，富有四海，身衣弋綈，足履革舄，以韋帶劍，莞蒲爲席，兵木無刃，衣緼無文，集上書囊以爲殿帷；以道德爲麗，以仁義爲準。於是天下望風成俗，昭然化之。今陛下以城中爲小，圖起建章，左鳳闕，右神明，號稱千門萬户；木土衣綺繡，狗馬被繢罽；宫人簪瑇瑁，垂珠璣；設戲車，教馳逐，飾文采，叢珍怪；撞萬石之鐘，擊雷霆之鼓，作俳優，舞鄭女。上爲淫侈如此，而欲使民獨不奢侈失農，事之難者也。陛下誠能用臣朔之計，推甲乙之帳，燔之於四通之衢，却走馬，示不復用，則堯、舜之隆，宜可與比治矣。《易》曰：『正其本，萬事理；失之毫氂，差以千里。』願陛下留意察之。」

朔雖詼笑，然時觀察顔色，直言切諫，上常用之。自公卿在位，朔皆敖弄，無所爲屈。

上以朔口諧辭給，好作問之。嘗問朔曰：「先生視朕何如主也？」朔對曰：「自唐、虞之隆，成、康之際，未足以諭當世。臣伏觀陛下功德，陳五帝之上，在三王之右。非若此而已，誠得天下賢士公卿在位，咸得其人矣。譬若以周邵爲丞相，孔丘爲御史大夫，太公爲將軍，畢公高拾遺於後，弁嚴子爲衛尉，皋陶爲大理，后稷爲司農，伊尹爲少府，子贛使外國，顔閔爲博士，子夏爲太常，益爲右扶風，季路爲執金吾，契爲鴻臚，龍逢爲宗正，伯夷爲京兆，管仲爲馮翊，魯般爲將作，仲山甫爲光禄，申伯爲太僕，延陵季子爲水衡，百里奚爲典屬國，柳下惠爲大長秋，史魚爲司直，蘧伯玉爲太傅，孔父爲詹事，孫叔敖爲諸侯相，子産爲郡守，王慶忌爲期門，夏育爲鼎官，羿爲旄頭，宋萬爲式道候。」上迺大笑。

是時朝廷多賢材，上復問朔：「方今公孫丞相、兒大夫、董仲舒、夏侯始昌、司馬相如、吾丘壽王、主父偃、朱買臣、嚴助、汲黯、膠倉、終軍、嚴安、徐樂、司馬遷之倫，皆辨知閎達，溢於文辭，先生自視，何與比哉？」朔對曰：「臣觀其臿齒牙，樹頰胲，吐脣吻，擢項頤，結股脚，連脽尻，遺蛇其迹，行步偊旅，臣朔雖不肖，尚兼此數子者。」朔之進對澹辭，皆此類也。

武帝既招英俊，程其器能，用之如不及。時方外事胡越，内興制度，國家多事，自公孫弘以下至司馬遷，皆奉使方外，或爲郡國守相至公卿，而朔嘗至太中大夫，後常爲郎，與枚皋、郭舍人俱在左右詼啁而已。久之，朔上書陳農戰强國之計，因自訟獨不得大官，欲求試用。其言專商鞅、韓非之語也，指意放蕩，頗復詼諧，辭數萬言，終不見用。朔因著論，設客難己，用位卑以自慰諭。其辭曰：

客難東方朔曰：「蘇秦、張儀，一當萬乘之主，而都卿相之位，澤及後世。今子大夫修先王之術，慕聖人之義，諷誦《詩》《書》百家之言，不可勝數，著於竹帛，脣腐齒落，服膺而不釋，好學樂道之效，明白甚矣；自以智能海内無雙，則可謂博聞辯智矣。然悉力盡忠以事聖帝，曠日持久，官不過侍郎，位不過執戟，意者尚有遺行耶？同胞之徒，無所容居，其故何也？」

東方先生喟然長息，仰而應之曰：「是固非子之所能備也。彼一時也，此一時也，豈可同哉？蘇秦、張儀之時，周室大壞，諸侯不朝，力政争權，相禽以兵，并爲十二國，未有雌雄，得士者强，失士者亡，故談説行焉。身處尊位，珍寶充内，外有倉廪，澤及後世，子孫長享。今則不然。聖帝流德，天下震慴，諸侯賓服，連四海之外以爲帶，安於覆盂，動猶運之掌，賢不肖何以異哉？遵天之道，順地之理，物無不得其所；故綏之則安，動之則苦；尊之則爲將，卑之則爲虜；抗之則在青雲之上，抑之則在深泉之下；用之則爲虎，不用則爲鼠；雖欲盡節效情，安知前後？夫天地之大，士民之衆，竭精〔一〕談説，並進輻湊者，不可勝數，悉力慕之，困於衣食，或失門户。使蘇秦、張儀與僕並生於今之世，曾不得掌故，安敢望常侍郎乎！故曰時異事異。

「雖然，安可以不務修身乎哉！《詩》云：『鼓鐘於宫，聲聞於外。』『鶴鳴於九皋，聲聞於天。』苟能修身，何患不榮！太公體行仁義，七十有二，迺設用於文、武，得信厥説，封於齊，七百歲而不絶，此士

〔一〕「精」字原作「情」。

所以日夜孳孳，敏行而不敢怠也。辟若鷙鴿，飛且鳴矣。《傳》曰：『天不爲人之惡寒而輟其冬，地不爲人之惡險而輟其廣，君子不爲小人之匈匈而易其行。』『天有常度，地有常形，君子有常行；君子道其常，小人計其功。』〔一〕《詩》云：『禮義之不愆，何恤人之言？』故曰：『水至清則無魚，人至察則無徒。冕而前旒，所以蔽明；黈纊充耳，所以塞聰。』明有所不見，聰有所不聞，舉大德，赦小過，無求備於一人之義也。枉而直之，使自得之；優而柔之，使自求之；揆而度之，使自索之。蓋聖人教化如此，欲自得之；自得之，則敏且廣矣。

「今世之處士，魁然無徒，廓然獨居，上觀許由，下察接輿，計同范蠡，忠合子胥，天下和平，與義相扶，寡耦少徒，固其宜也，子何疑於我哉？若夫燕之用樂毅，秦之任李斯，酈食其之下齊，説行如流，曲從如環，所欲必得，功若丘山，海内定，國家安，是遇其時也，子又何怪之耶？語曰：『以管闚天，以蠡測海，以莛撞鐘。』豈能通其條貫，考其文理，發其音聲哉！由是觀之，譬猶鼱鼩之襲狗，孤豚之咋虎，至則靡耳，何功之有？今以下愚而非處士，雖欲勿困，固不得已，此適足以明其不知權變，而終惑於大道也。」

又設非有先生之論，其辭曰：

非有先生仕於吴，進不能稱往古以厲主意，退不能揚君美以顯其功，默默無言者三年矣。吴王

〔一〕以上兩則爲《荀子·天論》語。

怪而問之曰：「寡人獲先人之功，寄於衆賢之上，夙興夜寐，未嘗敢怠也。今先生率然高舉，遠集吴地，將以輔治寡人，誠竊嘉之，體不安席，食不甘味，目不視靡曼之色，耳不聽鐘鼓之音，虚心定志，欲聞流議者，三年於兹矣。今先生進無以輔治，退不揚主譽，竊不爲先生取之也。蓋懷能而不見，是不忠也；見而不行，主不明也。意者寡人殆不明乎？」非有先生伏而唯唯。吴王曰：「可以談矣，寡人將竦意而覽焉。」先生曰：「於戲！可乎哉？可乎哉？談何容易！夫談有悖於目，拂於耳，謬於心，而便於身者，或有説於目，順於耳，快於心，而毁於行者，非有明主聖王，孰能聽之？」吴王曰：「何爲其然也？『中人以上，可以語上也。』先生試言，寡人將聽焉。」

先生對曰：「昔者關龍逢深諫於桀，而王子比干直言於紂，此二臣者，皆竭慮盡忠，閔主澤不下流，而萬民騷動，故直言其失，切諫其邪者，將以爲君之榮，除主之病也。今則不然，反以爲誹謗君之行，無人臣之禮，果紛然傷於身，蒙不辜之名，戮及先人，爲天下笑，故曰談何容易！是以輔弼之臣瓦解，而邪諂之人並進，遂及蜚廉、惡來革等。二人皆詐僞，巧言利口，以進其身，陰奉琱瑑刻鏤之好，以納其心。務快耳目之欲，以苟容爲度。遂往不戒，身没被戮，宗廟崩阤，國家爲虚，放戮聖賢，親近讒夫。《詩》不云乎？『讒人罔極，交亂四國』，此之謂也。故卑身賤體，説色微辭，愉愉呴呴，終無益於主上之治，則志士仁人不忍爲也。將儼然作矜嚴之色，深言直諫，上以拂主之邪，下以損百姓之害，則忤於邪主之心，歷於衰世之法。故養壽命之士，莫肯進也，遂居深山之間，積土爲室，編蓬爲户，彈琴其中，以詠先王之風，亦可以樂而忘死矣。是以伯夷、叔齊避周，餓於首陽之下，後世稱其仁。如是邪主之行，固足畏也，故曰談何容易！」

於是吴王懼然易容，捐薦去几，危坐而聽。先生曰：「接輿避世，箕子被髮佯狂，此二人者，皆避濁世以全其身者也。使遇明王聖主，得清燕之閑，寬和之色，發憤畢誠，圖畫安危，揆度得失，上以安主體，下以便萬民，則五帝三王之道，可幾而見也。故伊尹蒙恥辱，負鼎俎，和五味以干湯；太公釣於渭之陽，以見文王。心合意同，謀無不成，計無不從，誠得其君也。深念遠慮，引義以正其身，推恩以廣其下，本仁祖義，褒有德，禄賢能，誅惡亂，總遠方，一統類，美風俗，此帝王所由昌也。上不變天性，下不奪人倫，則天地和洽，遠方懷之，故號聖王。臣子之職既加矣，於是裂地定封，爵爲公侯，傳國子孫，名顯後世，民到於今稱之，以遇湯與文王也。太公、伊尹以如此，龍逢、比干獨如彼，豈不哀哉！故曰談何容易！」

於是吴王穆然俛而深惟，仰而泣下交頤，曰：「嗟乎！余國之不亡也，緜緜連連，殆哉世不絶也！」於是正明堂之朝，齊君臣之位，舉賢材，布德惠，施仁義，賞有功；躬節儉，減後宫之費，損車馬之用；放鄭聲，遠佞人，省庖廚，去侈靡；卑宫館，壞苑囿，填池塹，以與貧民無産業者；開内臧，振貧窮，存耆老，卹孤獨；薄賦斂，省刑辟。行此三年，海内晏然，天下大治，陰陽和調，萬物咸得其宜；國無災害之變，民無飢寒之色，家給人足，蓄積有餘，囹圄空虚；鳳凰來集，麒麟在郊，甘露既降，朱草萌芽；遠方異族之人，鄉風慕義，各奉其職而來朝賀。故治亂之道，存亡之端，若此易見，而君人者莫肯爲也，臣愚竊以爲過。故《詩》云：「王國克生，惟周之楨，濟濟多士，文王以寧。」此之謂也。

朔之文辭，此二篇最善。其餘有《封泰山》《責和氏璧》及《皇太子生禖》《屏風》《殿上柏柱》《平樂觀》《賦獵》，八言、七言上下，《從公孫閎借車》，凡劉向所録朔書具是矣。世所傳他事皆非也。

贊曰：劉向言少時數問長老賢人，通於事及朔時者，皆曰朔口諧倡辯，不能持論，喜爲庸人誦説，故今後世多傳聞者。而揚雄亦以爲朔言不純師，行不純德，其流風遺書，蔑如也。然朔名過實者，以其詼達多端，不名一行，應諧似優，不窮似智，正諫似直，穢德似隱。非夷齊而是柳下惠，戒其子以上容：「首揚爲拙，柱下爲工；飽食安步，以仕易農；依隱玩世，詭時不逢。」其滑稽之雄乎！朔之詼諧，逢占射覆，其事浮淺，行於衆庶，童兒牧豎，莫不眩燿。而後世好事者，因取奇言怪語，附著之朔，故詳録焉。

霍光傳 少陰

霍光字子孟，票騎將軍去病弟也。父中孺，河東平陽人也，以縣吏給事平陽侯家，與侍者衛少兒私通，而生去病。中孺吏畢歸家，娶婦生光，因絶不相聞。久之，少兒女弟子夫，得幸於武帝，立爲皇后，去病以皇后姊子貴幸。既壯大，迺自知父爲霍中孺，未及求問。會爲票騎將軍，擊匈奴，道出河東，何東太守郊迎，負弩矢先驅，至平陽傳舍，遣吏迎霍中孺。中孺趨入拜謁，將軍迎拜，因跪曰：「去病不早自知爲大人遺體也。」中孺扶服叩頭曰：「老臣得託命將軍，此天力也。」去病大爲中孺買田宅奴婢而去。還復過焉，迺將光西至長安，時年十餘歲，任光爲郎，稍遷諸曹侍中。去病死後，光爲奉車都尉光祿大夫，出則奉車，入侍左右，出入禁闥，二十餘年，小心謹慎，未嘗有過，甚見親信。

征和二年，衛太子爲江充所敗，而燕王旦、廣陵王胥皆多過失。是時上年老，寵姬鉤弋趙倢伃有男，上心欲以爲嗣，命大臣輔之。察羣臣惟光任大重，可屬社稷。上迺使黄門畫者，畫「周公負成王朝諸侯」以賜光。後元二年春，上遊五柞宮，病篤，光涕泣問曰：「如有不諱，誰當嗣者？」上曰：「君未諭前畫意耶？立少子，君行周公之事。」光頓首讓曰：「臣不如金日磾。」日磾亦曰：「臣外國人，不如光。」上以光爲大司馬大將軍，日磾爲車騎將軍，及太僕上官桀爲左將軍，搜粟都尉桑弘〔一〕羊爲御史大夫，皆拜卧内牀下，受遺詔，輔少主。明日，武帝崩，太子襲尊號，是爲孝昭皇帝。帝年八歲，政事一決於光。

先是後元年，侍中僕射莽何羅，與弟重合侯通謀爲逆，時光與金日磾、上官桀等共誅之，功未録。武帝病，封璽書曰：「帝崩，發書以從事。」遺詔封金日磾爲秺侯，上官桀爲安陽侯，光爲博陸侯，皆以前捕反者功封。時衛尉王莽子男忽侍中，揚語曰：「帝病，忽常在左右，安得遺詔封三子事！羣兒自相貴耳。」光聞之，切讓王莽，莽酖殺忽。

光爲人沈静詳審，長財七尺三寸，白皙，疏眉目，美須頾。每出入下殿門，止進有常處，郎僕射竊

〔一〕「弘」原誤作「私」。

識視之，不失尺寸，其資性端正如此。初輔幼主，政自己出，天下想聞其風采。殿中嘗有怪，一夜羣臣相驚，光召尚符璽郎，郎不肯授光。光欲奪之，郎按劍曰：「臣頭可得，璽不可得也！」光甚誼之。明日，詔增此郎秩二等。衆庶莫不多光。

光與左將軍桀結婚相親，光長女爲桀子安妻。有女年與帝相配，桀因帝姊鄂邑蓋主，内安女後宫爲倢伃，數月立爲皇后。父安爲票騎將軍，封桑樂侯。光時休沐出，桀輒入代光决事。桀父子既尊盛，而德長公主。公主内行不修，近幸河間丁外人。桀、安欲爲外人求封，幸依國家故事以列侯尚公主者，光不許。又爲外人求光禄大夫，欲令得召見，又不許。長主大以是怨光。而桀、安數爲外人求官爵，弗能得，亦慙。自先帝時，桀已爲九卿，位在光右。及父子並爲將軍，有椒房中宫之重，皇后親安女，光迺其外祖，而顧乃專制朝事，由是與光争權。

燕王旦自以昭帝兄，常懷怨望。及御史大夫桑弘羊，建造酒榷鹽鐵，爲國興利，伐其功，欲爲子弟得官，亦怨恨光。於是蓋主、上官桀、安及弘羊，皆與燕王旦通謀，詐令人爲燕王上書，言：「光出都肄郎羽林，道上稱趕，太官先置。又引蘇武前使匈奴，拘留二十年不降，還迺爲典屬國，而大將軍長史敞亡功，爲搜粟都尉。又擅調益莫府校尉。光專權自恣，疑有非常。臣旦願歸符璽，入宿衛，察奸臣變。」候司光出沐日奏之。桀欲從中下其事，桑弘羊當與諸大臣共執退光。書奏，帝不肯下。

明旦，光聞之，止畫室中不入。上問：「大將軍安在？」左將軍桀對曰：「以燕王告其罪，故不敢入。」有詔召大將軍。光入，免冠頓首謝，上曰：「將軍冠。朕知是書詐也，將軍亡罪。」光曰：「陛下何以知之？」上曰：「將軍之廣明，都郎屬耳。調校尉以來，未能十日，燕王何以得知之？且將軍爲非，不須校尉。」是時帝年十四，尚書左右皆驚，而上書者果亡，捕之甚急。桀等懼，白上小事不足遂，上不聽。

後桀黨與有譖光者，上輒怒曰：「大將軍忠臣，先帝所屬以輔朕身，敢有毁者坐之。」自是桀等不敢復言，迺謀令長公主置酒請光，伏兵格殺之，因廢帝，迎立燕王爲天子。事發覺，光盡誅桀、安、弘羊外人宗族。燕王、蓋主皆自殺。光威振海内。昭帝既冠，遂委任光，訖十三年，百姓充實，四夷賓服。

元平元年，昭帝崩，亡嗣。武帝六男，獨有廣陵王胥在，羣臣議所立，咸持廣陵王。王本以行失道，先帝所不用。光内不自安。郎有上書言：「周太王廢太伯立王季，文王舍伯邑考立武王，惟在所宜，雖廢長立少可也。廣陵王不可以承宗廟。」言合光意。光以其書視丞相敞等，擢郎爲九江太守，即日承皇太后詔，遣行大鴻臚事少府樂成、宗正德、光禄大夫吉、中郎將利漢，迎昌邑王賀。賀者武帝孫，昌邑哀王子也。既至，即位，行淫亂。光憂懣，獨以問所親故吏大司農田延年。延年曰：「將軍爲國柱石，審此人不可，何不建白太后，更選賢而立之？」光曰：「今欲如是，於古嘗有此否？」延年曰：「伊尹相殷，廢太甲以安宗廟，後世稱其忠。將軍若能行此，亦漢之伊尹也。」光迺引延年給侍中，陰與車騎將軍張安世圖計，遂召丞相、御史、將軍、列侯、中二千石、大夫、博士，會議未央宫。光曰：「昌邑王行昏亂，恐危社稷，如何？」羣臣皆驚鄂失色，莫敢發言，但唯唯而已。田延年前，離席拔劍曰：「先帝屬將軍以幼孤，寄將軍以天下，以將軍忠賢，能安劉氏也。今羣下鼎沸，社稷將傾，且漢之傳謚常爲孝者，以長有天下，令宗廟血食也。如令漢家絶祀，將軍雖死，何面目見先帝於地下乎？今日之議，不得旋踵，羣臣後應者，臣請劍斬之。」光謝曰：「九卿責光是也。天下匈匈不安，光當受難。」於是議者皆叩頭曰：「萬姓之命，在於將軍，唯大將軍令。」

光即與羣臣俱見白太后，具陳昌邑王不可以承宗廟狀。皇太后乃車駕幸未央承明殿，詔諸禁門毋内昌邑羣臣。王入朝太后還，乘輦欲歸温室，中黄門宦者各持門扇，王入門閉，昌邑羣臣不得入。王曰：「何爲？」大將軍跪曰：「有皇太后詔，毋内昌邑羣臣。」王曰：「徐之，何乃驚人若是！」光使盡驅出昌邑羣臣，置金馬門外。車騎將軍安世將羽林騎收縛二百餘人，皆送廷尉詔獄。令故昭帝侍中中臣侍守王。光敕左右：「謹宿衛，卒有物故自裁，令我負天下，有殺主名。」王尚未自知當廢，謂左右：「我故羣臣從官安得罪，而大將軍盡繫之乎。」頃之，有太后詔召王。王聞召意恐，乃曰：「我安得罪，而召我哉！」太后被珠襦，盛服坐武帳中，侍御數百人，皆持兵，期門武士陛戟陳列殿下。羣臣以次上殿，召昌邑王伏前聽詔。光與羣臣連名奏王，尚書令讀奏曰：

丞相臣敞、大司馬大將軍臣光、車騎將軍臣安世、度遼將軍臣明友、前將軍臣增、後將軍臣充國、御史大夫臣誼、宜春侯臣譚、當塗侯臣聖、隨桃侯臣昌樂、杜侯臣屠耆堂、太僕臣延年、太常臣昌、大司農臣延年、宗正臣德、少府臣樂成、廷尉臣光、執金吾臣延壽、大鴻臚臣賢、左馮翊臣廣明、右扶風臣德、長信少府臣嘉、典屬國臣〔一〕武、京輔都尉臣廣漢、司隸校尉臣辟兵、諸吏文學光禄大夫臣遷、臣畸、臣吉、臣賜、臣管、臣勝、臣梁、臣長幸、臣夏侯勝、太中大夫臣德、臣卬，昧死言皇太后陛下：臣敞等頓首死罪。天子所以永保宗廟，總一海内者，以慈孝禮誼賞罰爲本。孝昭皇帝早棄天下，亡嗣，臣敞等議，禮曰：「爲人後者，爲之子也」，昌邑王宜嗣後，遣宗正、大鴻臚、光禄大夫奉節，使徵昌邑王典喪。服斬縗，亡悲哀之心，廢禮誼，居道上不素食，使從官略女子，載衣車，内所居傳舍。始至謁見，立爲皇太子，常私買雞豚以食。受皇帝信璽、行璽大行前，就次發璽不封。從官更持節，引内昌邑從官騶宰官奴二百餘人，常與居禁闥内敖戲。自之符璽取節十六，朝暮臨，令從官更持節從。爲書曰「皇帝問侍中君卿：使中御府令高昌奉黄金千斤，賜君卿取十妻。」大行在前殿，發樂府樂器，引内昌邑樂人，擊鼓歌吹作俳倡。會下還，上前殿擊鐘磬，召内泰壹宗廟樂人，輦道牟首，鼓吹歌舞，悉奏衆樂。發長安廚三太牢，具祠閣室中，祀已，與從官飲啗。駕法駕，皮軒鸞旗，驅馳北宮、桂宮，弄彘鬬虎。召皇太后御小馬車，使官奴騎乘，遊戲掖庭中。與孝昭皇帝宫人蒙等淫亂，詔掖庭令敢泄言要斬。太后曰：「止！爲人臣子，當悖亂如是耶！」王離席伏。尚書令復讀曰：

取諸侯王、列侯、二千石綬，及墨綬、黄綬，以并佩昌邑郎官者免奴。變易節上黄旄以赤。發御

〔一〕原「臣」下衍「輔」字。

府金錢、刀劍、玉器、采繒，賞賜所與遊戲者。與從官官奴夜飲，湛沔於酒。詔太官上乘輿食如故。食監奏未釋服，未可御故食，復詔太官趣具，無關食監。太官不敢具，即使從官出買雞豚，詔殿門内以爲常。獨夜設九賓温室，延見姊夫昌邑關内侯。祖宗廟祠未舉，爲璽書使使者持節，以三太牢祠昌邑哀王園廟，稱嗣子皇帝。受璽以來，二十七日，使者旁午，持節詔諸官署徵發，凡千一百二十七事。文學光禄大夫夏侯勝等，及侍中傅嘉，數進諫以過失，使人簿責勝，縛嘉繫獄。荒淫迷惑，失帝王禮誼，亂漢制度。臣敞等數進諫，不變更，日以益甚，恐危社稷，天下不安。

臣敞等謹與博士臣霸、臣雋舍、臣德、臣虞舍、臣射、臣倉議，皆曰：「高皇帝建功業，爲漢太祖。孝文皇帝慈仁節儉，爲太宗。今陛下嗣孝昭皇帝後，行淫辟不軌。《詩》云：『籍曰未知，亦既抱子。』五辟之屬，莫大不孝。周襄王不能事父母，《春秋》曰『天王出居於鄭』，由不孝出之，絶之於天下也。宗廟重於君，陛下未見命高廟，不可以承天序，奉祖宗廟，子萬姓，當廢。」臣請有司御史大夫臣誼、宗正臣德、太常臣昌與太祝，以一太牢具告祠高廟。臣敞等昧死以聞。

皇太后詔曰：「可。」光令王起拜受詔，王曰：「聞天子有争臣七人，雖亡道，不失天下。」光曰：「皇太后詔廢，安得天子！」迺即持其手，解脱其璽組，奉上太后，扶王下殿，出金馬門，羣臣隨送。王西面拜曰：「愚戇不任漢事。」起就乘輿副車。大將軍光送至昌邑邸，光謝曰：「王行自絶於天，臣等駑怯，不能殺身報德。臣寧負王，不敢負社稷。願王自愛，臣長不復見左右。」光涕泣而去。羣臣奏言：「古者廢放之人，屏於遠方，不及以政，請徙王賀漢中房陵縣。」太后詔歸賀昌邑，賜湯沐邑二千户。昌邑羣臣，坐亡輔導之誼，陷王於惡，光悉誅殺二百餘人。出死，號呼市中曰：「當斷不斷，反受其亂。」

光坐庭中，會丞相以下，議定所立。廣陵王已前不用，及燕刺王反誅，其子不在議中。近親惟有衛太子孫，號皇曾孫，在民間，咸稱述焉。光遂復與丞相敞等上奏曰：「《禮》曰：『人道親親故尊祖，尊祖故敬宗。』大宗亡嗣，擇支子孫賢者爲嗣。孝武皇帝曾孫病已，武帝時，有詔掖庭養視，至今年十八，師受《詩》《論語》《孝經》，躬行節儉，慈仁愛人，可以嗣孝昭皇帝後，奉承祖宗廟，子萬姓。臣昧死以聞。」皇太后詔曰：「可。」光遣宗正劉德，至曾孫家尚冠里，洗沐，賜御衣，太僕以軨獵車迎曾孫，就齋宗正府，入未央宮，見皇太后，封爲陽武侯。已而光奉上皇帝璽綬，謁於高廟，是爲孝宣皇帝。明年下詔曰：「夫褒有德，賞元功，古今通誼也。大司馬大將軍光，宿衛忠正，宣德明恩，守節秉誼，以安宗廟。其以河北、東武陽益封光萬七千户。」與故所食凡二萬户。賞賜前後黄金七千斤，錢六千萬，雜繒三萬疋，奴婢百七十人，馬二千匹，甲第一區。

自昭帝時，光子禹及兄孫雲皆中郎將，雲弟山奉車都尉侍中，領胡越兵。光兩女婿爲東西宮衛尉，昆弟諸婿外孫，皆奉朝請，爲諸曹大夫、騎都尉、給事中。黨親連體，根據於朝廷。光自後元秉持萬機，及上即位，乃歸政。上謙讓不受，諸事皆先關白光，然後奏御天子。光每朝見，上虚己斂容，禮下之已甚。

光秉政前後二十年，地節二年春，病篤，車駕自臨問光病，上爲之涕泣。光上書謝恩曰：「願分國邑三千户，以封兄孫奉車都尉山爲列侯，奉兄票騎將軍去病祀。」事下丞相御史，即日拜光子禹爲右將軍。

光薨，上及皇太后親臨光喪。太中大夫任宣，與侍御史五人，持節護喪事。中二千石治莫府冢上。賜金錢、繒絮，繡被百領，衣五十篋，璧〔二〕珠璣玉衣，梓宫、便房、黄腸題湊各一具，樅木外藏椁十五具。東園温明，皆如乘輿制度。載光尸柩以輼輬車，黄屋左纛，發材官輕車北軍五校士，軍陳至茂陵，以送其葬。謚曰宣成侯。發三河卒，穿復土，起冢祠堂，置園邑三百家，長丞奉守如舊法。

既葬，封山爲樂平侯，以奉車都尉領尚書事。天子思光功德，下詔曰：「故大司馬大將軍博陸侯，宿衛孝武皇帝三十有餘年，輔孝昭皇帝十有餘年，遭大難，躬秉誼，率三公九卿大夫，定萬世册，以安社稷，天下蒸庶，咸以康寧。功德茂盛，朕甚嘉之。復其後世，疇其爵邑，世世無有所與，功如蕭相國。」明年夏，封太子外祖父許廣漢爲平恩侯。復下詔曰：「宣成侯光，宿衛忠正，勤勞國家。善善及後世，其封光兄孫中郎將雲爲冠陽侯。」

禹既嗣爲博陸侯，太夫人顯，改光時所自造塋制，而侈大之。起三出闕，築神道，北臨昭靈，南出承恩，盛飾祠室輦閣，通屬永巷，而幽良人婢妾守之。廣治第室，作乘輿輦，如畫繡絪馮，黄金塗，韋絮薦輪，侍婢以五采絲輓顯游戲第中。初，光愛幸監奴馮子都，常與計事，及顯寡居，與子都亂。而禹、山亦

〔二〕「璧」字原誤作「壁」。

並繕治第宅，走馬馳逐平樂館。雲當朝請，數稱病私出，多從賓客，張圍獵黄山苑中，使蒼頭奴上朝謁，莫敢譴者。而顯及諸女，晝夜出入長信宫殿中，亡期度。

宣帝自在民間，聞知霍氏尊盛日久，内不能善。光薨，上始躬親朝政，御史大夫魏相給事中。顯謂禹、雲、山：「女曹不務奉大將軍餘業，今大夫給事中，他人壹間，女能復自救耶？」後兩家奴争道，霍氏奴入御史府，欲躢大夫門，御史爲叩頭謝，乃去。人以謂霍氏，顯等始知憂。會魏大夫爲丞相，數燕見言事。平恩侯與侍中金安上等，徑出入省中。時霍山自若領尚書，上令吏民得奏封事，不關尚書，羣臣進見獨往來，於是霍氏甚惡之。

宣帝始立，立微時許妃爲皇后。顯愛小女成君，欲貴之，私使乳醫淳于衍，行毒藥殺許后，因勸光内成君，代立爲后。語在《外戚傳》。始許后暴崩，吏捕諸醫，劾衍侍疾亡狀不道，下獄。吏簿問急，顯恐事敗，即具以實語光。光大驚，欲自發舉，不忍，猶與。會奏上，因署衍勿論。光薨後，語稍泄。於是上始聞之而未察，迺徙光女壻度遼將軍衛尉平陵侯范明友爲光禄勳，次壻諸吏中郎將羽林監任勝出爲安定太守。數月，復出光姊壻給事中光禄大夫張朔，爲蜀郡太守，羣孫壻中郎將王漢爲武威太守。頃之，復徙光長女壻長樂衛尉鄧廣漢爲少府。更以禹爲大司馬，冠小冠，亡印綬，罷其右將軍屯兵官屬，特使禹官名與光俱大司馬者。又收范明友度遼將軍印綬，但爲光禄勳。及光中女壻趙平爲散騎騎都尉光禄大夫，將屯兵，又收平騎都尉印綬。諸領胡越騎、羽林及兩宫衛將屯兵，悉易以所親信許、史子弟代之。

禹爲大司馬，稱病。禹故長史任宣候問，禹曰：「我何病？縣官非我家將軍，不得至是，今將軍墳墓未乾，盡外我家，反任許、史，奪我印綬，令人不省死。」宣見禹恨望深，迺謂曰：「大將軍時何可復行！持國權柄，殺生在手中。廷尉李种、王平、左〔一〕馮翊，賈勝胡及車丞相女婿少府徐仁皆坐逆將軍意下獄死。使樂成小家子得幸將軍至九卿封侯。百官以下，但事馮子都、王子方等，視丞相亡如也。各自有時，今許、史自天子骨肉，貴正宜耳。大司馬欲用是怨恨，愚以爲不可。」禹默然。數日，起視事。

顯及禹、山、雲自見日侵削，數相對啼泣自怨。山曰：「今丞相用事，縣官信之，盡變易大將軍時法令，以公田賦與貧民，發揚大將軍過失。又諸儒生多窶人子，遠客肌寒，喜妄說狂言，不避忌諱，大將軍常讎之，今陛下好與諸儒生語，人人自使書封事，多言我家者。嘗有上書言大將軍時，主弱臣强，專制擅權，今其子孫用事，昆弟益驕恣，恐危社稷，災異數見，盡爲是也。其言絕痛，山屏不奏其書。後上書者益黠，盡奏封事，輒使中書令出取之，不關尚書，益不信人。」顯曰：「丞相數言我家，獨無罪乎？」山曰：「丞相廉正安得罪？我家昆弟諸婿多不謹。又聞民間讙言霍氏毒殺許皇后，寧有是耶？」顯恐急，即具以實告山、雲、禹。山、雲、禹驚曰：「如是，何不早告禹等！縣官離散斥逐諸婿，用是故也。此大事，誅罰不小，奈何？」於是始有邪謀矣。

〔一〕「左」字原誤作「在」。

初，趙平客石夏，善爲天官，語平曰：「熒惑守御星，御星，太僕奉車都尉也，不黜則死。」平内憂山等。雲舅李竟所善張赦，見雲家卒卒，謂竟曰：「今丞相與平恩侯用事，可令太夫人言太后，先誅此兩人。移徙陛下，在太后耳。」長安男子張章告之，事下廷尉。執金吾捕張赦、石夏等，後有詔止勿捕。山等愈恐，相謂曰：「此縣官重太后，故不竟也。然惡端已見，又有弒許后事，陛下雖寬仁，恐左右不聽，久之猶發，發即族矣，不如先也。」遂令諸女各歸報其夫，皆曰：「安所相避？」

會李竟坐與諸侯王交通，辭語及霍氏，有詔雲、山不宜宿衛，免就第。光諸女遇太后無禮，馮子都數犯法，上并以爲讓，山、禹等甚恐。顯夢第中井水溢流庭下，竈居樹上，又夢大將軍謂顯曰：「知捕兒不？亟下捕之。」第中鼠暴多，與人相觸，以尾畫地。鴞數鳴殿前樹上。第門自壞。雲尚冠里宅中門亦壞。巷端人共見有人居雲屋上，徹瓦投地，就視亡有，大怪之。禹夢車騎聲正讙來捕禹，舉家憂愁。山曰：「丞相擅減宗廟羔、菟、鼃，可以此罪也。」謀令太后爲博平君置酒，召丞相、平恩侯以下，使范明友、鄧廣漢承太后制引斬之，因廢天子而立禹。約定未發，雲拜爲玄菟太守，太中大夫任宣爲代郡太守。山又坐寫祕書，顯爲上書獻城西第入馬千匹，以贖山罪。書報聞。會事發覺，雲、山、明友自殺，顯、禹、廣、安等捕得。禹要斬，顯及諸女昆弟皆棄市。惟獨霍后廢處昭臺宮。與霍氏相連屬〔一〕誅滅者數千家。

〔一〕「屬」字原作「坐」。

上迺下詔曰：「迺者東織室令史張赦，使魏郡豪李竟報冠陽侯雲謀爲大逆，朕以大將軍故，抑而不揚，冀其自新。今大司馬博陸侯禹，與母宣成侯夫人顯，及從昆弟子冠陽侯雲、樂平侯山諸姊妹壻，謀爲大逆，欲詿誤百姓。賴祖宗神靈先發得，咸伏其辜，朕甚悼之。諸爲霍氏所詿誤，事在丙申前，未發覺在吏者，皆赦除之。男子張章先發覺，以語期門董忠，忠告左曹楊惲，惲告侍中金安上。惲召見對狀後，章上書以聞。侍中史高與金安上建發其事，言無入霍氏禁闥，卒不得遂其謀，皆讎有功。封章爲博成侯，忠高昌侯，惲平通侯，安上都成侯，高樂陵侯。」

初，霍氏奢侈，茂陵徐生曰：「霍氏必亡。夫奢則不遜，不遜必侮上。侮上者，逆道也。在人之右，衆必害之。霍氏秉權日久，害之者多矣。天下害之，而又行以逆道，不亡何待！」迺上疏言：「霍氏泰盛，陛下即愛厚之，宜以時抑制，無使至亡。」書三上，輒報聞。其後霍氏誅滅，而告霍氏者皆封。人爲徐生上書曰：「臣聞客有過主人者，見其竈直突，傍有積薪，客謂主人，更爲曲突，遠徙其薪，不者且有火〔一〕患。主人嘿然不應。俄而家果失火，隣里共救之，幸而得息。於是殺牛置酒，謝其鄰人，灼爛者在於上行，餘各以功次坐，而不録言曲突者。人謂主人曰：『鄉使聽客之言，不費牛酒，終亡火患。今論功而請賓，曲突徙薪亡恩澤，燋頭爛額爲上客耶？』主人迺寤而請之。今茂陵徐福，數上書言霍氏且有變，宜防絶之。向使福說得行，則國亡裂土出爵之費，臣亡逆亂誅滅之敗。往事既

〔一〕「火」字原作「大」。

已，而福獨不蒙其功，唯陛下察之，貴徙薪曲突之策，使居焦髮灼爛之右。」上迺賜福帛十疋，後以爲郎。

宣帝始立，謁見高廟，大將軍光從驂乘，上内嚴憚之，若有芒刺在背。後車騎將軍張安世代光驂乘，天子從容肆體，甚安近焉。及光身死，而宗族竟誅，故俗傳之曰：「威震主者不畜，霍氏之禍，萌於驂乘。」

至成帝時，爲光置守冢百家，使卒奉祠焉。元始二年，封光從父昆弟曾孫陽爲博陸侯，千户。

贊曰：霍光以結髮内侍，起於階闥之間，確然秉志，誼形於主。受襁褓之託，任漢室之寄，當廟堂，擁幼君，摧燕王，仆上官，因權制敵，以成其忠。處廢置之際，臨大節而不可奪，遂匡國家，安社稷。擁昭立宣，光爲師保，雖周公、阿衡，何以加此！然光不學亡術，闇於大理，陰妻邪謀，立女爲后，湛溺盈溢之欲，以增顛覆之禍，死財三年，宗族誅夷，哀哉！昔霍叔封於晉，晉即河東，光豈其苗裔乎？

楊惲傳 少陽

惲字子幼，以忠任爲郎，補常侍騎。惲母，司馬遷女也。惲始讀外祖《太史公記》，頗爲《春秋》。以材能稱。好交英俊諸儒，名顯朝廷，擢爲左曹。霍氏謀反，惲先聞知，因侍中金安上以聞，召見言狀。霍氏伏誅，惲等五人皆封，惲爲平通侯，遷中郎將。

郎官故事，令郎出錢市財用，給文書，迺得出，名曰「山郎」。移病盡一日，輒償一沐，或至歲餘不得沐。其豪富郎日出游戲，或行錢得善部。貨賂流行，傳相放效。惲爲中郎將，罷山郎，移長度大司農，以給財用。其疾病休謁洗沐，皆以法令從事。郎、謁者有罪過，輒奏免，薦舉其高弟有行能者，至郡守九卿。郎官化之，莫不自厲。絶請謁貨賂之端，令行禁止，宫殿之内，翕然同聲。由是擢爲諸吏光禄勳，親近用事。

初，惲受父財五百萬，及身封侯，皆以分宗族。後母無子，財亦數百萬，死皆予惲，惲盡復分後母昆弟。再受訾千餘萬，皆以分施。其輕財好義如此。

惲居殿中，廉絜無私，郎官稱公平。然惲伐其行治，又性刻害，好發人陰伏，同位有忤己者，必欲害之，以其能高人。由是多怨於朝廷，與太僕戴長樂相失，卒以是敗。

長樂者，宣帝在民間時與相知，及即位，拔擢親近。長樂嘗使行事，肄宗廟，還謂掾史曰：「我親面見受詔，副帝肄，秺侯御。」人有上書告長樂非所宜言，事下廷尉。長樂疑惲教人告之，亦上書告惲罪：「高昌侯車犇入北掖門，惲語富平侯張延壽曰：『聞前有犇車抵殿門，門關折馬死，而昭帝崩。今復如此，天時，非人力也。』左馮翊韓延壽有罪下獄，惲上書訟延壽。郎中丘常謂惲曰：『聞君侯訟韓馮翊，當得活乎？』惲曰：『事何容易！脛脛者未必全也。我不能自保，真人所謂鼠不容穴銜窶數者也。』又中書謁者令宣持單于使者語，視諸將軍、中朝二千石。惲曰：『冒頓單于得漢美食好物，謂之殠惡，單于不來明甚。』惲上觀西閣上畫人，指桀、紂畫謂樂昌侯王武曰：『天子過此，一二問其過，可以得師矣。』畫人有堯、舜、禹、湯，不稱而舉桀、紂。惲聞匈奴降者道單于見殺，惲曰：『得不肖君，大臣爲畫善計不用，自令身無處所。若秦時但任小臣，誅殺忠良，竟以滅亡；令親任大臣，即至今耳。古與今如一丘之貉。』惲妄引亡國以誹謗當世，無人臣禮。又語長樂曰：『正月以來，天陰不雨，此《春秋》所記，夏侯君所言。行必不至河東矣。』以主上爲戲語，尤悖逆絶理。

「事下廷尉。廷尉定國考問左驗明白，奏惲不服罪，而召户將尊，欲令戒飭富平侯延壽，曰：『太僕定有死罪數事，朝暮入也。惲幸與富平侯婚姻，今獨三人坐語，侯言「時不聞惲語」，自與太僕相觸也。』尊曰：『不可。』惲怒，持大刀曰：『蒙富平侯力，得族罪！毋泄惲語，令太僕聞之，亂餘事。』惲幸得列九卿諸吏宿衛近臣，上所信任，與聞政事，不竭忠愛，盡臣子義，而妄怨望稱引，爲訞惡言，大逆不道，請逮捕治。」上不忍加誅，有詔皆免惲、長樂爲庶人。

惲既失爵位，家居治産業，起室宅，以財自娱。歲餘，其友人安定太守西河孫會宗，知略士也，與惲書諫戒之，爲言大臣廢退，當闔門惶懼，爲可憐之意，不當治産業，通賓客，有稱譽。惲宰相子，少顯朝廷，一朝以晻昧語言見廢，内懷不服，報會宗書曰：

惲材朽行穢，文質無所底，幸賴先人餘業，得備宿衛，遭遇時變，以獲爵位，終非其任，卒與禍會。足下哀其愚蒙，賜書教督以所不及，殷勤甚厚。然竊恨足下不深惟其終始，而猥隨俗之毁譽也。言鄙陋之愚心，若逆指而文過，默而息乎，恐違孔氏「各言爾志」之義，故敢略陳其愚，唯君子察焉。

惲家方隆盛時，乘朱輪者十人，位在列卿，爵爲通侯，總領從官，與聞政事，曾不能以此時有所建明，以宣德化，又不能與羣僚同心并力，陪輔朝廷之遺忘，已負竊位素餐之責久矣。懷祿貪勢，不能自退，遭遇變故，横被口語，身幽北闕，妻子滿獄。當此之時，自以夷滅不足以塞責，豈意得全首領，復奉先人之丘墓乎？伏惟聖主之恩，不可勝量。君子游道，樂以忘憂；小人全軀，説以忘罪。竊自思念，過已大矣，行已虧矣，長爲農夫以没世矣。是故身率妻子，勠力耕桑，灌園治産，以給公上，不意當復用此爲譏議也。

夫人情所不能止者，聖人弗禁，故君父至尊親，送其終也，有時而既。臣之得罪，已三年矣。田家作苦，歲時伏臘，亨羊炰羔，斗酒自勞。家本秦也，能爲秦聲。婦趙女也，雅善鼓瑟。奴婢歌者數人，酒後耳熱，仰天拊缶，而呼烏烏。其詩曰：「田彼南山，蕪穢不治；種一頃豆，落而爲萁。人生行樂耳，須富貴何時！」是日也，拂衣而喜，奮褎低卬，頓足起舞，誠淫荒無度，不知其不可也。惲幸有餘祿，方糴賤販貴，逐什一之利，此賈豎之事，汙辱之處，惲親行之。下流之人，衆毁所歸，不寒而栗。雖雅知惲者，猶隨風而靡，尚何稱譽之有！董生不云乎？「明明求仁義，常恐不能化民者，卿大夫意也；明明求財利，常恐困乏者，庶人之事也。」故「道不同不相爲謀」，今子尚安得以卿大夫之制而責僕哉！

夫西河魏土，文侯所興，有段干木、田子方之遺風，凜然皆有節概，知去就之分。頃者足下離舊土，臨安定，安定山谷之間，昆戎舊壤，子弟貪鄙，豈習俗之移人哉？於今迺睹子之志矣。方當盛漢之隆，願勉旃，毋多談。

又惲兄子安平侯譚爲典屬國，謂惲曰：「西河太守建平杜侯，前以罪過出，今徵爲御史大夫。侯罪薄，又有功，且復用。」惲曰：「有功何益？縣官不足爲盡力。」惲素與蓋寬饒、韓延壽善，譚即曰：「縣官實然，蓋司隸、韓馮翊皆盡力吏也，俱坐事誅。」會有日食變，騶馬猥佐成上書告惲「驕奢不悔過，日食之咎，此人所致」。章下廷尉按驗，得所予會宗書，宣帝見而惡之。廷尉當惲大逆無道，要斬。妻子徙酒泉郡。譚坐不諫正惲，與相應有怨望語，免爲庶人。召拜成爲郎，諸在位與惲厚善者，未央衛尉韋玄成、京兆尹張敞及孫會宗等，皆免官。

蓋寬饒傳 少陽

蓋寬饒，字次公，魏郡人也。明經，爲郡文學，以孝廉爲郎。舉方正，對策高第，遷諫大夫，行郎中户將事。劾奏衛將軍張安世子侍中陽都侯彭祖不下殿門，并連及安世居位無補。彭祖時實下門，寬饒坐舉奏大臣非是，左遷爲衛司馬。

先是時，衛司馬在部，見衛尉拜謁，常爲衛官繇使市買。寬饒視事，案舊令，遂揖官屬以下行衛者。衛尉私使寬饒出，寬饒以令詣官府門上謁辭。尚書責問衛尉，由是衛官不復私使候、司馬。候、司馬不拜，出先置衛，輒上奏辭，自此正焉。

寬饒初拜爲司馬，未出殿門，斷其禪衣，令短離地，冠大冠，帶長劍，躬案行士卒廬室，視其飲食居處。有疾病者，身自撫循臨問，加致醫藥，遇之甚有恩。及歲盡交代，上臨饗罷衛卒，衛卒數千人皆叩頭自請，願復留共更一年，以報寬饒厚德。宣帝嘉之，以寬饒爲太中大夫，使行風俗，多所稱舉貶黜，奉使稱意。擢爲司隸校尉，刺舉無所回避，小大輒舉，所劾奏衆多，廷尉處其法，半用半不用。公卿貴戚及郡國吏，繇使至長安皆恐懼，莫敢犯禁，京師爲清。

平恩侯許伯入第，丞相、御史、將軍〔一〕、中二千石皆賀，寬饒不行。許伯請之，迺往，從西階上，東鄉特坐。許伯自酌曰：「蓋君後至。」寬饒曰：「無多酌我，我迺酒狂。」丞相魏侯笑曰：「次公醒而狂，何必酒也？」坐者皆屬目卑下之。酒酣樂作，長信少府檀長卿起舞，爲沐猴與狗鬬，坐皆大笑。寬饒不説，卬視屋而歎曰：「美哉！然富貴無常，忽則易人，此如傳舍，所閲多矣。唯謹慎爲得久，君侯可不戒哉！」因起趨出，劾奏長信少府以列卿而沐猴舞，失禮不敬。上欲罪少府，許伯爲謝良久，上迺解。

寬饒爲人剛直高節，志在奉公。家貧，奉錢月數千，半以給吏民爲耳目言事者。身爲司隸，子常步行自戍北邊，公廉如此。然深刻喜陷害人，在位及貴戚，人與爲怨，又好言事刺譏，奸犯上意。上以其儒者優容之，然亦不得遷。同列後進，或至九卿，寬饒自以行清能高，有益於國，而爲凡庸所越，愈失意不快，數上疏諫争。太子庶子王生高寬饒節，而非其如此，予書曰：「明主知君絜白公正，不畏彊禦，故命君以司察之位，擅君以奉使之權，尊官厚禄，已施於君矣。君宜夙夜惟思當世之務，奉法宣化，憂勞

〔一〕「軍」字原誤作「君」。

天下，雖日有益，月有功，猶未足以稱職而報恩也。自古之治，三王之術，各有制度。今君不務循職而已，迺欲以太古久遠之事，匡拂天子，數進不用難聽之語，以摩切左右，非所以揚令名、全壽命者也。方今用事之人，皆明習法令，言足以飾君之辭，文足以成君之過，君不惟蘧氏之高蹤，而慕子胥之末行，用不訾之軀，臨不測之險，竊爲君痛之。夫君子直而不挺，曲而不詘。《大雅》云：『既明且哲，以保其身。』狂夫之言，聖人擇焉。唯裁省覽。〔一〕」

寬饒奏封事曰：〔二〕「方今聖道浸廢，儒術不行，以刑餘爲周、召，以法律爲《詩》《書》。」又引《韓氏易傳》言「五帝官天下，三王家天下，家以傳子，官以傳賢。若四時之運，功成者去，不得其人，則不居其位。」書奏，上以寬饒怨謗終不改，下其書中二千石。時執金吾議，以爲寬饒指意欲求禪，大逆不道。諫大夫鄭昌愍傷寬饒忠直憂國，以言事不當意，而爲文吏所詆挫，上書頌寬饒曰：「臣聞山有猛獸，藜藿爲之不采；國有忠臣，奸邪爲之不起。司隸校尉寬饒，居不求安，食不求飽，進有憂國之心，退有死節之義，上無許、史之屬，下無金、張之託，職在司察，直道而行，多仇少與，上書陳國事，有司劾以大辟，臣幸得從大夫之後，官以諫爲名，不敢不言。」上不聽，遂下寬饒吏。寬饒引佩刀自剄北闕下，衆莫不憐之。

〔一〕原文句後尚云：「饒寬不納其言。」

〔二〕原文句前尚云：「是時上方用刑法，信任中尚書宦官。」

陳遵傳　少陽

陳遵，字孟公，杜陵人也。祖父遂，字長子，宣帝微時與有故，相隨博弈，數負進。及宣帝即位，用遂，稍遷至太原太守，迺賜遂璽書曰：「制詔太原太守：　官尊禄厚，可以償博進矣。妻君寧時在旁知狀。」遂於是辭謝，因曰：「事在元平元年赦令前。」其見厚如此。元帝時，徵遂爲京兆尹，至廷尉。

遵少孤，與張竦伯松俱爲京兆史。竦博學通達，以廉儉自守，而遵放縱不拘，操行雖異，然相親友，哀帝之末，俱著名字，爲後進冠。並入公府，公府掾史，率皆羸車小馬，不上鮮明，而遵獨極輿馬衣服之好，門外車騎交錯。又日出醉歸，曹事數廢。西曹以故事適之，侍曹輒詣寺舍白遵，曰：「陳卿今日以某事適。」遵曰：「滿百乃相聞。」故事，有百適者斥，滿百，西曹白請斥。大司徒馬宫，大儒優士，又重遵，謂西曹：「此人大度士，奈何以小文責之？」迺舉遵能治三輔劇縣，補郁夷令。久之，與扶風相失，自免去。

槐里大賊趙朋、霍鴻等起，遵爲校尉，擊朋、鴻有功，封嘉威侯。居長安中，列侯近臣貴戚，皆貴重之。牧守當之官，及郡國豪桀〔一〕至京師者，莫不相因到遵門。

〔一〕「桀」字原作「傑」。

遵耆酒，每大飲，賓客滿堂，輒關門，取客車轄投井中，雖有急，終不得去。嘗有部刺史奏事過遵，值其方飲，刺史大窮，候〔一〕遵霑醉時，突入見遵母，叩頭自白，當對尚書有期會狀，母迺令從後閤出去。遵大率常醉，然事亦不廢。

長八尺餘，長頭大鼻，容貌甚偉。略涉傳記，贍於文辭。性善書，與人尺牘，主皆藏〔二〕去以爲榮。請求不敢逆，所到衣冠懷之，唯恐在後。時列侯有與遵同姓字者，每至人門曰陳孟公，坐中莫不震動，既至而非，因號其人曰陳驚坐云。

王莽素奇遵材，在位多稱譽者，由是起爲河南太守。既至官，當遣從史西，召善書吏十人於前，治私書，謝京師故人。遵馮几，口占書吏，且省官事，書數百封，親疏各有意，河南大驚，數月免。

初，遵爲河南太守，而弟級爲荆州牧，當之官，俱過長安富人故淮陽王外家左氏，飲食作樂。後司直陳崇聞之，劾奏：「遵兄弟幸得蒙恩超等歷位，遵爵列侯，備郡守，級州牧奉使，皆以舉直察枉，宣揚聖化爲職，不正身自慎。始遵初除，乘藩車入閭巷，過寡婦左阿君，置酒謌謳，遵起舞跳梁，頓仆坐上，暮因留宿，爲侍婢扶卧。遵知飲酒飫宴有節，禮不入寡婦之門，而湛酒溷肴，亂男女之別，輕辱爵位，羞汙印韍，惡不可忍聞。臣請皆免。」遵既免，歸長安，賓客愈盛，飲食自若。

〔一〕「候」字原誤作「侯」。
〔二〕「藏」字原誤作「臧」。

久之，復爲九江及河内都尉，凡三爲二千石。而張竦亦至丹陽太守，封淑德侯。後俱免官，以列侯歸長安。竦居貧，無賓客，時時好事者從之質疑問事，論道經書而已。而遵晝夜呼號，車騎滿門，酒肉相屬。

先是黄門郎揚〔一〕雄作《酒箴》，以諷諫成帝，其文爲酒客難法度士，譬之於物，曰：「子猶瓶矣。觀瓶之居，居井之眉，處高臨深，動常近危。酒醪不入口，臧水滿懷，不得左右，牽於纆徽。一旦叀礙，爲瓽所轠，身提黄泉，骨肉爲泥。自用如此，不如鴟夷。鴟夷滑稽，腹如大壺，盡日盛酒，人復借酤。常爲國器，託於屬車，出入兩宫，經營公家。由是言之，酒何過乎？」遵大喜之，常謂張竦：「吾與爾猶是矣。足下諷誦經書，苦身自約，不敢差跌；而我放意自恣，浮湛俗間，官爵功名，不減於子，而差獨樂，顧不優耶！」竦曰：「人各有性，長短自裁。子欲爲我亦不能，吾而效子亦敗矣。雖然，學我者易持，效子者難將，吾常道也。」

及王莽敗，二人俱客於池陽，竦爲賊兵所殺。更始至長安，大臣薦遵爲大司馬護〔二〕軍，與歸德侯劉颯俱使匈奴。單于欲脅詘遵，遵陳利害，爲言曲直，單于大奇之，遣還。會更始敗，遵留朔方，爲賊所敗，時醉見殺。

〔一〕「揚」字原誤作「楊」。
〔二〕「護」字原誤作「獲」。

典引 太陽

【釋】此篇大體從《後漢書》本，並間以《文選》參之。

太極之原，兩儀始分，烟烟煴煴，有沈而奥，有浮而清。沈浮交錯，庶類混成。肇命人主，五德初始，同乎草昧，玄混之中。逾繩越契，寂寥而亡詔者，《系》不得而綴也。厥有氏號，紹天闡繹者，莫不開元於太昊皇初之首，上哉夐乎，其書猶可得而修也。亞斯之世，通變神化，函光而未曜。

若夫上稽乾則，降承龍翼，而炳諸《典》《謨》，以冠德卓蹤者，莫崇乎陶唐。陶唐舍胤而禪有虞，虞亦命夏后，稷契熙載，越成湯武。股肱既周，天乃歸功元首，將授漢劉。俾其承三季之荒末，值亢龍之災孽，懸象暗而恒文乖，彝倫斁而舊章缺。故先命玄聖，使綴學立制，宏亮洪業，表相祖宗，贊揚迪哲，備哉燦爛，真神明之式也。雖前聖皐、夔、衡、旦，密勿之輔，比茲褊矣。是以高、光二聖，宸〔一〕居其域，時至氣動，乃龍見淵躍。拊翼而未舉，則威靈紛紜〔二〕，海內雲烝，雷動電熛，胡縊莽分，不莅

〔一〕「宸」字從《文選》本，《後漢書》作「辰」。

〔二〕「紜」字原作「紛」，以《後漢書》爲正。

其誅。然後欽若上下，恭揖羣后〔一〕，正位度宗，有於德不台淵穆之讓，靡號師矢敦奮撝之容。蓋以膺當天之正統，受克讓之歸運，蓄炎上之烈精，藴孔佐之弘陳云爾。

洋洋乎若德，帝者之上儀，誥誓所不及已。鋪觀二代洪纖之度，其賾可探也。並開迹於一匱，同受侯甸之所服，奕世勤民，以伯方統牧。乘其命，賜彤弧黄戚之威，用討韋、顧、黎、崇之不格。至乎三五華夏，京遷鎬、亳，遂自北面，虎離其師，革滅天邑。是故義士偉而不敦，《武》稱未盡，《濩》有慙德，不其然歟？然猶於穆猗那，翕純皦繹，以崇嚴祖考，殷薦宗〔二〕配帝，發祥流慶，對越天地者，舄奕乎千載。豈不克自神明哉！誕略有常，審言行於篇籍，光藻朗而不渝爾。

矧夫赫赫聖漢，巍巍唐基，泝測其源，乃先孕虞育夏，甄殷陶周，然後宣二祖之重光，襲四宗〔三〕之緝熙。神靈日燭，光被六幽，仁風翔乎海表，威靈行乎〔四〕鬼區，慝亡迴〔五〕而不泯，微〔六〕胡瑣而不頤。故夫顯定三才昭登之績，匪堯不興；鋪聞遺策在下之訓，匪漢不弘。厥道至乎，經緯乾坤，出入三光，外運混元，内霑豪芒，性類循理，品物咸亨，其已久矣。

〔一〕「后」字原刻誤作「居」。
〔二〕《後漢書》「宗」下有「祀」字，此處從《文選》。
〔三〕「宗」字原作「祖」，以《後漢書》爲正。
〔四〕「乎」字從《文選》本，《後漢書》作「於」。
〔五〕「迴」字從《文選》本，《後漢書》作「迴」。
〔六〕「微」字原作「媺」，以《後漢書》爲正。

盛哉皇家帝世！德臣列辟，功君百王，榮鏡宇宙，尊無與抗。乃始虔鞏勞謙，兢兢業業，貶成抑定，不敢論制作。至令遷正黜色，賓監之事，焕揚宇内，而禮官儒林純用篤論之士，不〔一〕傳祖宗之彷彿，雖云優慎，無乃葸歟！

於是三事嶽〔二〕牧之僚，僉爾而進曰：「陛下仰監唐典，中述祖則，俯蹈宗軌。躬奉天經，惇睦辯章之化洽；巡靖黎蒸，懷保鰥寡之惠浹；燔瘞縣沈，肅祗羣神之禮備。是以鳳凰來儀，集羽族於觀魏；肉角馴毛，宗於外囿；擾緇文皓質於郊，升黄暉采鱗於沼；甘露宵零於豐草，三足軒翥於茂樹。若乃嘉穀靈草，奇獸神禽，應圖合諜，窮祥極瑞者，朝夕坰牧，日月邦畿，卓犖乎方州，羨溢乎要荒。昔姬有素雉、朱烏、玄秬、黄麰之事耳，君臣動色，左右相趨，濟濟翼翼，峨峨如也。蓋用昭明寅畏，承聿懷之福。亦以寵靈文武，貽燕後昆，覆以懿鑠，豈其爲身，而有顓辭也？若然受之，亦宜勤恁旅力，以充厥道，啓恭館之金縢，御東序之祕寶，以流其占。

夫圖書亮章，天哲也；孔猷先命，聖孚也；體行德本，正性也；逢吉丁辰，景命也。順命以創制，定性以和神，答三靈之繁祉，展放唐之明文，兹事體大，而允寤寐次於聖心。瞻前顧後，豈蔑清廟，憚敕天乎？伊考自邃古，乃降戾爰兹，作者七十有四人，有不俾而假素，罔光度而遺章，今其如台而獨闕也。」

〔一〕《後漢書》「不」上有「而」字，此處從《文選》。

〔二〕「嶽」字原作「獄」，據《文選》爲正。

是時聖上固已垂精游神，包舉藝文，屢訪羣儒，諭咨故老，與之乎斟酌道德之淵源，肴覈仁義之林藪，以望元符之臻焉。既成羣后之讜辭，又悉經五繇之碩慮矣。將絣萬嗣，煬洪暉，奮炎景，扇遺風，播芳烈，久而愈新，用而不竭，汪汪乎丕天之大律，其疇能亘之哉？唐哉皇哉！皇哉唐哉！

幽通賦　少陰

【釋】此篇從《文選》本。

系高頊之玄胄兮，氏中葉之炳靈。飖颻風而蟬蛻兮，雄朔野以颺聲。皇十紀而鴻漸兮，有羽儀於上京。巨滔天而泯夏兮，考遘愍以行謠。終保已而貽則兮，里上仁之所廬。懿前烈之純淑兮，窮與達其必濟。咨孤蒙之眇眇兮，將圮絕而罔階。豈余身之足殉兮，違世業之可懷。

靖潛處以永思兮，經日月而彌遠。匪黨人之敢拾兮，庶斯言之不玷。魂㷀㷀與神交兮，精誠發於宵寐。夢登山而迥〔一〕眺兮，覿幽人之髣髴。攬葛藟而授余兮，眷峻〔二〕谷曰勿墜。吻〔三〕昕寤而仰

〔一〕「迥」字原誤作「迴」。
〔二〕「峻」字原作「竣」，據《文選》爲正。
〔三〕「吻」字原作「昒」，據《文選》爲正。

思兮，心矇矇猶未察。黄神邈而靡質兮，儀遺讖以臆對。曰乘高而遌神兮，道遐通而不迷。葛緜緜於樛木兮，詠《南風》以爲綏。蓋惴惴之臨深兮，乃二《雅》之所祗。既訊爾以吉象兮，又申之以炯戒。盍孟晉以迨羣兮，辰倏忽其不再。

承靈訓其虛徐兮，竚盤桓而且俟。惟天地之無窮兮，鮮生民之晦在。紛屯亶與蹇連兮，何艱多而智寡。上聖迕而後拔兮，豈羣黎之所禦。昔衛叔之御昆兮，昆爲寇而喪予。管彎弧欲斃〔一〕讎兮，讎作后而成己。變化故而相詭兮，孰云預其終始。雍造怨而先賞兮，丁繇惠而被戮。栗取弔于逌吉兮，王膺慶於所慼。叛迴〔二〕冗其若茲兮，北叟頗識其倚伏。單治裏而外凋兮，張修襮而內逼。聿中龢爲庶幾兮，顏與冉又不得。溺招路以從己兮，謂孔氏猶未可。安慆慆而不萉兮，卒隕身乎世禍。遊聖門而靡救兮，雖覆醢其何補。固行行其必凶兮，免盜亂爲賴道。形氣發於根柢兮，柯葉彙而零茂。恐魍魎之責景兮，羌未得其云已。

黎淳耀於高辛兮，芊彊〔三〕大有南汜。嬴取威於伯儀兮，姜本支乎三趾。既仁得其信然兮，仰天路而同軌。東鄰虐而殲仁兮，王合位乎三五。戎女烈而喪孝兮，伯徂歸于龍虎。發還師以成命兮，重醉行而自耦。震鱗漦於夏庭兮，匝三正而滅姬。巽羽化於宣宮兮，彌五辟而成災。

〔一〕「斃」字原作「弊」，據《文選》爲正。
〔二〕「迴」字原誤作「迵」。
〔三〕「彊」字原作「疆」，據《文選》爲正。

道修長而世短兮，夐冥默而不周。胥仍物而鬼諏兮，乃窮宙而達幽。嬀巢姜於孺筮兮，旦算祀於契龜。宣、曹興敗於下夢兮，魯、衛名謚於銘謠。妣聆呱而刻〔一〕石兮，許相理而鞫條。道混成而自然兮，術同原而分流。神先心以定命兮，命隨行以消息。斡流遷其不濟兮，故遭罹而贏縮。三變同於一體兮，雖移易而不忒。洞參差其紛錯兮，斯衆兆之所惑。周、賈盪而貢憤兮，齊死生與禍福。抗爽言以矯情兮，信畏犧而忌鵩。所貴聖人至論兮，順天性而斷誼。物有欲而不居兮，亦有惡而不避。守孔約而不貳兮，乃輶德而無累。三仁殊於一致兮，夷、惠舛而齊聲。木偃息以蕃魏兮，申重繭以存荆。紀焚躬以衛上兮，皓頤志而弗傾。俟草木之區別兮，苟能實其必榮。要没世而不朽兮，乃先民之所程。

觀天綱之紘覆兮，實棐諶而相訓。謨先聖之大猷兮，亦鄰德而助信，虞《韶》美而儀鳳兮，孔忘味於千載。素文信而底麟兮，漢賓祚於異代。精通靈而感物兮，神動氣而入微。養流睇而猨號兮，李虎發而石開。非精誠其焉通兮，苟無實其孰信。操末技猶必然兮，矧耽躬於道真。

登孔、昊而上下兮，緯羣龍之所經。朝貞觀而夕化兮，猶諠己而遺形。若胤彭而偕老兮，訴來哲而通情。

亂曰：天造草昧，立性命兮。復心弘道，惟聖賢兮。渾元運物，流不處兮。保身遺名，民之表兮。舍生取誼，以道用兮。憂傷夭物，忝莫痛兮。皓爾太素，曷渝色兮。尚越其幾，淪神域兮。

〔一〕「刻」字原誤刻作「劾」。

答賓戲並序 太陽

【釋】此篇從《文選》本。

永平中爲郎，典校祕書，專篤志於儒學，以著述爲業。或譏以無功，又感東方朔、揚雄自喻，以不遭蘇張、范蔡之時，曾不折之以正道，明君子之所守，故聊復應焉。其辭曰：

賓戲主人曰：「蓋聞聖人有一定之論，烈士有不易之分，亦云名而已矣。故太上有立德，其次有立功。夫德不得後身而特盛，功不得背時而獨彰。是以聖哲之治，棲棲遑遑，孔席不暖，墨突不黔。由此言之，取舍者，昔人之上務；著作者，前列之餘事耳。今吾子幸遊帝王之世，躬帶紱冕之服，浮英華，湛道德，矕龍虎之文舊矣，卒不能攄首尾，奮翼鱗，振拔洿塗，跨騰風雲，使見之者影駭，聞之者響震。徒樂枕經籍書，紆體衡門，上無所蒂，下無所根，獨攄意乎宇宙之外，鋭思于毫芒之内，潛神默記，緪以年歲。然而器不賈於當己，用不効於一世，雖馳辯如濤波，摛藻如春華，猶無益於殿最也。意者且運朝夕之策，定合會之計，使存有顯號，亡有美謚，不亦優乎！」

主人逌爾而笑曰：「若賓之言，所謂見世利之華，闇道德之實，守突奥之熒燭，未仰天庭而覩白日也。曩者王塗蕪穢，周失其馭，侯伯方軌，戰國横騖，於是七雄虓闞〔一〕，分裂諸夏，龍戰

〔一〕「闞」字原作「鬫」，據《文選》爲正。

虎争，遊説之徒，風飈電激，並起而救之，其餘猋飛景附，霅煜其間者，蓋不可勝載。當此之時，搦朽摩鈍，鉛刀皆能一斷，是故魯連飛一矢而蹶千金，虞卿以顧眄〔一〕而捐相印。夫啾發投曲感耳之聲，合之律度淫鼃而不可聽者，非《韶》《夏》之樂也。因勢合變，遇時之容，風移俗易〔二〕，乖迕而不可通者，非君子之法也。及至從人合之，衡人散之，亡命漂説，羈旅騁辭，商鞅挾三術以鑽孝公，李斯奮時務而要始皇，彼皆躡風塵之會，履顛沛之勢，據徼乘邪，以求一日之富貴，朝爲榮華，夕爲顦顇，福不盈眥，禍溢於世，凶人且以自悔，況吉士而是賴乎！且功不可以虛成，名不可以僞立。韓設辨以激君，吕行詐以賈國。《説難》既遒，其身乃囚；秦貨既貴，厥宗亦墜。是以仲尼抗浮雲之志，孟軻養浩然之氣，彼豈樂爲迂闊哉？道不可以貳也。方今大漢，洒埽羣穢，夷險芟荒，廓帝紘，恢皇綱，基隆於羲農，規廣於黄唐；其君天下也，炎之如日，威之如神，函之如海，養之如春。是以六合之內，莫不同源共流〔三〕，沐浴玄德，禀仰太〔四〕龢，枝附葉著，譬猶草木之植山林，鳥魚之毓川澤，得氣者蕃滋，失時者零落，參天地而施化，豈云人事之厚薄哉？今吾子處皇代而論戰國，曜所聞而疑所覿，欲從堥敦而度高乎泰山，懷氿濫而測深乎重

〔一〕「眄」字原作「盻」，據《文選》爲正。
〔二〕「風移俗易」原作「移風易俗」，據《文選》爲正。
〔三〕「同源共流」原作「同流共源」，據《文選》爲正。
〔四〕「太」字原作「大」，據《文選》爲正。

淵，亦未至也。」

賓曰：「若夫鞅、斯之倫，衰周之凶人，既聞命矣。敢問上古之士，處身行道，輔世成名，可述於後者，默而已乎？」主人曰：「何爲其然也！昔者咎繇謨虞，箕子訪周，言通帝王，謀合神聖；殷説夢發於傅巖，周望兆動於渭濱，齊寧激聲於康衢，漢良受書於邳垠，皆竢命而神交，匪詞言之所信，故能建必然之策，展無窮之勳也。近者陸子優游，《新語》以興；董生下帷，發藻儒林；劉向司籍，辨章舊聞；揚雄譚思，《法言》《太玄》。皆及時君之門闈，究先聖之壼奥，婆娑乎術藝之場，休息乎篇籍之囿，以全其質而發其文，用納乎聖德，烈炳乎後人，斯非亞與！若乃伯夷抗行於首陽，柳惠降志於辱仕，顔潛樂於簞瓢，孔終篇於西狩，聲盈塞於天淵，真吾徒之師表也。且吾聞之：一陰一陽，天地之方；乃文乃質，王道之綱；有同有異，聖哲之常。故曰：慎修所志，守爾天符，委命供己，味道之腴，神之聽之，名其舍諸！賓又不聞和氏之璧，韞於荆石，隋侯之珠，藏於蚌蛤乎？歷世莫眡，不知其將含景曜，吐英精，曠千載而流光也。應龍潛於潢汙，魚黿媟之，不覩其能奮靈德，合風雲，超忽荒而躆昊蒼也。故夫泥蟠而天飛者，應龍之神也；先賤而後貴者，和隋之珍也；時暗而久章者，君子之真也。若乃牙、曠清耳於管絃，離婁眇目於毫分；逢蒙絶技於弧矢，般輸摧巧於斧斤；良、樂軼能於相馭，烏獲抗力於千鈞；和、鵲發精於鍼石，研、桑心計於無垠。走亦不任廁技於彼列，故密爾自娛於斯文。」

韓退之文

原道 太陽

博愛之謂仁，行而宜之之謂義，由是而之焉之謂道，足乎己無待於外之謂德。仁與義爲定名，道與德爲虚位。故道有君子小人，而德有凶有吉。老子之小仁義，非毁之也，其見者小也。坐井而觀天，曰天小者，非天小也。彼以煦煦爲仁，孑孑爲義，其小之也則宜。其所謂道，道其所道，非吾所謂道也；其所謂德，德其所德，非吾所謂德也。凡吾所謂道德云者，合仁與義言之也，天下之公言也。老子之所謂道德云者，去仁與義言之也，一人之私言也。周道衰，孔子没，火於秦，黄老於漢，佛於晉、魏、梁、隋之間。其言道德仁義者，不入於楊，則入於墨；不入於老，則入於佛。入於彼，必出於此。入者主之，出者奴之；入者附之，出者汚之。噫！後之人其欲聞仁義道德之説，孰從而聽之？

老者曰：「孔子，吾師之弟子也。」佛者曰：「孔子，吾師之弟子也。」爲孔子者，習聞其説，樂其誕而自小也，亦曰：「吾師亦嘗師之云爾。」不惟舉之於其口，而又筆之於其書。噫！後之人雖欲聞仁義道德之説，其孰從而求之？甚矣！人之好怪也，不求其端，不訊其末，惟怪之欲聞。古之爲民者四，今之爲民者六；古之教者處其一，今之教者處其三。農之家一，而食粟之家六；工之家一，而用器之家六；賈之家一，而資焉之家六。奈之何民不窮且盜也！

古之時，人之害多矣。有聖人者立，然後教之以相生相養之道，爲之君，爲之師。驅其蟲蛇禽獸而處之中土。寒然後爲之衣，飢然後爲之食。木處而顛，土處而病也，然後爲之宫室。爲之工以贍其器用，爲之賈以通其有無，爲之醫藥以濟其夭死，爲之葬埋祭祀以長其恩愛，爲之禮以次其先後，爲之樂以宣其湮鬱，爲之政以率其怠勌，爲之形以鋤其彊梗。相欺也，爲之符璽、斗斛、權衡以信之；相奪也，爲之城郭、甲兵以守之。害至而爲之備，患生而爲之防。今其言曰：「聖人不死，大盜不止；剖斗折衡，而民不争。」嗚呼！其亦不思而已矣！如古之無聖人，人之類滅久矣。何也？無羽毛鱗介以居寒熱也，無爪牙以争食也。是故君者，出令者也；臣者，行君之令而致之民者也；民者，出粟米麻絲，作器皿，通貨財，以事其上者也。君不出令，則失其所以爲君；臣不行君之令而致之民，則失其所以爲臣；民不出粟米麻絲，作器皿，通貨財，以事其上，則誅。今其法曰，必棄而君臣，去而父子，禁而相生養之道，以求其所謂清浄寂滅者。嗚呼！其亦幸而出於三代之後，不見黜於禹、湯、文、武、周公、孔子也；其亦不幸而不出於三代之前，不見正於禹、湯、文、武、周公、孔子也。

帝之與王，其號雖殊，其所以爲聖一也。夏葛而冬裘，渴飲而飢食，其事雖殊，其所以爲智一也。今其言曰：「曷不爲太古之無事？」是亦責冬之裘者曰：「曷不爲葛之之易也？」責飢之食者曰：「曷不爲飲之之易也？」

《傳》曰：「古之欲明明德於天下者，先治其國；欲治其國者，先齊其家；欲齊其家者，先修其身；欲修其身者，先正其心；欲正其心者，先誠其意。」〔一〕然則古之所謂正心而誠意者，將以有爲也。今也欲治其心，而外天下國家，滅其天常，子焉而不父其父，臣焉而不君其君，民焉而不事其事。孔子之作《春秋》也，諸侯用夷禮則夷之，進於中國則中國之。經曰：「夷狄之有君，不如諸夏之亡也。」〔二〕《詩》曰：「戎狄是膺，荆舒是懲。」今之舉夷狄之法，而加之先王之教之上，幾何其不胥而爲夷也！

夫所謂先王之教者何也？博愛之謂仁，行而宜之之謂義，由是而之焉之謂道，足乎己無待於外之謂德。其文《詩》《書》《易》《春秋》，其法禮、樂、刑、政，其民士、農、工、賈，其位君臣、父子、師友、賓主、昆弟、夫婦，其服麻絲，其居宫室，其食粟米、果蔬、魚肉。其爲道易明，而其爲教易行也。是故以之爲己則順而詳，以之爲人則愛而公，以之爲心則和而平，以之爲天下國家，無所處而不當。是故生則得其情，死則盡其常。郊焉而天神假，廟焉而人鬼饗。曰：「斯道也，何道也？」曰：斯吾所謂道也，非向所謂老與佛之道也。堯以是傳之舜，舜以是傳之禹，禹以是傳之湯，湯以是傳之文、武、周公，文、武、周公傳之孔子，孔子傳之孟軻，軻之死不得其傳焉。荀與揚也，擇焉而不精，語焉而不詳。由周公而上，上而爲君，故其事行；由周公而下，下而爲臣，故其説長。「然則如之何而可也？」曰：

〔一〕《禮記・大學》文。
〔二〕《論語・八佾》文。

不塞不流，不止不行。人其人，火其書，廬其居，明先王之道以道之。鰥、寡、孤、獨、廢疾者有養也，其亦庶乎其可也。

進學解 太陽

國子先生晨入太學，招諸生立館下，誨之曰：「業精於勤，荒於嬉；行成於思，毁於隨。方今聖賢相逢，治具畢張。拔去兇邪，登崇畯良。占小善者率以録，名一藝者無不庸。爬羅剔抉，刮垢磨光。蓋有幸而獲選，孰云多而不揚？諸生業患不能精，無患有司之不明；行患不能成，無患有司之不公。」

言未既，有笑於列者曰：「先生欺予哉！弟子事先生，於兹有年矣。先生口不絶吟於六藝之文，手不停披於百家之編。記事者必提其要，纂言者必鉤其玄；貪多務得，細大不捐；焚膏油以繼晷，恒兀兀以窮年。先生之業，可謂勤矣。觝排異端，攘斥佛老；補苴罅漏，張皇幽渺；尋墜緒之茫茫，獨旁搜而遠紹；障百川而東之，迴狂瀾於既倒：先生之於儒，可謂有勞矣。沈浸醲郁，含英咀華；作爲文章，其書滿家；上窺姚姒，渾渾無涯；周《誥》殷《盤》，佶屈聱牙；《春秋》謹嚴，《左氏》浮誇；《易》奇而法，《詩》正而葩；下逮《莊》《騷》，太史所録；子雲、相如，同工異曲：先生之於文，可謂閎其中而肆其外矣。少始知學，勇於敢爲；長通於方，左右具宜：先生之於爲人，可謂成矣。然而公不見信於人，私不見助於友。跋前躓後，動輒得咎。暫爲御史，遂竄南夷。三年博士，冗不見治。命與仇謀，取敗幾時。冬暖而兒號寒，年豐而妻啼飢。頭童齒豁，竟死何裨。不知慮此，而反教人爲？」

先生曰：「吁！子來前。夫大木爲宗，細木爲桷，欂櫨、侏儒，椳、闑、扂、楔，各得其宜，施以成室者，匠氏之工也。玉札、丹砂，赤箭、青芝，牛溲、馬勃，敗鼓之皮，俱收並蓄，待用無遺者，醫師之良也。登明選公，雜進巧拙，紆餘爲妍，卓犖爲傑，較短量長，惟器是適者，宰相之方也。昔者孟軻好辨，孔道以明，轍環天下，卒老於行；荀卿守正，大論是弘，逃讒於楚，廢死蘭陵。是二儒者，吐辭爲經，舉足爲法，絶類離倫，優入聖域，其遇於世何如也？今先生學雖勤而不由其統，言雖多而不要於中，文雖奇而不濟於用，行雖修而不顯於衆；猶且月費俸錢，歲靡廩粟。子不知耕，婦不知織；乘馬從徒，安坐而食。踵長途之促促，窺陳編以盜竊。然而聖主不加誅，宰臣不見斥，兹非其幸歟？動而得謗，名亦隨之；投閑置散，乃分之宜。

「若夫商財賄之有無，計班資之崇庳，忘己量之所稱，指前人之瑕疵，是所謂詰匠氏之不以杙爲楹，而訾醫師以昌陽引年，欲進其豨苓也。」

文公自謂「非三代兩漢之書不敢讀」，此文自「上窺姚姒」以下十二句，可以知其門徑之所在。則魏、晉以下文，可勿庸究心矣。

藍田縣丞廳壁記 少陽

丞之職所以貳令，於一邑無所不當問。其下主薄、尉，主薄、尉乃有分職。丞位〔一〕高而偪〔二〕，例以嫌不可否事。文書行，吏抱成案詣丞，卷其前，鉗以左手，右手摘紙尾，雁鶩行以進，平立睨丞曰：「當署。」丞涉筆占位，署惟謹。目吏問：「可不可？」吏曰：「得。」則退，不敢略省，漫不知何事。官雖尊，力勢反出主薄、尉下。諺數慢必曰「丞」，至以相訾謷。丞之設，豈端使然哉？

博陵崔斯立，種學績文，以蓄其有，泓涵演迤，日大以肆。貞元初，挾其能戰藝於京師，再進再屈於人。元和初，以前大理評事言得失黜官，再轉而爲丞兹邑。始至，喟曰：「官無卑，顧材不足塞職。」既噤不得施用，又喟曰：「丞哉丞哉！余不負丞而丞負余。」則盡枿去牙角，一躡故迹，破崖岸而爲之。丞廳故有記，壞漏汚不可讀。斯立易桷與瓦，墁治壁，悉書前任人名氏。庭有老槐四行，南牆巨竹千挺，儼立若相持，水㶁㶁循除鳴。斯立痛埽溉，對樹二松，日哦其間。有問者，輒對曰：「余方有公事，子姑去。」考功郎中、知制誥韓愈記。

〔一〕「位」字原誤作「尉」。
〔二〕「偪」字原誤作「副」。

與孟尚書書 太陽

來示云：「有人傳愈近少信奉釋氏。」此傳之者妄也。潮州時，有一老僧，號大顛，頗聰明，識道理。遠地無可與語者，故自山召至州郭，留十數日，實能外形骸，以理自勝，不爲事物侵亂。與之語，雖不盡解，要自胸中無滯礙，以爲難得，因與來往。及祭神至海上，遂造其廬。及來袁州，留衣服爲别，乃人之情，非崇信其法，求福田利益也。

孔子云：「丘之禱久矣。」凡君子行己立身，自有法度。聖賢事業，具在方册，可效可師。仰不愧天，俯不愧人，内不愧心，積善積惡，殃慶自各以其類至，何有去聖人之道，捨先王之法，而從夷狄之教，以求福利也？《詩》不云乎？「愷悌君子，求福不回。」《傳》又曰：「不爲威惕，不爲利疚。」〔一〕假如釋氏能與人爲禍祟，非守道君子之所懼也，況萬萬無此理！

且彼佛者，果何人哉？其行事類君子耶？小人邪？若君子也，必不妄加禍於守道之人；如小人也，其身已死，其鬼不靈。天地神祇，昭布森列，非可誣也，又肯令其鬼行胸臆，作威福於其間哉？進退無所據而信奉之，亦且惑矣！

且愈不助釋氏而排之者，其亦有説。孟子云：「今天下不之，楊則之墨。」楊、墨交亂，而聖賢之

〔一〕《左傳》哀公十六年白公勝稱善熊宜僚語，原作「不爲利諂，不爲威惕」。

道不明，則三綱淪而九法斁，禮樂崩而夷狄横，幾何其不爲禽獸也！故曰：「能言距楊、墨者，聖人之徒也。」

揚子雲云：「古者楊、墨塞路，孟子辭而闢之，廓如也。」夫楊、墨行，正道廢，且將數百年，以至於秦，卒滅先王之法，燒除其經，坑殺學士，天下遂大亂。及秦滅，漢興且百年，尚未知修明先王之道。其後始除挾書之律，稍求亡書，招學士。經雖少得，尚皆殘缺，十亡二三；故學士多老死，新者不見全經，不能盡知先王之事，各以所見爲守，分離乖隔，不合不公。二帝三王羣聖人之道，於是大壞。後之學者無所尋逐，以至於今，泯泯也，其禍出於楊、墨肆行而莫之禁故也。孟子雖賢聖，不得位，空言無施，雖切何補？然賴其言，而今學者尚知宗孔氏，崇仁義，貴王賤霸而已。其大經大法，皆亡滅而不救，壞爛而不收，所謂存什一於千百，安在其能廓如也？然向無孟氏，則皆服左衽而言侏離矣。故愈嘗推尊孟氏，以爲功不在禹下者爲此也。

漢氏已來，羣儒區區修補，百孔千瘡，隨亂隨失，其危如一髮引千鈞，綿綿延延，寖以微滅。於是時也，而倡釋、老於其間，鼓天下之衆而從之。嗚呼！其亦不仁甚矣。釋、老之害過於楊、墨，韓愈之賢不及孟子。孟子不能救之於未亡之前，而韓愈乃欲全之於已壞之後，嗚呼！其亦不量其力，且見其身之危，莫之救以死也。雖然，使其道由愈而麤傳，雖滅死萬萬無恨。天地鬼神，臨之在上，質之在旁，又安得因一摧折，自毀其道。以從於邪也？

籍、湜輩雖屢指教，不知果能不叛去否，辱吾兄眷厚而不獲承命，惟增慚懼，死罪死罪。愈再拜。

贈鄭尚書序　太陽

嶺之南，其州七十。其二十二隸嶺南節度府，其四十餘分四府，府各置帥，然獨嶺南節度爲大府。大府始至，四府必使其佐啓問起居，謝守地不得即賀以爲禮。歲時必遣賀問，致水土物。大府帥或道過其府，府帥必戎服，左握刀，右屬弓矢，帕首袴鞾，迎郊。及既至，大府帥先入據館，帥守屏，若將趨入拜庭之爲者。大府與之爲讓，至一再，乃敢改服，以賓主見。適位執爵，皆興拜，不許，乃止，虔若小侯之事大國。有大事，諮而後行。

隸府之州，離府遠者至三千里，懸隔小海，使必數月而後能至。蠻夷悍輕，易怨以變。其南州皆岸大海，多洲島，颿風一日踔數千里，漫瀾不見蹤迹。控御失所，依險阻，結黨仇，機毒矢以待將吏，撞搪呼號，以相和應，蜂屯蟻雜，不可爬梳，好則人，怒則獸。故常薄其征入，簡節而疏目，時有所遺漏，不究切之，長養以兒子；至紛不可治，乃草薙而禽獮之，盡根株痛斷乃止。

其海外雜國，若躭浮羅、流求、毛人、夷亶之州，林邑、扶南、真臘、干陁利之屬，東南際天地以萬數，或時候風潮朝貢，蠻胡賈人，舶交海中。若嶺南帥得其人，則一邊盡治，不相寇盜賊殺，無風魚之災、水旱癘毒之患。外國之貨日至，珠香、象犀、玳瑁奇物，溢於中國，不可勝用。故選帥常重於他鎮，非有文武威風、知大體、可畏信者，則不幸往往有事。

長慶三年四月，以工部尚書鄭公爲刑部尚書，兼御史大夫，往踐其任。鄭公嘗以節鎮襄陽，又帥滄、景、德、棣，歷河南尹、華州刺史，皆有功德可稱道。入朝爲金吾將軍、散騎常侍、工部侍郎、尚書。家屬百人，無數畝之宅，僦屋以居，可謂貴而能貧，爲仁者不富之效也。及是命，朝廷莫不悦。將行，公卿大夫士，苟能詩者，咸相率爲詩，以美朝政，以慰公南行之思。韻必以「來」字者，所以祝公成政而來歸疾也。

石鼎聯句詩序　少陽

元和七年十二月四日，衡山道士軒轅彌明自衡下來，舊與劉師服進士衡湘中相識，將過大白，知師服在京，夜抵其居宿。有校書郎侯喜，新有能詩聲，夜與劉説詩。彌明在其側，貌極醜，白鬚黑面，長頸而高結，喉中又作楚語，喜視之若無人。彌明忽軒衣張眉，指鑪中石鼎，謂喜曰：「子云能詩，能與我賦此乎？」劉往見衡、湘間人説云年九十餘矣，解捕逐鬼物，拘囚蛟螭虎豹。不知其實能否也。見其老，頗貌敬之，不知其有文也。聞此説大喜，即援筆題其首兩句，次傳於喜，喜踴躍即綴其下云云。道士啞然笑曰：「子詩如是而已乎？」即袖手竦肩，倚北牆坐，謂劉曰：「吾不解世俗書，子爲我書。」因高吟曰：「龍頭縮菌蠢，豕腹漲彭亨。」初不似經意，詩旨有似譏喜。二子相顧慙駭，欲以多窮之，即又爲而傳之喜。喜思益苦，務欲壓道士，每營度欲出口吻，聲鳴益悲，操筆欲書，將下復止，竟亦不能奇也。畢即傳道士，道士高踞大唱曰：「劉把筆，吾詩云云。」其不用意而功益奇，不可附説，語皆侵劉、侯，喜益忌之。劉與侯皆已賦十餘韻，彌明應之如響，皆顛脱含譏諷。夜盡三更，二子思竭不能續，因起謝曰：

「尊師非世人也，某伏矣，願爲弟子，不敢更論詩。」道士奮曰：「不然。章不可以不成也。」又謂劉曰：「把筆來，吾與汝就之。」即又唱出四十字爲八句，書訖使讀。讀畢，謂二子曰：「章不已就乎？」二子齊應曰：「就矣。」道士曰：「此皆不足與語，此寧爲文邪？吾就子所能而作耳，非吾之所學於師而能者也。吾所能者，子皆不足以聞也，獨文乎哉？吾語亦不當聞也，吾閉口矣。」二子大懼，皆起立牀〔一〕下拜，曰：「不敢他有問也，願聞一言而已。先生稱吾不解人間書，敢問解何書？請問此而已。」道士寂然若無聞也，累問不應。二子不自得，即退就座。道士倚牆睡，鼻息如雷鳴。二子怛然失色，不敢喘。斯須，曙鼓動鼕鼕，二子亦困，遂坐睡。及覺，日已上，驚顧覓道士不見。即問童奴，奴曰：「天且明，道士起，出門，若將便旋然。奴怪久不返，即出到門覓，無有也。」二子驚惋自責，若有失者。間遂詣余言，余不能識其何道士也，嘗聞有隱君子彌明，豈其人耶？韓愈序。

祭十二郎文　少陰

年月日，季父愈，聞汝喪之七日，乃能銜哀致誠，使建中遠具時羞之奠，告汝十二郎之靈：

嗚呼！吾少孤，及長，不省所怙，惟兄嫂是依。中年，兄没南方，吾與汝俱幼，從嫂歸葬河陽。既又與汝就食江南，零丁孤苦，未嘗一日相離也。吾上有三兄，皆不幸早世。承先人後者，在孫惟汝，

〔一〕「牀」字原誤作「狀」。

在子惟吾。兩世一身，形單影隻。嫂嘗撫汝指吾而言曰：「韓氏兩世，惟此而已！」汝時尤小，當不復記憶。吾時雖能記憶，亦未知其言之悲也。

吾年十九，始來京城。其後四年而歸視汝。又四年，吾往河陽省墳墓，遇汝從嫂喪來葬。又二年，吾佐董丞相於汴州，汝來省吾。止一歲，請歸取其孥。明年，丞相薨。吾去汴州，汝不果來。是年吾佐戎徐州，使取汝者始行，吾又罷去，汝又不果來。吾念汝從於東，東亦客也，不可以久。圖久遠者，莫如西歸，將成家而致汝。嗚呼！孰謂汝遽去吾而沒乎！吾與汝俱少年，以爲雖暫相別，終當久相與處，故捨汝而旅食京師，以求斗斛之禄。誠知其如此，雖萬乘之公相，吾不以一日輟汝而就也！

去年孟東野往，吾書與汝曰：「吾年未四十，而視茫茫，而髮蒼蒼，而齒牙動摇。念諸父與諸兄，皆康彊而早世。如吾之衰者，其能久存乎？吾不可去，汝不肯來，恐旦暮死，而汝抱無涯之戚也。」孰謂少者歿而長者存，彊者夭而病者全乎！嗚呼！其信然耶？其夢耶？其傳之非其真邪？信也，吾兄之盛德而夭其嗣乎？汝之純明而不克蒙其澤乎？少者强者而夭歿，長者衰者而存全乎？未可以爲信也！夢也，傳之非其真也，東野之書，耿蘭之報，何爲而在吾側也？嗚呼！其信然矣！吾兄之盛德，而夭其嗣矣！汝之純明宜業其家者，不克蒙其澤矣！所謂天者誠難測，而神者誠難明矣！所謂理者不可推，而壽者不可知矣！雖然，吾自今年來，蒼蒼者或化而爲白矣，動摇者或脱而落矣。毛血日益衰，志氣日益微，幾何不從汝而死也。死而有知，其幾何離；其無知，悲不幾時，而不悲者無窮期矣。汝之子始十歲，吾之子始五歲。少而强者不可保，如此孩提者，又可冀其成立邪？嗚呼哀哉！嗚呼哀哉！

汝去年書云：「比得軟脚病，往往而劇。」吾曰：「是疾也，江南之人常常有之。」未始以爲憂也。嗚呼！其竟以此而殞其生乎？抑別有疾而至斯乎？汝之書，六月十七日也。東野云，汝殁以六月二日；耿蘭之報無月日。蓋東野之使者，不知問家人以月日；如耿蘭之報，不知當言月日。東野與吾書，乃問使者，使者妄稱以應之耳。其然乎？其不然乎？

今吾使建中祭汝，弔汝之孤與汝之乳母。彼有食可守，以待終喪，則待終喪而取以來；如不能守以終喪，則遂取以來。其餘奴婢，竝令守汝喪。吾力能改葬，終葬汝於先人之兆，然後惟其所願。嗚呼！汝病吾不知時，汝殁吾不知日；生不能相養以共居，殁不能撫汝以盡哀；斂不憑其棺，窆不臨其穴。吾行負神明而使汝夭，不孝不慈，而不得與汝相養以生，相守以死。一在天之涯，一在地之角，生而影不與吾形相依，死而魂不與吾夢相接。吾實爲之，其又何尤！彼蒼者天，曷其有極！

自今已往，吾其無意於人世矣。當求數頃之田於伊潁之上，以待餘年。教吾子與汝子，幸其成，長吾女與汝女，待其嫁，如此而已。嗚呼！言有窮而情不可終，汝其知也邪？其不知也邪？嗚呼哀哉！尚饗！

柳州羅池廟碑 少陰

羅池廟者，故刺史柳侯廟也。柳侯爲州，不鄙夷其民，動以禮法。三年，民各自矜奮：「兹土雖遠京師，吾等亦天氓，今天幸惠仁侯，若不化服，我則非人。」於是老少相教語，莫違侯令。凡有所爲於其鄉閭，及於其家，皆曰：「吾侯聞之，得無不可於意否？」莫不忖度而後從事。凡令之期，民勸趨之，無有後先，必以其時。於是民業有經，公無負租，流逋四歸，樂生興事。宅有新屋，步有新船，池園潔修，豬牛鴨雞，肥大蕃息。子嚴父詔，婦順夫指，嫁娶葬送，各有條法，出相弟長，入相慈孝。先時民貧，以男女相質，久不得贖，盡没爲隸。我侯之至，按國之故，以傭除本，悉奪歸之。大修孔子廟。城郭巷道，皆治使端正，樹以名木。

柳民既皆悦喜。嘗於其部將魏忠、謝寧、歐陽翼，飲酒驛亭，謂曰：「吾棄於時，而寄於此，與若等好也。明年吾將死，死而爲神，後三年爲廟祀我。」及期而死。三年孟秋辛卯，侯降於州之後堂，歐陽翼等見而拜之。其夕，夢翼而告曰：「館我於羅池。」其月景辰，廟成大祭，過客李儀醉酒，慢侮堂上，得疾，扶出廟門即死。

明年春，魏忠、歐陽翼使謝寧來京師，請書其事於石。余謂柳侯生能澤其民，死能驚動禍福之，以食其土，可謂靈也已。作《迎享送〔一〕神詩》遺柳民，俾歌以祀焉，而並刻之。柳侯河東人，諱宗元，字子厚。賢而有文章。嘗位於朝，光顯矣，已而擯不用。其辭曰：

荔子丹兮蕉黄，雜肴蔬兮進侯堂。侯之船兮兩旗，度中流兮風泊之，待侯不來兮不知我悲。侯

〔一〕「送」字原誤作「逆」。

乘駒兮入廟，慰我民兮不嚬以笑。鵝之山兮柳之水，桂樹團團兮白石齒齒。侯朝出遊兮暮來歸，春與猨吟兮秋鶴與飛。北方之人兮，爲侯是非；千秋萬歲兮，侯無我違。福我兮壽我，驅厲鬼兮山之左。下無苦濕兮高無乾，秔稌充羨兮，蛇蛟結蟠。我民報事兮無怠，其始自今兮欽於世世。

韓許公碑 太陽

韓，姬姓，以國氏。其先有自潁川徙陽夏者，其地於今爲陳之太康。太康之韓，其稱蓋久，然自公始大著。公諱弘。公之父曰海，爲人魁偉沈塞，以武勇游仕許、汴之間。寡言自可，不與人交，衆推以爲鉅人長者。官至遊擊將軍，贈太師。娶鄉邑劉氏女，生公，是爲齊國太夫人。夫人之兄曰司徒玄佐，有功建中、貞元之間，爲宣武軍師。有汴、宋、亳、潁四州之地，兵士十萬人。

公少依舅氏，讀書習騎射，事親教謹，偘偘自將，不縱爲子弟華靡遨放事。出入敬恭，軍中皆目之。嘗一抵京師，就明經試。退曰：「此不足發名成業。」復去從舅氏學，將兵數百人，悉識其材鄙怯勇，指付必堪其事，司徒歎奇之。士卒屬心，諸老將皆自以爲不及。司徒卒，去爲宋南城將。比六七歲，汴軍連亂不定。

貞元十五年，劉逸淮死，軍中皆曰：「此軍司徒所樹，必擇其骨肉，爲士卒所慕賴者付之。今見在人莫如韓甥，且其功最大，而材又俊。」即柄授之，而請命於天子。天子以爲然，遂自大理評事，拜工部尚書，代逸淮爲宣武軍節度使，悉有其舅司徒之兵與地。衆果大悦便之。當此時，陳、許帥曲環死，而吴少誠反，自將圍許，求援於逸淮，啗之以陳歸汴，使數輩在館，公悉驅出斬之。選卒三千人，會諸軍擊少誠許下，少誠失勢以走，河南無事。公曰：「自吾舅殁，五亂於汴者，吾苗薅而髮櫛之幾盡。然不一揃刈，不足令震駴。」命劉鍔以其卒三百人待命於門，數之以數與於亂，自以爲功，并斬之以徇，血流波道。自是訖公之朝京師廿有一年，莫敢有讙呶叫號於城郭者。

李師古作言起事，屯兵於曹以嚇滑師，且告假道。公使謂曰：「汝能越吾界而爲盜邪？有以相待，無爲空言。」滑帥告急，公使謂曰：「吾在此，公無恐。」或告曰：「翦棘夷道，兵且至矣，請備之。」公曰：「兵來不除道也。」不爲應。師古詐窮變索，遷延旋軍。少誠以牛皮鞵材遺師古，師古以鹽資少誠，潛過公界，覺皆留輸之庫，曰：「此於法不得以私相餽。」田弘正之開魏博，李師道使來告曰：「我代與田氏約相保援，今〔一〕弘正非其族，又首變兩河事，亦公之所惡，我將與成德合軍討之，敢告。」公謂其使曰：「我不知利害，知奉詔行事耳。若兵北過河，我即東兵以取曹。」師道懼，不敢動，弘正以濟。誅吴元濟也，命公都統諸軍，曰：「無自行以遏北寇。」公請使子公武以兵萬三千人會討蔡下，歸財與糧以濟諸軍，卒擒蔡奸。於是以公爲侍中，而以公武爲鄜坊丹延節度使。

師道之誅，公以兵東下，進圍考城，克之。遂進迫曹，曹寇乞降。鄆部既平，公曰：「吾無事於此，其朝京師。」天子曰：「大臣不可以暑行，其秋之待。」公曰：「君爲仁，臣爲恭，可矣。」遂行。既至，獻馬三千匹，

〔一〕「今」字原誤作「令」。

絹五十萬匹，他錦紈綺纈又三萬，金銀器千。而汴之庫廐錢以貫數者，尚有百萬，絹亦合百餘萬匹，馬七千，糧三百萬斛，兵械多至不可數。初公有汴，承五亂之後，掠賞之餘，且斂且給，恒無宿儲。至是，公私充塞，至於露積不垣。册拜司徒兼中書令，進見上殿，拜跪給扶，贊元經體，不治細微，天子敬之。

元和十五年，今天子即位，公爲冢宰，又除河中節度使。在鎮三年，以疾乞歸。復拜司徒中書令，病不能朝。以長慶二年十二月三日，薨於永崇里第，年五十八。天子爲之罷朝三日，贈太尉，賜布粟。其葬物有司官給之，京兆尹監護。明年七月某日，葬於萬年縣少陵原，京城東南三十里。楚國夫人翟氏祔。子男二人：長曰肅元，某官；次曰公武，某官。肅元早死。公之將薨，公武暴病先卒，公哀傷之，月餘遂薨。無子，以公武子孫紹宗爲主後。

汴之南則蔡，北則鄆，二寇患公居間，爲己不利，卑身佞辭，求與公好。薦女請昏，使日月至。既不可得，則飛謀釣謗，以間染我。公先事候情，壞其機牙，奸不得發，王誅以成。最功定次，孰與高下。公子公武，與公一時俱授弓鉞，處藩爲將，疆土相望。公武以母憂去鎮。公母弟充，自金吾代將渭北。公以司徒中書令治蒲，於時弟充自鄭、滑節度，平宣武之亂，以司空居汴。自唐以來，莫與爲比。公之爲治，嚴不爲煩，止除害本，不多教條。與人必信，吏得其職，賦入無所漏失。人安樂之，在所以富。公與人有畛域，不爲戲狎，人得一笑語，重於金帛之賜。其罪殺人不發聲色，問法何如，不自爲輕重，故無敢犯者。其銘曰：

在貞元世，汴兵五猘。將得其人，衆乃一愒。其人爲誰，韓姓許公。磔其梟狼，養以雨風；桑穀奮張，厥壤大豐。貞元元孫，命正我宇。公爲臣宗，處得地所。河流兩壖，盜連爲羣；雄唱雌和，首尾一身。公居其間，爲帝督奸。察其嚬呻，與其睨眴；左顧失視，右顧而跽。蔡先鄆鉏，三年而墟；槁乾四呼，終莫敢濡。常山幽都，孰陪孰扶；天施不留，其討不逋；許公預焉，其賚何如。悠悠四方，既廣既長；無有外事，朝廷之治。許公來朝，車馬干戈；相乎將乎，威儀之多。將則是矣，相則三公；釋師十萬，歸居廟堂。上之宅憂，公讓太宰；養安蒲阪，萬邦絶等。有弟有子，提兵守藩；一時三侯，人莫敢扳。生莫與榮，殁莫與令。刻文此碑，以鴻厥慶。

柳子厚墓誌銘　太陽

子厚，諱宗元。七世祖慶，爲拓跋魏侍中，封濟陰公。曾伯祖奭，爲唐宰相，與褚遂良、韓瑗俱得罪武后，死高宗朝。皇考諱鎮，以事母棄太常博士，求爲縣令江南，其後以不能媚權貴失御史。權貴人死，乃復拜侍御史，號爲剛直。所與遊皆當世名人。

子厚少精敏，無不通達。逮其父時，雖少年已自成人，能取進士第，嶄然見頭角，衆謂柳氏有子矣。其後以博學宏詞授集賢殿正字。儁傑廉悍，議論證據今古，出入經史百子，踔厲風發，率常屈其座人。名聲大振，一時皆慕與之交。諸公要人，争欲令出我門下，交口薦譽之。貞元十九年，由藍田尉拜監察御史。順宗即位，拜禮部員外郎。遇用事者得罪，例出爲刺史。未至，又例貶永州司馬。居閑，益自刻苦，務記覽，爲詞章汎濫停蓄，爲深博無涯涘，而自肆於山水間。元和中，嘗例召至京師，又偕出爲刺史，而子厚得柳州。既至，歎曰：「是豈不足爲政耶？」因其土俗，爲設教禁，州人順賴。其俗以男女質錢，約不時贖，子本相侔，則没爲奴婢。子厚與設方計，悉令贖歸。其尤貧力不能者，令書其傭，足相當，則使歸其質。觀察使下其法於他州，比一歲，免而歸者且千人。衡、湘以南，爲進士者，皆以子厚爲師。其經承子厚口講指畫爲文詞者，悉有法度可觀。

其召至京師而復爲刺史也，中山劉夢得禹錫亦在遣中，當詣播州。子厚泣曰：「播州非人所居，而夢得親在堂，吾不忍夢得之窮，無辭以白其大人，且萬無母子俱往理。」請於朝，將拜疏，願以柳易播，雖重得罪，死不恨。遇有以夢得事白上者，夢得於是改刺連州。嗚呼！士窮乃見節義。今夫平居里巷相慕悦，酒食遊戲相徵逐，詡詡强笑語以相取下，握手出肺肝相示，指天日涕泣，誓生死不相背負，真若可信；一旦臨小利害，僅如毛髮比，反眼若不相識，落陷穽不一引手救，反擠之又下石焉者，皆是也。此宜禽獸、夷狄所不忍爲，而其人自視以爲得計，聞子厚之風，亦可以少愧矣。

子厚前時少年，勇於爲人，不自貴重，顧籍謂功業可立就，故坐廢退。既退，又無相知有氣力得位者推挽，故卒死於窮裔，材不爲世用，道不行於時也。使子厚在臺省時，自持其身，已能如司馬、刺史時，亦自不斥；斥時有人力能舉之，且必復用不窮。然子厚斥不久，窮不極，雖有出於人，其文學辭章，必不能自力以致必傳於後如今無疑也。雖使子厚得所願，爲〔一〕將相於一時，以彼易此，孰得

〔一〕「爲」字原脱。

孰失，必有能辨之者。

子厚以元和十四年十一月八日卒，年四十七。以十五年七月十日歸葬萬年先人墓側。子厚有子男二人：長曰周六，始四歲；季曰周七，子厚卒乃生。女子二人皆幼。其得歸葬也，費皆出觀察使河東裴君行立。行立有節概，重然諾，與子厚結交，子厚亦爲之盡，竟賴其力。葬子厚於萬年之墓者，舅弟盧遵。遵，涿人，性謹順〔一〕，學問不厭。自子厚之斥，遵從而家焉，逮其死不去。既往葬子厚，又將經紀其家，庶幾有始終者。銘曰：

是惟子厚之室，既固既安，以利其嗣人。

毛穎傳 少陽

毛穎者，中山人也。其先，明眎，佐禹治東方土，養萬物有功，因封於卯地，死爲十二神。嘗曰：「吾子孫神明之後，不可與物同，當吐而生。」已而果然。明眎八世孫𩡷，世傳當殷時，居中山，得神僊之術，能匿光使物，竊姮娥騎蟾蜍入月，其後代遂隱不仕云。居東郭者曰㕙，狡而善走，與韓盧爭能，盧不及。盧怒，與宋鵲謀而殺之，醢〔二〕其家。

〔一〕「順」，一作「慎」。《古文辭類纂》作「順」。

〔二〕「醢」字原誤作「醯」。

秦始皇時，蒙將軍恬南伐楚，次中山。將大獵以懼楚，召左右庶長與軍尉以《連山》筮之，得天與人文之兆。筮者賀曰：「今日之獲，不角不牙，衣褐之徒，缺口而長鬚，八竅而趺居。獨取其髦，簡牘是資，天下同其書，秦其遂兼諸侯乎！」遂獵。圍毛氏之族，拔其豪，載穎而歸，獻俘於章臺宮，聚其族而加束縛焉。秦皇帝使恬賜之湯沐而封諸管城，號曰管城子，日見親寵任事。

穎爲人，彊記而便敏，自結繩之代，以及秦事，無不纂録。陰陽、卜筮、占相、醫方、族氏、山經、地志、字書、圖畫、九流、百家、天人之書，及至浮圖、老子、外國之説，皆所詳悉。又通於當代之務，官府簿書，市井貨錢注記，惟上所使。自秦皇帝及太子扶蘇、胡亥、丞相斯、中車〔一〕府令高，下及國人，無不愛重。又善隨人意，正直、邪曲、巧拙，一隨其人。雖見廢棄，終默不洩。惟不喜武士，然見請亦時往。累拜中書令，與上益狎，上嘗呼爲「中書君」。上親決事，以衡石自程，雖宫人不得立左右，獨穎與執燭者常侍，上休方罷。

穎與絳人陳元、弘農陶泓，及會稽褚先生友善，相推致，其出處必偕。上召穎，三人者不待詔，輒俱往，上未嘗怪焉。後因進見，上將有任使，拂拭之，因免冠謝。上見其髮禿，又所摹畫，不能稱上意，上嘻笑曰：「中書君老而禿，不任吾用。吾嘗謂君中書，君今不中書耶？」對曰：「臣所謂盡心者。」因不復召，歸封邑，終於管城。其子孫甚多，散處中國夷狄，皆冒管城，惟居中山者，能繼父

〔一〕「車」字原誤作「軍」。

祖業。

太史公曰：毛氏有兩族，其一姬姓，文王之子封於毛，所謂魯、衛、毛、聃者也。戰國時有毛公、毛遂。獨中山之族，不知其本所出，子孫最爲蕃昌。《春秋》之成，見絶於孔子，而非其罪。及蒙將軍拔中山之豪，始皇封諸管城，世遂有名，而姬姓之毛無聞。穎始以俘見，卒見任使。秦之滅諸侯，穎與有功。賞不酬勞，以老見疏，秦真少恩哉！

歐陽永叔文

本論 太陰

佛法爲中國患千餘歲，世之卓然不惑而有力者，莫不欲去之。已嘗去矣，而復大集。攻之暫破而愈堅，撲之未滅而愈熾，遂至於無可奈何。是果不可去耶？蓋亦未知其方也。

夫醫者之於疾也，必推其病之所自來，而治其受病之處。病之中人，乘乎氣虚而入焉，則善醫者不攻其疾，而務養其氣。氣實則病去，此自然之效也。故救天下之患者，亦必推其患之所自來，而治其受患之處。

佛爲夷狄，去中國最遠，而有佛固已久矣。堯、舜、三代之際，王政修明，禮義之教，充於天下。於此之時，雖有佛無由而入。及三代衰，王政闕，禮義廢，後二百餘年，而佛至乎中國。由是言之，佛所以爲吾患者，乘其闕廢之時而來，此其受患之本也。補其闕，修其廢，使王政明而禮義充，則雖有佛，無所施於吾民矣。此亦自然之勢也。

昔堯、舜、三代之爲政，設爲井田之法，籍天下之人，計其口而皆授之田。凡人之力能勝耕者，莫不有田而耕之。斂以什一，差其征賦，以督其不勤，使天下之人，力皆盡於南畝，而不暇乎其他。

然又懼其勞且怠而入於邪僻也，於是爲制牲牢酒醴，以養其體；弦匏俎豆，以悦其耳目；於其不耕休力之時，而教之以禮。故因其田獵而爲蒐狩之禮，因其嫁娶而爲婚姻之禮，因其死葬而爲喪祭之禮，因其飲食羣聚，而爲鄉射之禮。非徒以防其亂，又因而教之，使知尊卑長幼，凡人之大倫也。故凡養生送死之道，皆因其欲而爲之制。飾之物采而文焉，所以悦之，使其易趨也；順其情性而節焉，所以防之，使其不過也。

然猶懼其未也，又爲立學以講明之。故上自天子之郊，下至鄉黨，莫不有學，擇民之聰明者而習焉，使相告語，而誘勸其愚惰。嗚呼！何其備也。

蓋堯、舜、三代之爲政如此，其慮民之意甚精，治民之具甚備，防民之術甚周，誘民之道甚篤。行之以勤，而被於物者洽；浸之以漸，而入於人者深。故民之生也，不用力乎南畝，則從事於禮樂之際；不在其家，則在乎庠序之間。耳聞目見，無非仁義，樂而趨之，不知其倦。終身不見異物，又奚暇夫外慕哉！故曰雖有佛無由而入者，謂有此具也。

及周之衰，秦并天下，盡去三代之法，而王道中絶。後之有天下者，不能勉强，其爲治之具不備，防民之漸不周。佛於此時，乘間而出。千有餘歲之間，佛之來者日益衆，吾之所爲者日益壞。井田最先廢，而兼并游惰之奸起。其後所謂蒐狩、婚姻、喪祭、鄉射之禮，凡所以教民之具，相次而盡廢。然後民之奸者，有暇而爲他；其良者泯然不見禮義之及己。夫奸民有餘力，則思爲邪僻；良民不見禮義，則莫知所趨。佛於此時乘其隙，方鼓其雄誕之説而牽之，則民不得不從而歸矣。又況王公大人，往往倡而驅之曰：「佛是真可歸依者。」然則吾民何疑而不歸焉！

幸而有一不惑者，方艴然而怒曰：「佛何爲者？吾將操戈而逐之！」又曰：「吾將有説以排之。」夫千歲之患，徧於天下，豈一人一日之可爲！民之沈酣，入於骨髓，非口舌之可勝。然則將奈何？曰：「莫若修其本以勝之。」昔戰國之時，楊、墨交亂，孟子患之，而專言仁義；故仁義之説勝，則楊、墨之學廢。漢之時，百家並興，董生患之，而退修孔氏；故孔氏之道明，而百家息。此所謂修其本以勝之之效也。

今八尺之夫，被甲荷戟，勇蓋三軍，然而見佛則拜，聞佛之説，則有畏慕之誠者，何也？彼誠壯佼，其中心茫然無所守而然也。一介之士，眇然柔懦，進趨畏怯，然而聞有道佛者，則義形於色，非徒不爲之屈，又欲驅而絶之者，何也？彼無他焉，學問明而禮義熟，中心有所守以勝之也。然則禮義者，勝佛之本也。今一介之士，知禮義者，尚能不爲之屈，使天下皆知禮義，則勝之矣。此自然之勢也。

伶官傳論 太陰

嗚呼！盛衰之理，雖曰天命，豈非人事哉！原莊宗之所以得天下與其所以失之者，可以知之矣。

世言晉王之將終也，以三矢賜莊宗而告之曰：「梁，吾仇也。燕王，吾所立。契丹與吾約爲兄弟，而皆背晉以歸梁。此三者，吾遺恨也。與爾三矢，爾其無忘乃父之志！」莊宗受而藏之於廟。其後用兵，則遣從事以一少牢告廟，請其矢，盛以錦囊，負而前驅，及凱旋而納之。

方其係燕父子以組，函梁君臣之首，入於太廟，還矢先王，而告以成功，其意氣之盛，可謂壯哉！及仇讎已滅，天下已定，一夫夜呼，而亂者四應。倉皇東出，未及見賊，而士卒離散，君臣相顧，不知所歸，至於誓天斷髮，泣下沾襟，何其衰也！豈得之難而失之易歟？抑本其成敗之迹而皆自於人歟？

《書》曰：「滿招損，謙受益。」憂勞可以興國，逸豫可以亡身，自然之理也。故方其盛也，舉天下之豪傑，莫能與之爭；及其衰也，數十伶人困之，而身死國滅，爲天下笑。夫禍患常積於忽微，而智勇多困於所溺，豈獨伶人也哉！

一行傳論　太陰

嗚呼！五代之亂極矣，《傳》所謂「天地閉，賢人隱」〔一〕之時歟？當此之時，臣弒其君，子弒其父，

〔一〕《易傳・坤・文言》文。

而縉紳之士，安其禄而立其朝，充然無復廉耻之色者，皆是也。吾以爲自古忠臣義士，多出於亂世，而怪當時可道者何少也！豈果無其人哉？

雖曰干戈興，學校廢，而禮義衰，風俗隳壞，至於如此。然自古天下未嘗無人也。吾意必有潔身自負之士，嫉世遠去而不可見者。自古材賢，有韞於中而不見於外，或窮居陋巷，委身草莽。雖顏子之行，不遇仲尼而名不彰，況世變多故，而君子道消之時乎！

吾又以謂必有負材能，修節義，而沈淪於下，泯没而無聞者。求之傳記，而亂世崩離，文字殘缺，不可復得，然僅得者，四五人而已。處乎山林而羣麋鹿，雖不足以爲中道；然與其食人之禄，俛首而包羞，孰若無愧於心，放身而自得？吾得二人焉，曰鄭遨、張薦明。勢利不屈其心，去就不違其義，吾得一人焉，曰石昂。苟利於君，以忠獲罪，何必自明！有至死而不言者，此古之義士也，吾得一人焉，曰程福贇。

五代之亂，君不君，臣不臣，父不父，子不子，至於兄弟夫婦，人倫之際，無不大壞，而天理幾乎其滅矣。於此之時，能以孝弟自修於一鄉，而風行於天下者，猶或有之。然其事迹不著，而無可紀次，獨其名氏或因見於書者，吾亦不敢没。而其略可録者，吾得一人焉，曰李自倫。作《一行傳》。

宦者傳論 太陰

五代文章陋矣。而史官之職，廢於喪亂；傳記小説，多失其傳。故其事迹，終始不完，而雜以訛繆。至於英豪奮起，戰爭勝敗，國家興廢之際，豈無謀臣之略、辯士之談？而文字不足以發之，遂使泯然無傳於後世。然獨張承業事，卓卓在人耳目，至今故老猶能道之，其論議可謂偉然歟！殆非宦者之言也。

自古宦者亂人之國，其源深於女禍。女，色而已；宦者之爲害，非一端也。蓋其用事也近而習，其爲心也專而忍，能以小善中人之意，小信固人之心，使人主必信而親之。待其已信，然後懼以禍福而把持之。雖有忠臣碩士列於朝廷，而人主以爲去己疏遠，不若起居飲食前後左右之親爲可恃也。故前後左右者日益親，則忠臣碩士日益疏，而人主之勢日益孤。勢孤則懼禍之心日益切，而把持者日益牢。安危出其喜怒，禍患伏於帷闥，則嚮之所謂可恃者，乃所以爲患也。患已深而覺之，欲與疏遠之臣，圖左右之親近，緩之則養禍而益深，急之則挾人主以爲質。雖有聖智，不能與謀。謀之而不可爲，爲之而不可成，至其甚，則俱傷而兩敗。故其大者亡國，其次亡身，而使奸豪得藉以爲資而起，至抉其種類，盡殺以快天下之心而後已。此前史所載宦者之禍常如此者，非一世也。

夫爲人主者，非欲養禍於內，而疏忠臣碩士於外，蓋其漸積而勢使之然也。夫女色之惑，不幸而不悟，則禍斯及矣。使其一悟，捽而去之可也。宦者之爲禍，雖欲悔悟，而勢有不得而去也。唐昭宗之事是已。故曰深於女禍者謂此也，可不戒哉！

昭宗信狎宦者，由是有東宮之幽。既出而與崔胤圖之，胤爲宰相，顧力不足爲，乃召兵於梁。梁兵且至，而宦者挾天子走之岐。梁兵圍之三年，昭宗既出而唐亡矣。初昭宗之出也，梁王悉誅唐宦者第五可範等七百餘人。其在外者，悉詔天下捕殺之，而宦者多爲諸鎮藏匿而不殺。是時方鎮僭擬，悉以宦官給事，而吴越最多。乃莊宗立，詔天下訪求故唐時宦者，悉送京師，得數百人。宦者遂復用事以至於亡。此何異求已覆之車，躬駕而履其轍也？可爲悲夫！

職方考序 太陰

嗚呼！三代以上，莫不分土而治也。後世鑒古矯失，始郡縣天下。而自秦、漢以來，爲國孰與三代長短？及其亡也，未始不分，至或無地以自存焉。蓋得其要，則雖萬國而治；失其所守，則雖一天下不能以容，豈非一本於道德哉？

唐之盛時，雖名天下爲十道，而其勢未分。暨其衰也，置軍節度，號爲方鎮。鎮之大者，連州十餘，小者猶兼三四，故其兵驕則逐帥，帥彊則叛上。土地爲其世有，干戈起而相侵，天下之勢，自兹而分。然唐自中世多故矣，其興衰救難，常倚鎮兵扶持，而侵凌亂亡，亦終以此，豈其利害之理然歟？自僖、昭以來，日益割裂。梁初天下別爲十一，南有吴、浙、荆、湖、閩、漢，西有岐、蜀，北有燕、晉，而朱氏所有七十八州，以爲梁。莊宗初起并、代，取幽、滄，有州三十五，其後又取梁、魏、博等十有六州，合五十一州，以滅梁。岐王稱臣，又得其州七。同光破蜀，已而復失，唯得秦、鳳、階、成四州，而營、平二州，陷於契丹，其增置之州一，合一百二十三州以爲唐。石氏入立，獻十有六州於契丹，而得蜀金州，又增置之州一，合一百九州以爲晉。劉氏之初，秦、鳳、階、成復入於蜀，隱帝時，增置之州一，合一百六州以爲漢。郭氏代漢，十州入於劉旻，世宗取秦、鳳、階、成、瀛、莫及淮南十四州，又增置之州五，而廢者三，合一百一十八州以爲周。宋興因之。此中國之大略也。其餘外屬者，彊弱相并，不常其得失。

至於周末，閩已先亡，而在者七國。自江以下，二十一州爲南唐。自劍以南，及山南西道四十六州爲蜀。自湖南北十州爲楚。自浙東西十五州爲吴越。自嶺南北四十七州爲南漢。自太原以北十州爲東漢。而荆、歸、峽三州爲南平。合中國所有二百六十八州，而軍不在焉。唐之封疆遠矣。前史備載，而羈縻寄治虚名之州在其間。五代亂世，文字不完，而時有廢省，又或陷於夷狄，不可考究其詳。其可見者，具之如譜。

集古録跋尾　太陰

右漢《公昉碑》者，迺漢中太守南陽郭芝爲公昉修廟記也。漢碑今在者，類多磨滅，而此記文字僅存可讀。所謂公昉者，初不載其姓名，但云「君字公昉」爾。又云「耆老相傳，以爲王莽居攝二年，君爲郡吏，啖瓜。旁有真人居，左右莫察。君獨進美瓜，又從而敬禮之。真人者遂與期谷口山上，乃與君神藥，曰：『服藥以後〔一〕，當移意萬里，知鳥獸言語。』是時府君去家七百餘里，休謁往來，轉景

〔一〕「後」字原作「從」。

即至。闔郡驚焉，白之府君，徙爲御史。鼠噛被具，君乃畫地爲獄，召鼠誅之，視其腹中果有被具。府君欲從學道，頃無所進，府君怒，敕尉部吏收公昉妻子。公昉呼其師，告以厄。其師以藥飲公昉妻子，曰：『可去矣。』妻子戀家不忍去。於是乃以藥塗屋柱，飲牛馬六畜。須臾有大風雲，來迎公昉妻子，屋宅、六畜，翛〔一〕然與之俱去」。其説如此，可以爲怪妄矣。嗚呼！自聖人没而異端起，戰國、秦、漢之際，奇辭怪説，紛然争出，不可勝數。久而佛之徒來自西夷，老之徒起於中國，而二患交攻，爲吾儒者，往往牽而從之。其卓然不惑者，僅能自守而已，欲排其説而黜之，常患乎力不足也。如公昉之事，以語愚人豎子，皆知其妄矣，不待有力而後能破其惑也。然彼漢人乃刻之金石，以傳後世，其意惟恐後世之不信，然後世之人，未必不從而惑也。〔二〕

右漢《太尉劉寬碑陰題名》。寬碑有二，其故吏門生各立其一也。此題名在故吏所立之碑陰，其別列於後者，在寬子松之碑陰也。寬以漢中平二年卒，至唐咸亨元年，其裔孫湖〔三〕城公爽，以碑歲久皆仆於野，爲再立之，並記其世序。嗚呼！前世士大夫世家，著之譜牒，故自中平至咸亨四百餘年，而爽

〔一〕「翛」字原作「修」。
〔二〕此下，《集古録跋尾》有「治平元年四月二十三日，以旱開宫寺祈雨五日，中一日休務假書」文，唐先生未録。
〔三〕「湖」字原作「胡」。

能知其世次如此其〔一〕詳也。蓋自黃帝以來，子孫分國受姓，歷堯、舜、三代，數千歲間，《詩》《書》所紀〔二〕，皆有次序，豈非譜繫源流，傳之百世不絕歟！此古人所以爲重重也。不然，則士生於世，皆莫自知其所出，而昧其世德遠近，其所以異於禽獸者，僅能識其父祖爾，其〔三〕可忽哉！唐世譜牒尤備，士大夫務以世家相高。至其弊也，或陷輕薄，婚姻附託，邀求貨賂，君子患之。然而士子修飭，喜自樹立，兢兢惟恐墜其世業，亦以有譜牒而能知其世也。今之譜學亡矣，雖名臣巨族，未嘗有家譜者。然而俗習苟簡，廢失者非一，豈止家譜而已哉！〔四〕

右王獻之法帖。余嘗喜覽魏、晉以來筆墨遺迹，而想前人之高致也。所謂法帖者，其事率皆弔哀候病、叙睽離、通訊問，施於家人朋友之間，不過數行而已。蓋其初非用意，而逸筆餘興，淋漓揮灑，或妍或醜，百態〔五〕横生。披卷發函，爛然在目，使人驟見驚絶，徐而視之，其意態愈無窮盡，故使後世得之以爲奇翫，而想見其人也。至於高文大册，何嘗用此！而今人不然，至或棄百事，弊精疲力，以學書爲事業，用此終老而窮年者，是真可笑也。〔六〕

〔一〕「其」字《歐陽修集》作「之」。
〔二〕「紀」字原作「記」。
〔三〕「其」字原作「豈」。
〔四〕此下，《集古録跋尾》有「嘉祐八年七月二十九日書」文，唐先生未録。
〔五〕「態」字原誤作「能」。
〔六〕此下，《集古録跋尾》有「治平甲辰秋社日書」文，唐先生未録。

右《昭仁寺碑》，在豳〔一〕州唐太宗與薛舉戰處也。唐自起義與羣雄戰處，後皆建佛寺，云爲陣亡士薦福。湯、武之敗桀、紂，殺人固亦多矣，而商、周享國皆數百年，其荷天之祐者，以其心存大公，爲民除害也。唐之建寺，外雖托爲戰亡之士，其實自贖殺人之咎爾〔二〕。其撥亂開基，有足壯者，及區區於此，不亦陋哉！碑文朱子奢撰，而不著書人名氏，字畫甚工，此余所録也。〔三〕

右《放生池碑》，不著書撰人名氏。放生池，唐世處處有之。王者仁澤，及於草木昆蟲，使一物必遂其生，而不爲私惠也。惟天地生萬物，所以資於人，然代天而治物者，當爲之節，使其足用而取之不過，萬物得遂其生而不夭。三代之政，如斯而已。《易大傳》曰：「庖犧氏之王也，能通神明之德，以類萬物之情。作結繩而爲網罟，以佃以漁。」蓋言其始教民取物資生，而爲萬世之利，此所以爲聖人也。浮圖氏之説，乃謂殺物者有罪，而放生者得福。苟如其言，則庖犧氏遂爲人間之聖人、地下之罪人矣。〔四〕

右司刑寺大脚迹並碑銘二，閻朝隱撰。附詩曰「匪手携之，言示之事」，蓋諭昏愚者不可以理曉，而決疑惑者難用空言，雖示之已驗之事，猶懼其不信也。此自古聖賢以爲難。《語》曰「中人以下，不

〔一〕「豳」字原誤作「幽」。
〔二〕「爾」字原作「耳」。
〔三〕此下，《集古録跋尾》有「治平甲辰秋分後一日書」文，唐先生未録。
〔四〕此下，《集古録跋尾》有「治平元年八月十日書」文，唐先生未録。

可以語上」者，聖人非棄之也，以其語之難也。佛爲中國大患，非止中人以下，聰明之智一有惑焉，有不能解者矣。方武氏之時，毒被天下，而刑獄慘烈，不可勝言，而彼佛者遂見光蹟於其間，果何爲哉？自古君臣事佛，未有如武氏之時盛也，視朝隱等碑銘可見矣。然禍及生民，毒流王室，亦未有若斯之盛也。碑銘文辭〔一〕不足録，録之者所以有警也。俾覽者知無佛之世，《詩》《書》雅頌之聲，斯民蒙福者如彼；有佛之盛，其金石文章，與其人之被禍者如此，可以少思焉。〔二〕

右《華陽頌》，唐玄〔三〕宗詔附。玄宗尊號曰「聖文神武皇帝」，可謂盛矣。而其自稱曰「上清弟子」者，何其陋哉！方其肆情奢淫，以極富貴之樂，蓋窮天下之力，不足以贍其欲。使神仙道家之事爲不無，亦非其可冀，矧其實無可得哉。甚矣，佛、老之爲世惑也！佛之徒曰無生者，是畏死之論也；老之徒曰不死者，是貪生之説也。彼其所以貪畏之意篤，則棄萬事、絶人理而爲之，然而終於無所得者，何哉？死生，天地之常理，畏者不可以苟免，貪者不可以苟得也。惟積習之久者，成其邪妄之心。佛之徒有臨死而不懼者，妄意乎無生之可樂，而以其所樂，勝其所可畏也。老之徒有死者，則相與諱之，曰「彼超去矣」，「彼解化矣」，厚自誣而託之不可詰。或曰「彼術未至，故死爾」。前者苟以遂其非，後者從而惑之，以爲誠然也。佛、老二者同出於貪，而所習則異，然由必棄萬事、絶人理而爲之，其貪於彼者厚，

〔一〕「辭」字原作「字」。
〔二〕此下，《集古録跋尾》有「嘉祐八年重陽後一日書」文，唐先生未録。
〔三〕「玄」字原作「元」。後「玄宗」同。

則捨於此者果。若玄宗者，方溺於此而又慕於彼，不勝其勞，是真可笑也。〔一〕

右《令長新戒》。唐開元之治盛矣，玄宗嘗自擇縣令一百六十三人，賜以丁寧之戒。其後天下爲縣者，皆以《新戒》刻石，今猶有存者。余之所得者六，世人皆忽，不以爲貴也。玄宗自除内難，遂致太平，世徒以爲英豪之主，然不知其興治之勤，用心如此，可謂爲政知本末矣〔二〕。然鮮克有終，明智所不免，惜哉！《新戒》凡六：其一河内，其二虞城，其三不知所得之處，其四汜水，其五穰，其六舞陽。〔三〕

右《平泉草木記》，李德裕撰。余嘗讀鬼谷子書，見其馳説諸侯之國，必視其爲人材性賢愚、剛柔緩急，而因其好惡喜懼憂樂而捭闔之，陽開陰塞，變化無窮，顧天下諸侯無不在其術中者，惟不見其所好者，不可得而説也。以此知君子宜慎其所好。蓋泊然無欲，而禍福不能動，利害不能誘，此鬼谷之術所不能爲者，聖賢之高致也。其次簡其所欲，不溺於所好，斯可矣。若德裕者，處富貴，招權利，而好奇貪得之心不已，至或疲弊精神於草木，斯其所以敗也。其遺戒有云「壞一草一木者，非吾子孫」，此又近乎愚矣。〔四〕

〔一〕此下，《集古録跋尾》有「治平元年正月四日書」文，唐先生未録。
〔二〕「可謂爲政知本末矣」，原作「可謂知爲政之本矣」。
〔三〕此下，《集古録跋尾》有「嘉祐八年六月十日書」文，唐先生未録。
〔四〕此下，《集古録跋尾》有「治平元年七月二十四日，中書東廳後閣書」文，唐先生未録。

右《華嶽題名》。自唐開元二十三年，訖後唐清泰二年，實二百一年，題名者五百十一人，再題者又三十一人，録爲十卷，往往當時知名士也。或兄弟同遊，或子姪並侍，或僚屬將佐之咸在，或山人處士之相携。或奉使奔命，有行役之勞；或窮高望遠，極登臨之適。其富貴貧賤，歡樂憂悲，非惟人事百端，而亦世變多故。開元二十三年，歲在丙子，是歲天子躬耕籍田，肆大赦，羣臣方頌太平，請封禪，蓋有唐極盛之時也。清泰二年，歲在乙未，廢帝簒立之明年也，是歲石敬瑭以太原反，召契丹入自雁門，廢帝自焚於洛陽，而晉高祖入自太原，五代極亂之時也。始終二百年間，或治或亂，或盛或衰。而往者來者、先者後者，雖窮達壽夭，參差不齊，而斯五百人者，卒歸於共盡也。其姓名歲月，風霜剥裂，亦或在或亡，其存者獨有千仞之山石爾。故特録其題刻，每撫卷慨然，何異臨長川而歎逝者也。〔一〕

秋聲賦　少陰

歐陽子方夜讀書，聞有聲自西南來者，悚然而聽之，曰：「異哉！」初淅瀝以蕭颯，忽奔騰而砰湃，如波濤夜驚，風雨驟至。其觸於物也，鏦鏦錚錚，金鐵皆鳴；又如赴敵之兵，銜枚疾走，不聞號令，但聞人馬之行聲。予謂童子：「此何聲也？汝出視之。」童子曰：「星月皎潔，明河在天，四無人

〔一〕此下，《集古録跋尾》有「治平元年清明後一日書」文，唐先生未録。

聲，聲在樹間。」

予曰：「噫嘻悲哉！此秋聲也。胡爲乎來哉？蓋夫秋之爲狀也：其色慘淡，煙霏雲斂；其容清明，天高日晶；其氣慄冽，砭人肌骨；其意蕭條，山川寂寥。故其爲聲也，淒淒切切，呼號奮發。豐草緑縟而争茂，佳木葱蘢而可悦，草拂之而色變，木遭之而葉脱。其所以摧敗零落者，乃一氣之餘烈。

「夫秋，刑官也，於時爲陰；又兵象也，於行爲金。是謂〔一〕天地之義氣，常以肅殺而爲心。天之於物〔二〕，春生秋實。故其在樂也，商聲主西方之音，夷則爲七月之律。商，傷也，物既老而悲傷。夷，戮也，物過盛而當殺。

「嗟乎！草木無情，有時飄零。人爲動物，惟物之靈，百憂感其心，萬事勞其形，有動乎中，必摇其精。而況思其力之所不及，憂其智之所不能，宜其渥然丹者爲槁木，黟然黑者爲星星。奈何以非金石之質，欲與草木而争榮？念誰爲之戕賊，亦何憾乎秋聲！」

童子莫對，垂頭而睡。但聞四壁蟲聲唧唧，如助予之歎息。

〔一〕「謂」字原誤作「爲」。
〔二〕「天之於物」，原句末衍「也」字。

高等小學國文讀本

整理説明

唐先生刊出《高等學堂國文講義》之後，因念及培養學生國文根柢之需要，於是復編《高等小學國文讀本》，簡稱《國文讀本》，凡四卷四册，初刻於宣統庚戌年（一九一〇），原擬作爲高等小學及初中國文教育基礎課本。其書標明「唐蔚芝先生編輯」，序文亦説明是唐先生親編。封面大題之下，刻意標示：「注意：凡用此本教授者，務令學生熟讀爲要旨。」熟讀，是唐先生繼承朱子讀書法之主張。提倡熟讀，並非生吞活剥、死記硬背，而是通過深度理解之後，形成生命記憶，變化其氣質。所以書中部分課文之後，附有「題旨」解説，闡明大義，誘導向善之人生態度。

此套教材四册，分四部分。第一册爲「雜文」，選録先秦至元、明短篇四十課，部分解説題旨。第二册選録《史記》中具「趣味」之文四十課，以文本爲主。第三册選録《孟子》中以「凌空跳躍爲主」之文四十課，逐課解説大義。第四册選録「雜文」，以文體風格八品選文四十課，八品爲雄健、誠摯、雅逸、怪奇、名雋、靈警、詼詭、恬適，目的在教授初學者「略知古文門徑」，以文本爲主。唐先生後來再精緻化爲十品，撰爲《讀文法》二卷。分品分類，乃唐先生整理學理問題之一貫方式。書前序文回應時代有關國文教育之實用性之質疑，既是理解唐先生國文教育思想之根據，亦是民國初年大變革時期文化教育上重大論争之真實倒影，全書學術價值，不言而喻。

據書後版權頁知，本書由上海東方書局出版於民國三年（一九一四）一月，由唐先生弟子李頌韓、陸景周校訂。書中有少數字句因紙張毀爛脱落，無法復原，示以空格，以待來日搜補。唐先生序文原置於「例言」之後，今按本編唐先生著作體例，易置於書前。書後附録唐先生一九二〇年爲畢公天編《全國學校國文成績大觀》所撰之序，可見唐先生對當時國文教育狀況之整體反思。

《高等小學國文讀本》唐先生較少提及，以故漸漸爲世所忘，綿綿若存。何潔瑩博士辛勤搜尋並輸入，歐陽艷華博士細核精校。唐先生提倡國文教育之實質貢獻，遂得以全面之重現，思之可感。

高等小學國文讀本目録

高等小學國文讀本第二册　節選《史記》。

高等小學國文讀本第三册　節選《孟子》。

高等小學國文讀本第四册　雜文。分別八品，俾學者略知古文門徑……七五六

高等小學國文讀本序

今之教國文者，輒曰惟求應用，惟淺，偶有課及古書如《左傳》《國策》《史記》之屬，輒曰：「是高深美術之文，非兒童所宜。」其説是矣，而不知應用之與美術不宜分而爲二。能美術者，未有不能應用；求應用者，必以美術稍稍植其萌柢，而後能適於用。若離而二之，則於用字、造句、命詞均不能得其當，文不能傳其辭，辭不能達其意。其去實用也，將如北轍南轅，愈趨而愈遠。

迨變其説者，又將使學者具有普通智識，急求成效，或以不倫之文，羼雜其間。原其用意，要皆至艱至苦，而不知幼稚兒童憶智識靈均苦不足，入於其中，將益茫焉昧〔一〕焉，不得其門焉。矧復專事講授，不加熟讀，則又忽焉忘焉，胸無一字焉。用是學校之中，至有三五行不能成文者。十餘年後，將求一能文者而不可得，此大可慇懼者也。

〔一〕「昧」字原誤作「味」。

夫山川靈淑，秉質清者多聰穎；村野黯陋，秉質濁者多蠢愚，此其大較然也。聰穎者可授以高深之文，蠢愚者當授以淺近之文，此又不易之法也。今若不問地方風氣之文野，學校程度之攸殊，而概以淺且雜者施之，極其流弊，遂至舛誤滋多，心思槁窒。其有能知文字之源流者，又以昧於新學，無從糾正其非，而不知國文不能達其意志，則新學斷不能普及，亦斷不能統一。《否》九五爻曰：「其亡其亡，繫於苞桑。」是我中國今日國粹之象也。

余昔年曾編《高等國文講誼》，印以問世。既而思之，若不培其根柢，而欲逮於津梁，是猶〔一〕斷港絶潢，而思至於海。爰復編《高等小學國文讀本》，作之初基，當世同志，若用茲編以教授兒童，三年之後，文理必斐然可觀。蓋其速成之法，無異於今之教科書，第可施之聰穎之徒，不宜施之蠢愚之輩，是在善教者心知其意，巧以與之，區別以變之，譬諸草木，時雨化之矣。《易》曰：「蒙以養正。」史曰：「擇其言尤雅者。」吾願天下國文教師，多讀古書，返之於雅且正，勿失之於淺且雜。謹其軌範，壹其步趨，則吾三千年來之國粹，庶不至兆其亡其亡之象也夫。　太倉唐文治自序。

〔一〕原「猶」下衍「浮」字。

例言

此編所選，爲高等小學而設，中學校程度較淺者，亦可用之。爲卷凡六，每卷計四十課，約可用半年，全編可用三年。小學校除文課外，每星期國文約四節，每兩節一課，總以復習熟讀爲主。凡教兒童之法，務尚實事，切忌空談，蓋實事兒童所喜聽，空論兒童所不解也。然若一無議論，亦不能開兒童之知識，而轉窒其是非之心。故此編所選，以實事爲主，而佐以議論。蓋原爲天資聰穎者而設，若鄉村小學，當別用教科書也。

□□道之文，不可令兒童見，以致有害心術。近時文過於新奇，易啓學者□□□□之心，深爲可慮。是編所選，不録偏僻之文，慎初基也。

□□□□□焉□最要之務，兒童長大涉世，無言語之才，受苦非淺，故選□□□□□□□□□□。此編所選，以《孟子》養其心性，即以《國策》導其縱□□□□□□□□拘次序。

性情教育一事，尤爲兒童之根本，未有幼時性情乖張，而長時能愛其社會家國者。士習之囂，世風之壞，皆由於性情之不厚，故教兒童者，於性情教育，尤宜格外注意。國文者精神教育之關鍵，即性情教育之始基也。

教兒童明事理，爲教師之天職。若幼而不明事理，及其長也，小之貽誤一身，大之則害及社會，害及家國。凡用是編教授者，涉及事理，務須再三致意。

吾國人學歐、美各國，僅學其物質之文明；學東國則僅學其氣象之狹小，可怪可嘆！余嘗謂文字之氣象，關係其人一生之氣象，審己觀人，均在於此，不可不慎。東坡謂少年文字，須令氣象崢嶸〔一〕，若沾染小家子氣，則寒儉卑劣，文既如是，行亦隨之，病入膏肓，終身不可救矣。故教授兒童，總以舉止大方之文爲主，凡小家子文，概勿令寓目。

圈點爲啓發兒童最要之具，兒童由圈點即可漸悟文法。此編所選，大抵叙事用密點，叙事中之佳者用密圈，議論之精要者用密圈，其尤精而有關於心術品性者用夾圈。

余嘗有言：「不讀經書者，非吾之子弟；不讀國文者，非吾之學生。」近時小學校廢讀經，有識者已深非之。然國文一科，若徒空空演講，不令熟讀，則兒童於運氣用詞之法，一無所知，無氣無詞，豈能成文！故用此編教授者，務以熟讀背誦或默寫爲第一要事，否則寧勿用此也。

〔一〕蘇軾《與二郎姪》云：「凡文字，少小時須令氣象崢嶸。」

高等小學國文讀本第一册

第一課　楊朱喻犬

楊朱之弟楊布，衣素衣而出。天雨，解素衣，衣緇衣而反，其狗不知而吠之。楊布怒，將擊之。楊朱曰：「子毋擊也，子亦猶是。曩者使女狗白而往黑而來，子豈能毋怪哉！」（以上《韓非子》）

君子曰：此教人以有恒也，亦教人以有信也。人生立品，以信用爲萬事之根本。乃近世之人，不知貴重信用，動輒改其常度，且食其言而不自知愛惜，有如楊布之素衣而出，緇衣而返，其不爲狗所吠者幾希矣。反復無常，刑禍隨之，孔子曰：「人而無信，不知其可也。」

第二課　江乙説狐

荆宣王問羣臣曰：「吾聞北方之畏昭奚恤也，果誠何如？」羣臣莫對。江乙對曰：「虎求百獸而食之，得狐。狐曰：『子無敢食我也！天帝使我長百獸，今子食我，是逆天帝命也。子以我爲不信，吾爲子先行，子隨我後，觀百獸之見我而敢不走乎？』虎以爲然，故遂與之行。獸見之皆走。虎不知獸畏己而走也，以爲畏狐也。今王之地方五千里，帶甲百萬而專屬之昭奚恤，故北方之畏奚恤也，其實畏王之甲兵也！猶百獸之畏虎也！」（以上《國策》）

君子曰：虎愚矣！天下之爲人所用者，皆虎類也。狐詐矣！然而虎不可測也，設或一旦覺悟而噬狐，狐其危矣！欺詐豈終可恃哉！

第三課　管仲隰朋師老馬與蟻

管仲、隰朋從於桓公而伐孤竹，春往冬返，迷惑失道。管仲曰：「老馬之智可用也。」乃放老馬而隨之，遂得道。行山中，無水。隰朋曰：「蟻冬居山之陽，夏居山之陰，蟻壤一寸，而仞有水。」乃掘地，遂得水。以管仲之聖，而隰朋之智，至其所不知，不難師於老馬與蟻。人不知，以其愚心而師聖人之智，不亦過乎？（以上《韓非子》）

第四課　楊倩論國狗

宋人有酤酒者，升概甚平，遇客甚謹，爲酒甚美，縣幟甚高著，然不售。酒酸，怪其故，問其所知長者楊倩。倩曰：「汝狗猛耶？」曰：「狗猛則酒何故而不售？」曰：「人畏焉。或令孺子懷錢挈壺甕而往酤，而狗迓而齕之，此酒所以酸而不售也。夫國亦有狗，有道之士懷其術，而欲以明萬乘之主，大臣爲猛狗迎而齕之，此人主之所以蔽脅，而有道之士所以不用也。」（以上《韓非子》）

第五課　蘇秦說鬼

孟嘗君將入秦，止者千數，而弗聽。蘇秦欲止之。孟嘗君曰：「人事者吾已盡知之矣；吾所未聞者，獨鬼事耳。」蘇秦曰：「臣之來也，固不敢言人事也，固且以鬼事見君。」孟嘗君見之。謂孟嘗君曰：「今者臣來過於淄上，有土偶人與桃梗相與語。桃梗謂土偶人曰：『子西岸之土也，挻子以爲人，至歲八月，降雨下，淄水至，則女殘矣。』土偶曰：『不然。吾西岸之土也，吾殘則復西岸耳。今子東國之桃梗也，刻削子以爲人，降雨下，淄水至，流子而去，則子漂漂者將何如耳？』今秦，四塞之國，譬若虎口，而君入之，則臣不知君所出矣。」孟嘗君乃止。（以上《國策》）

吾嘗聞古語曰：「人不可輕離鄉土。」蓋鄉土，人之根本也。是故，人必自愛其鄉土，亦必自愛其國。

第六課　同上

蘇秦之楚，三日乃得見乎王。談卒，辭而行。楚王曰：「寡人聞先生，若聞古人。今先生乃不遠千里而臨寡人，曾不肯留，願聞其說。」對曰：「楚國之食貴於玉，薪貴於桂，謁者難得見如鬼，王難得見如天帝。今令臣食玉炊桂，因鬼見帝。」王曰：「先生就舍，寡人聞命矣。」（以上《國策》）

吾嘗讀《孝經》曰：「高而不危，滿而不溢。」又嘗讀《論語》曰：「富而無驕。」惟富貴而自滿，且驕矜，是以謁者如鬼，王如天帝，能無爲有識者所笑乎？

第七課　蘇代喻鷸蚌

趙且伐燕。蘇代爲燕謂惠王曰：「今者臣來，過易水，蚌方出曝，而鷸啄其肉，蚌合而箝其喙。鷸曰：『今日不雨，明日不雨，即有死蚌。』蚌亦謂鷸曰：『今日不出，明日不出，即有死鷸。』兩者不肯相舍，漁者得而并禽之。今趙且伐燕，燕趙、久相支以弊大衆，臣恐强秦之爲漁父也。故願王之熟計之也。」惠王曰：「善。」乃止。（以上《國策》）

蓋嘗聞之，仁者不利人之争，而智者常利人之争。因人之争而取之，仁者所不爲也。漁人得鷸蚌之利，謂智矣，然而不仁矣哉！

第八課　蘇代喻馬

蘇代爲燕説齊，未見齊王，先説淳于髡曰：「人有賣駿馬者，比三旦立市，人莫之知。往見伯樂，曰：

『臣有駿馬，欲賣之，比三旦立於市，人莫與言。願子還而視之，去而顧之，臣請獻一朝之賈。』伯樂乃還而視之，去而顧之，一旦而馬價十倍。今臣欲以駿馬見於王，莫爲臣先後者，足下有意爲臣伯樂乎？臣請獻白璧〔一〕一雙，黄金千鎰，以爲馬食。」淳于髡曰：「謹聞命矣。」入言之王而見之。（以上《國策》）

「世有伯樂，然後有千里馬。千里馬常有，而伯樂不常有。」〔二〕向使伯樂所遇，皆爲凡馬，可惜也；向使世有駿馬而無伯樂，或有伯樂而駿馬不得遇之，終其身伏櫪長鳴，尤可惜也。惟世有多數之駿馬，而又有多數之伯樂，彼此適相值，是非特馬之幸，抑亦相馬者之幸也。嗚呼！閭巷之人，欲砥行立名者，非附青雲之士，惡能施於後世哉！

第九課　齊人喻大魚

靖郭君將城薛，客多諫者。靖郭君謂謁者曰：「毋爲客通。」齊人有請見者曰：「臣請三言而

〔一〕「璧」字原誤作「壁」。
〔二〕韓愈《馬説》文。

已！過三言，臣請烹。」靖郭君因見之。客趨進曰：「海大魚。」因反走。靖郭君曰：「請聞其說。」客曰：「臣不敢以死爲戲。」靖郭君曰：「願爲寡人言之。」答曰：「君聞大魚乎？網不能止，繳不能絓也。蕩而失水，螻蟻得意焉。今夫齊亦君之海也。君長有齊，奚以薛爲？君失齊，雖隆薛城至於天，猶無益也。」靖郭君曰：「善。」乃輟，不城薛。（以上《國策》）

蓋嘗論之，人不可爲鶩廣之事也，亦不可爲憑虛之事也。靖郭君將城薛，鶩廣而憑虛矣。失齊，則一身無立足之地，倘使其不聽客言，危哉！

第十課　秦西巴放麑

孟孫獵得麑，使秦西巴載之持歸。麑母隨之而啼，秦西巴弗忍而與之。孟孫歸至而求麑，答曰：「余弗忍而與其母。」孟孫大怒，逐之。居三月，復召以爲其子傅，其御曰：「曩將罪之，今召以爲子傅何也？」孟孫曰：「夫不忍麑，又且忍吾子乎？」（以上《韓非子》）

君子曰：人之所以爲人者，仁而已矣！仁者，不忍之心所由發也。曾子曰：

「斷一樹，殺一獸，不以其時，非孝也。」夫斷一樹，殺一獸，與孝似乎無涉，而曾子以爲非孝者，蓋孝者，爲仁之本，不忍之源。若於萌芽之時而折樹，懷胎之時而殺獸，是傷天地生物之心，焉得爲孝乎？秦巴西之釋麑，發於不忍之仁心也。不忍麑，豈忍於其子！孟孫善於知人矣。

第十一課　伍子胥喻龍

吴王欲從民飲酒，伍子胥諫曰：「不可。昔白龍下清泠之淵，化爲魚，漁者豫且射中其目。白龍上訴天帝。天帝曰：『當是之時，若安置而形？』白龍對曰：『我化爲魚。』天帝曰：『魚固人之所射也。若是，豫且何罪？』夫白龍，天帝貴畜也；豫且，宋國賤臣也。白龍不化，豫且不射。今棄萬乘之位，而從布衣之士飲酒，臣恐其有豫且之患矣。」王乃止。（以上《國語》〔一〕）

《論》曰「君子不重則不威」「臨民以莊則敬」，威重莊嚴，非特進德之本原，抑亦交

〔一〕此則文字不見於今本《國語》，而見於《説苑》。

際之大要。吳王之從民飲酒，是不莊也，是不重也，是不威也。天下之不莊、不重、不威而受人之侮者多矣。夫不莊、不重、不威而受人之侮，非人侮之也，自取其侮也。子胥之喻，誠千古之名言也。

第十二課　陳軫喻畫蛇

昭陽爲楚伐魏，覆軍殺將得八城，移兵而攻齊。陳軫爲齊王使，見昭陽曰：「（中略）楚有祠者，賜其舍人卮酒，舍人相謂曰：『數人飲之不足，一人飲之有餘。請畫地爲蛇，先成者飲酒。』一人蛇先成，引酒且飲之，乃左手持卮，右手畫蛇，曰：『吾能爲之足。』未成，一人之蛇成，奪其卮曰：『蛇固無足，子安能爲之足。』遂飲其酒。爲蛇足者，終亡其酒。今君相楚而攻魏，破軍殺將，得八城，〔一〕又欲攻齊。〔二〕戰無不勝，而不知止者，身且死，爵且後歸，猶爲蛇足也。」昭陽以爲然，解軍而去。（以上《國策》）

〔一〕此句以下有「不弱兵」一句。
〔二〕此句以下尚有「齊畏公甚，公以是爲名居足矣，官之上非可重也」數句。

或曰：「昭陽受陳軫之愚矣。向使其進兵而攻齊，則齊國可破也。」應之曰：此説非也。昭陽〔一〕攻齊，或勝或敗，不可知之數也。若爲他軍所攻擊，昭陽危矣。是故昭陽信陳軫之言，非愚也，知止之道也。且夫用兵之法，貴乎善養其鋒。彼進而不知止者，其始若不可當，迨其敝也，遂至一敗塗地，不可收拾。此由於其鋒之盡露，所謂强弩之末，不能穿魯縞者也。昭陽可謂明用兵之法矣。

第十三課　馮諼彈鋏

齊人有馮諼者，貧乏不能自存，使人屬孟嘗君，願寄食門下。孟嘗君曰：「客何好？」曰：「客無好也。」曰：「客何能？」曰：「客無能也。」孟嘗君笑而受之，曰：「諾。」左右以君賤之也，食以草具。居有頃，倚柱，彈其劍，歌曰：「長鋏歸來乎！食無魚。」左右以告。孟嘗君曰：「食之，比門下之客。」居有頃，復彈其鋏，歌曰：「長鋏歸來乎！出無車。」左右皆笑之，以告。孟嘗君曰：「爲之駕，比門下之車客。」於是乘其車，揭其劍，過其友，曰：「孟嘗君客我。」後有頃，復彈其劍鋏，歌曰：「長

〔一〕「昭陽」二字原誤作「陽昭」。

鋏歸來乎！無以爲家。」左右皆惡之，以爲貪而不知足。孟嘗君問馮公：「有親乎？」對曰：「有老母。」孟嘗君使人給其食用，無使乏。於是馮諼不復歌。（以上《國策》）

凡人生當世，以品行爲最要。我有志氣，不可屈也；我有骨榦，不可折也。馮諼之彈鋏，世多稱之。以吾觀之，碌碌依人，干求無厭，其品行卑鄙之至矣，何足道哉！何足道哉！

第十四課　曾子烹彘

曾子之妻至市，其子隨之而泣，其母曰：「汝還，顧反，爲汝殺彘。」適市來，曾子欲捕彘殺之，妻止之曰：「特與嬰兒戲耳！」曾子曰：「嬰兒非與戲也。嬰兒非有知也，待父母而學者也。聽父母之教令，子欺之，是教子欺也。父欺子而不信，其母非以成教也。」遂烹彘也。（以上《韓非子》）

《禮記》曰：「幼子常示毋誑。」誑者，人生之大戒也。吾國人少信用，正在於多誑，而其所以多誑者，先在於幼時之學誑。戒之戒之！少成若天性，習慣成自然也。

第十五課　淳于髡喻犬兔

齊欲伐魏，淳于髡謂齊王曰：「韓子盧者，天下之疾犬也。東郭逡者，海内之狡兔也。韓子盧逐東郭逡，環山者三，騰山者五，兔極於前，犬廢於後，犬兔俱罷，各死其處。田父見之，無勞勸之苦而擅其功。今齊、魏久相持，以頓其兵，以罷其衆，臣恐强秦大楚承其後，有田父之功也。」齊王懼，謝將休士。（以上《國策》）

蒙嘗讀《左傳》曰：「夫兵，猶火也，弗戢，將自焚也。」又嘗讀《孟子》之言曰：「有人曰：『我善爲陣，我善爲戰。』大罪也。」兵者，聖人不得已而用之。若窮兵黷武，自詡其能，傷殘士卒、人民以逞其志，則將如火之燎於原，而已身亦必自焚於其中。若近世法國之拿破侖，蓋可鑒也。

第十六課　墨子爲木鳶

墨子爲木鳶，三年而成，蜚一日而敗。弟子曰：「先生之巧，至能使木鳶飛。」墨子曰：「不如爲車輗者巧也。用咫尺之木，不費一朝之事，而引三十石之任，致遠力多，久於歲數。今我爲鳶，三年成，蜚一日而敗。」惠子聞之曰：「墨子大巧，巧爲輗，拙爲鳶。」（以上《韓非子》）

論曰：吾聞古之善制器者，多推重墨子，墨子可謂至巧者矣。然而至巧之人，乃服至拙，何也？天下大巧，不敵大拙，惟大拙者乃能爲大巧。西人制器，有歷數十年而始成者矣；有傳之子若孫，歷數世而始成者矣。惟其拙之極，所以能成而不敗，乃所以爲巧之極也。然則世之人尚無以鳶笑輗也。

第十七課　公孫儀不受魚

公孫儀相魯，而嗜魚，一國盡爭買魚而獻之。公儀子不受，其弟曰：「夫子嗜魚而不受者，何也？」對曰：「夫唯嗜魚，故不受也。夫即受魚，必有下人之色；有下人之色，將枉於法；枉於法，則免於相。雖嗜魚，此必不能自給致我魚。〔一〕」此明夫恃人不如自恃也，明於人之爲己者，不如己之自爲也。（以上《韓非子》）

論曰：取與之辨，義利之大防也。義利之辨，君子小人所由分也。終身不妄取，是爲君子，而享榮耀之名。一旦妄取，是爲小人而受卑鄙之名。取與者，尤一身名譽之所關也，豈可不慎乎哉！

第十八課　句踐式怒鼃

越王句踐見怒鼃而式之，御者曰：「何爲式？」王曰：「鼃有氣如此，可爲無式乎？」士人聞之曰：「鼃有氣，王猶爲式，況士人有勇者乎！」於是人莫不勇死而敢戰。燔臺而鼓之，使人赴火者，賞在火也；臨江而鼓之，使人赴水者，賞在水也；臨戰而使人絶頭刳腹而無顧心者，賞在兵也。（以上

〔一〕此句以下有「我又不能自給魚。即無受魚而不免於相，雖嗜魚，我能長自給魚」數句。

《韓非子》）

夫居至貧極弱之國，處萬難措置之時，固當以式怒鼃之心，激厲其士氣。然而事不務實則氣且浮，衆不一心則氣且囂。浮而且囂，適以爲害。吾願學越王者，學其智深而謀沈也。

第十九課　吴少孺子喻蟬

吴王欲伐荊，告其左右曰：「敢有諫者死。」舍人有少孺子者，欲諫不敢，則懷丸操彈遊於後園，露沾其衣，如是者三旦。吴王曰：「子來何苦沾衣如此？」對曰：「園中有樹，其上有蟬。蟬高居悲鳴飲露，不知螳螂在其後也。螳螂委身曲附，欲取蟬，而不知黄雀在其旁也。黄雀延頸欲啄螳螂，而不知彈丸在其下也。此三者，皆務欲得其前利，而不顧其後之有患也。」吴王曰：「善哉！」乃罷兵。（以上《國策〔一〕》）

〔一〕此則文字不見於今本《國策》，而見於《説苑》。

曾子曰：「鷹隼以山爲卑，而橧巢其上。魚鼈以淵爲淺，而窟穴其中。卒所以得之者，餌也。君子苟無以利害義，則辱何由至哉！」善哉斯言乎！人之所以自殺其身者，利而已矣！利字从刀，殺機即寓其中。小人孳孳以爲利，而不知擠我害我傾我陷我者，日伺於我之後，而我身因以自殺焉，豈不悲哉！君子之所以不貪利者，非特義所當然，蓋亦有全身遠害之道焉。

第二十課　惠子喻拔楊

田需貴於魏王，惠子曰：「子必善左右。今夫楊，横樹之則生，倒樹之則生，折而樹之又生。然使十人樹楊，一人拔之，則無生楊矣。故以十人之衆，樹易生之物，然而不勝一人者，何也？樹之難而去之易也。今子雖自樹於王，而欲去子者衆，則子必危矣。」（以上《國策》）

蒙嘗讀《孟子》謂戴不勝曰：「子謂薛居州，善士也。使之居於王所。在王所者，長幼卑尊，皆薛居州也，王誰與爲不善！在王所者，長幼卑尊，皆非薛居州也，王誰與爲善！」又嘗讀韓子之文曰：「前後左右，皆正人也，欲其身之不正，惡可得耶？」未嘗不喟然而有感也。夫惠子之告田需曰必善左右，其計誠巧矣。然使左右而皆正人，則親之可也；左右而皆非正人，則親之何爲者？士君子出處相與之際，蓋不可枉道以徇人也。然而戰國人士之知識，固不足以語此也。

第二十一課　龐葱喻市虎

龐葱與太子質於邯鄲，謂魏王曰：「今一人言市有虎，王信之乎？」王曰：「否。」「二人言市有虎，王信之乎？」曰：「寡人疑之矣。」「三人言市有虎，王信之乎？」王曰：「寡人信之矣。」龐葱曰：「夫市之無虎明矣，然而三人言而成虎。今邯鄲去大梁也遠於市，而議臣者過三人矣，願王察之也。」（以上《國策》）

蒙嘗讀《論語》曰：「浸潤之譖，膚受之愬，不行焉〔一〕，可謂明也已矣。」浸潤者，如水之浸灌滋潤，言其譖至深也。是惟智者能不受一二人及十百千萬人之欺。如何而

〔一〕「焉」字原誤作「馬」。

可謂之智？能辨是非而已。吾知其爲是，雖衆人言其非，不信也；吾知其爲非，雖衆人言其是，不信也。夫然後陰謀不能施，巧言不能入，而能不受一二人及十百千萬人之欺。

第二十二課　季梁喻迂途

魏王欲攻邯鄲，季梁聞之，中道而反，衣焦不申，頭塵不去，往見王曰：「今者臣來見人於太行，方北面而持其駕，告臣曰：『我欲之楚。』臣曰：『君之楚，將奚爲而北面？』曰：『吾馬良。』臣曰：『馬雖良，此非楚之路也。』曰：『吾用多。』臣曰：『用雖多，此非楚之路也。』曰：『吾御者善。』『此數者愈善，而離楚愈遠耳。』今王動欲成霸王，舉欲信於天下，恃王國之大，兵之精鋭，而攻邯鄲，以廣地尊名，王之動愈數，而離王愈遠耳，猶至楚而北行也。」（以上《國策》）

齊宣王欲闢土地，朝秦、楚，莅中國，撫四夷，孟子告之曰：「以若所爲，求若所欲，猶緣木而求魚也。」凡庸人所作爲，往往有所求如是，而所爲則反是者。日升於東，而早起者，就日於西；葱嶺雪山在西北，而旅行者覓之於南方；士之家不知誦讀，而欲談學問；農之家不知耕穫，而欲求豐收；工之家不知攻作，而欲事製造；商之家不知管業，而欲言專利。譬之食菓者不種樹，而希望桃李之盈門，是皆楚行者之類也，是皆齊宣王之類也，是皆季梁所竊笑，而又歎惜者也。

第二十三課　汗明論驥

題旨見續課

汗明見春申君，候問三月而後得見。談卒，春申君大說之。汗明欲復談，春申君曰：「僕已知先生矣。」汗明蹙然曰：「明願有問君而恐固，不審君之聖孰與堯也？」春申君曰：「先生過矣，臣何足以當堯？」汗明曰：「然則君料臣孰與舜？」春申君曰：「先生即舜也。」汗明曰：「不然。臣請爲君終言之。君之賢實不如堯，臣之能不及舜。夫以賢舜事聖堯，三年而後乃相知也。今君一時而知臣，是君聖於堯，而臣賢於舜也。」春申君曰：「善。」召門吏爲汗先生著客籍，五日一見。（以上《國策》）

蒙嘗讀《尚書》曰：「知人則哲，惟帝其難。」又嘗讀《孟子》曰：「國人皆曰賢，然後察之，見賢焉，然後用之。」蓋知人若是之難也。士君子必平其心，廣其智，以與人相周旋。又必秉好惡之公於其人，默觀審者一二年，或數年，而後能識其底藴。凡人之易與人親者，亦必易與人疏。汗明懼春申君之疏己，爰假爲堯、舜之説以諷之，其言是也，而其志卑且陋已！

第二十四課　續上

汗明曰：「君亦聞驥乎？夫驥之齒至矣，服鹽車而上太行。蹄申膝折，尾湛胕潰，漉汁灑地，白汗交流。中阪遷延，負轅不能上。伯樂遭之，下車攀而哭之，解紵衣以冪之。驥於是俛而噴，仰而鳴，聲達於天，若出金石者，何也？彼見伯樂之知己也。今僕之不肖，阨於州部，堀穴窮巷，沈洿鄙俗之日久矣，君獨無意湔拔僕也，使得爲君高鳴乎？」（以上《國策》）

伏櫪之驥多矣，高鳴之驥少矣。伏櫪者不得意，而高鳴者得意。天地閉，賢人隱，小人在位，君子在野，無怪也！同聲相應，同氣相求，天下無伯樂，則天下皆凡馬也。嗚呼！士君子居高明之地，不能造就天下之人才，而使非常之驥困阨以悲，是果誰之責也？

第二十五課　陳軫喻刺虎

楚絶齊，齊舉兵伐楚。陳軫謂楚王曰：「吾不如以地東解於齊，西講於秦。」楚王使陳軫之秦，秦王謂軫曰：「子秦人也。〔一〕今齊、楚相伐，或謂救之便，或謂救之不便，子獨不可以忠爲子主計，以其餘爲寡人乎？」陳軫曰：「王獨不聞吴人之遊楚者乎？楚王甚愛之，病，故使人問之曰：『誠病乎？意亦思乎？』左右曰：『臣不知其思與不思，誠思則將吴吟。』今軫將爲王吴吟。王不聞夫管與之説乎？有兩虎争人而鬭者，卞莊子將刺之，管與止之曰：『虎者戾蟲，人者甘餌也。今兩虎争人而鬭，小者必死，大者必傷，子待傷虎而刺之，則是一舉而兼兩虎也。無刺虎之勞，而有刺兩虎之名。』齊、楚今戰，戰必敗。敗，王起兵救之，有救齊之利，而無伐楚之害，計最得也。」（以上《國策》）

君子曰：陳軫之言善矣，然而貴乎審勢。天下有兩敵相鬭，彼此俱傷者，亦有兩敵相鬭，甲敗而乙愈强者。兩虎相争，必有一傷，而我從而刺之，是我之利也。倘

〔一〕此句以下尚有「寡伐與子故也，寡人不佞，不能親國事也，故子棄寡人事楚王」數句。

兩虎相争，其一雖傷，而其一行將噬我，是我之害也。兵法因應無方，道在善變，故曰貴乎審勢也。

第二十六課　楊朱喻亡羊

楊子之鄰人亡羊，既率其黨，又請楊子之豎追之。楊子曰：「嘻！亡一羊何追者之衆？」鄰人曰：「多歧路。」既反問：「獲羊乎？」曰：「亡之矣。」曰：「奚亡之？」曰：「歧路之中，又有歧焉，吾不知所之，所以反也。」楊子戚然變容，不言者移時，不笑者竟日。門人怪之，請曰：「羊賤畜，又非夫子之有，而損言笑者，何哉？」楊子不答。門人不獲所命，問於心都子。心都子曰：「大道以多歧亡羊，學者以多方喪生。學非本不同，非本不一，而末異若是。子長先生之門，習先生之道，而不知先生之況也，哀哉！」（以上《列子》）

論曰：歧路者心也，不專心致志，於是乎心放。心在〔一〕一念，又生一念，又雜一

〔一〕「在」字疑爲「生」字。

念，歧之中又有歧，所以無恒，所以輟業，皆由於此。是楊子之所痛，而學者之大戒也。

第二十七課　愚公移山

太行、王屋二山，方七百里，高萬仞。〔一〕北山愚公者，年且九十，面山而居。懲山北之塞，出入之迂也。聚室而謀曰：「吾與汝畢力平險，指通豫南，達於漢陰，可乎？」襍然相許。其妻獻疑曰：「以君之力，曾不能損魁阜之丘，如太行、王屋何？且焉置土石？」僉曰：「投諸渤海之尾，隱土之北。」遂率子孫，荷擔者三夫，叩石墾壤，箕畚運於渤海之尾。鄰人京城氏之孀妻，有遺男始齔，跳往助之。寒暑易節，始一反焉。河曲智叟笑而止之，曰：「甚矣汝之不惠！以殘年餘力，曾不能毀山之一毛，如其土石何？」北山愚公長息曰：「汝心之固，固不可徹，曾不若孀妻弱子。雖我之死，有子存焉；子又生孫，孫又生子；子又有子，子又有孫；子子孫孫，無窮匱也，而山不加增，何苦而不平？」河曲智叟無以應。（以上《列子》）

〔一〕此句以下尚有「本在冀州之南，河陽之北」二句。

論曰：有志者事竟成。學者若抱愚公之志，又何事之不成耶？

第二十八課　原憲攝敝衣冠

孔子没，原憲亡在草澤中。子貢相衛，而結駟連騎，排藜藋，入窮閻，過謝原憲。憲攝敝衣冠。〔一〕子貢耻之，曰：「夫子豈病乎？」原憲曰：「吾聞之，無財者謂之貧，學道而不能行者謂之病。若憲，貧也，非病也。」子貢慙，不懌而去，終身耻其言之過也。（以上《史記》）

人生當世，明志節而已矣！儒者之見重於當世，崇尚志節而已矣！貧窮何足慮，而志節不可失。孔子曰：「君子固窮。」孟子曰：「志士不忘在溝壑。」言志節之所在，雖餓死而不悔也。夫人生而貧而餓而死，亦豈易事？乃卑躬屈節以求富貴，又奚爲者？抑又聞之孔子曰：「衣敝緼袍與衣狐貉者立，而不耻者，其由也與。」吾謂此不耻之心，盡人同具，初非難能可貴之事，知内行之宜重，即知外物之宜輕，惟願世之學者

〔一〕此句以下尚有「見子貢」一句。

不失其志節，斯可矣！

第二十九課　柳子厚記麋

臨江之人，畋得麋麑，畜之。入門，羣犬垂涎揚尾皆來。其人怒，撻之。自是日抱就犬，習示之，使勿動，稍使與之戲。積久，犬皆如人意。麑稍大，忘己之麋也，以爲犬良我友，抵觸偃仆益狎。犬畏主人，與之俯仰甚善，然時啖其舌。三年，麋出門外，見外犬在道甚衆，走欲與爲戲。犬見而喜且怒，共殺食之，狼藉道上，麋至死不悟。（以上柳文）

第三十課　柳子厚記驢

黔無驢，有好事者船載以入，至則無可用，放之山下。虎見之，厖然大物也，以爲神，蔽林間窺之。稍出近之，憖憖然莫相知。他日，驢一鳴，虎大駭，遠遁，以爲且噬己也，甚恐。然往來視之，覺無異能者。益習其聲，又近出前後，終不敢搏。稍近益狎，蕩倚衝冒，驢不勝怒，蹄之。虎因喜，計之曰：「技止此耳！」因跳踉大㘎，斷其喉，盡其肉乃去。噫！形之厖也類有德，聲之宏也類有能。向

不出其技，虎雖猛，疑畏卒〔一〕不敢取。今若是焉，悲夫！（以上柳文）

第三十一課　柳子厚記鼠

永有某氏者，畏日，拘忌異甚。以爲己生歲直子，鼠，子神也，因愛鼠，不畜貓犬，禁僮勿擊鼠。倉廩庖廚，悉以恣鼠不問。由是鼠相告，皆來某氏，飽食而無禍。某氏室無完器，椸無完衣，飲食大率鼠之餘也。晝累累與人兼行，夜則竊齧鬬暴，其聲萬狀，不可以寢。終不厭。數歲，某氏徙居他州，後人來居，鼠爲態如故。其人曰：「是陰類惡物也，盜暴尤甚，且何以至是乎哉？」假五六貓，闔門撤瓦灌穴，購僮羅捕之，殺鼠如丘。棄之隱處，臭數月乃已。嗚呼！彼以其飽食無禍，爲可恒也哉！（以上柳文）

第三十二課　司馬温公記拾樵

迂夫見童子拾樵於道，約曰：「見樵先呼者得之，後毋得争也。」皆曰：「諾。」既而行，相與笑語

〔一〕「卒」字原缺。

戲狎，至驩也。瞲然兒横芥於道，其一先呼，而衆童子争之，遂相摓擊，有傷者。迂夫愓然，亟歸而歎曰：「夫天下之利，大於横芥者多矣，吾不知戒，而日與人遊，恃其驩而信其約。一旦有先呼而鬭者，能無傷乎！」（以上《司馬温公文集》）

第三十三課　司馬温公記貓䶒

余家有貓，曰䶒。每與衆貓食，常退處於後，俟衆貓飽盡去，然後進食之。他貓生子多者，䶒輒分置其栖，與己子并乳之。有頑貓不知其德於己，乃食䶒之子，䶒亦不與校。家人見䶒在旁，以爲共食之，痛箠而斥之，以畀僧舍。僧飼之，不食，匿竇中，近旬日，餓且死。家人憐而返之，至家然後食。家人每得稺貓，輒令䶒母之。嘗爲他貓子搏犬，犬噬之幾死，人救獲免。後老且病，常自飼之。君子曰：仁義，天德也。天不獨施之於人，凡物之有性識者咸有之。嗟乎！人有不知仁義，貪冒争奪，病人以利己者，聞䶒所爲，得無愧哉！〔一〕（以上《司馬温公文集》）

〔一〕自「君子曰」至「得無媿哉」原置於篇首。

第三十四課　司馬温公記貓山賓

余通判鄆州，有貓曰山賓。生數月，遇鼷得巨鼠，方食之，前與鼷鬭，噬鼷走，奪鼠以歸。後因污余書，余以畀都監常鼎，始縶之。跳擲高數尺，不可牽制，乃囊盛以授之，兩廨相距二里許。後數日，山賓復來歸。余又囊以授之，鼎命婢牢縶之。山賓既識路，即時歸，繩約滿身。鼎責羣婢，曰：「汝曹雖爲人，曾不及彼貓一心於其主。」余以既畀之，不可復留，卒囊以授之，遂不復歸。昔司馬相如稱物有同類而殊能者，故力稱烏獲，捷言慶忌，人誠有之，獸亦宜然。世人於馴擾之物，輒豢養之，而於猛鷙之物則否。庯詎知天下猛鷙之物，苟駕馭之得其宜，未嘗不爲吾用。牛馬可以服乘，虎豹亦可以壯聲威。古來善於用人者，何獨不然哉！（以上《司馬温公文集》）

第三十五課　司馬温公論飯車

天雨，迂夫出，見飯車息於高蹊者，指謂其徒曰：「是車也，將覆不久矣。」行未十步，聞讙聲，顧見其車已覆。其徒問曰：「子何由知之？」迂夫曰：「吾以人事知之。夫天雨道濘，而蹊獨不濡，又狹而高，是衆人之所趨也。而車不量其力，固狹擅高，久留不去，以妨衆人之欲進者，其能無覆乎？禍有鉅於此者，奚飯車之足云！」（以上《司馬温公文集》）

第三十六課　虞孚賣漆

虞孚問治生於計然先生，得種漆之術。三年樹成而割之，得漆數百斛，將載而鬻諸吴。其妻兄謂之曰：「吾常於吴商，知吴人尚飾，多漆工。漆於吴爲上貨。吾見賣漆者，煮漆葉之膏以和漆，其利倍，而人弗知也。」虞孚聞之喜，如其言，取漆葉煮爲膏，亦數百甕，與其漆俱載以入吴。時吴與越惡，越賈不通，吴人方艱漆。吴儈聞有漆，喜而逆諸郊，道以入吴國，勞而舍諸私館。視其漆甚良也，約旦夕以金幣來取漆。虞孚大喜，夜取漆葉之膏和其漆以俟。及期，吴儈至，視漆之封識新，疑之，謂虞孚改約，期二十日至，則其漆皆敗矣。虞孚不能歸，遂乞丐而死於吴。（以上《郁離子》）

第三十七課　續上

吾聞之，真者鮮不成，僞者鮮不敗。終身不欺者，終身不敗。終身不欺而一事偶欺者，其一生之名譽掃地，而同歸於敗。甚矣！一念之貪、一念之欺之爲可懼也！虞乎得良漆，其意本至誠也。其妻兄告以吴人尚飾，是導之以僞也。吴儈導虞乎入國而欲以金幣來取漆，其意亦至誠也。虞乎乃取漆葉之膏和之，其一念之欺，生於一念之貪也。吾國人之大患，正在於欺且僞。以爲天下之人皆可欺，而不知天下人之皆不可欺；以爲天下人皆作僞，吾亦何妨作僞，而不知作僞之鮮不敗。昔種茶者以樹葉攙和茶葉，中國之茶，名譽頓減，遂不能敵印度之茶，而茶業因以敗壞。嗚呼！如虞乎之終成乞丐，其可爲殷鑒也已。〔一〕

第三十八課　工之僑爲琴

工之僑得良桐焉，斲而爲琴。弦而鼓之，金聲而玉應，自以爲天下之美也。獻之太常，使國工視之，曰：「弗古。」還之。工之橋以歸，謀諸漆工，作斷紋焉。又謀諸篆工，作古竅焉。匣而埋諸土，朞年出之，抱以適市。貴人過而見之，易之以百金。獻諸朝，樂官傳視，皆曰：「希世之珍也。」工之

〔一〕第三十七課全文是唐先生解説第三十六課劉基《郁離子》文選之「題旨」。

僑聞之，嘆曰：「悲哉世也！豈獨一琴哉，莫不然矣！而不早圖之，其與亡矣！」遂去，入於宕冥之山，不知其所終。（以上《郁離子》）

君子曰：工之僑可謂智矣。雖然，世道之所以皆出於作僞者，以有人提倡之也。僞託於好古，而甘受人欺，以僞召僞，以欺售欺，終身不悟，抑又何也。

第三十九課　梁王求果

梁王嗜果，使使者求諸吳。吳人與之橘，王食之美。他日又求焉，予之柑，王食之尤美。則意其猶有美者未與也，遣使者聘於吳而密訪焉。鬻兒之鄙人，有植枸櫞於庭者，其實大如瓜，使者見而愕之，曰：「美者煌煌！乎柑不如也。」求之，勿予。歸，言於梁王。梁王曰：「吾固知吳人之靳也。」命使者以幣請之。朝而進之，荐而後嘗之。未畢一瓣，王舌縮而不能嗛，齒柔而不能咀，以讓使者。使者以誚吳人。吳人曰：「吾國果之美者，橘與柑也。既皆以應王求，無以尚矣。而王之求勿置，使者又不詢，而觀諸其外美，宜乎所得之不稱所求也。」（以上《郁離子》）

君子曰：此可以爲無厭者戒也。

第四十課　朱英喻梟

楚太子以梧桐之實養梟，而冀其鳳鳴焉。春申君曰：「是梟也，生而殊性，不可易也，食何與焉？」朱英聞之，謂春申君曰：「君知梟之不可以食易其性而爲鳳矣。而君之門下，無非狗偷鼠竊亡賴之人也，而君寵榮之，食之以玉食，薦之以珠履，將望之以國士之報。以臣觀之，亦何異乎以梧桐之實養梟，而冀其鳳鳴也。」春申君不寤，卒爲李園所殺，而門下之士無一人能報者。（以上《郁離子》）

君子曰：觀人者當先辨其性。梟與鳳之性不同也，養梟而求其爲鳳，不可得也。小人與君子之性不同也，養小人而求其爲君子，不可得也。夫養小人者，豈特不能爲君子，終必受小人之害。知此説者，乃可以取友，乃可以用人。

高等小學國文讀本第二册

第一課　項羽少年時之大志

項籍者，下相人也，字羽。初起時，年二十四。其季父項梁，梁父即楚將項燕，爲秦將王翦所戮者也。項氏世世爲楚將，封於項，故姓項氏。項籍少時，學書不成，去學劍，又不成。項梁怒之。籍曰：「書足以記名姓而已。劍一人敵，不足學。學萬人敵。」於是項梁乃教籍兵法。籍大喜，略知其意，又不肯竟學。秦始皇遊會稽，渡浙江，梁與籍俱觀。籍曰：「彼可取而代也。」梁掩其口，曰：「毋妄言，族矣！」梁以此奇籍。籍長八尺餘，力能扛鼎，才氣過人，雖吴中子弟，皆已憚籍矣。

第二課　項羽大敗秦軍於鉅鹿

項羽殺卿子冠軍、宋義，威震楚國，名聞諸侯。乃遣當陽君、蒲將軍將卒二萬，渡河救趙。鉅鹿戰，少利，陳餘復請兵。項羽乃悉引兵渡河，皆沈船，破釜甑，燒廬舍，持三日糧，以示士卒必死，無一還心。於是至則圍王離，與秦軍遇，九戰，絶其甬道，大破之。殺蘇角，虜王離。涉閑不降楚，自燒殺。當是時，楚兵冠諸侯。諸侯軍救鉅鹿，下者十餘壁，莫敢縱兵。及楚擊秦，諸將皆從壁上觀，楚戰士無不一以當十。楚兵呼聲動天地，諸侯軍無不人人惴恐。於是已破秦軍，項羽召見諸侯將，入轅門，無不膝行而前，莫敢仰視。項羽由是始爲上將軍。

第三課　項羽宴漢高於鴻門

項羽兵四十萬，在新豐鴻門。沛公兵十萬，在霸上。范增説項羽曰：「沛公居山東時，貪於財貨，好美姬。今入關，財物無所取，婦女無所幸，此其志不在小。吾令人望其氣，皆爲龍虎，成五采，此天子氣也。急擊勿失。」楚左尹項伯者，項羽季父也，素善留侯張良。良是時從沛公，項伯乃夜馳至沛公軍，私見張良，告以事急，欲呼張良與俱去。曰：「毋從俱死也。」張良曰：「臣爲韓王送沛公，今事有急，亡去不義，不可不語〔一〕。」良乃入，具告沛公。沛公大驚，曰：「爲之奈何？」張良曰：「請往謂項伯，言沛公不敢背項王也。」沛公曰：「君安與項伯有故？」張良曰：「秦時

〔一〕「語」後原衍「沛公」二字，據《史記》删。

與臣游，項伯殺人，臣活之。今事有急，故幸來告臣。」沛公曰：「孰與君少長？」良曰：「長於臣。」沛公曰：「君爲我呼入，吾得兄事之。」張良出，邀項伯。項伯即入見沛公，約沛公旦日來謝項王。於是項伯復夜去。

第四課　續上

沛公旦日從百餘騎來見項王。至鴻門，謝曰：「臣與將軍戮力而攻秦，將軍戰河北，臣戰河南，然不自意能先入關破秦，得復見將軍於此。今者有小人之言，令將軍與臣有郤。」項王曰：「此沛公左司馬曹無傷言之，不然，籍何以至此。」項王即日因留沛公與飲。項王、項伯東嚮坐，亞父南嚮坐。亞父者，范增也。沛公北嚮坐，張良西嚮待。范增數目項王，舉所佩玉玦以之示者三，項王默然不應。范增起，出召項莊，謂曰：「君王爲人不忍，若入前爲壽，壽畢，請以劍舞，因擊〔一〕沛公於坐，殺之。不者，若屬皆且爲所虜。」莊即入爲壽，壽畢，曰：「君王與沛公飲，軍中無以爲樂，請以劍舞。」項王曰：「諾。」項莊拔劍起舞，項伯亦拔劍起舞，常以身翼蔽沛公。莊不得擊。

〔一〕「擊」後原衍「而」字，據《史記》刪。

第五課　續上

於是張良至軍門，見樊噲。樊噲曰：「今日之事何如？」良曰：「甚急。今者項莊拔劍舞，其意常在沛公也。」噲曰：「此迫矣！臣請入，與之同命。」噲即帶劍擁盾入軍門。交戟之衛士，欲止不內。樊噲側其盾以撞，衛士仆地，噲遂入，披帷西嚮立，瞋目視項王，頭髮上指，目眥盡裂。項王按劍而跽曰：「客何爲者？」張良曰：「沛公之參乘樊噲者也。」項王曰：「壯士，賜之巵酒。」則與斗巵酒。噲拜謝起立而飲之。項王曰：「賜之彘肩。」則與一生彘肩。樊噲覆其盾於地，加彘肩上，拔劍切而啗之。項王曰：「壯士能復飲乎？」樊噲曰：「臣死且不避，巵酒安足辭？夫秦王有虎狼之心，殺人如不能舉，刑人如恐不勝，天下皆叛之。懷王與諸將約，先破秦入咸陽者王之。今沛公先破秦，入咸陽，封閉宫室，還軍霸上，以待大王來。勞苦而功高如此，未有封侯之賞，而聽細說，欲誅之。此亡秦之續耳，竊爲大王不取也。」項王未有以應，曰：「坐。」樊噲從良坐。須臾，沛公起，因招樊噲出，令張良留謝，脱身獨騎至霸上軍。

第六課　項羽垓下之敗

項王軍壁垓下，兵少食盡，漢軍及諸侯兵，圍之數重。夜聞漢軍四面皆楚歌，項王乃大驚，曰：

「漢皆已得楚乎？是何楚人之多也！」項王則夜起，飲帳中。有美人名虞，常幸從；駿馬名騅，常騎之。於是項王乃悲歌忼慷，自爲詩曰：「力拔山兮氣蓋世，時不利兮騅不逝，騅不逝兮可奈何，虞兮虞兮奈若何！」歌數闋，美人和之。項王泣數行下，左右皆泣，莫能仰視。於是項王乃上馬騎，麾下壯士騎從者八百餘人，直夜潰圍南出，馳走。平明，漢軍乃覺之，令騎將灌嬰，以五千騎追之。項王至陰陵，迷失道，問一田父，田父紿曰：「左。」左乃陷大澤中，以故漢追及之。項王自度不得脱，謂其騎曰：「吾起兵至今八歲矣，身七十餘戰，所當者破，所擊者服，未嘗敗北，遂霸有天下。然今卒困於此，此天之亡我，非戰之罪也。今日固決死，願爲諸君決戰，必三勝之。」於是大呼馳下，漢軍皆披靡，遂斬漢一將。

第七課　漢高祖始起斬白蛇

高祖爲人，隆準而龍顔，美鬚髯。仁而愛人，喜施，意豁如也。常有大度，不事家人生産作業。及壯，試爲吏，爲泗上亭長。好酒，常從王媪、武負貰酒，醉卧。武負、王媪見其上常有龍，怪之。高祖常繇咸陽，縱觀。觀秦皇帝，喟然太息曰：「嗟乎！大丈夫當如此也。」及爲縣送徒酈山，徒多道亡。夜到豐西澤中，乃止飲，解縱所送徒，曰：「公等皆去，吾亦從此逝矣。」徒中壯士，願從者十餘人。高祖被酒，夜徑澤中，令一人行前。行前者還報曰：「前有大蛇當徑，願還。」高祖醉，曰：「壯士行，何畏！」乃前拔劍擊斬蛇，蛇遂分爲兩，徑開。行數里，醉，因卧。後人來至蛇所，有一老嫗夜哭。人問何哭，嫗曰：「人殺吾子，故哭之。」人曰：「嫗子何爲見殺？」嫗曰：「吾子白帝子也，化爲蛇，當道。今乃爲赤帝子斬之，故哭。」人乃以嫗爲不誠，欲笞之。嫗因忽不見。後人告高祖。高祖乃心獨喜自負，諸從者日益畏之。

第八課　陶朱公知其長男之重財

范蠡居陶，天下稱陶朱公。朱公中男殺人，因于楚。朱公曰：「殺人而死，職也。然吾聞千金之子，不死於市。」告其少子往視之。乃裝黄金千鎰，置褐器中，載以一牛車，且遣其少子。朱公長男固請欲行，朱公不聽。長男曰：「家有長子曰家督，今弟有罪，大人不遣，乃遣少弟，是吾不肖。」欲自殺。其母爲言曰：「今遣少子，未必能生中子也，而先空亡長男，奈何？」朱公不得已而遣長子，爲一封書，遺故所善莊生，曰：「至則進千金於莊生所，聽其所爲，慎無與争事。」長男既行，亦自私齎數百金至楚。莊生家負郭，披藜藋到門，居甚貧，然長男發書進千金，如其父言。莊生曰：「可疾去矣，慎無留。即弟出，勿問所以然。」長男既去，不過莊生而私留，以其私齎獻遺楚國貴人用事者。

第九課　續上

莊生雖居窮閻，然以廉直聞於國，自楚王以下，留師尊之。及朱公進言，非有意受也，欲以成事後復歸之以爲信耳。莊生間時入見楚王，言：「某星宿某，此則害於楚。」楚王素信莊生，曰：「今爲奈何？」莊生曰：「獨以德爲可以除之。」楚王曰：「生休矣，寡人將行之。」王乃使使者封三錢之府。楚貴人驚告朱公長男曰：「王且赦。」曰：「何以也？」曰：「每王且赦，常封三錢之府。昨暮王使使封之。」朱公長男以爲赦，弟固當出也，重千金虛棄，莊生無所爲也，乃復見莊生。莊生驚曰：「若不去耶？」長男曰：「固未也。初爲事弟，弟今議自赦，故辭生去。」莊生知其意欲復得其金，曰：「若自入室取金。」長男即自入室取金持去，獨自歡幸。

第十課　續上

莊生羞爲兒子所賣，乃入見楚王，曰：「臣前言某星事，王言欲以修德報之。今臣出，道路皆言陶之富人朱公之子，殺人囚楚，其家多持金錢，賂王左右，故王非能恤楚國而赦，乃以朱公子故也。」楚王大怒曰：「寡人雖不德耳，奈何以朱公之子而施惠乎！」令論殺朱公子，明日遂下赦令。朱公長男竟持其弟喪歸。至，其母及邑人盡哀之，惟朱公獨笑，曰：「吾固知必殺其弟也。彼非不愛其弟，顧有所不能忍者也。是少與我俱，見苦爲生難，故重棄財。至如少弟者，生而見我富，乘堅驅良，逐狡兔，豈知財所從來，故輕去之，非所惜吝。前日吾所爲欲遣少子，固爲其能棄財故也。而長者不能，故卒以殺其弟。事之理也，無足悲者。吾日夜固以望其喪之來也。」

第十一課　陳勝與吳廣同舉事

陳勝者，陽城人也，字涉。少時嘗與人傭耕，輟耕之壟上，悵恨久之，曰：「苟富貴，無相忘。」傭者笑而應曰：「若爲傭耕，何富貴也？」陳涉太息曰：「嗟乎！燕雀安知鴻鵠之志哉！」二世元年七月，發閭左適戍漁洋九百人，屯大澤鄉。陳勝、吳廣皆次當行，爲屯長。會天大雨，道不通，度已失期，法當斬。陳勝、吳廣乃謀曰：「今亡亦死，舉大計亦死。等死，死國可乎？」乃行卜。卜者知其指意，曰：「足下事皆成，有功。然足下卜之鬼乎！」陳勝、吳廣喜，念鬼，曰：「此教我先威衆耳。」乃丹書帛曰「陳勝王」，置人所罾魚腹中。卒買魚烹食，得魚腹中書，固已怪之矣。又間令吳廣之次近所旁叢祠中，夜篝火，狐鳴，曰：「大楚興，陳勝王。」卒皆夜驚恐。旦日，卒中往往語，皆指目陳勝。陳勝爲王凡六月，其故人嘗與傭耕者聞之，之陳，扣宫門曰：「吾欲見涉。」宫門令欲縛之，自辨數，乃置，不肯爲通。陳王出，遮道而呼涉。陳王聞之，乃召見，載與俱歸。入宮，見殿幄帷帳，客曰：「夥頤！涉之爲王沈沈者。」楚人謂多爲夥。故天下傳之，夥涉爲王，由陳涉始。

第十二課　張良受書於黄石公

張良嘗閒從容步游下邳圯上，有一老父衣褐至良所，直墜其履圯下，顧謂良曰：「孺子，下取履。」良愕然，欲毆之。爲其老，强忍，下取履。父曰：「履我。」良業爲取履，因長跪履之。父以足受，笑而去。良殊大驚，隨目之。父去里所，復還，曰：「孺子可教矣。後五日平明，與我會此。」良因怪之，跪曰：「諾。」五日平明，良往。父已先在，怒曰：「與老人期，後，何也？」去，曰：「後五日早會。」五日，雞鳴，良往。父又先在，復怒曰：「後，何也？」去，曰：「後五日復早來。」五日，良夜未半往，有頃，父亦來，喜曰：「當如是。」出一編書，曰：「讀此則爲王者師矣。後十年興。十三年孺子見我濟北，穀城山下黄石即我矣。」遂去，無他言，不復見。旦日，視其書，乃太公兵法也。良因異之，常習誦讀之。

按：張良之遇老人，其事甚怪，而其理甚常。蓋人生當世，與人交際，誠信而已。而誠信先自時刻始，凡國民之怠惰者，其時刻必不定，而信用以失，最可恨也。張良初與老人期，後，老人怒去，爲其時刻之不正也。繼與老人期，後，老人又怒去，爲其時刻之仍不正也。迨後夜未半往，老人喜曰：「當如是。」爲其時刻正而誠意至也。然則辦天下之大事者，皆當如是也。司馬穰苴之斬莊賈，亦以賈時刻不正，故身陷於僇。然後知時刻之不正者，其人必無信，小之取辱，大之被僇矣。

第十三課　張良引四皓見高祖

漢高既封張良爲留侯。留侯性多病，杜門不出，歲餘。上欲廢太子，立戚夫人子趙王如意。大臣多諫諍，未得決。吕后恐，不知所爲。人或謂吕后曰：「留侯善用計策，上信用之。」吕后乃使建成侯吕澤劫留侯，曰：「君常爲上謀臣，今上欲易太子，君安得高枕而卧乎？」留侯曰：「始上數在困急之中，幸用臣策。今天下安定，以愛欲易太子，骨肉〔一〕之間，雖臣等百餘人何益？」吕澤彊要曰：「爲我畫計。」留侯曰：「此難以口舌争也。顧上有不能致者，天下有四人。四人者年老矣，皆以爲上

〔一〕「肉」字原誤作「月」，據《史記》改。

慢侮人，故逃匿山中，義不爲漢臣。然上高此四人。今公誠能無愛金玉璧帛，令太子爲書，卑辭安車，因使辨士固請，宜來。來以爲客，時時從入朝，令上見之，則必異而問之。問之，上知此四人賢，則一助也。」於是呂后令呂澤使人奉太子書，卑辭厚禮，迎此四人。四人至，從太子，年皆八十有餘，鬚眉皓白，衣冠甚偉。上怪問之，四人前對，各言名姓。於是上乃大驚，竟不易太子。

第十四課　漢文帝勞軍細柳

文帝之後六年，匈奴大入邊。乃以宗正劉禮爲將軍，軍霸上；祝兹侯徐厲爲將軍，軍棘門；以河内守亞夫爲將軍，軍細柳：以備胡。上自勞軍。至霸上，及棘門軍，直馳入，將以下騎送迎。已而之細柳軍，軍士吏被甲，鋭兵刃，彀弓弩，持滿。天子先驅至，不得入。先驅曰：「天子且至軍門！」都尉曰：「將軍令曰：『軍中聞將軍令，不聞天子之詔。』」居無何，上至，又不得入。於是上乃使使持節詔將軍：「吾欲入勞軍。」亞夫乃傳言開壁門。壁門士吏謂從屬車騎曰：「將軍約，軍中不得馳驅。」於是天子乃按轡徐行。至營，將軍亞夫持兵揖曰：「介胄之士不拜，請以軍禮見。」天子爲動容式車，使人稱謝：「皇帝敬勞將軍。」成禮而去。既出軍門，羣臣皆驚。文帝曰：「嗟乎！此真將軍矣！曩者霸上、棘門軍，若兒戲耳，其將固可襲而虜也。至於亞夫，可得而犯耶！」

第十五課　司馬穰苴誅莊賈之後時

齊景公召穰苴與語兵事，大説之，以爲將軍，將兵扞燕、晉之師。穰苴曰：「臣素卑賤，君擢之閭伍之中，加之大夫之上，士卒未附，百姓不信，人微權輕，願得君之寵臣，國之所尊以監軍，乃可。」於是景公許之，使莊賈往。穰苴既辭，與莊賈約曰：「旦日日中，會于軍門。」穰苴先馳至軍，立表下漏待賈。賈素驕貴，以爲將己〔一〕之軍而己爲監，不甚急；親戚左右送之，留飲。日中，而賈不至。穰苴則仆表決漏，入，行軍勒兵，申明約束。約束既定，夕時莊賈乃至。穰苴曰：「何後期爲？」賈謝曰：「不佞大夫親戚送之，故留。」穰苴曰：「將受命之日，則忘其家；臨軍約束，則忘其親；援枹鼓之急，則忘其身。今敵國深侵，邦内騷動，士卒暴露於境，君寢不安席，食不甘味，百姓之命皆懸於君，何謂相送乎？」召軍〔二〕正問曰：「軍法期而後至者云何？」對曰：「當斬。」莊賈懼，使人馳報景公，請救。既往，未及返，於是遂斬莊賈以徇三軍。三軍之士皆振慄。

〔一〕「己」字原作「君」，語意不通，據《史記》爲正。
〔二〕「軍」字原作「君」，據《史記》改。

第十六課　平原君斬笑躄者美人頭

平原君趙勝者，趙之諸公子也。喜賓客，賓至者數千人。平原君家樓，臨民家。民家有躄者，槃散行汲。平原君美人居樓上，臨見，大笑之。明日，躄者至平原君門請曰：「臣聞君之喜士，士不遠千里而至者，以君能貴士而賤妾也。臣不幸有罷癃之病，而君之後宮，臨而笑臣，臣願得笑臣者頭。」平原君笑應曰：「諾。」躄者去。平原君笑曰：「觀此豎子，乃欲以一笑之故，殺吾美人，不亦甚乎！」終不殺。居歲餘，賓客門下舍人，稍稍引去者過半。平原君怪之曰：「勝所以待諸君者，未嘗敢失禮，而去者何多也？」門下一人前對曰：「以君之不殺笑躄者，以君爲愛色而賤士，士即去耳。」於是平原君乃斬笑躄者美人頭，自造門進躄者，因謝焉。其後門下乃復稍稍來。

第十七課　毛遂爲平原君定從於楚

秦圍邯鄲，趙使平原君求救，合從於楚，約與食客門下有勇力文武備具者二十人偕。平原君曰：「使文能取勝，則善矣。文不能取勝，則歃血於華屋之下，必得定從而還。士不外索，取於食客門下足矣。」得十九人，餘無可取者，無以滿二十人。門下有毛遂者，前，自贊於平原君曰：「遂聞君將合從於楚，約與食客門下二十人偕，不外索。今少一人，願君即以遂備員而行矣。」平原君曰：「先生處勝之門下，幾年於此矣？」毛遂曰：「三年於此矣。」平原君曰：「夫賢士之處世也，辟若錐之處囊中，其末立見。今先生處勝之門下，三年於此矣，左右未有所稱誦，勝未有所聞，是先生無所有也。先生不能，先生留。」毛遂曰：「臣乃今日請處囊中耳。使遂蚤得處囊中，乃穎脱而出，非特其末見而已。」平原君竟與毛遂偕。十九人相與目笑之而未廢〔一〕也。毛遂比至楚，與十九人論議，十九人皆服。

第十八課　續上

平原君與楚合從，言其利害，日出而言之，日中不決。十九人謂毛遂曰：「先生上。」毛遂按劍歷階而上，謂平原君曰：「從之利害，兩言而決耳。今日出而言從，日中不決，何也？」楚王謂平原君曰：「客何爲者也？」平原君曰：「是勝之舍人也。」楚王叱曰：「胡不下！吾乃與而君言，

〔一〕「廢」字原誤作「發」，據《史記》改。

汝何爲者也！」毛遂按劍而前曰：「王之所以叱遂者，以楚國之衆也。今十步之内，王不得恃楚國之衆也，王之命懸於遂手。吾君在前，叱者何也？且遂聞湯以七十里之地王天下，文王以百里之壤而臣諸侯，豈其士卒衆多哉！誠能據其勢而奮其威也。今楚地方五千里，持戟百萬，此霸王之資。以楚之强，天下弗能當。白起，小豎子耳，率數萬之衆，興師以與楚戰，一戰而舉鄢、郢，再戰而燒夷陵，三戰而辱王之先人。此百世之怨，而趙之所羞，而王弗知惡焉。合從者爲楚，非爲趙也。吾君在前，叱者何也？」楚王曰：「唯，誠若先生之言，謹奉社稷以從。」乃定從。

第十九課　魏公子信陵敬禮侯生

魏公子無忌者，魏安釐王異母弟也。嘗與魏王博，而北境傳舉烽，言「趙寇至，且入界」。魏王釋博，欲召大臣謀。公子止王曰：「趙王田獵耳，非爲寇也。」復博如故。王恐，心不在博。居頃，復從北方來，傳言曰：「趙王獵耳，非爲寇也。」魏王大驚，畏公子賢能，不敢任公子以國政。魏有隱士曰侯嬴，年七十，家貧，爲大梁夷門監者。公子聞之，往請，欲厚遺之。不肯受，曰：「臣修身潔行數十年，終不以監門困故而受公子財。」公子於是乃置酒，大會賓客。坐定，公子從車騎，虚左，自迎夷門侯生。侯生攝敝衣冠，直上載公子上坐，不讓，欲以觀公子。公子執轡愈恭。

侯生又謂公子曰：「臣有客在市屠中，願枉車騎過之。」公子引車入市，侯生下見其客朱亥，睥睨故久立，與其客語，微察公子。公子顔色愈和。當是時，魏將相宗室賓客滿堂，待公子舉酒。市人皆觀公子執轡。從騎皆竊罵侯生。侯生視公子色終不變，乃謝客就車，至家。公子引侯生坐上坐，偏贊賓客，賓客皆驚。

第二十課　魏公子信奪晉鄙軍破秦師

魏安釐王二十年，秦昭王已破趙長平軍，又進兵圍邯鄲。公子姊爲趙惠文王弟平原君夫人，數遺魏王及公子書，請救於魏。魏王使將軍晉鄙將十萬衆救趙。秦王使使者告魏王曰：「吾攻趙，旦暮且下，而諸侯敢救者，已拔趙，必移兵先擊之。」魏王恐，使人止晉鄙，留軍壁鄴，名爲救趙，實持兩端以觀望。平原君使者冠蓋相屬於魏，讓魏公子曰：「勝所以自附爲婚姻者，以公子之高義，爲能急人之困。今邯鄲旦暮降秦，而魏救不至，安在公子能急人之困也！」公子患之，數請魏王，及賓客辨士，説王萬端。魏王畏秦，終不聽公子。公子自度終不能得之於王，計不獨生而令趙亡，乃請賓客，約車騎百餘乘，欲以客往赴秦軍，與趙俱死。行過夷門，見侯生，具告所以欲死秦軍狀。辭決而行，侯生曰：「公子勉之矣，老臣不能從。」公子行數里，心不快，曰：「吾所以待侯生者備矣，今吾且死，而侯生曾無一言半辭送我，我豈有所失哉？」復引車還，問侯生。侯生笑曰：「臣固知公子之還也。公子遇臣厚，公子往而臣不送，以是知公子恨之復返也。」公子再拜，因問計。

第二十一課　續上

侯生乃屏人閑語。公子曰：「嬴聞晉鄙之兵符，常在王卧内，而如姬最幸，出入王卧内，力能竊之。前公子爲姬報其父仇，如姬之欲爲公子死，無所辭，顧未有路耳。公子誠一開口請如姬，如姬必許諾，則得虎符，奪晉鄙軍，北救趙而西却秦，此五霸之功也。」公子從其言，請如姬。如姬果盜晉鄙兵符與公子。公子行，侯生曰：「將在外，主令有所不受，以便國家。公子即合符，而晉鄙不授公子兵，而復請之，事必危矣。臣客屠者朱亥可與俱，此人力士。晉鄙聽，大善；不聽，可使擊之。」於是公子泣。侯生曰：「公子畏死耶？何泣也？」公子曰：「晉鄙嚄唶宿將，往恐不聽，必當殺之，是以泣耳，豈畏死哉？」於是公子請朱亥。朱亥笑曰：「臣乃市井鼓刀屠者，而公子親數存之，所以不報謝者，以爲小禮無所用。今公子有急，此乃臣效命之秋也。」遂與公子俱。公子過謝侯生。侯生曰：「臣宜從，老不能。請數公子行日，以至晉鄙軍之日，北鄉自剄，以送公子。」公子遂與侯生決，至軍，侯生果北鄉自剄。

第二十二課　魏齊恥辱范雎

范雎者，魏人也，字叔。游説諸侯，欲事魏王，家貧無以自資，乃先事魏中大夫須賈。須賈爲魏昭王使於齊，范雎從留數月，未得報。齊襄王聞雎辯口，乃使人賜雎金十斤及牛酒，雎辭謝，不敢受。須賈知之，大怒，以爲雎持魏國陰事告齊，故得此饋，令雎受其牛酒，還其金。既歸，心怒雎，以告魏相。魏相，魏之諸公子曰魏齊。魏齊大怒，使舍人笞擊雎，折脅摺齒。雎佯死，即卷以簀，置廁中。賓客飲者醉，更溺雎，故僇辱以懲後，令無妄言者。雎從簀中謂守者曰：「公能出我，我必厚謝公。」守者乃請出棄簀中死人。魏齊醉，曰：「可矣。」范雎得出。後魏齊悔，復召求之。魏人鄭安平聞之，乃遂操范雎亡，伏匿，更名姓曰張禄。

第二十三課　范雎入秦

秦昭王使謁者王稽於魏。鄭安平詐爲卒，侍王稽。王稽問：「魏有賢人可與俱西遊者乎？」鄭安平曰：「臣里中有張禄先生，欲見君言天下事。其人有仇，不敢晝見。」王稽曰：「夜與俱來。」鄭安平夜與張祿見王稽。語未究，王稽知范雎賢，謂曰：「先生待我於三亭之南。」與私約而去。王稽辭魏去，過載范雎入秦。至湖關，望見車騎從西來。范雎曰：「彼來者爲誰？」王稽曰：「秦相穰侯，東行縣邑。」范雎曰：「吾聞穰侯專秦權，惡内諸侯客，此恐辱我，我寧且匿車中。」有頃，穰侯果至，勞王稽，因立車而語曰：「關東有何變？」曰：「無有。」又謂王稽曰：「謁君得無與諸侯客子俱來乎？無益，徒亂人國耳。」王稽曰：「不敢。」即別去。范雎曰：「吾聞穰侯，智士也，其見事遲，鄉者疑車中有人，忘索之。」于是范雎下車走，曰：「此必悔之。」行十餘里，果使騎還索車中，無客，乃已。王稽遂與范雎入咸陽。

第二十四課　范雎相秦

范雎既相秦，秦號曰張祿，而魏不知，以爲范雎已死久矣。魏聞秦且東伐韓、魏，魏使須賈於秦。范雎聞之，爲微行，敝衣閑步，之邸，見須賈。須賈見之而驚曰：「范叔固無恙乎！」范雎曰：「然。」須賈笑曰：「范叔有説於秦耶？」曰：「否也。雎前日得過於魏相，故亡逃至此，安敢説乎！」須賈曰：「今叔何事？」范雎曰：「臣爲人庸賃。」須賈意哀之，留與坐飲食，曰：「范叔一寒如此哉！」乃取其一綈袍以賜之。須賈因問曰：「秦相張君，公知之乎？吾聞幸于王，天下之事，皆決於相君。今吾事之去留在張君，孺子豈有客習於相君者哉？」范雎曰：「主人翁習知之。惟雎亦得謁，睢請爲君見於張君。」須賈曰：「吾馬病，車軸折，非大車駟馬，吾固不出。」范睢曰：「願爲君借大車駟馬於主人翁。」

第二十五課　范睢廷數須賈罪

范睢歸取大車駟馬，爲須賈御之，入秦相府。府中望見，有識者皆避匿。須賈怪之。至相舍門，謂須賈曰：「待我，我爲君先入通於相君。」須賈待門下，持車良久，問門下曰：「范叔不出，何也？」門下曰：「無范叔。」須賈曰：「鄉者與我載而入者。」門下曰：「乃吾相張君也。」須賈大驚，自知見賣，乃肉袒膝行，因門下人謝罪。於是范睢盛帷帳，侍者甚衆，見之。須賈頓首言死罪，曰：「賈不意君能自致於青雲之上，賈不敢復讀天下之書，不敢復與天下之事。賈有湯鑊之罪，請自屏於胡貉之地，唯君死生之。」范睢曰：「公之所以得無死者，以綈袍戀戀，有故人之意，故釋公。」乃謝罷。入言之昭王，罷歸須賈。須賈辭於范睢，范睢大供具，盡請諸侯使，與坐堂上，食飲甚設。而坐須賈於堂下，置莝豆其前，令兩黥徒夾而馬食之。數曰：「爲我告魏王，急持魏齊頭來！否者，我且屠大梁。」須賈歸，以告魏齊。魏齊恐，亡走趙。

第二十六課　藺相如完璧歸趙

秦昭王聞趙得和氏璧，使人遺趙王書，願以十五城請易璧。趙王問藺相如：「璧可予否？」相如曰：「秦以城求璧而趙不許，曲在趙；趙予璧而秦不予城，曲在秦。均之二策，寧許以負秦曲。」乃遣相如奉璧入秦。秦王坐章臺見相如。相如奉璧奏秦王。秦王大喜，傳以示美人及左右，左右皆呼萬歲。相如視秦王無意償趙城，乃前曰：「璧有瑕，請指示王。」王授璧，相如因持璧却立，倚柱，怒髮上衝冠，謂秦王曰：「大王欲得璧，使人發書至趙。趙王悉召羣臣議，皆曰：『秦貪，負其強以空言求璧，償城恐不可得。』議不欲予秦璧。臣以爲布衣之交，尚不相欺，況大國乎！且以一璧之故，逆強秦之驩，不可。於是趙王乃齋戒五日，使臣奉璧拜送書于庭。何者？嚴大國之威以脩敬也。今臣至，大王見臣列觀，禮節甚倨；得璧，傳之美人，以戲弄臣。臣觀大王無意償趙王城邑，故臣復取璧。大王必欲急臣，臣頭今與璧俱碎於柱矣。」相如持其璧，睨柱，欲以擊柱。秦王恐其破璧，乃辭謝固請，召有司按圖，指從此以往十五都予趙。

第二十七課　續上

相如度秦王特以詐佯爲予趙城，實不可得，乃謂秦王曰：「和氏璧，天下所共傳寶也。趙王恐，不敢不獻。趙王送璧時，齋戒五日。今大王亦宜齋戒五日，設九賓于庭，臣乃敢上璧。」秦王度之，終不可强奪，遂許齋五日，舍相如廣成傳〔一〕。相如度秦王雖齋，決負約不償城，乃使其從者，衣褐懷其璧，從徑道亡，歸璧於趙。秦王齋五日後，乃設九賓於庭，引趙使者藺相如。相如至，謂秦王曰：「秦自穆公以來，二十餘君，未嘗有堅明約束者也。臣誠恐見欺於王而負趙，故令人持璧歸，間至趙矣。且秦强而趙弱，大王遣一介之使至趙，趙立奉璧來。今以秦之强而先割十五都予趙，趙豈敢留璧而得罪于大王乎？臣知欺大王罪當誅，臣請就湯鑊，惟大王與群臣熟計議之。」秦王與羣臣相視而嘻，左右欲引相如去。秦王因曰：「今殺相如，終不能得璧也，而絶秦趙之驩，不如因而厚遇之使歸趙。」卒廷見相如畢，禮而歸之。

〔一〕原「傳」下衍「舍」字，據《史記》删。

第二十八課　趙王與秦王澠池之會

秦王使使者告趙王，欲與王爲好，會於西河外澠池。趙王畏秦，欲毋行。廉頗、藺相如計曰：「王不行，示趙弱且怯也。」趙王遂行，相如從。與秦王會澠池。秦王飲酒酣，曰：「寡人竊聞趙王好音，請奏瑟。」趙王鼓瑟。秦御史前書曰：「某年月日，秦王與趙王會飲，令趙王鼓瑟。」藺相如前曰：「趙王竊聞秦王善爲秦聲，請奉盆缻秦王，以相娛樂。」秦王怒，不許。於是相如前進缻，因跪請秦王。秦王不肯擊缻。相如曰：「五步之内，相如請得以頸血濺大王矣。」左右欲刃相如，相如張目叱之，左右皆靡。於是秦王不懌，爲一擊缻。相如顧召趙御史，書曰：「某年月日，秦王爲趙王擊缻。」秦之羣臣曰：「請以趙十五城爲秦王壽。」藺相如亦曰：「請以秦之咸陽爲趙王壽。」秦王竟酒，竟不能加勝於趙。趙亦盛設兵以待秦，秦不敢動。

第二十九課　荆軻刺秦王

燕田光薦荆軻於太子丹。太子與軻謀曰：「秦今已虜韓王，盡納其地。又舉兵南伐楚，北臨趙。王翦將數十萬之衆，距漳、鄴，而李信出太原、雲中。趙不能支秦，必入臣，入臣則禍至燕。丹之愚計，欲得天下之勇士使於秦，闚以重利以刺秦王。」荆軻曰：「此國之大事也，願徐圖之。」時秦方購樊將軍頭急，樊將軍逃至燕。荆軻私往，語以故。樊將軍嘆息流涕曰：「此臣所日夜切齒腐心也。」遂自刎，乃裝爲遣荆卿。久之，荆軻未有行意，太子促之。燕有勇士秦舞陽，年十三，殺人，人不敢忤視，乃令秦舞陽爲副。太荆軻有所待，欲與俱，未發。太子疑其改悔，乃復請曰：「日已盡矣，荆卿豈有意哉？」荆軻怒曰：「今日往而不返者豎子也。且提一匕首，入不測之强秦，僕所以留者，待吾客與俱。今太子遲之，請辭決矣。」遂發。太子及賓客知其事者，皆白衣冠送之。至易水之上，既祖，取道，高漸離擊筑，荆卿和而歌，爲變徵之聲，士皆垂淚涕泣。又前而歌曰：「風蕭蕭兮易水寒，壯士一去兮不復還。」復爲羽聲慷慨，士皆瞋目，髮盡上指冠。於是荆軻就車而去。

第三十課　續上

荆軻至秦，厚遺秦王寵臣中庶子蒙嘉。嘉爲先言於秦王。秦王聞軻持樊於期頭及督亢之地圖來，大喜，見燕使者咸陽宮。荆軻奉樊於期頭函，而秦舞陽奉地圖匣，以次進。至陛，秦舞陽色變振恐，羣臣怪之。荆軻顧笑舞陽，前謝曰：「北蕃蠻夷之鄙人，未嘗見天子，故振慴。願大王少假借之，使得畢使於前。」秦王顧謂荆軻曰：「取舞陽所持地圖。」軻乃取圖奏秦王。秦王發圖，圖窮，而匕首見。因左手把秦王之袖，而右手持匕首揕之。未至身，秦王驚，自引而起，袖絶，拔劍。劍長，操其室。時惶急，劍堅，故不可立拔。荆軻逐秦王，秦王環柱而走。羣臣皆愕，卒起不意，盡失其度。而秦法，羣臣侍殿上者，不得持尺寸之兵；諸郎中執兵皆陳殿下，非有詔召，不得上。方急時，不及召下兵，以故荆軻乃逐秦王。而卒惶急，無以擊軻，而以手共搏之。是時侍醫夏無且，以其所奉藥囊提荆軻。秦王方環柱走，卒惶急，不知所爲，左右乃曰：「王負劍。」負劍，遂拔以擊荆軻，斷其左股。荆軻廢，乃引其匕首以擿秦王，不中，中柱。秦王復擊軻。軻被八創，於是左右前殺軻。秦王不怡者良久。

第三十一課　蕭何薦韓信爲大將

韓信數與蕭何語，何奇之。至南鄭，諸將行道亡者數十人，信度何等已數言上，上不我用，即亡。何聞信亡，不及以聞，自追之。人有言上曰：「丞相何亡。」上大怒，如失左右手。居一二日，何來謁上，上且怒且喜，駡何曰：「若亡，何也？」何曰：「臣不敢亡也，臣追亡者。」上曰：「若所追者誰？」何曰：「韓信也。」上復駡曰：「諸將亡者以十數，公無所追。追信，詐也。」何曰：「諸將易得耳，至如信者，國士無雙。王必欲長王漢中，無所事信；必欲争天下，非信無所與計事者。顧王策安所決耳。」王曰：「吾亦欲東耳，安能鬱鬱久居此乎！」何曰：「王計必欲東，能用信，信即留；不能用，信終亡耳。」王曰：「吾爲公以爲將。」何曰：「雖爲將，信必不留。」王曰：「以爲大將。」何曰：「幸甚。」於是王欲召信拜之。何曰：「王素慢無禮，今拜大將如呼小兒耳，此乃信所以去也。王必欲拜之，擇良日，齋戒，設壇場，具禮，乃可耳。」王許之。諸將皆喜，人人各自以爲得大將。至拜大將，乃信也，一軍皆驚。

第三十二課　韓信以背水軍破趙

韓信與張耳以兵擊趙，未至井陘口三十里，止舍。夜半傳發，選輕騎二千人，人持一赤幟，從間道萆山而望趙軍，誡曰：「趙見我走，必空壁逐我。若疾入趙壁，拔趙幟，立漢赤幟。」令其裨將傳飱，曰：「今日破趙會食。」諸將皆莫信，佯應曰：「諾。」信乃使萬人先行，出，背水陣。趙軍望見而大笑。平旦，信建大將之旗鼓，鼓行出井陘口，趙開壁擊之，大戰良久。於是信、張耳佯棄鼓旗，走水上軍。水上軍開入之，復疾戰。趙果空壁爭漢鼓旗，逐韓信、張耳。韓信、張耳已入水上軍，軍皆殊死戰，不可敗。信所出奇兵二千騎，共候趙空壁逐利，則馳入趙壁，皆拔趙旗，立漢赤幟二千。趙軍不能得信等，遂還歸壁，壁皆漢赤幟而大驚，以爲漢已得趙主將矣，兵遂亂，遁走。於是漢兵夾擊，大破之，斬成安君泜水上。

第三十三課　灌夫報父讎

灌將軍夫者，潁陰人也。夫父張孟，嘗爲潁陰侯嬰舍人，得幸，因進之，至二千石，故蒙灌氏姓爲灌孟。吳楚反時，潁陰侯灌何爲將軍，屬太尉，請灌孟爲校尉。夫以千人與父俱。灌孟年老，潁陰侯强請之，鬱鬱不得意，故戰常陷堅，遂死吳軍中。軍法父子俱從軍，有死事，得與喪歸。灌夫不肯隨喪歸，奮曰：「願取吳王若將軍頭以報父之仇。」於是灌夫被甲持戟，募軍中壯士所善願從者數十人，及出壁門，莫敢前。獨二人及從奴十數騎馳入吳軍。至吳將麾下，所殺傷數十人。不得前，復馳還，走入漢壁，皆亡其奴，獨與一騎歸。夫身中大創十餘，適有萬金良藥，故得無死。夫創少瘳，又復請將軍曰：「吾益知吳壁中曲折，請復往。」將軍壯義之，恐亡夫，乃言太尉。太尉乃固止之。吳已破，灌夫以此名聞天下。

第三十四課　李廣生得匈奴射雕者

匈奴大入上郡，天子使中貴人從廣勒習兵擊匈奴。中貴人將騎數十縱，見匈奴三人，與戰。三人還射，傷中貴人，殺其騎，且盡。中貴人走廣。廣曰：「是必射雕者也。」廣乃遂從百騎往馳三人。三人亡馬步行，行數十里。廣令其騎張左右翼，而廣身自射彼三人者，殺其二人，生得一人，果匈奴射雕者也。已縛之上馬，望匈奴有數千騎，見廣，以爲誘騎，皆驚，上山陣。廣之百騎皆大恐，欲馳還走。廣曰：「吾去大軍數十里，今如此，以百騎走，匈奴追射我，立盡。今我留，匈奴必以我爲大軍誘之，必不敢擊我。」廣令諸騎曰：「前。」前未到匈奴陣二里所止，令曰：「皆下馬解鞍。」其騎曰：「虜多且近，即有急，奈何？」廣曰：「彼虜以我爲走，今皆解鞍以示不走，用堅其意。」於是胡騎遂不敢擊。有白馬將出護其兵，李廣上馬，與十餘騎犇射殺胡白馬將，而復還至其騎中，解鞍，令士皆縱馬卧。是時會暮，胡兵終怪之，不敢擊。夜半時，胡兵亦以爲漢有伏軍於旁，欲夜取之，胡皆引兵而去。平旦，李廣乃歸其大軍。

第三十五課　李廣射虎

廣出雁門擊匈奴。匈奴兵多，破敗廣軍，生得廣。單于聞廣賢，欲生致之。胡騎得廣，廣時傷病，置廣兩馬間，絡而盛卧廣。行十餘里，廣佯死，睨其旁有一胡兒騎善馬。廣蹔騰而上胡兒馬，因推墮胡兒，取其弓，鞭馬南馳數十里，復得其餘軍，因引而入塞。匈奴捕者騎數百追之，廣行取胡兒弓射殺追騎，以故得脱。於是至漢，漢下廣吏。當斬，贖爲庶人。居無何，匈奴入殺遼西太守，敗韓將軍，韓將軍後徙右北平。於是天子乃召拜廣爲右北平太守。廣居右北平，匈奴聞之，號曰「漢之飛將軍」，避之數歲，不敢入右北平。廣出獵，見草中石，以爲虎而射之，中石没鏃。視之，石也。因復更射之，終不能入石矣。廣所居郡聞有虎，常自射之。及居右北平，射虎，虎騰傷廣，廣亦竟射殺之。

第三十六課　淳于髡以隱詞諫齊威王

齊威王之時喜隱，好爲淫樂長夜之飲，沈湎不治，委政卿大夫。百官荒亂，諸侯並侵，國且危亡，在於旦暮，左右莫敢諫。淳于髡説之以隱，曰：「國有大鳥，止王之庭，三年不蜚又不鳴，王知此鳥何也？」王曰：「此鳥不飛則已，一飛沖天；不鳴則已，一鳴驚人。」於是乃朝諸令長七十二人，賞一人，誅一人，奮兵而出。諸侯振驚，皆還齊侵地，威行三十六年。威王八年，楚大發兵加齊。齊王使淳于髡之趙，請救兵，齎金百斤，車馬十駟。淳于髡仰天大笑，冠纓索絶。王曰：「先生少之乎？」髡曰：「何敢！」王曰：「笑豈有説乎？」髡曰：「今者臣從東方來，見道旁有禳〔一〕田者，操一豚蹄，酒一盂，而祝曰：『甌窶滿篝，汙邪滿車，五穀蕃熟，穰穰滿家。』臣見其所持者狹，而所欲者奢，故笑之。」於是齊威王乃益齎黄金千鎰，白璧十雙，車馬百駟。髡辭而行，至趙。趙王與之精兵十萬，革車千乘。楚聞之，夜引兵而去。

〔一〕「禳」字原誤作「穰」，據《史記》改。

第三十七課　優孟哭馬

優孟者，故楚之樂人也。長八尺，多辯，常以談笑諷諫。楚莊王之時，有所愛馬，衣以文繡，置之華屋之下，席以露牀，啗以棗脯。馬病肥死。使羣臣喪之，欲以棺槨大夫禮葬之。左右争之以爲不可。王下令曰：「有敢以馬諫者，罪至死。」優孟聞之，入殿門，仰天大哭。王驚而問其故。優孟曰：「馬者，王之所愛也。以楚國堂堂之大，何求不得？而以大夫禮葬之薄，請以人君禮葬之。」王曰：「何如？」對曰：「臣請以雕玉爲棺，文梓爲椁，楩楓豫章爲題湊，發甲卒爲穿壙，老弱負土，齊、趙陪位於前，韓、魏翼衛於後，廟食太牢，奉以萬户之邑。諸侯聞之，皆知大王賤人而貴馬也。」王曰：「寡人之過一至此乎，爲之奈何？」優孟曰：「請爲大王六畜葬之，以壠竈爲椁，銅歷爲棺，齎以薑棗，薦以木蘭，祭以粳稻，衣以火光，葬之於人腹腸。」於是王乃使以馬屬太官，無令天下久聞也。

第三十八課　優孟像孫叔敖以悟楚王

楚相孫叔敖，知優孟之爲賢人也，善待之。病且死，屬其子曰：「我死，汝必貧困，若往見優孟，言我孫叔敖之子也。」居數年，其子窮困負薪，逢優孟，與言曰：「我孫叔敖之子也。父且死時，屬我貧困，往見優孟。」優孟曰：「若無遠有所之。」即爲孫叔敖衣冠，抵掌談話。歲餘，像孫叔敖，楚王左右不能别也。莊王置酒，優孟前爲壽。莊王大驚，以爲孫叔敖復生也，欲以爲相。優孟曰：「請歸與婦計之，三日而爲相。」莊王許之。三日後，優孟復來。王曰：「婦言謂何？」孟曰：「婦言慎毋爲，楚相不足爲也。如孫叔敖之爲相，盡忠爲廉以治楚，楚王得以霸。今死，其子無立錐之地，貧困負薪，以自飲食。必如孫叔敖，不如自殺。」因歌曰：「山居耕田苦，難以得食。起而爲吏，身貪鄙者餘財，不顧耻辱。身死家室富，又恐受賕枉法，爲奸觸大罪，身死而家滅。貪吏安可爲也！念爲廉吏，奉法守職，竟死不敢爲非。廉吏安可爲也！楚相孫叔敖，持廉至死。方今妻子窮困，負薪而食，不足爲也！」於是莊王謝優孟，乃封孫叔敖子。

第三十九課　西門豹禁河伯娶婦

魏文侯時，西門豹爲鄴令。豹往到鄴，會長老，問民之疾苦。長老曰：「苦爲河伯娶婦，以故貧。」問其故，對曰：「鄴三老、廷掾，常歲賦斂百姓，收取其錢，得數百萬。用其二三十萬爲河伯娶婦，與巫祝共分其餘錢持歸。當其時，巫行視小家女好者，云是當爲河伯婦，即聘取洗沐之，爲治新繒綺縠衣，間居齋戒；爲治齋宫河上，張緹絳帷，女居其中。爲具牛酒飯食，行十餘日。共粉飾之，如嫁女牀席，令女居其上，浮之河中。行數十里，乃没。其人家有好女者，恐大巫祝爲河伯娶之，以故多持女遠逃亡。以故城中益空無人，又困貧，所從來久遠矣。」西門豹曰：「至爲河伯娶婦時，願三老、巫祝、父老，送女河上，幸來告語之，吾亦往送女。」皆曰：「諾。」

第四十課　續上

至其時，西門豹往會之河上。三老、官屬、豪長者、里父老皆會，人民往觀之者二三千人。其巫，老女子也，已年七十。從弟子女十人，皆衣繒單衣，立大巫後。西門豹曰：「呼河伯婦來，視其好醜。」即將女出帷中，來至前。豹視之，顧謂三老、巫祝、父老曰：「是女子不好，煩大巫嫗，爲入報河伯，得更求好女，後日送之。」即使吏卒共抱大巫嫗投之河中。有頃，曰：「巫嫗何久也？弟子趣之。」復以弟子一人投河中。有頃，曰：「弟子何久也？復使一人趣之。」復投一弟子河中。凡投三弟子。西門豹曰：「巫嫗弟子是女子也，不能白事，煩三老爲入白之。」復投三老河中。西門豹簪筆磬折嚮河，立待良久。長老、吏、旁觀者皆驚恐。西門豹顧曰：「巫嫗、三老不來還，奈之何？」欲復使廷掾與豪長者一人入趣之，皆叩頭。叩頭且破，額血流地，色如死灰。西門豹曰：「諾，且留待之須臾。」須臾，豹曰：「廷掾起矣。狀河伯留客之久，若輩皆罷去歸矣。」鄴吏民大驚恐，從是以後，不敢復言爲河伯娶婦。

高等小學國文讀本第三册

第一課　齊宣王不忍之心

齊宣王曰：「若寡人者，可以保民乎哉？」孟子曰：「可。」曰：「何由知吾可也？」曰：「臣聞之胡齕曰，王坐於堂上，有牽牛而過堂下者，王見之曰：『牛何之？』對曰：『將以釁鐘。』王曰：『舍之！吾不忍其觳觫，若無罪而就死地。』對曰：『然則廢釁鐘與？』曰：『何可廢也？以羊易之。』不識有諸？」曰：「有之。」曰：「是心足以王矣。百姓皆以王爲愛也，臣固知王之不忍也。」

天地以生物爲心，而人者，天地生物之心所寄。是以孟子嘗曰：「人皆有不忍人之心。」不忍之心，天性也，即生理也。齊宣王不忍殺牛，本心生理之所發也。推一心之生理，迺可以生天下之人。天下萬事，皆始於不忍，故人人當葆其不忍之心。

第二課　齊宣王不用恩於百姓

孟子曰：「有復於王者曰：『吾力足以舉百鈞，而不足以舉一羽；明足以察秋毫之末，而不見輿薪。』則王許之乎？」曰：「否。」「今恩足以及禽獸，而功不至於百姓者，獨何與？然則一羽之不舉，爲不用力焉；輿薪之不見，爲不用明焉；百姓之不見保，爲不用恩焉。故王之不王，不爲也，非不能也。」曰：「不爲者與不能者之形，何以異？」曰：「挾太山以超北海，語人曰『我不能』，是誠不能也。爲長者折枝，語人曰『我不能』，是不爲也，非不能也。故王之不王，非挾太山以超北海之類也，王之不王，是折枝之類也。（按：枝與肢通，折枝，猶折腰鞠躬也。）」

天下無不能之事，惟其不爲，是以終於不能。孟子曰：「自暴者不可與有言也，自棄者不可與有爲也。」凡遇事而諉爲不能者，皆自暴自棄之徒也。

第三課　孟子以推恩告齊宣王

「老吾老以及人之老，幼吾幼以及人之幼，天下可運於掌。《詩》云：『刑于寡妻，至于兄弟，以御于家邦。』言舉斯心加諸彼而已。故推恩足以保四海，不推恩無以保妻子。古之人所以大過人者，無他焉，善推其所爲而已矣。今恩足以及禽獸，而功不至於百姓者，獨何與？權，然後知輕重；度，然後知長短。物皆然，心爲甚，王請度之。」

人之生也，蒙蒙然，昧昧然。雞鳴而起，善念常少，惡念常多。苟能擴充善念，可以保四海；不能充之，不足以事父母。故度心者，學者治心之大要也。平旦明發，宜養孝弟之心，以保太和之氣。日中宜湯聖日新之法，於洗濯之時自度其心，何者爲善念，何者爲惡念，葆其善而去其惡。至德要道，以順天下，不外乎是矣。

第四課　齊宣王輕民重麋鹿

齊宣王問曰：「文王之囿，方七十里，有諸？」孟子對曰：「於傳有之。」曰：「若是其大乎？」曰：「民猶以爲小也。」曰：「寡人之囿方四十里，民猶以爲大，何也？」曰：「文王之囿，方七十里，芻蕘者往焉，雉兔者往焉，與民同之，民以爲小，不亦宜乎？臣始至於境，問國之大禁，然後敢入。臣聞郊關之内，有囿方四十里，殺其麋鹿者如殺人之罪。則是方四十里爲阱於國中。民以爲大，不亦宜乎？」

囿何爲而小？公之至也。囿何爲而大？私之至也。秦二世爲苑囿，優旃諷之曰：「寇從東方來，令麋鹿觸之足矣。」麋鹿而可同於人乎？惟其私之至，則麋鹿竟同於人。然則囿無所爲大，亦無所爲小，惟視乎民之心。王者至公無私，然後能與民同樂而得民之心。

第五課　孟子論幼學壯行之志

孟子謂齊宣王曰：「爲巨室，則必使工師求大木。工師得大木，則王喜，以爲能勝其任也。匠人斲而小之，則王怒，以爲不勝其任矣。夫人幼而學之，壯而欲行之。王曰『姑舍女所學而從我』，則何如？今有璞玉於此，雖萬鎰，必使玉人雕琢之。至於治國家，則曰『姑舍女所學而從我』，則何以異於教玉人雕琢玉哉！」

孟子没，李斯興，專以揣摩秦始皇爲事，卒至焚書坑儒，而天下被其毒。嗚呼！非大匠而斲木，木受傷也；非玉人而琢玉，玉受傷也。皆其小焉者也。惟爲人君者專用揣摩苟合之人，俾其舍所學而從我，則未有不亡國破家者也。

第六課　周武王救民於水火

齊人伐燕，勝之。宣王問曰：「或謂寡人勿取，或謂寡人取之。以萬乘之國伐萬乘之國，五旬而舉之，人力不至於此。不取必有天殃，取之何如？」孟子對曰：「取之而燕民悦，則取之。古之人有行之者，武王是也。取之而燕民不悦，則勿取。古之人有行之者，文王是也。以萬乘之國，伐萬乘之國，簞食壺漿，以迎王師。豈有他哉？避水火也。如水益深，如火益熱，亦運而已矣。」

國之寶惟民，國之寶惟民之心。桀、紂之失天下也，失其民也。失其民者，失其心也。如水益深，如火益熱，吾民之哀哀而無所控訴者，慘何如也。雖然，投民於水，實無異自投其身於水；置民於火，實無異自置其身於火。凡人君之待民不留餘地者，即其待己不留餘地也。孟子曰：「亦運而已矣。」運焉者，猶其幸焉者也。

第七課　孟子論鄒民之疾上

鄒與魯鬨。穆公問曰：「吾有司死者三十三人，而民莫之死也。誅之則不可勝誅，不誅，則疾視其長上之死而不救，如之何則可也？」孟子對曰：「凶年饑歲，君之民，老弱轉乎溝壑，壯者散而之四方者幾千人矣；而君之倉廩實，府庫充，有司莫以告，是上慢而殘下也。曾子曰：『戒之戒之，出乎爾者反乎爾者也。』夫民今而後得反之也，君無尤焉。君行仁政，斯民親其上，死其長矣。」

反動力之在天地間，如空氣然，無隙不入。鄰有詈人者，人反詈之；市有毆人者，人反毆之。孟子曰：「殺人之父，人亦殺其父；殺人之兄，人亦殺其兄。非自殺之也，一間耳。」然則詈人者實自詈之也，毆人者實自毆之也。愛人者人恒愛之，敬人者人恒敬之，害人者人恒害之，侮人者人恒侮之，皆所謂反動者也。庸人昧焉，知有我而不知有人，於是乎人心不平，而争奪相殺，遂不絶於世。曾子曰：「出乎爾者，反乎爾者也。」是即《大學》平天下之道也。平天下之道維何？曰：「恕。」

第八課　周太王不以養人者害人

滕文公問曰：「滕，小國也。竭力以事大國，則不得免焉，如之何則可？」孟子對曰：「昔者太王居邠，狄人侵之。事之以皮幣，不得免焉；事之以犬馬，不得免焉；事之以珠玉，不得免焉。乃屬其耆老而告之曰：『敵人之所欲者，吾土地也。吾聞之也，君子不以其所以養人者害人。二三子何患乎無君？我將去之。』去邠，逾梁山，邑於岐山之下居焉。邠人曰：『仁人也，不可失也。』從之者如歸市。」

吾初不解造物之待惡人常使之得志，而善人常受其厄，心爲愀然。迨觀其究也，善人之後必昌，而惡人之終必滅。吾又不解造物若有司其命者，心爲快然。吾又不解積善獲報之説，高明之士必欲闢之，以開惡人無忌憚之門，而爲善者因以中沮。「君子不以其所養人者害人」，太王之言，善人之言也。孟子曰：「苟有善，後世子孫必有王者矣。」周家以忠厚開基，而其國祚綿延至八百載，然則善惡必報之説，其有憑耶？其果不足憑耶？

第九課　北宫黝孟施舍之勇

孟子曰：「北宫黝之養勇也，不膚撓，不目逃，思以一毫挫於人，若撻之於市朝。不受於褐寬博，亦不受於萬乘之君。視刺萬乘之君，若刺褐夫。無嚴諸侯。惡聲至，必反之。孟施舍之所養勇也，曰：『視不勝猶勝也。量敵而後進，慮勝而後會，是畏三軍者也。舍豈能爲必勝哉？能無懼而已矣。』」

國多俠士，則易以强，然古人有言曰：「羿善射，奡盪舟，俱不得其死然。」蓋無道德以範圍之，則適以長囂然不靜之風，而啓天下之亂。白日殺人於市者勇士也，昏夜劫人之財者，亦勇士也。是故軍國民教育，非所施於無道德之民也。北宮黝、孟施舍，勇士也，然而皆血氣之勇也。天下有大勇焉，道德備於身，雖千萬人，吾往矣。

第十課　君子不可以貨取

陳〔一〕臻問曰：「前日於齊，王餽兼金一百而不受；於宋，餽七〔二〕十鎰而受；於薛，餽五十鎰而受。前日之不受是，則今之受非也；今日之受是，則前日之不受非也。夫子必居一於此矣。」孟子曰：「皆是也。當在宋也，予將有遠行。行者必以贐，辭曰『餽贐』，予何爲不受？當在薛也，予有戒心，辭曰『聞戒』，故爲兵餽之，予何爲不受？若於齊，則未有處也，無處而餽之，是貨之也。焉有君子而可以貨取乎？」

〔一〕「陳」上原衍「日」字，據《孟子》刪。
〔二〕「七」字原誤作「周」，據《孟子》改。

有處無處之義曷憑乎？憑乎本心之不欺而已。設使孟子在宋而並無遠行，而宋君之辭曰「餽贐」，孟子將受之乎？設使孟子在薛而並無戒心，而薛君之辭曰「聞戒，爲兵餽之」，孟子將受之乎？天下之巧飾文辭，而取人貨財者多矣，是無耻之尤也，是小人之尤也。然則孟子曷爲以有處無處定受不受？曰：是在乎本心之不欺也。在乎實而不在乎名也，在乎己而不在乎人也。孟子曰：「焉有君子而可以貨取乎？」吾爲進一語曰：「焉有君子而可以借有處之名以取貨乎？」

第十一課　孔距心之失職

孟子之平陸，謂其大夫曰：「子之持戟之士，一日而三失伍，則去之否乎？」曰：「不待三。」「然則子之失伍也亦多矣。凶年饑歲，子之民老羸轉於溝壑，壯者散而之四方者幾千人矣。」曰：「此非距心之所得爲也。」曰：「今有受人之牛羊，而爲之牧之者，則必爲之求牧與芻矣。求牧與芻而不得，則反諸其人乎？抑亦立而視其死與？」曰：「此則距心之罪也。」

天下之禍，莫大乎爲民上者不負責任。甲者諉之乙，乙者諉之丙，於是百務廢弛，而民生日困，世事乃糜爛而不可收拾。孔距心之言，一則曰「此非距心之所得爲也」，是不負責任之言也。再則曰「此則距心之罪也」，是能知責任之言也。士君子欲以天下爲己任，當自能負責任始。然負責任，又非侵權、越職、好事之謂也。侵權、越職、好事，則天下亦因以亂。故君子之負責也，視國如視家；其安分也，守己如守畔。

第十二課　滕文公疑性善之説

滕文公爲世子，將之楚，過宋而見孟子。孟子道性善，言必稱堯、舜。世子自楚反，復見孟子。孟子曰：「世子疑吾言乎？夫道一而已矣。成覸謂齊景公曰：『彼丈夫也，我丈夫也，吾何畏彼哉！』顔淵曰：『舜何人也？予何人也？有爲者亦若是。』公明儀曰：『文王我師也，周公豈欺我哉？』今滕絶長補短，將五十里也，猶可以爲善國。《書》曰：『若藥不瞑眩，厥疾不瘳。』」

戰國時，孟子創性善之説，荀卿創性惡之論，其義各殊。荀卿爲楚蘭陵令，當滕世子至楚之時，性惡之説方萌芽，而許行之徒在楚，復從而咻之。世子自楚反，已有疑孟子之意，故孟子曰：「世子疑吾言乎？」凡民之於聖賢，同此耳目，同此手足，同此心思，曷爲人則爲聖爲賢爲君子，我則爲愚爲不肖爲小人？讀成覸、顔淵、公明儀三賢之言，可以奮然起矣。

第十三課　許行至滕沮孟子

有爲神農之言者許行，自楚之滕，踵門而告文公，曰：「遠方之人，聞君行仁政，願受一廛而爲氓。」文公與之處。其徒數十人，皆衣褐捆屨織席以爲食。陳良之徒陳相，與其弟辛，負耒耜而自宋之滕，曰：「聞君行聖人之政，是亦聖人也，願爲聖人氓。」

《孟子・滕文公篇》之書法，其先曰：「世子自楚反，復見孟子。」其後曰：「有爲神農之言者許行，自楚之滕。」蓋文公至楚之時，已爲許行輩所惑，故當其即位也，許行即率其徒而來也。神農者，古聖皇也。神農之言，可師可法者也。而僞爲神農之言，則足以亂天下者也。許行僞託於神農之言，以爲高於堯、舜，於是而孟子所謂興學校也，行井田也，有王者起必來取法也，至此而皆不果行，豈不惜夫！麒麟見於郊，而百獸之迹淆之；鳳凰鳴於山，而鴟鴞之聲亂之；聖賢用於世，而宵小之徒間之，豈非天哉！

第十四課　孟子斥陳代之言利

陳代曰：「不見諸侯，宜若小然。今一見之，大則以王，小則以霸。且志曰：『枉尺而直尋』，宜若可爲也。」孟子曰：「昔齊景公田，招虞人以旌，不至，將殺之。志士不忘在溝壑，勇士不忘喪其元。孔子奚取焉？取非其招不往也。如不待其招而往，何哉？且夫枉尺而直尋者，以利言也。如以利，則枉尋直尺而利，亦可爲與？」

《易》曰：「以美利利天下。」孟子曰：「何必曰利？」然則孟子之説非與？曰：公利者，天下之美利，君子之所當共謀者也；私利者，一己之財利，君子之所當痛絶者也。公私之界，賢不肖之判也。司馬遷曰：「利誠亂之始也。夫子罕言利，常防其原也。」枉尺而欲直尋，是自貶其氣節也。自貶其氣節，而欲以爲利，此無耻之尤者也，孟子焉得不痛絶之也。然則私利者，以一國言，是亂之始也；以社會言，是禍之本也；以一身言，是亡廉喪耻，敗名辱行之階也。

第十五課　王良不屑與嬖奚乘

孟子曰：「昔者趙簡子使王良與嬖奚乘，終日而不獲一禽。嬖奚反命曰：『天下之賤工也。』或以告王良，良曰：『請復之。』彊〔一〕而後可，一朝而獲十禽。嬖奚反命曰：『天下之良工也。』簡子曰：『我使掌與女乘。』謂王良。良不可，曰：『吾爲之範我馳驅，終日不獲；一爲之詭遇，一朝而獲十。《詩》云：「不失其馳，舍矢如破。」我不貫與小人乘，請辭。』御者且羞與射者比。比而得禽獸，雖若丘陵，弗爲也。如枉道而從彼，何也？且子過矣，枉己者，未有能直人也。」

王良御者也，即賤者也。其言曰：「吾不貫與小人乘。」今世士大夫高車駟馬，意氣揚揚，乃皆貫與小人伍，何哉？然後知王良者，良心未泯者也。

〔一〕「彊」字原誤作「疆」。

第十六課　儀衍妾婦之道

景春曰：「公孫衍、張儀，豈不誠大丈夫哉？一怒而諸侯懼，安居而天下熄。」孟子曰：「是焉得爲大丈夫乎？子未學禮乎？丈夫之冠也，父命之；女子之嫁也，母命之，往送之門，戒之曰：『往之女家，必敬必戒，無違夫子。』以順爲正者，妾婦之道也。居天下之廣居，立天下之正位，行天下之大道。得志，與民由之；不得志，獨行其道。富貴不能淫，貧賤不能移，威武不能屈，此之謂大丈夫。」

人皆曰：「我大丈夫。」要其材力、心思、耳目、口鼻、形骸，皆有爲大丈夫之資，與爲大丈夫之格；而考其所爲，乃與妾婦無異，是謂賤丈夫之資，小丈夫之格。然則性情也、志節也、德行也，履而行之，躬而備之，乃謂丈夫。又進而上之，希賢希聖，乃謂大丈夫。非然者，堂堂七尺之軀，天下固人人皆大丈夫也。

第十七課　一薛居州之無益於宋

孟子謂戴不勝曰：「子欲子之王之善與？我明告子。有楚大夫於此，欲其子之齊語也，則使齊人傅諸？使楚人傅諸？」曰：「使齊人傅之。」曰：「一齊人傅之，衆楚人咻之，雖日撻而求其齊也，不可得矣。引而置之莊嶽之間數年，雖日撻而求其楚，亦不可得矣。子謂薛居州，善士也，使之居於王所。在於王所者，長幼卑尊，皆薛居州也，王誰與爲不善？在王所者，長幼卑尊，皆非薛居州也，王誰與爲善？一薛居州，獨如宋王何？」

三代以來，無所謂政黨，至近世始有政黨之目，蓋有鑒於善人之勢孤，欲以黨人扶助之，心至苦也。乃其弊也，聯意見以爲黨，遂激意氣以爲黨，於是乎知有黨而不知有政。夫知有黨而不知有政，則其黨不能以久存，此不善於處黨者也。觀孟子告戴不勝之言，未嘗非合政黨之意。惟其黨必以善士爲衡，則所謂羣而不黨者是也。噫！有心政治者，其慎言黨哉！

第十八課　論君子之所養

公孫丑問曰：「不見諸侯何義？」孟子曰：「古者不爲臣不見。段干木逾垣而避之，泄柳閉門而不內，是皆已甚。迫，斯可以見矣。陽貨欲見孔子而惡無禮。大夫有賜於士，不得受於其家，則往拜其門。陽貨瞰孔子之亡也，而饋孔子蒸豚；孔子亦瞰其亡也，而往拜之。當是時，陽貨先，豈得不見？曾子曰：『脅肩諂笑，病於夏畦。』子路曰：『未同而言，觀其色，赧赧然，非由之所知也。』由是觀之，則君子之所養可知已矣。」

孔子時中之聖也，不易學。當先學曾子、子路。「脅肩諂笑，病於夏畦」，夏畦之病，熱在身；脅諂之病，熱在心也。「未同而言，觀其色赧赧然」，是尚有良心也。然曷爲「未同而言」？非欲結富貴人之歡心乎？則亦無耻之徒也。君子之植氣節也，欲不屈吾之骨，當不屈吾之心；欲不屈吾之心，當注意於平日之所養。

第十九課　論非義之賦稅宜速去

戴盈之曰：「什一，去關市之征，今茲未能。請輕之，以待來年然後已，何如？」孟子曰：「今有人日攘其鄰之雞者，或告之曰：『是非君子之道。』曰：『請損之，月攘一雞，以待來年然後已。』如知其非義，斯速已矣，何待來年。」

撓萬物者莫疾乎風，動萬物者莫疾乎雷。君子觀其象，以遷善改過，取其速也。而或者曰：事有豫備，則姑徐徐云爾。不知《易・豫》卦之象曰：「雷出地奮，豫。」蓋豫備之事，亦當如雷出地之奮迅。若敷衍因循，日以待日，月以待月，年以待年，坐失事幾，時無一事之可辦。故曰：「需者事之賊也。」世方泄泄然，何月攘一雞者之多也。有聖賢出焉，審幾貴乎斷，辨義貴乎精，而臨事則尚乎勇。其治民也，若馭馬而疾馳，若震霆之昭蘇萬彙，蓋舉天下因循敷衍之習一掃而無餘矣。

第二十課　論陳仲子非廉士

匡章曰：「陳仲子豈不誠廉士哉？居於陵，三日不食，耳無聞，目無見也。井上有李，螬食實者過半矣，匍匐往將食之，三咽，然後耳有聞，目有見。」孟子曰：「於齊國之士，吾必以仲子爲巨擘焉。雖然，仲子惡能廉？充仲子之操，則蚓而後可者也。」

君子曰：仲子可謂廉矣，然而人生當世，以有用爲貴，僅僅乎不苟取，無益也。蓋廉者一身之操守，有用者經世之本原。《戰國策》載趙威后告齊使曰：「於陵仲子之爲人也，是率其民而出於無用者也。」惜哉仲子之廉，而竟歸於無用也！是以孟子斥其廉而譬之於蚓。

第二十一課　陳仲子辟兄離母

孟子曰：「仲子，齊之世家也。兄戴，蓋祿萬鍾。以兄之祿爲不義之祿，而不食也；以兄之室爲不義之室，而不居也。辟兄離母，處於於陵。他日歸，則有饋其兄生鵝者，已頻顣曰：『惡用是鶂鶂者爲哉？』他日，其母殺是鵝也，與之食之。其兄自外至，曰：『是鶂鶂之肉也。』出而哇之。」

君子曰：仲子之過大矣！夫不義之事，誠不可爲。然而食鵝小節也，食鵝之肉，母所命也。以母命與小節相較，則母命爲重矣。或曰：出而哇之，不令其母見，何傷乎？不知其母殺鵝與肉，愛子之至情也。仲子離母而哇其肉，曾亦念其母愛子之心乎？仲子尚有愛母之心乎？仲子自以爲義，仲子焉得爲孝乎？

第二十二課　亡國敗家之自取

孟子曰：「不仁者可與言哉？安其危而利其菑，樂其所以亡者。不仁而可與言，則何亡國敗家之有？有孺子歌曰：『滄浪之水清兮，可以濯我纓；滄浪之水濁兮，可以濯我足。』孔子曰：『小子聽之！清斯濯纓，濁斯濯足矣，自取之也。』夫人必自侮，然後人侮之；家必自毁，而後人毁之；國必自伐，而後人伐之。《太甲》曰：『天作孽，猶可違；自作孽，不可活。』此之謂也。」

嗚呼！天下有人願自侮家，願自毁國，願自伐者乎？而所以至於侮，至於毁，至於伐者，皆由於自侮自毁自伐。何哉？不仁之人，私欲錮蔽，惟利是圖，賄賂公行，苞苴盈室，囊金櫝帛，自以爲至樂。迨至鐘鳴漏罷，興盡悲來，亡國敗家，已隨其後。當斯時也，雖欲自投滄溟，勉爲洗濯，然而清流皓皓，海水蒼蒼，不能容此汙濁之軀也。悲夫！殃民誤國，自作之孽，夫復何尤。當其笙歌般樂之時，不知有孺子竊笑其旁也。

第二十三課　强戰殺人之罪

孟子曰：「求也爲季氏宰，無能改於其德，而賦粟倍他日。孔子曰：『求非我徒也，小子鳴鼓而攻之，可也。』由此觀之，君不行仁政而富之，皆棄於孔子者也。況於爲之强戰？争地以戰，殺人盈野；争城以戰，殺人盈城。此所謂率土地而食人肉，罪不容於死。」

過屠門而大嚼者，鼀鼈在左〔一〕，鱔鯉在右，牛羊雞豕，八珍雜陳，以爲天下之至美

〔一〕「在左」原誤作「左在」。

也。饜飫而出遊於庖廚，則見夫黿鼉、鱔鯉、牛羊、雞豕之屬，宛轉號呼於刀俎之間，然後知食者雖美，被食者甚苦，其心未嘗不趯趯然哀也。兵者，民之所養也。竭民之脂膏以養兵，而兵乃視民爲刀俎之肉，此其宛轉哀號，傷心慘目，殆有千百倍於畜産者。而況夫流離破産，賣男鬻女，折臂析骸，焚溺自經之狀，求生不能，求死不得，上之人均不得而見，不得而聞也。悲夫悲夫！率土地而食人肉，非爲民上者之初心也，乃以争地争城而卒至於此，殷鑒不遠，其可畏也哉！

第二十四課　論事親當養志

孟子曰：「事孰爲大？事親爲大。守孰爲大？守身爲大。不失其身而能事其親者，吾聞之矣。失其身而能事其親者，吾未之聞也。孰不爲事？事親，事之本也。孰不爲守？守身，守之本也。曾子養曾晳，必有酒肉。將徹，必請所與。問有餘，必曰：『有。』曾晳死，曾元養曾子，必有酒肉。將徹，不請所與。問有餘，曰：『亡矣。』將以復進也。此所謂養口體者也。若曾子，則可謂養志也。事親若曾子者可也。」

父母之壽與不壽，視乎人子之孝與不孝。何言之？人子若能養父母之志，則其心快也，其身康也，夫焉得而不壽？若不能養父母之志，則其心或抑鬱也，其身或不寧也。此其齡年之促，雖與人子無關，而爲子者要不得辭其咎也。此事親之所以先養志也。

第二十五課　虞舜之大孝

孟子曰：「天下大悦而將歸己。視天下悦而歸己，猶草芥也。惟舜爲然。不得乎親，不可以爲人；不順乎親，不可以爲子。舜盡事親之道，而瞽瞍厎豫。瞽瞍厎豫，而天下化；瞽瞍厎豫，而天下之爲父子者定。此之謂大孝。」

仁人之於孝，猶手足之於腹心，枝葉之於根本也。腹心傷則手足殆，根本傷則枝葉萎。「父兮生我，母兮鞠我，欲報之德，昊天罔極。」我而不孝，則父母之涕淚，咽於衷曲，而夢魂因而不寧矣，尚可以爲人乎？尚可以爲子乎？夫我之身從何而來？我之形骸孰與之？我之心思材力孰畀之？不得乎親，不順乎親，是視其親無異於路人，而已之行乃無異於禽獸。虞舜處人倫至艱之境，尚能使瞽瞍底豫。天下人子居於家庭，皆融融洩洩之地，而猶有不得乎親，不順乎親者，是尚可以爲人乎？尚可以爲子乎？然則若何而能得乎親？曰：「宜善承吾親之歡。」若何而能順乎親？曰：「宜善體吾親之志。」

第二十六課　君子耻聲聞過情

徐子曰：「仲尼亟稱於水，曰：『水哉！水哉！』何取於水也？」孟子曰：「原泉混混，不舍晝夜，盈科而後進，放乎四海，有本者如是，是之取爾。苟爲無本，七八月之間雨集，溝澮皆盈；其涸也，可立而待也。故聲聞過情，君子耻之。」

君子之教人也，崇實務本，而力戒好名。蓋學者一有好名之心，則凡事務外，而其學因以無本。無本則浮，浮則滅；無本則滿，滿則敗。非特可耻也，危亦甚焉。且吾聞善治天下者，必綜覈名實，凡無實而得名者謂之盜。盜名無異於盜利也。天下盜利者多，國之禍也；盜名者多，亦非國之福也。吁！教育家其慎之哉！

第二十七課　尹公取友之端

鄭人使子濯孺子侵衛，衛使庾公之斯追之。子濯孺子曰：「今日我疾作，不可以執弓，吾死矣夫！」問其僕曰：「追我者誰也？」其僕曰：「庾公之斯也。」曰：「吾生矣。」其僕曰：「庾公之斯，衛之善射者也，夫子曰『吾生』，何謂也？」曰：「庾公之斯，學射於尹公之他。尹公之他，學射於我。夫尹公之他，端人也，其取友必端矣。」庾公之斯至，曰：「夫子何爲不執弓？」曰：「今日我疾作，不可以執弓。」曰：「小人學射於尹公之他，尹公之他學射於夫子。我不忍以夫子之道，反害夫子。雖然，今日之事，君事也，我不敢廢。」抽矢扣輪，去其金，發乘矢而後反。

向使尹公而非端人，則孺子死；向使庾斯而非端人，則孺子亦死。然則孺子爲倖免歟？非也。惟其平日取友必端，故得免於死，非倖免也。然則庾斯爲廢公歟？非也。孺子病，鄭師退，去金發矢足以返命，非廢公也。然則庾斯爲報私恩歟？非也。彼此適相值，初無容心也。然則庾斯不爲報恩歟？非也。不忍以孺子之道害孺子，愛情之發也，不忍者，爲報師恩也。然則庾斯之念及尹公，私之至也。然則庾斯之不殺孺子，公之至也。然則庾斯之抽矢去金，權也，人情之至也。然則庾斯之發乘矢而反，經也，天理之至也。然則天下之至私，不害其爲至公也。然則天下之人情，乃所以爲天理也。然則成道義者，友也。然則全性命者，友也。然則人之取友，禍福之先幾也。然則人之取友，死生之關係也。

第二十八課　禹稷以天下飢溺爲心

禹、稷當平世，三過其門而不入，孔子賢之。顏子當亂世，居於陋巷。一簞食，一瓢飲。人不堪其憂，顏子不改其樂，孔子賢之。孟子曰：「禹、稷、顏回同道。禹思天下有溺者，由己溺之也；稷思天下有飢者，由己飢之也，是以如是其急也。禹、稷、顏子易地則皆然。今有同室之人鬥者，救之，雖被髮纓冠而往救之可也。鄉鄰有鬥者，被髮纓冠而救之，則惑也，雖閉户可也。」

閉户於同室之鬥，其可乎？曰：不可也。被髮纓冠於鄉鄰之鬥，其可乎？曰：不可也，是分限之也。天下有溺，天下有飢者，匹夫皆有責也，而借此以謀名謀利焉，其可乎？曰：不可也，是義制之也。分與義爲實事，而志與節爲虛位，惟有分、義，而志、節始全。孔子曰：「不得中行而與之，必也狂狷乎！」吾嘗謂：秉性宜乎狂，操行宜乎狷。士而不狂，不足以任天下之事；士而不狷，不足以成一己之節。然則學者當負禹、稷之志，而甘顏子之節可也。

第二十九課　學者當知尊師

曾子居武城，有越寇。或曰：「寇至，盍去諸？」曰：「無寓人於我室，毀傷其薪木。」寇退，則曰：「脩我牆屋，我將反。」寇退，曾子反。左右曰：「待先生如此其忠且敬也。寇至則先去以爲民望，寇退則反，殆於不可。」沈猶行曰：「是非汝所知也。昔沈猶有負芻之禍，從先生者七十人，未有與焉。」子思居於衛，有齊寇。或曰：「寇至，盍去諸？」子思曰：「如伋去，君誰與守？」孟子曰：「曾子、子思同道。曾子，師也，父兄也；子思，臣也，微也。曾子、子思，易地則皆然。」

古之學者必尊師。師者，所以傳道也，授業也，解惑也。三代而後，爲師者不知所以自尊，而失其爲父兄之道，學者遂視師爲平等，而失其爲弟子之禮。漢司馬遷過夷門，思信陵君之執轡，傍徨而不忍去，有以也，爲其得尊師之道也。或曰：

昔者魯穆公無人乎子思之側，則不能安子思，然則子思非師歟？曰：子思居衛，有守土之責，所以寇至而不當去，以其爲臣而非爲師也，此由乎所處之地殊也。

第三十課　齊人欺誑妻妾

齊人有一妻一妾而處室者，其良人出，則必饜酒肉而後反。其妻問所與飲食者，則盡富貴也。其妻告其妾曰：「良人出，則必饜酒肉而後反；問其與飲食者，盡富貴也，而未嘗有顯者來，吾將瞯良人之所之也。」蚤起，施從良人之所之，徧國中無與立談者。卒之東郭墦間，之祭者，乞其餘。不足，又顧而之他。此其爲饜足之道也。其妻歸，告其妾曰：「良人者，所仰望而終身也，今若此。」與其妾訕其良人，而相泣於中庭。而良人未之知也，施施從外來，驕其妻妾。由君子觀之，則人之所以求富貴利達者，其妻妾不羞也，而不相泣者幾希矣。

君子曰：是乞之爲害也。乞者，倚賴之性也，奴僕之行也，穿窬盜賊之厲階也。齊人曰：「天下人皆乞，吾何爲獨不乞？人皆饜酒肉，我獨不得醉飽也；人皆富貴利達，我獨不得顯榮也。乞者非我之所倡也，人倡之而我學之也。」嗚呼！惟如是故天下無人不乞，惟如是故天下皆齊人。夫天下無人不乞，則乞之途愈窮，而富貴利達必不得。天下皆齊人，則人人不知自立，而皆至於餓且死。君子曰：是乞之終不可爲也。

第三十一課　伊尹耕於有莘之野

萬章問曰：「人有言『伊尹以割烹要湯』，有諸？」孟子曰：「否，不然。伊尹耕於有莘之野，而樂堯、舜之道焉。非其義也，非其道也，祿之以天下，弗顧也；繫馬千駟，弗視也。非其義也，非其道也，一介不以與人，一介不以取諸人。湯使人以幣聘之，囂囂然曰：『我何以湯之聘幣爲哉？我豈若處畎畝之中，由是以樂堯、舜之道哉！』」

今有人曰：天下不足以動吾心。嗚呼！何言之易也、僞也。人有因簞食豆羹而動其心者矣；簞食豆羹不動其心，有因十金百金而動心者矣；十百不動其心，有因千金萬金而動心者矣；微僚末秩，不動其心，有因大官厚祿而動心者矣。士君子之氣節，愈進則愈難也，愈辨則愈細也，而乃曰天下不足以動吾心也，吾恐千駟之笑人也。

第三十二課　伊尹就湯聘

湯三使往聘之，既而幡然改曰：「與我處畎畝之中，由是以樂堯、舜之道，吾豈若使是君爲堯、舜之君哉？吾豈若使是民爲堯、舜之民哉？吾豈若於吾身親見之哉？天之生此民也，使先知覺後知，使先覺覺後覺也。予，天民之先覺者也。予將以斯道覺斯民也，非予覺之而誰也？」思天下之民，匹夫匹婦有不被堯、舜之澤者，若己推而内之溝中。其自任以天下之重如此，故就湯而説之，以伐夏救民。

有築室而居者，必奮固其基址。基址不堅，堂屋傾圮，人將壓焉。士大夫之學問，猶堂屋也；操行，猶基址也。操行不堅，名譽掃地；學問雖深，不足掛齒，而猶思任天下之事也耶？

第三十三課　孔子拒彌子瑕

萬章問曰：「或謂孔子於衛主癰疽，於齊主侍人瘠環，有諸乎？」孟子曰：「否，不然也。好事者爲之也。於衛主顔讎由。彌子之妻與子路之妻，兄弟也。彌子謂子路曰：『孔子主我，衛卿可得也。』子路以告。孔子曰：『有命。』孔子進以禮，退以義，得之不得，曰『有命』。而主癰疽與侍人瘠環，是無義無命也。」

「莫之致而致者，命也。」〔一〕命者，迹近於渺茫，而聖賢有時或言命者，蓋君子任理，小人任數。言理足以範圍君子，言數足以範圍小人。若知命之説廢，則小人之營緣奔競，更將無所忌憚，世道更至於不可究詰。而實則得之不得，固非人力之所能爲，此孔子所以以〔二〕有命之説曉彌子也。彌子者，小人也，告之以義，雖千百言而不悟，曉之以命，則憬然悟矣。

第三十四課　孔子爲委吏乘田

孟子曰：「仕非爲貧也，而有時乎爲貧；娶妻非爲養也，而有時乎爲養。爲貧者，辭尊居卑，辭

〔一〕《孟子·萬章上》文。
〔二〕「以」字原缺。

富居貧。辭尊居卑，辭富居貧，惡乎宜乎？抱關擊柝。孔子嘗爲委吏矣，曰：『會計當而已矣。』嘗爲乘田矣，曰：『牛羊茁壯長而已矣。』位卑而言高，罪也；立乎人之本朝而道不行，耻也。」

生人之所以安身而立命者，厥有二端，曰性分，曰職分。性分者，吾性中所當守之分，不可逾閑者也。職分者，吾職内所當守之分，不容越限者也。安分而後知足，知足而後無求，無求而後自樂。惟聖人爲能樂天。孔子之言曰：「會計當而已矣」、「牛羊茁壯，長而已矣」，其安分樂天之誠，溢於言表。愚人不安分，終日爲營求之事，終身無知足之時，以至捐廉耻而不顧，招刑戮而不悔，哀哉！吾願舉安分之説，大聲疾呼，以告天下之學者。

第三十五課　奕秋誨奕

孟子曰：「無惑乎王之不智也，雖有天下易生之物也，一日暴之，十日寒之，未有能生者也。吾見亦罕矣，吾退而寒之者至矣，吾如有萌焉乎哉？今夫奕之爲數，小數也。不專心致志，則不得也。奕秋，通國之善奕者也。使奕秋誨二人奕，其一人專心致志，惟奕秋之爲聽。一人雖聽之，一心以爲有鴻鵠將至，思援弓繳而射之，雖與之俱學，弗若之矣。爲是其智弗若與？曰：『非然也。』」

鴻鵠高飛，橫絶蒼茫。是真是幻，倏止倏揚。曷兹學子，心與俱翔。凌風綴羽，弓矢斯張。誨爾諄諄，聽我芒芒。失學棄智，嗚呼齊王！

第三十六課　樂正子之好善

魯欲使樂正子爲政。孟子曰：「吾聞之，喜而不寐。」公孫丑曰：「樂正子强乎？」曰：「否。」「有知慮乎？」曰：「否。」「多聞識乎？」曰：「否。」「然則奚爲喜而不寐？」曰：「其爲人也好善。」「好善足乎？」曰：「好善優于天下，而況魯國乎！夫苟好善，則四海之内，皆將輕千里而來，告之以善。夫苟不好善，則人將曰：『訑訑，予既已知之矣。』訑訑之聲音顔色，距人於千里之外。士止於千里之外，則讒諂面諛之人至矣。與讒諂面諛之人居，國欲治，可得乎？」

自古國家之亡，多亡於泄泄及訑訑之人。何謂泄泄？怠緩而盲從也。何謂訑訑？自足其智而不嗜善言也。一爲陰柔之惡，一爲陽剛之惡。紂之不善，不過智足以拒諫，言足以飾非。人人皆非而我獨是，故訑訑之亡，更速於泄泄。

第三十七課　論古來當大任之人

孟子曰：「舜發於畎畝之中，傅説舉於版築之間，膠鬲舉於魚鹽之中，管夷吾舉於士，孫叔敖舉於海，百里奚〔一〕舉於市。故天將降大任於是人也，必先苦其心志，勞其筋骨，餓其體膚，空乏其身，行拂亂其所爲，所以動心忍性，增益其所不能。」

天不言，何由降人以大任？孟子之言可疑也，然而無可疑也。蓋天不能降命令於人也，在人之自爲任也。自爲任者，要在於磨鍊。苦其心志，心思中之磨鍊也；勞其筋骨、餓其體膚，體骨中之磨鍊也；空乏其身，經濟中之磨鍊也；拂亂所爲，世故中之磨鍊也。心必動，心必忍；若不動不忍而不知磨鍊，則不能者終於

〔一〕「奚」字原誤作「夷」，據《孟子》改之。

不能而已矣。故曰降大任者，人之自爲任也。能自爲任，即天之降大任於是人也。

第三十八課　敬愛爲良知之學

孟子曰：「人之所不學而能者，其良能也；所不慮而知者，其良知也。孩提之童，無不知愛其親也；及其長也，無不知敬其兄也。親親，仁也；敬長，義也。無他，達之天下也。」

爰有物焉，視之無形，聽之無聲，當喜而喜，當怒而怒，當哀樂而哀樂，是何也？曰：「知是也。」惻隱、怵惕、羞惡、愧怍、從容、禮讓、辨別是非，是何也？曰：「良知是也。」良知者，基於愛敬，達於天下。禮也，樂也，刑也，政也，皆自此生者也。然而其發無端，如電光也，如石火也，旋起而旋滅者也。聖賢於是驗之於平旦之間。《詩》曰：「明發不寐，有懷二人。」明發曷爲而懷父母？由於良知之發也。此其說倡於孟子，而其學則昌於陽明王子。日本國人崇奉陽明之學，其國浸以强矣。我國而不欲自强則已，如欲强國，端在良知。

第三十九課　馮婦攘臂之可笑

齊餓。陳軫曰：「國人皆以夫子將復爲發棠，殆不可復。」孟子曰：「是爲馮婦也。晉人有馮婦者，善搏虎，卒爲善士。則之野，有衆逐虎。虎負嵎，莫之敢攖。望見馮婦，趨而迎之。馮婦攘臂下車。衆皆悦之，其爲士者笑之。」

「樂歲終身苦，凶年不免於死亡。」〔一〕「老弱轉乎溝壑，壯者散而四方。」〔二〕齊之饑也，非天時也，人事爲之也。向使齊王能用孟子，則國不至於屢飢矣。馮婦之喻，孟子蓋無聊之至，行將去齊矣。嗚呼！苛政猛於虎也，齊民何罪而常饑哉！

〔一〕《孟子·梁惠王上》文。
〔二〕《孟子·梁惠王下》文。

第四十課　曾子不忍食羊棗

曾皙嗜羊棗，而曾子不忍食羊棗。公孫丑問曰：「膾炙與羊棗孰美？」孟子曰：「膾炙哉！」公孫丑曰：「然則曾子何爲食膾炙，而不食羊棗？」曰：「膾炙所同也，羊棗所獨也。諱名不諱姓，姓所同也，名所獨也。」

父没而不能讀父之書，手澤存焉爾；母没而不能執母之器，口澤之氣存焉爾。不能者，不忍也。不忍之思，充滿於中，有觸斯應，見所獨而感發，見所同而未嘗不感發焉。然惟獨知之者，其悽愴爲尤甚，而不忍爲尤深也。不忍，性也。人而無性，非人也。不忍之發，情也。人而無情，非人也。曾子者，性情中人也，其孝所以爲萬世法也。

高等小學國文讀本第四册

第一課　《國策·宋玉對楚王問》　雄健

楚襄王問宋玉曰：「先生其有遺行歟？何士民衆庶不譽之甚也？」宋玉對曰：「唯，然，有之。願大王寬其罪，使得畢其辭。客有歌于郢中者，其始曰《下里》《巴人》，國中屬而和者數千人；其爲《陽阿》《薤露》，國中屬而和者數百人；其爲《陽春》《白雪》，國中屬和者不過數十人；引商刻羽，雜以流徵，國中屬而和者不過數人而已。是其曲彌高，其和彌寡。故鳥有鳳而魚有鯤，鳳凰上擊九千里，絶雲霓，負蒼天，足亂浮雲，翺翔乎杳冥之上。夫藩籬之鷃，豈能與之料天地之高哉！鯤魚朝發崑崙之墟，暴鬐於碣石，莫宿於孟諸。夫尺澤之鯢，豈能與之量天地之大哉！故非獨鳥有鳳而魚有鯤也，士亦有之。夫聖人瑰意琦行，超然獨處；世俗之民，又安知臣之所爲哉！」

第二課　《國策・郭隗説燕昭王》　雄健

燕昭王即位，往見郭隗先生曰：「齊因孤國亂而襲破燕。孤極知燕小力少，不足以報。然得賢士與共國，以雪先王之耻，孤之願也。敢問以國報讎者奈何？」郭隗先生對曰：「帝者與師處，王者與友處，霸者與臣處，亡國與役處。詘〔一〕指而事之，北面而受學，則百己者至。先趨而後息，先問而後嘿，則什己者至。人趨己趨，則若己者至。馮几據杖，眄視指使，則厮役之人至。若恣睢奮擊，呴籍叱咄，則徒隸之人至矣。此古服道致士之法也。王誠博選國中之賢者，而朝其門下，天下聞王朝其賢臣，天下之士必趨于燕矣。」昭王曰：「寡人將誰朝而可？」郭隗先生曰：「臣聞古之君人，有以千金求千里馬者，三年不能得。涓人言于君曰：『請求之。』君遣之。三月，得千里馬，馬已死，買其骨五百金，反以報君。君大怒曰：『所求者生馬，安事死馬，而捐五百金？』涓人對曰：『死馬且買之五百金，況生馬乎！天下必以王爲能市馬，馬今至矣。』于是不能〔二〕期年，千里馬之至者三。今王誠欲致士，先從隗始。隗且見事，況賢于隗者乎！豈遠千里哉！」于是昭王爲隗築宮而師之。

〔一〕「詘」原誤作「拙」。
〔二〕「能」字原脱。

第三課　蘇子瞻《方山子傳》 雄健

方山子，光、黄間隱人也。少時慕朱家、郭解爲人，閭里之俠皆宗之。稍壯，折節讀書，欲以此馳騁當世，然終不遇。晚乃遁於光、黄間，曰岐亭。庵居蔬食，不與世相聞。棄車馬，毁冠服，徒步往來山中，人莫識也。見其所著帽，方屋而高，曰：「此豈古方山冠之遺像乎？」因謂之「方山子」。余謫居於黄，過岐亭，適見焉。曰：「嗚呼！此吾故人陳慥季常也！何爲而在此？」方山子亦矍然，問余所以至此者。余告之故。俯而不答，仰而笑。呼余宿其家，環堵蕭然，而妻子奴婢，皆有自得之意。余既聳然異之。獨念方山子少時，使酒好劍，用財如糞土。前十九年，余在岐山，見方山子從兩騎，挾二矢，遊西山。鵲起於前，使騎逐而射之，不獲。方山子怒馬獨出，一發得之。因與余馬上論用兵，及古今成敗，自謂一時豪士。今幾日耳，精悍之色，猶見於眉間，而豈山中之人哉！然方山子世有勳閥，當得官。使從事於其間，今已顯聞。而其家在洛陽，園宅壯麗，與公侯等。河北有田，歲得帛千匹，亦足以富樂。皆棄不取，獨來窮山中，此豈無得而然哉？余聞光、黄間多異人，往往佯狂垢汙，不可得而見，方山子儻見之歟？

第四課　宋濂《秦士録》節

雄健

鄧弼，字伯翊，秦人也。雙目紫稜，開闔閃閃如電。能以力雄人，鄰牛方鬥，不可擘，拳其脊，折仆地；市門石鼓，十人舁，弗能舉，兩手持之行。然好使酒，怒視人，人見輒避曰：「狂生不可近，近則必得奇辱。」一日，獨飲市中，蕭、馮兩書生過其下，急牽入共飲。兩生力拒之。弼怒曰：「君不我從，必殺君。亡命走山澤耳。」兩生不得已，從之。弼自據中筵，指左右，揖兩生坐，呼酒歌嘯以爲樂。酒酣，解衣箕踞，拔刀置案上，鏗然鳴。兩生雅聞其酒狂，欲起走。弼止之曰：「勿走也。弼亦粗知書，君何至相視如涕唾？今日非速君飲，欲少吐胸中不平氣耳。四庫書從君問，不能答，當血是刃。」兩生曰：「有是哉！」遽摘七經數十義叩之。弼歷舉傳疏，不遺一言。復詢歷代史，上下三千年，纚纚如貫珠。弼笑曰：「君等伏乎未也？」兩生相顧慘沮，不敢再有問。弼索酒，被髮跳叫，曰：「我今日壓倒老生矣！古者學在養氣，今人一服儒衣，奄奄欲絶，徒欲馳騁文墨，兒撫一世豪傑，此何可哉！此何可哉！君等休矣。」兩生素負多才藝，聞弼言大愧，下樓，足不得成步。歸詢其所與游，亦未嘗見其挾册呻吟也。

第五課　續上

泰定末，德王執法西御史臺，弼造書數千言，袖謁之，閽卒不爲通。弼曰：「若不知關中有鄧伯翊耶？」連擊踣數人，聲聞於王。王令隸人捽入，欲鞭之。弼盛氣曰：「公奈何不禮壯士？今天下雖號無事，東海島夷，尚未臣順。間者駕海艦，互市於鄞，不滿所欲，出火刀斫柱，殺傷我中國民。諸將軍控弦引矢，追至大洋，且戰且却，其虧國體爲已甚。西南諸蠻，雖曰稱臣奉貢，乘黄屋左纛，立制與中國等，尤志士所同憤。誠得如弼者一二輩，驅十萬橫磨劍伐之，則東西爲日所出入者，莫非王土矣。公奈何不禮壯士？」庭中人聞之，皆縮頸吐舌，舌久不能收。王曰：「爾自號壯士，解持矛鼓譟，前登堅城乎？」曰：「能！」「百萬軍中，可刺大將乎？」曰：「能！」「突圍潰陣，得保首領乎？」曰：「能！」王顧左右曰：「姑試之。」問所須，曰：「鐵鎧、良馬各一，雌雄劍二。」王即命給與。陰戒善槊者五十人，馳馬出東門外，然後遣弼往。王自臨觀，空一府隨之。暨弼至，衆槊並進。弼虎吼而奔，人馬辟易五十步，面目無色。已而煙塵漲天，但見雙劍飛舞雲霧中，連斫馬首墮地，血涔涔滴。王撫髀驩曰：「誠壯士！」命酌酒勞弼，弼立飲不拜。由是狂名振一時，至比之王鐵槍云。

第六課　陸桴亭《石敬巖傳》

節　雄健

石敬巖，名電，常熟人，予所從受劍槊之師也。崇禎癸酉，平湖沈公萃禎備兵吾婁。時江以北海氛日甚，沈公留心武事，聘東南技勇，練兵教士，敬巖應聘而來。同時來者，有曹蘭亭、趙英，及少林僧洪記、洪信之屬，獨公稱最，自曹以下皆推服。年已七十餘，猶力舉千鈞，盤舞丈八矛，龍跳虎躍，觀者皆辟易。有程某者，徽人，亦善梨花槍。妬公，憤言于衆，欲與公較。公與期日角技。前一夕，程忽遁去。予念時事日非，倘一旦出而用世，則兵革之事所不能也，乃延敬巖而問技焉。三年中，頗得其術。甲戌，流寇躪中都，圍桐城。公所與游壯士趙英從指揮包文達往援，要公與俱。公辭以老，英曰：「我輩平居，以公爲膽，公不往，我輩何所恃？」遂强公行。二月十二日，追賊於宿松。賊伏山谷中，空城以誘我師。輕追，賊伏起，斷中堅爲二，文達死之。公與英猶未食，分左右奮擊，自辰至晡，殺賊無算。英馬蹶被執，公大呼往救，槍鋒所及，無不披靡，圍散復合者數。已而槍折馬斃，公揮短刀步戰，猶力殺數十人，至死不仆。

第七課　續上

公先世爲元大臣，國初抑之爲貧户。萬曆中，白茆薛四髡，以鹽盜爲横於海。海虞令耿公橘陰，募力士數人斃之，公其一也。應募之日，耿公畜之署中，自教以擊劍之術，故公之劍實耿公所授。己酉，從都清道陳監軍征兩江黑苗。公被重鎧先登，揮三尺鐵，入萬衆中，遂破同安諸寨。以功至都匀參將。尤精梨花槍，與河南李光復同師傳，而公技更勝。游少林、伏牛、五臺，皆盡其妙，槍法遂爲江南第一。嘗見其所論萬派歸源者，千人中可獨出獨入。昔唐荆川與俞將軍天被論槍風月樓，所言圈槍，特小小手法耳，據以爲學之三年，洵英雄欺人也。游山東，韓晶宇中丞聘之教子，與浙人劉雲峰同學倭刀，盡其技。故公言步戰，惟長刀最勝。當馬斃步鬥時，公仰天歎曰：「使吾得長刀一，賊不足盡耳！」卒以器械不利，以身與敵，悲夫！

第八課　王猷定《義虎記》　雄健

明嘉靖時，山西孝義縣傳有義虎逸事。縣郭外高唐、孤岐諸山多虎，一樵者朝行叢箐中，忽失足墮虎穴。兩小虎卧穴内。穴如覆釜，三面石齒廉利，前壁稍夷，高丈許，蘚落如溜，爲虎徑。樵踴而蹶者數，徬徨繞壁泣，待死。日落風生，虎嘯，逾壁入，口銜生麇，分飼兩小虎。見樵蹲伏，張爪奮搏。俄巡視，若有思者，反以殘肉食樵，入抱小虎卧。樵私度虎飽，朝必及。昧爽，虎躍而出。停午，復銜一麃來，飼其子，仍投餕與樵。樵餒甚，取啖。如是者彌月，浸與虎狎。一日小虎漸壯，虎負之出。樵急仰天大號：「大王救我！」須臾，虎復入，拳雙足，俯首就樵。樵騎虎，騰壁上。虎置樵携子行，陰崖灌莽，禽鳥聲絶，風獮獮從黑林生。樵益急，呼「大王」，虎却顧，樵跽告曰：「蒙大王活我，今相失，懼不免他患，幸終活我，導我中衢，吾死不忘報也。」虎頷之，遂前至中衢，反立視樵。樵復告曰：「小人西關窮民也，今去，將不復見。歸當畜一豚，候大王西關三里外郵亭之下，某日時過饗。無忘吾言。」虎點頭。樵泣，虎亦泣。

第九課　續上

迨歸，家人驚訊。樵語故，共喜。至期具豚，方事宰割。虎先期至，不見樵，竟入西關。居民見之，呼獵者，閉關栅，矛梃鋭弩畢集，約生擒以獻邑宰。樵奔救，告衆曰：「虎與我有大恩，願公等無傷。」衆竟擒詣縣。樵擊鼓大呼。官怒詰，樵具告前事。不信，樵曰：「請驗之，如誑，願受笞！」官親至虎所，樵抱虎痛哭曰：「救我者大王耶？」虎點頭。「大王以赴約入關耶？」復點頭。「我爲大王請命，若不得，願以死從大王。」言未訖，虎淚墮地如雨，觀者數千人，莫不歎息。官大駭，趣釋之。驅至亭下，投以豚，矯尾大嚼，顧樵而去。後名其亭曰「義虎亭」。王子曰：余聞唐時有邑人鄭興者，以孝義聞，遂以名其縣。今亭復以虎名。然則山川之氣，固獨鍾於兹邑歟！世往往以殺人之事，歸之猛獸，聞義虎之説，其亦知所愧哉！

第十課　班孟堅《朱雲傳》節　誠摯

漢成帝時，朱雲上書求見。公卿在前，雲曰：「今朝廷大臣，上不能匡主，下無以益民，皆尸位素餐，孔子所謂『鄙夫不可與事君』，『苟患失之，無所不至』者也。臣願賜尚方斬馬劍，斷佞臣一人以厲其餘。」上問：「誰也？」對曰：「安昌侯張禹。」上大怒，曰：「小臣居下訕上，廷辱師傅，罪死不赦！」御史將雲下。雲攀殿檻，檻折。雲呼曰：「臣得下從龍逢、比干遊於地下足矣，未知聖朝何如耳！」御史遂將雲去。於是左將軍辛慶忌免冠，解印綬，叩頭殿下，曰：「此臣素著狂直於世，使其言是，不可誅；其言非，固當容之。臣敢以死争。」慶忌叩頭流血，上意解，然後得已。及後當治檻，上曰：「勿易，因而輯之，以旌直臣。」

第十一課　范蔚宗《楊震傳》節　誠摯

楊震少好學，明經博覽，世稱關西孔子。常客居於湖，不答州郡禮命數十年，衆人謂之晚暮，而震志愈篤。後有冠雀銜三鱣魚，飛集講堂前。都講取魚進曰：「蛇鱣者，卿大夫服之象也。數三者，法三台也。先生自此升矣。」年五十，始仕。鄧隲聞其賢而辟之，舉茂才，累遷東萊大守。當之郡，路經昌邑，故所舉荆州茂才王密爲昌邑令，夜懷金十斤，以遺震。震曰：「故人知君，君不知故人，何也？」密曰：「莫夜無知者。」震曰：「天知地知，我知子知，何謂無知者。」密愧而出。震性公廉，子孫常蔬食步行，故舊或欲令爲開産業，震不肯，曰：「使後世稱爲清白吏子孫，以此遺之，不亦厚乎！」

第十二課　韓昌黎《張中丞傳後序》節　誠摯

南霽雲之乞救於賀蘭也，賀蘭嫉巡、遠之聲威功績出己上，不肯出師救。愛霽雲之勇且壯，不聽其語，强留之。具食與樂，延霽雲坐。霽雲慷慨語曰：「雲來時，睢陽之人不食月餘日矣。雲雖欲獨食，義不忍；雖食且不下咽。」因拔所佩刀斷一指，血淋漓，以示賀蘭。一座大驚，皆感激爲雲泣下。雲知賀蘭終無爲雲出師意，即馳去。抽矢射佛寺浮圖，矢著其上甎半箭，曰：「吾歸破賊，必滅賀蘭，此矢所以志也。」愈貞元中，過泗州，船上人猶指以相語。城陷，賊以刃脅降巡。巡不屈，即牽去，將斬之。又降霽雲，雲未應。巡呼雲曰：「南八，男兒死耳，不可爲不義屈。」雲笑曰：「欲將以有爲也。公有言，雲敢不死？」即不屈。

第十三課　黄梨洲《萬里尋兄記》節　誠摯

羲六世祖小雷府君，諱璽，字廷璽。兄弟六人。長伯震，商於外，逾十年不歸。府君魂祈夢請，不得影響，作而曰：「吾兄不過在域内。吾兄可至，吾何獨不可至乎！」躡屩出門，鄉黨阻之。府君曰：「吾兄，商也。商之所在，必通都大邑。吾盡歷通都大邑，必得兄矣。」於是繕寫其兄里系、年貌，爲零丁，榜之所過之處，冀兄或見之。即兄不見，而知兄者或見之也。行經萬里，蹤迹殆遍，卒無所遇。府君禱之衡山，夢有人誦「沈綿盜賊際，狼狽江漢行」者，覺而以爲不祥。遇士人占之。問：「君何所求？」府君曰：「吾爲尋兄至此。」士人曰：「此杜少陵《春陵行》中句也。春陵，今之道州也。子至道州，定知消息。」

第十四課　續上

府君遂至道州，徬徨訪問，音塵不接。一日如廁，置傘路旁。伯震過之，見傘而心動，曰：「此吾鄉之傘也。」循其柄而視之，有字一行，曰「姚江黄廷璽記」。伯震方驚駭未決，府君出而相視，若夢寐，慟哭失聲，道路觀者亦歎息泣下。時伯震已有田園妻子於道州，府君卒挽之而歸。嘗觀史傳，人子所遭不幸，間關踣頓，求父母者不絕書，而獨不聞有爲人弟而求兄者，豈世無其事歟？抑有其事而紀載者忽之歟？方府君越險阻，犯霜雪，跋涉山川，餓體凍膚而不顧，箝口槁腸而不恤；窮天地之所覆載，際日月之所照臨，汲汲皇皇，惟此一事，視天下未有可以易吾兄者。而其時當景泰、天順之際，英宗、景皇，獨非兄弟耶？景皇惟恐其兄之入，英宗惟恐其弟之生，富貴利害，伐性傷恩。以視府君，愛惡頓殊，可不謂天地綱常之寄，反在草野間乎！

第十五課　吴南屏《許孝子傳》

誠摯

許孝子，巴陵人，縣之學生，名伯泰，康熙間人也。歲大疫，伯泰之父聖行，客長沙而病。伯泰馳侍疾。父病已，而聞母在家病急。時官有施藥者，其藥良，急求得之，犯風下湘，溺死洞庭中。其夕母見伯泰來，飲己以藥，頃而汗出，病大蘇。呼伯泰，家人告未至。始言夢，已乃知伯泰死也。吴敏樹曰：孝子之爲孝也，豈不悲哉！方其犯風泛舟，意急歸，誠不知擇。及溺以死，魂魄猶切切以母病爲急，何其孝也！世之人子，或父母病篤，漠然若無有，而許君獨至於此耶！夫死而猶孝，孝安窮耶！夫許君之孝，不得生盡其孝而以死，可不悲耶！

第十六課　范蔚宗《郭林宗傳》　節　雅逸

漢郭林宗，家世貧賤，早孤。母欲使給事縣廷，林宗曰：「大丈夫焉能處斗筲之役乎？」遂辭。就成皋屈伯彦學，三年業畢。博通墳籍，善談論。遊於洛陽，見河南尹李膺。膺大奇之，遂相友善。於是名震京師。後歸鄉里，衣冠諸儒，送至河上。車數十兩，林宗惟與李膺同舟而濟，衆賓望之，以爲神仙焉。性明知人，好獎訓士類。身長八尺，容貌魁偉，褒衣博帶，周遊郡國。嘗於陳、梁間行遇雨，巾一角墊，時人乃故折巾一角，以爲「林宗巾」，其見慕如此。茅容者，陳留人也。一日耕於野，避雨樹下，衆皆夷踞，容獨危坐愈恭。林宗行見之而奇其異，遂與共言，因請寓宿。旦日，容殺雞爲饌，林宗謂爲己設，既而以供其母，自以草蔬與客同飯。林宗起拜之曰：「卿賢乎哉！」因勸令學，卒以成德。

第十七課　陶淵明《桃花源記》節　雅逸

晋太元中，武陵人捕魚爲業。緣溪行，忘路之遠近。忽逢桃花林，夾岸數百步，中無雜樹，芳草鮮美，落英繽紛。漁人甚異之，復前行，欲窮其林。林盡水源，便得一山。山有小口，髣髴若有光。便捨船，從口入。初極狹，纔通人。復行數十步，豁然開朗。土地平曠，屋舍儼然，有良田、美池、桑竹之屬，阡陌交通，雞犬相聞。其中往來種作，男女衣著，悉如外人。黄髮垂髫，並怡然自樂。見漁人，乃大驚，問所從來。具答之。便要還家，設酒殺雞作食。村中聞有此人，咸來問訊。自云先世避秦時亂，率妻子邑人，來此絶境，不復出焉，遂與外人間隔。問今是何世，乃不知有漢，無論魏、晋。此人一一爲具言所問，皆歎惋。餘人各復延至其家，皆出酒食，停數日辭去。此中人語云：「不足爲外人道也。」

第十八課　陶淵明《歸去來辭》　雅逸

歸去來兮，田園將蕪，胡不歸！既自以心爲形役，奚惆悵而獨悲？悟已往之不諫，知來者之可追。實迷途其未遠，覺今是而昨非。舟摇摇以輕颺，風飄飄而吹衣。問征夫以前路，恨晨光之熹微。乃瞻衡宇，載欣載奔。僮僕懽迎，稚子候門。三徑就荒，松菊猶存。携幼入室，有酒盈罇。引壺觴以自酌，眄庭柯以怡顏。倚南窗以寄傲，審容膝之易安。園日涉以成趣，門雖設而常關。策扶老以流憩，時矯首而遐觀。雲無心以出岫，鳥倦飛而知還。景翳翳以將入，撫孤松而盤桓。歸去來兮！請息交以絶游。世與我而相遺，復駕言兮焉求？悦親戚之情話，樂琴書以消憂。農人告余以春及，將有事於西疇。或命巾車，或棹孤舟。既窈窕以尋壑，亦崎嶇而經丘。木欣欣以向榮，泉涓涓而始流。善萬物之得時，感吾生之行休。已矣乎！寓形宇内復幾時，曷不委心任去留，胡爲乎遑遑欲何之？富貴非吾願，帝鄉不可期。懷良辰以孤往，或植杖而耘耔。登東皋以舒嘯，臨清流而賦詩。聊乘化以歸盡，樂夫天命復奚疑！

第十九課　范蔚宗《費長房傳》節　怪奇

漢費長房者，汝南人也。曾爲市掾。市中有老翁賣藥，懸一壺於肆頭，及市罷，輒跳入壺中，市人莫之見，惟長房於樓上覩之，異焉，因往再拜，奉酒脯。翁知長房之意其神也，謂之曰：「子明日可更來。」長房旦日復詣翁。翁乃與俱入壺中，惟見玉堂嚴麗，旨酒甘肴，盈衍其中，共飲畢而出。翁後就樓上候長房，曰：「我神仙，以過見責。今當去，子能相隨乎？樓下有少酒，與卿爲别。」長房取之，不能勝。令十人扛之，猶不舉。翁聞笑而下樓，以一指提之而上，視器如一升許，而二人飲之，終日不盡。長房遂從翁求道，入深山。踐荆棘於羣虎之中，留使獨處，長房不恐。又卧於空室，以朽索懸萬斤石於心上，衆蛇競來齧，索且斷，長房亦不移。翁還，撫之曰：「子可教也。」復使食糞，糞中有三蟲，臭穢特甚，長房意惡之。翁曰：「子幾得道，恨於此不成，如何！」長房辭歸，翁與一竹枝，曰：「騎此則自至矣。既至，可以杖投葛陂中也。」長房乘杖，須臾來歸，自謂去家適經旬日，而已十餘年矣。以杖投陂，顧視則龍也。

第二十課　范蔚宗《華佗傳》

節　怪奇

漢華佗，字元化，沛國譙人也。曉養性之術，年且百歲，猶有壯容，時人以爲仙。精於方藥，遇重症，非鍼藥所能及者，令服麻沸散，醉無所覺，因刳腹抽割積聚。若在腸胃，則斷截湔洗，除去疾穢。既而縫合，傅以神膏，四五日創愈，匝月平復。佗嘗行道，見有病咽塞者，因語之曰：「向來道隅，有賣餅人蓱虀甚酸，可取三升飲之，病自當去。」即如佗言，立吐一蛇，乃懸於車而候佗。時佗小兒戲於門中，逆見謂曰：「客車邊有物，必是逢我翁也。」及客進，顧視壁北懸蛇以十數，乃知其奇。廣陵吴普從佗學，佗語普曰：「人體欲得勞動，但不當使極耳。動摇則穀氣得銷，血脈流通，病不能生，譬猶户樞，終不朽也。是以古之仙者，爲導引之事，熊經鴟顧，引挽腰體，動諸關節,以求難老。吾有一術,名五禽之戲,一曰虎、二曰鹿、三曰熊、四曰猨、五曰鳥,亦以除疾,兼利蹏足,以當導引。體有不快,起作一禽之戲,怡而汗出,體輕欲食。」普施行之,年九十餘,耳目聰明,齒牙完堅云。

第二十一課　范蔚宗《左慈傳》節　怪奇

漢左慈,字元放,廬江人也。少有神道。嘗在司空曹操坐,操從容顧衆賓曰:「今日高會,珍羞略備,所少吴松江鱸魚耳。」元放於下坐應曰:「此可得也。」因求銅盤貯水,以竹竿餌釣於盤中,須臾引一鱸魚出。操大拊掌笑,會者皆驚。操曰:「一魚不周坐席,可更得乎?」放乃更餌鉤沈之,須臾復引出,皆長三尺餘,生鮮可愛。操使目前鱠之,周浹會者。操出近郊,士大夫從者百許人。慈乃齎酒一升,脯一斤,手自斟酌,百官莫不醉飽。操怪之,使尋其故,行視諸鑪,悉亡其酒脯矣。操懷不喜,因坐上欲收殺之,慈乃却入壁中,霍然不知所在。或見於市者,又捕之,而市人皆變形,與慈同,莫知誰是。後人逢慈於陽城山頭,因復逐之,遂入走羊羣。操知不可得,乃令就羊中告之曰:「不復相殺,本試君術耳。」忽有一老羝,屈前兩膝人立而言,曰:「遽如許。」即競往赴之,而羣羊數百皆變爲羝,並屈前膝人立,云「遽如許」,遂莫知所取焉。

第二十二課　《國策·鄒忌諷齊王》

名雋

鄒忌脩八尺有餘，而形貌昳麗。朝服衣冠，窺鏡，謂其妻曰：「我孰與城北徐公美？」其妻曰：「君美甚，徐公何能及君也！」城北徐公，齊國之美麗者也。忌不自信，而復問其妾曰：「吾孰與徐公美？」妾曰：「徐公何能及君也！」旦日，客從外來，與坐談，問之：「吾與徐公孰美？」客曰：「徐公不若君之美也。」明日，徐公來，熟視之，自以爲不如。窺鏡而自視，又弗如遠甚。暮寢而思之，曰：「吾妻之美我者，私我也；妾之美我者，畏我也；客之美我者，欲有求於我也。」於是入朝見威王曰：「臣誠知不如徐公美。臣之妻私臣，臣之妾畏臣，臣之客欲有求於臣，皆以美於徐公。今齊地方千里，百二十城，宮婦左右，莫不私王；朝廷之臣，莫不畏王；四境之內，莫不有求於王。由此觀之，王之蔽甚矣！」王曰：「善。」乃下令：羣臣吏民，能面刺寡人之過者，受上賞；上書諫寡人者，受中賞；能謗譏於市朝，聞寡人之耳者，受下賞。令初下，羣臣進諫，門庭若市。數月之後，時時而間進。期年之後，雖欲言，無可進者。燕、趙、韓、魏聞之，皆朝於齊。此所謂戰勝於朝廷。

第二十三課 《國策·周訢止魏王朝秦》 名雋

秦敗魏于華，魏王且入朝于秦。周訢謂王曰：「宋人有學者，三年反而名其母。其母曰：『子學三年，反而名我者，何也？』其子曰：『吾所賢者無過堯、舜，堯、舜名；吾所大者無大天地，天地名。今母賢不過堯、舜，大不過天地，是以名母也。』其母曰：『子之於學者，將盡行之乎？願子有以易名母也。子之於學也，將有所不行也？願子且以名母爲後也。』今王之事秦，尚有可以易入朝者乎？願王之有以易之，而以入朝爲後。」魏王曰：「子患寡人入而不出耶？許綰爲我祝曰：『入而不出，請殉寡人以頭。』」周訢對曰：「如臣之賤也，今人有謂臣曰『入不測之淵而必出，不出，請以一鼠首爲汝殉』者，臣必不爲也。今秦不可知之國，猶不測之淵也；許綰之首，猶鼠首也。內王於不可知之秦，而殉王以鼠首，臣竊爲王不取也。且無梁孰與無河內急？王必曰梁急。無梁孰與無身急？王必曰身急。以三者，身上也，河內其下也。秦未索其下，而王效其上，可乎？」

第二十四課　柳子厚《蝜蝂傳》名僞

蝜蝂者，善負小蟲也。行遇物，輒持取，卬其首負之。背愈重，雖困劇不止也。其背甚澀，物積因不散，卒躓仆不能起。人或憐之，爲去其負。苟能行，又持取如故。又好上高，極其力不已，至墜地死。今世之嗜取者，遇貨不避，以厚其室，不知爲己累也，惟恐其不積。及其怠而躓也，黜棄之，遷徙之，亦以病矣。苟能起，又不艾。日思高其位，大其禄，而貪取滋甚，以近于危墜，觀前之死亡不知戒。雖其形魁然大者也，其名人也，而智則小蟲也，亦足哀夫！

第二十五課　郁離子《賣柑者言》名僞

杭有賣果者，善藏柑。涉寒暑不潰，出之燁〔一〕然，玉質而金色。剖其中，乾若敗絮。予怪而問之曰：「若所市於人者，將以實籩豆，奉祭祀，供賓客乎？將衒外以惑愚瞽乎？甚矣哉，爲欺也！」賣

〔一〕「燁」原誤作「爗」。

者笑曰：「吾業是有年矣，吾賴是以食吾軀。吾售之，人取之，未聞有言，而獨不足子所乎？世之爲欺者不寡矣，而獨我也乎？吾子未之思也。今夫佩虎符，坐皋比者，煌煌乎干城之具也，果能授孫、吴之略耶？峨大冠，拖長紳者，昂昂乎廟堂之器也，果能建伊、皋之業耶？盜起而不知御，民困而不知救，吏奸而不知禁，法斁而不知理，坐縻廩粟而不知耻。觀其坐高堂，騎大馬，醉醇醴而飫肥鮮者，孰不巍巍乎可畏，赫赫乎可象也？又何往而不金玉其外，敗絮其中也哉？今子是之不察，而以察吾柑。」予默默無以應。退而思其言，類東方生滑稽之流。豈其憤世嫉邪者耶？而託于柑以諷耶？

第二十六課　郁離子《司馬季主論卜》名僞

東陵侯既廢，過司馬季主而卜焉。季主曰：「君侯何卜也？」東陵侯曰：「久卧者思起，久蟄者思啓，久懣者思嚏。吾聞之，蓄極則洩，閟極則達，熱極則風，壅極則通。一冬一春，靡屈不伸，一起一伏，無往不復。僕竊有疑，願受教焉。」季主曰：「若是則君侯已喻之矣，又何卜爲？」東陵侯曰：「僕未究其奥也，願先生卒教之。」季主乃言曰：「嗚呼！天道何親？惟德之親。鬼神何靈？因人而靈。夫蓍，枯草也；龜，枯骨也，物也。人，靈於物者也，何不自聽而聽於物乎？且君侯何不思昔者也？有昔者必有今日，是故碎瓦頹垣，昔日之歌樓舞館也；荒榛斷梗，昔日之瓊蕤玉樹也；露蠶風蟬，昔日之鳳笙龍笛也；鬼燐螢火，昔日之金釭華燭也；秋荼春薺，昔日之象白駝峰也；丹楓白荻，昔日之蜀錦齊紈也。昔日之所無，今日有之不爲過；昔日之所有，今日無〔一〕之不爲不足。是故一晝一夜，花開者謝；一春一秋，物故者新。激湍之下，必有深潭；高丘之下，必有浚谷。君侯亦知之矣，何以卜爲？」

第二十七課 《國策·三國攻秦》 靈警

三國攻秦，入函谷。秦王謂樓緩，曰：「三國之兵深矣，寡人欲割河東而講。」對曰：「割河東，大費也；免于國患，大利也。此父兄之任也，王何不召公子池而問焉？」王召公子池而問之，對曰：「講亦悔，不講亦悔。」王曰：「何也？」對曰：「王割河東以講，三國雖去，王必曰：『惜矣！三國且去，吾特以三城從之。』此講之悔也。王不講，三國入函谷，咸陽必危，王又曰：『惜矣！吾愛三城而不講。』此又不講之悔也。」王曰：「鈞吾悔也，寧亡三城而悔，無危咸陽而悔也。寡人決講矣。」卒使公子池以三城講於三國，三國之兵乃退。

〔一〕「無」字原脱。

第二十八課 《國策·齊威王信用章子》 靈警

秦假道韓、魏以攻齊，齊威王使章子將而應之。與秦交和而舍，使者數相往來。章子爲變其徽章，以雜秦軍。候者言章子以齊入秦，威王不應。頃之間，候者復言章子以齊兵降秦，威王不應。如此者三。有司請曰：「言章子之敗者，異人而同辭，王何不發將而擊之？」王曰：「此不叛寡人明矣，曷爲擊之？」頃間，齊兵大勝，秦軍大敗，于是秦王稱西藩之臣，而謝于齊。左右曰：「何以知之？」曰：「章子之母啓，得罪其父。其父殺之，而埋馬棧之下。吾使章子將也，勉之曰：『夫子之强，全兵而還，必更葬將軍之母。』對曰：『臣非不能更葬先妾也。臣之母啓，得罪臣之父。臣之父未教而死。夫不得父之教而更葬母，是欺死父也。故不敢。』夫爲人子而不欺死父，豈爲人臣欺生君哉！」

第二十九課 《國策·趙威后問齊使者》 靈警

齊王使使者問趙威后。書未發，威后問使者曰：「歲亦無恙耶？民亦無恙耶？王亦無恙耶？」使者不説，曰：「臣齊使，使威后。今不問王，而先問歲與民，豈先賤而後尊貴者乎？」威后曰：「不然。苟無歲，何有民？苟無民，何有君？故有問。舍本而問末者耶？」乃進而問之曰：「齊有處士曰鍾離子，無恙耶？是其爲人也，有糧者亦食，無糧者亦食；有衣者亦衣，無衣者亦衣。是助王養其民者也，何以至今不業也？葉陽子無恙乎？是其爲人，哀鰥寡，恤孤獨，振窮困，補不足。是助王息其民者也，何以至今不業也？北宮之女嬰兒子無恙耶？徹其環瑱，至老不嫁，以養父母。是皆率民而出于孝情者也，胡爲至今不朝也？此二士弗業，一女不朝，何以王齊國，子萬民乎？於陵子仲尚存乎？是其爲人也，不上臣于王，下不治其家，中不索交諸侯。此率民而出于無用者也，何爲至今不殺乎？」

第三十課　柳子厚《童區寄傳》節　靈警

童區寄者，郴州蕘牧兒也。行牧且蕘，二豪賊劫持反接，布囊其口，去逾四十里之虛所賣之。寄僞兒啼，恐慄爲兒恒狀。賊易之，對飲酒醉。一人去爲市，一人卧，植刃道上。寄微伺其睡，以縛背刃，力下上，得絶，因取刃殺之。逃未及遠，市者還，得寄，大駭。將殺之，童遽曰：「爲兩郎僮，孰若爲一郎僮耶？彼不我恩也。郎誠見完與恩，無所不可。」市者良久計曰：「與其殺是童，孰若賣之；與其賣而分，孰若吾得專焉。幸而殺彼，甚善！」即藏其尸，持寄抵主人所，愈束縛牢甚。夜半，寄自轉，以縛即爐火燒絶之，雖瘡手勿憚，復取刃殺市者。因大號，一虛皆驚。寄曰：「我區氏兒也，不當爲僮。賊二人得我，我幸皆殺之矣。願以聞於官。」刺史顔證奇之，留爲小吏。不肯。與衣裳，吏護還之鄉。鄉之行劫殺者，側目莫敢過其門，皆曰：「是兒少秦武陽二歲，而計殺二豪，豈可近耶！」

第三十一課　歐陽永叔《桑懌傳》節　靈警

桑懌，開封雍丘人。舉進士，不中，退而力耕。歲凶，汝旁諸縣多盗，懌白令：「願爲耆長，察奸民。」因召里中少年戒曰：「盗不可爲也。吾在此，不汝容也。」少年皆諾。里有老父，子死未斂，盗夜脱其衣。怯，不敢告縣，羸其屍，不能葬。懌聞而悲之。夜入少年王生家，探其篋，不使之知覺。明日遇之，問曰：「爾諾我不爲盗矣，今又盗里父子屍者非爾耶？」少年色動，即推仆地，縛之。詰共盗者，王生指某少年。又自馳取少年，送縣皆伏法。天聖中，河南諸縣多盗，轉運奏移澠池尉。崤古險地，多深山，而青灰山尤阻險，爲盗所恃。惡盗王伯者藏此山，時出爲近縣害。當時爲巡檢者，皆授名捕王伯。懌既至，巡檢僞爲宣頭以示懌，將謀招出之。懌信之，不疑其僞也。因諜知伯所在，挺身入賊中招之。與伯同卧起十餘日，信之，乃出。巡檢反以兵邀于山口，懌幾不自免。懌曰：「巡檢授名，懼無功爾。」即以伯與巡檢，使自爲功，不復自言。

第三十二課　續上

明道、景祐之交，天下旱蝗，盜賊稍稍起。樞密院以傳召懌至京，授惡賊二十三人名，使往捕。懌謀曰：「盜畏吾名，必已潰，潰則難得矣。宜先示之以怯。」至則閉柵，戒軍吏無一人得輒出。居數日，軍吏不知所爲，數請自效，輒不許。既而夜與數卒，變爲盜服以出，迹盜所常行處，入民家。民皆走，獨有一媪留，爲作飲食饋之，如盜，乃歸，復閉柵。三日又往，則携其具就媪饌，而以其餘遺媪。媪待以爲真盜矣。乃稍就媪，與語及羣盜輩。媪曰：「彼聞桑懌來，始畏之，皆遁矣。又聞懌閉營不出，知其不足畏，今皆還也。某在某處，某在某所矣。」懌盡鉤得之。復三日，又往，厚遺之，遂以實告，曰：「我桑懌也，煩媪爲察其實，而慎勿泄。後三日，我復來矣。」後又三日往，媪察其實，審矣。明旦部分軍士，用甲若干人，於某所取某盜；卒若干人，於某處取某盜。其尤彊〔一〕者在某所，則自馳馬以往。士卒不及從，惟四騎追之。遂與賊遇，手殺三人。凡二十三人者，一日皆獲。二十八日，復命京師。

〔一〕「彊」字原誤作「疆」。

第三十三課　《列子·天瑞篇》節　詠詭

杞國有人，憂天地崩墜，身無所寄，廢寢食者。又有憂彼之所憂者，因往曉之曰：「天積氣耳，亡處亡氣。汝屈伸呼吸，終日在天中，奈何憂崩墜乎？」其人曰：「天果積氣，日月星宿，不當墜耶？」曉之者曰：「日月星宿，亦積氣中之有光曜者，即使墜，不能有所中傷。」其人曰：「奈地壞何？」曉者曰：「地積塊耳，充塞四處，亡處亡塊。汝躇步跐蹈，終日在地上，奈何憂其壞？」其人大喜，曉之者亦大喜。長廬子聞而笑之曰：「虹霓也，雲霧也，風雨也，四時也，此積氣之成乎天者也。山岳也，河海也，金石也，火木也，此積形之成乎地者也。積氣積塊，奚謂不壞？遇其壞時，奚爲不憂？」子列子聞而笑曰：「言天地壞者謬，言天地不壞者亦謬。壞與不壞，吾所不能知也。雖然，生不知死，死不知生；來不知去，去不知來。壞與不壞，吾何容心哉！」

第三十四課　《列子·周穆王篇》節　詠詭

鄭人有薪於野者，遇駭鹿，御而擊之，斃之。恐人見之也，遽而藏諸隍中，覆之以蕉，不勝其喜。俄而遺其所藏之處，遂以爲夢焉。順途而詠其事。傍人有聞者，用其言而取之。既歸，告其室人曰：「向薪者夢得鹿，而不知其處。吾今得之，彼直真夢矣。」室人曰：「汝夢見薪者之得鹿邪？詎有薪者邪？今真得鹿，是汝之夢真夢也夫？」曰：「吾據得鹿，何用知彼夢我夢邪！」薪者歸，不忘失鹿，其夜真夢藏之之處，又夢得之之主。昧爽，案所夢而尋得之。遂訟而争之於士師。士師曰：「若初真得鹿，妄謂之夢；真夢得鹿，妄謂之實。今既有此鹿，請〔一〕二分之。」以聞鄭君。鄭君曰：「嘻！士師將復夢分人鹿乎？」訪之國相。國相曰：「夢與不夢，臣不能辨也。欲辨覺夢，惟黄帝、孔丘。今無黄帝、孔丘，孰辨之哉？且徇士師之言可也。」

第三十五課　班孟堅《東方朔傳》節　詼詭

漢武帝時，嘗使諸數家射覆，置守宫盂下，射之，皆不能中。朔自贊曰：「臣嘗受《易》，請射之。」迺别著布卦而對曰：「臣以爲龍又無角，謂爲蛇又有足，跂跂（音企）脈脈善緣壁。是非守宫即蜥（音錫）蜴（音奕）。」上曰：「善。」賜帛十匹。復使射他物，連中，輒賜帛。時有幸倡郭舍人，滑稽不窮，常侍左右，曰：「朔狂，幸中耳，非至數也。臣願令朔復射，朔中之，臣榜百，不能中，臣賜帛。」

〔一〕「請」字原誤作「清」。

迺覆樹上寄生，令朔射之。朔曰：「是寠（音巨）藪（音數）也。」舍人曰：「果知朔不能中也。」朔曰：「生肉爲膾，乾肉爲脯；著樹爲寄生，盆下爲寠藪。」上令倡監榜舍人，舍人不勝痛，呼謈（音暴）。朔笑之曰：「咄！口無毛，聲謷謷（音敖），尻（音考）益高。」舍人恚（音貴）曰：「朔擅詆欺天子從官，當棄市。」上問朔：「何故詆之？」對曰：「臣非敢詆之，迺與爲隱耳。」上曰：「隱云何？」朔曰：「夫口無毛者，狗竇也；聲謷謷者，鳥哺鷇（音寇）也；尻益高者，鶴俛啄也。」上聞之大笑。

按：於覆器之下而置諸物，令暗射，曰射覆。　守宫，蟲名。　蜥蜴，與守宫一類。　寠，音貧寠之寠。藪，音數錢之數。寠藪，戴器也，以盆盛物戴於頭者，則以寠藪薦之。　寄生者，芝菌之類，淋潦之日，著樹而生，形有周圜象寠藪者。　謈，冤痛之聲。　朔逐韻而謿之，故云「口無毛，聲謷謷」也。　凡鳥哺子而活者爲鷇，生而自啄曰雛。

第三十六課　郁離子《無支祈與河伯戰》　詼詭

無支祈與河伯鬬，以天吴爲元帥，相抑氏副之，江疑乘雲，列缺御雷，泰逢起風，薄號行雨，蛟鱓鰐鮫，激波濤而前驅者，三百朋。遂北至於碣石，東及吕梁。河伯大駭欲走，靈姑胥止之曰：「不如且戰，不捷而走，未晚也。」乃謀元帥。靈姑胥曰：「贔屓可。」河伯曰：「天吴八首八足，而相抑氏九頭實佐之；雷、風、雨、雲之神，各專其能，以衛中堅；蛟、鼉、鰐、鮫，莫不尾劍口鑿，鱗鋒鬣鍔，掉首摧山，揵鬐倒淵，而豈贔屓所敢當哉！」靈姑胥曰：「此臣之所以舉贔屓也。夫將，以一身統三軍者也。三軍之耳目，齊於一人，故耳齊則聰，目齊則明，心齊則一。萬夫一力，天下無敵。今天吴之頭八，而副之者又九其頭。臣聞人心之神，聚於耳目，目多則視惑，耳多則聽惑。今以二將之心，而御其耳目六十有八，則已不能無惑矣。加以雲、雷、風、雨之師，各負其能，而畢欲逞焉，其孰能一之？故惟贔屓爲足以當之。贔屓之冥冥，不可以智誘、威脅而謀激也，而其志有必至，破之必矣。」乃使贔屓帥九夔以伐之，大捷。故曰：衆志之多疑，不如一心之獨決也。

第三十七課　蘇子瞻《喜雨亭記》

節　恬適

亭以雨名，志喜也。古者有喜，則以名物，示不忘也。周公得禾以名其書，漢武得鼎以名其年，是也。予至扶風之明年，始治官舍。爲亭于堂之北，而鑿池其南，引流種樹，以爲休息之所。是歲之春，彌月不雨，民以爲憂。越三月乙卯乃雨，甲子又雨，民以爲未足。丁卯大雨，三日乃止。官吏相與慶于庭，商賈相與歌于市，農夫相與忭于野，憂者以樂，病者以愈，而吾亭適成。于是舉酒于亭上，以屬客而告之，曰：「五日不雨可乎？」曰：「五日不雨，則無麥。」「十日不雨可乎？」曰：「十日不雨，則無禾。」「無麥無禾，歲且薦饑，獄訟繁興，而盜賊滋熾。則吾與二三子，雖欲優游以樂於此亭，其可得耶？今天不遺斯民，始旱而賜之以雨，使吾與二三子得相與優游而樂於此者，皆雨之賜也。其又可忘耶？」既以名亭，又從而歌之，曰：「使天而雨珠，寒者不得以爲襦；使天而雨玉，饑者不得以爲粟。一雨三日，繄誰之力？民曰太守。太守不有，歸之天子。天子曰不然，歸之造物。造物不自以爲功，歸之太空。太空冥冥，不可得而名。吾以名吾亭。」

第三十八課　王禹偁《黄州竹樓記》節　恬適

黄岡之地多竹，大者如椽。竹工破之，刳去其節，用代陶瓦，比屋皆然，以其價廉而工省也。子城西北隅，雉堞圮毁，榛莽荒穢，因作小樓二間，與月波樓通。遠吞山光，平挹江瀨，幽闃遼敻，不可具狀。夏宜急雨，有瀑布聲；冬宜密雪，有碎玉聲。宜鼓琴，琴調和暢；宜詠詩，詩韻清絶；宜圍棋，子聲丁丁然；宜投壺，矢聲錚錚然。皆竹樓之所助也。公退之暇，被鶴氅衣，戴華陽巾，手執《周易》一卷，焚香默坐，消遣世慮。江山之外，第見風帆沙鳥，烟雲竹樹而已。待其酒力醒，茶烟歇，送夕陽，迎素月，亦謫居之勝概也。聞之竹工云：「竹之爲瓦僅十稔，若重覆之，得二十稔。」余今四年之間，奔走不暇，未知明年又在何處，豈懼斯樓之易朽乎！後之人與我同志，其或嗣而葺之歟？是未可知也。

第三十九課　晁補之《新城遊北山記》節　恬適

去新城之北三十里，山漸深，草木泉石漸幽。初猶騎行石齒間，旁皆大松，曲者如蓋，直者如幢，立者如人，卧者如虯。有泉墮石井，鏘然而鳴。松間籐數十尺，蜿蜒如大虺。稍西一峰高絶，有蹊介然，僅可步。繫馬石觜，相扶携而上，篁篠蔽天，仰不見日。過四五里，乃聞雞聲。有僧布袍躡履來迎，與之語，愕而顧，如麇鹿不可接。頂有屋數十間，曲折依崖壁爲欄楯，如蝸形繚繞。既坐，山風颯然而至，堂殿鈴鐸皆鳴，二三子相顧而驚，不知身之在何境也。日莫皆宿。於時九月，天高露清，山空月明。窗間竹數十竿，相摩戛，聲切切不已。竹間梅棕森然，如鬼魅離立狀，相顧魄動而不得寐。遲明皆去。既還家數日，猶恍惚若有遇也。

第四十課　吴南屏《説釣》節　恬適

余村居無事，喜釣游。當初夏時，望見村中塘水，晴碧汎然，疾理竿絲，持籃而往。至於塘岸，擇水草空處，投食其中，餌鈎而下之，蹲而視其浮子，思其動而掣之，則得大魚焉。無何浮子寂然，則徐牽引之，仍自寂然。已而手倦足疲，倚竿於岸，游目而觀之，其寂然者如故。蓋逾時思得一動，動而掣之，則無有。余以爲魚將至矣，又逾時動者稍異，掣之得鯽，長可四五寸許。余以爲魚至矣，大者可得矣。起立而伺之，注意以取之，間乃一得，適如前之魚，無有大者。乃收竿持魚以歸。歸而妻子勞問有魚乎，余示以籃而一相笑也。余疑釣之不善，問之常釣家，率如是。噫！此可以觀矣。吾嘗試求禄于時矣，與吾之此釣有以異乎哉？夫大之上有大焉，得之後有得焉，勞神僥倖之門，忍苦風塵之路，終身無滿意時，求如此之日暮歸來，而博妻孥〔一〕之一笑，豈可得耶？

〔一〕「孥」字原誤作「拏」。

附録：畢公天編《全國學校國文成績大觀》序

庚申（一九二〇年）

《易傳》曰：「文明以止，人文也。觀乎天文，以察時變；觀乎人文，以化成天下。」《論語》曰：「質勝文則野，文勝質則史，文質彬彬，然後君子。」文野之判，人心風俗之幾，亦即國家盛衰存亡之幾也。入其國，觀其人文，其政教可知矣。吾嘗遊東西各國，考其立國之繇，大都由野而求進於文，且珍其本國之文字，奉以爲國寶，迺旁采他國之文字而間用之，以故文化日盛，而駸駸焉羣致於强。獨至我國則不然。入主出奴，朝秦暮楚，力欲淘汰本國之文學，由文而入於野，以爲非如是不足以快心焉。舉吾數千年之國寶，視之若弁髦，棄之如敝屣。畢君公天慨然嘆曰：「有是哉！吾國之文化乃至此乎！十年而後，吾國人尚能讀吾國之書乎？吾國人尚能爲吾國之文乎？」爰發憤思有以救之，徵集全國學校國文成績都萬餘篇，分上中下三編，别其門類四十有四，舉凡論説、序跋、書牘、記述，旁逮詩詞歌賦諸作，靡不網録兼賅。蓋將挽驟倒之狂瀾，唤人心於既昧，其志亦云苦矣。君子之爲道也，惟能爲之於舉世不爲之日，有如昌黎所謂「一國非之而不顧」者，而後卓然無愧爲豪傑。畢君兹舉，非儒林中之豪傑歟？而文治則更有進者。孔子之贊放勳曰：「巍巍乎其有成功，焕乎其有文章。」文章之道，大之窮宇宙，細之析毫芒，深之探性情心術之微，顯之達教化政治之美。今世士大夫競言救國，乃皆侈談虚無縹緲之學説，而欲以拯衰頽疲弱之危邦，此譬諸適燕而南其轅，愈趨而愈遠。夫漢儒之通經曰「實事求是」，吾願莘莘學子，舍其虚理，惟實事之是求。「水、火、金、木、土、穀，惟修；正德、利用、厚生，惟和」〔一〕，「修其教，不易其俗；齊其政，不易其宜」〔二〕，愛其國寶，毋狂毋愚，毋浮毋誇。經經緯史，鍥而不舍，庶幾由成功而發爲文章者，著於竹帛，銘於旂常，豈不偉哉！是則畢君之志也夫。

中華民國九年九月，交通部上海工業專門學校校長唐文治謹序

〔一〕《尚書・大禹謨》文。
〔二〕《禮記・王制》文。

讀文法

整理説明

唐先生明言：「凡學作文，必先讀文。」又云：「若聲調鏗鏘之法，功夫全在熟讀。」基於此原則，唐先生在刊出《高等小學國文讀本》之後，撰爲是書，題《讀文法》，凡上下兩卷，顧名思義，乃聚焦熟讀文章之門徑。本書在《高等小學國文讀本》基礎上開拓，增删文章選篇，擴充「讀法分類」，從八品演至十品，於一九一四年成書，但未即時刊出。其時先生下屬鄒登泰（字聞卿）見而好之，遂爲是書十類文選作注，並添補部分按語，蔣維喬先生爲之作序，時爲一九一四年。迨注釋完成，題《讀文法箋注》，凡二卷二册，上海商務印書館代爲鉛印梓行，唐先生爲作序文，時爲一九二四年，唐先生已經辭任上海工業專門學校校長，移席無錫國專矣。在《讀文法》一書基礎上，唐先生繼續研求讀書作文之道，逾十年，即一九二五年，寫定《國文經緯貫通大義》八卷。

《國文讀本》分類八品，是爲雄健、誠摯、雅逸、怪奇、名儁、靈警、詼詭、恬適；《讀文法》則拓展爲十品，是爲雄健、精誠、靈警、雅逸、倜儻、恬適、名雋、詼詭、妍麗、怪奇。每類繫以短論，説明精義，亦屬於學文初階之指導專書，「是編所采，類皆風義卓然、激發志氣之作，其所以淬勵人格者深矣」〔一〕。唐先生堅持熟讀聖賢書辭，以培養道德心與正義感，從而變化氣質，實現「人格教育」。

先生讀文之法，有承桐城「因聲求義」之傳統，而其實質，則在「崑曲」藝術之推演。先生於一九二一年發表之《崑曲譜弁言》〔二〕謂：「余維提倡崑曲一事，蓋有微旨寓乎其間。凡爲學必先識字，識字必先審音。崑曲中字音必求其準，反切無秒忽之差，其善一也。詞章之學，邇來澌滅殆盡，曠嘗觀世，求一風雅士，幾不可得。崑曲中如《牡丹亭》《桃花扇》《九種曲》《十種曲》《冬青樹》《帝女花》等，其書雖不足道，要亦古時樂府之遺。游藝之可漸歸於風雅，其善二也。且更有進者。粗厲之音作而士氣囂，噍殺之音作而士心散。聲音之道，與風俗通。往者余宦京師，偕某君游梨園，聆北音，忽問以崑曲，某君忻然曰：『此不啻和風甘雨也。』蓋激烈之至，出以和平，如病

〔一〕陳起紹、何葆恩《唐蔚芝先生〈茹經堂叢書〉提要并序》之提要語。
〔二〕原載上海《儉德儲蓄會月刊》第三卷第一期，一九二一年，頁一～二。已收録《唐文治文集》「序跋類」。

熱之人，服清涼散矣。古語有之：『聖人感人心而天下和平。』余於諸君子提倡崑曲，所希望於人心世道者，更不禁悄然以思、幽然以遠也。」此先生因藝而進道也。

崑曲所禀賦「和風甘雨」之感，不啻《詩》教所倡中和之聲，此先生於《詩》教義所拳拳不已者。移之於讀文，則必以和平之音若崑曲爲典則，故先生之讀文急讀、緩讀、極急讀、極緩讀、平讀五法，非奇技秘訣，概言之不外急、緩、平三種讀音速度。此三者内發於中，其發用視讀者對文章情理之理解深度，與崑曲之「一曲牌止一種唱法」一致，非依循外在之音律繩尺。皆是因情遣氣，因氣運聲，而務字正腔圓，中聲所止，讀書聲如此，是謂和風甘雨。總體而言，唐先生之作文法本孔子論樂之「翕純皦繹法」，體現於文章脈絡；而讀文法取法於崑曲之唱法，而表現於讀書聲上之頓挫與平緩之自然流露。作文與讀文，俱不離音樂本位之精神，乃唐先生文章學之造詣。

整理是書，所據爲一九二四年五月上海商務印書館之初印本。凡唐先生選文與評語，悉完整保留；鄒登泰之字詞注釋則略之，僅保留其按語；各種讀法，唐先生原擬用特定符號標注，詳見書前「綱要」，然這些符號在民國鉛排本中既缺失不全，無法如實反應唐先生之讀文法式，本次整理，只能遺憾捨去。書前有綱要、讀法、兩忌、兩宜、十品等五短論，交代全書宗旨與讀法義例。爲方便閲讀，清晰條理，謹據前《古人論文大義》《國文陰陽剛柔大義》之例，補入「緒言」以標題之。書後附録所搜集之唐先生有關讀文法之講義四篇。

先生此《讀文法》兩册，綿綿若存，何潔瑩博士辛勤搜集，方得以再現於此，復以歐陽艷華博士精校全書，而唐先生所編文章學專書與講義，至此方備，意亦天之厚賚與！

讀文法目録

讀文法卷下

附録

讀文法箋注序

（唐文治）

余於數年前編《讀文法》以教初學，同鄉鄒君聞卿〔一〕見而好之，爲之箋注。今年來眎余，裒然成巨帙，詳審精密，無微不至，其所以津梁後學者周且備矣。讀文者循是以求之，焉有不事半功倍者乎！余喜鄒君之用力廣博而精勤也，爰爲之序曰：

天地之道，陰陽剛柔而已矣！作文者不能外乎是，讀文者亦莫能外乎是。比如氣候陰霾，衷藏紆軫，取陰柔之文讀之，慷慨悲吟，何其鬱伊而善感也。至若春融景明，一窗晴日，取陽剛之文讀之，心曠神怡，何其發揚而蹈厲也。唐柳子厚之論文曰：「激而發之欲其清，固而存之欲其重。」〔二〕近曾文正之論文曰：「字字若履危石而

〔一〕「聞卿」原作「文卿」。根據一九二一年《交通大學上海學校中學教員表》所載，鄒登泰，字聞罄，江蘇無錫人，中史教員。以表文爲正。

〔二〕柳宗元《答韋中立論師道書》文。

下，而其氣則翺翔於虛無之表。」[一]履危石而下者，所謂固而存之也，陰柔之質也；翺翔於虛無之表者，所謂激而發之也，陽剛之性也。氣之輕清者上浮，重濁者下凝。君子秉至大至剛之氣，上與天地相通，幽與古人相浹，清明在躬，志氣如神，所以修其道而成其藝，感人之性而養人之德者，如是焉而已。乾坤易簡之理，易知而易能；大《易》繫辭之理，通於禮樂之情。惟其氣之流而不息，合同而化也。人情根於六氣，六氣是生六律，《論語》子語魯太師樂，曰：「始作，翕如也；從之，純如也，皦如也，繹如也，以成。」[二]翕之言合也，純之言和也，皦之言明也，繹之言相續不絶也。吾嘗以論樂之道推之於讀文。賈生《過秦論》首段，始作翕如也；「於是六國之士」以下，從之純如皦如也；「且夫天下非小弱」以下，繹如以成也。韓昌黎《原道》首段，始作翕如也；「老者曰：孔子，吾師之弟子」以下，從之純如皦如也；「所謂先王之道者」以下，繹如以成也。柳子厚《封建論》首段，始作翕如也；「彼其初與萬物偕生」以下，從

[一] 曾國藩《復吴南屏書》曰：「大集古文敬讀一過，視昔年僅見零篇斷幅者，尤爲卓絶。大抵節節頓挫，不矜奇辭奥句，而字字若履危石而下，落紙乃遲重絶倫。其中閑適之文，清曠自怡，蕭然物外，如《説釣》《雜説》《程日新傳》《屠禹甸序》之類，若翺翔于雲表，俯視而有至樂。」

[二] 《論語·八佾》文。

之純如皦如也；「或者又以爲殷周盛王也」以下，繹如以成也。推之以讀《左傳》，以讀《史記》，雖其形迹變化不同，而其神理無不皆然。昔師乙與子貢論樂曰：「上如抗，下如墜。」「纍纍乎端如貫珠。」「言之不足，故長言之；長言之不足，故嗟嘆之；嗟嘆之不足，故不知手之舞之足之蹈之也。」〔一〕夫讀文豈有他道哉！因乎人心以合乎天籟，因乎情性以達乎聲音。因乎聲之激烈也，而矯其氣質之剛；因乎聲之怠緩也，而矯其氣質之柔。由是品行文章，交修並進，始條理者所以成智，終條理者所以成聖，即以爲淑人心、端風俗之具可矣。竊願與海內同志之士精而究之。甲子仲春唐文治蔚芝甫序。

〔一〕《禮記·樂記》文。

讀文法箋注序

（蔣維喬）

太倉唐蔚芝先生，選輯古文，區爲十品，系以短論，詔示學者，名曰「讀文法」。錫山鄒君聞磬，爲之箋注，學者便之，咸稱是編名副其實。吾以爲文之實，不易言也。周濂溪稱「文以載道」，而以虛車譏俗儒；曾滌笙則謂「虛車甚陋，然無車亦難以行遠」。噫！讀文而僅論法，雖足行遠，要亦虛車而已，寧有當於宏識哉！輓近以來，人欲横流，世道日漓，其能卓然自勵人格者，不數數覯，而心術之卑陋，以士大夫爲尤甚。蓋其所禀之善性，日與人欲相靡，至於泯盡，鮮有以淬礪之，遂乃每況而愈下也。是編所采，類皆風義卓然，激發意氣之作。唐先生意，蓋欲以讀文之法，循循善誘，使學者日夕涵泳，口誦心維，於泯然罔覺之中，有以淬礪其人格。其可爲重者，即文即道，意固别有所在也。若僅僅采其文而昧其道，玩其車而遺其載，是烏可哉！是何可哉！願爲世之讀是書者進一解焉。中華民國三年春蔣維喬序。

緒言

綱要

凡學作文，必先讀文。讀文務須讀熟，諸生於古人文字，遇有性之所愛者，無論其能否背誦，每篇至少必須讀一百數十遍爲度。若篇幅之較長者，則宜分段讀之。蓋讀文之綱要有三：

一曰氣之關係。人無氣則不生，文無氣則不成。人之起居動作，氣主之；文之抑揚開合，亦氣主之。倘不能讀文，則作文時索索無生氣，精神委靡腐敗不堪矣。能讀則氣旺，氣旺則神流，下筆時乃有洋洋灑灑之樂也。

一曰意之關係。古人作文，必有其命意之所在。意有淺有深，有顯有隱；有在文辭之中，有在文辭之外。不讀不能知其意，兀然而對之，徒耗時光而已。能讀則意愈顯，意愈顯則味愈長。且讀熟之後，時時加以精思，則其領悟，必有出人意表者矣。

一曰詞之關係。作文譬諸烹飪，首重資料。能讀文則古人之名詞，皆足爲我之資料，而供我之運用，且能知何等題目當用何等名詞。若不能讀文，則俚辭蠻語，累牘連篇，縱使偶有運用，亦復不能親切。處文明之世界，而不能爲文明之文章，深可惜也。

綜以上數端，故曰學文必先讀文，讀文務須讀熟。

讀法

作文有天資，讀文亦有天資。有閱時無多，而讀文居然得法者；亦有讀文數年，毫無門徑，而作文亦尠進步者，未得法也。茲授諸生讀文之法，不過四字，曰：輕、重、緩、急。重者，高吟是也。輕者，低誦是也。因輕重之法，即可徐悟當緩當急之法。明乎輕重緩急之故，則如八音齊奏，抑揚長短，無不各盡其妙。

至於作文時，譬若王良、造父，駕輕車，就熟路，馳驟於康莊大道矣。故此卷讀文法，有如施、范之弈譜，縱使聰慧絶倫者，亦必須從此入門也。茲特規定標記，重讀者用密「、」，輕讀者用連「—」，急讀者用密「○」，緩讀者用連「△」，每篇命意所在用

「□」，此外可隨意讀者，則概用單「○」[一]，評語圈點别有體例。不敢過繁者，懼學者之易於眩惑也。

兩忌

讀文有二大忌：一爲八股調，一爲朝神調。犯此二者，則終身不能入道，而且種種俚俗，尤可厭鄙。故初學讀文，先須平直其氣。蓋平其氣則不至於做作，直其氣則不至於油滑。倘有犯以上之弊，而求改變者，亦宜以平直爲主。

兩宜

人之性情有陰陽剛柔之分，故爲文亦有陽剛陰柔之異。大抵陽剛類，宜重讀急讀；陰柔類，宜輕讀緩讀。目下諸生程度，雖不足以語此，然於文章之品類，要不可

[一] 此六種示意符號在民國鉛排本中既缺失不全，無法如實反應唐先生之讀文法式，故本次整理此類符號從略。

不知辨别。蓋人生當世，研究學問，於萬事萬物，總以分類爲第一要義，國文特其一端也。

十品

今先以文章十品課諸生。一曰雄健之品，二曰精誠之品，三曰靈警之品，四曰雅逸之品，五曰倜儻之品，六曰恬適之品，七曰名儁之品，八曰詼詭之品，九曰妍麗之品，十曰怪奇之品。諸生當就性之所近讀之，久之，便覺津津有味，手舞足蹈。其於讀文也，但視爲樂境，而不視爲苦境，則得之矣。

讀文法卷上

雄健之品第一

【釋】唐先生於十品題下，皆説明具體意義，後編《國文經緯貫通大義》沿用其例。

何謂雄健之品？放筆爲直榦，任吾意之所嚮，氣之所至，謝疊山先生所謂「放膽文章」是也〔一〕。古人有大志氣者，乃能爲大文章，故作文以立品爲要。雄健者，文之氣骨，實即人之氣骨也。苟其人並無志氣，而其品行復卑鄙齷齪，猥瑣庸劣者，則不

〔一〕謝疊山選録《文章軌範》，分卷一至卷二爲「放膽文」，卷三至卷七爲「小心文」，於卷一目下曰：「凡學文，初要膽大，終要心小，由麤入細，由俗入雅，由繁入簡，由豪蕩入純粹。此集皆麤枝大葉之文，本于禮義，老于世事，合于人情。初學熟之，開廣其胸襟，發舒其志氣，但見文之易，不見文之難，必能放言高論，筆端不窘束矣。」

能讀雄健之文。諸葛武侯云：「恢宏志士之氣，不宜妄自菲薄。」〔一〕願學者端其本可也。兹特選雄健文如下。

宋玉對楚王問〔二〕　楚詞

楚襄王問宋玉曰：「先生其有遺行歟？何士民衆庶不譽之甚也？」宋玉對曰：「唯，然，有之。願大王寬其罪，使得畢其辭。客有歌于郢中者，其始曰『下里巴人』，國中屬而和者數千人；其爲《陽阿》《薤露》，國中屬而和者數百人；其爲《陽春》《白雪》，國中屬和者不過數十人；引商刻羽，雜以流徵，國中屬而和者不過數人而已。是其曲彌高，其和彌寡。（此段以歌作喻。）

「故鳥有鳳而魚有鯤，鳳凰上擊九千里，絶雲霓，負蒼天，足亂浮雲，翱翔乎杳冥之上。夫藩籬之鷃，豈能與之料天地之高哉！（此段以鳳鳥作喻。）

「鯤魚朝發崑崙之墟，暴鬐於碣石，莫宿於孟諸。夫尺澤之鯢，豈能與之量江海〔三〕之大哉！（此段以鯤魚作喻。）

〔一〕諸葛亮《前出師表》文。
〔二〕此文又選録在《高等小學國文讀本》第四册之第一課中及《國文經緯貫通大義》卷六「畫龍點睛法」目下。
〔三〕《高等小學國文讀本》「江海」作「天地」。

「故非獨鳥有鳳而魚有鯤也，士亦有之。夫聖人瑰意琦行，超然獨處；世俗之民，又安知臣之所爲哉！」（此段轉入正意。）

凡作文須先知分段之法，讀文亦須先知分段之法。每讀一段，氣須略息，此要訣也。

此文純用譬喻法。先以歌曲作喻，旋以「故鳥有鳳」一句作頓，又開出兩大喻。復以「故非獨鳥有鳳」一句作轉，則不必更應歌曲矣。迨轉到正文，不過四句，可謂奇警之至。

郭隗説燕昭王〔一〕　戰國策

燕昭王收破燕後即位，卑身厚幣，以招賢者，欲將報讎。（招賢報讎，一篇主腦。）故〔二〕往見郭隗

〔一〕此文又選録在《高等小學國文讀本》第四册之第二課。
〔二〕「燕昭王收破燕後即位，卑身厚幣，以招賢者，欲將報讎，故」凡二十字，在《高等小學國文讀本》約爲「燕昭王即位」五字。

先生曰：「齊因孤國之〔一〕亂而襲破燕。孤極知燕小力少，不足以報。然得賢士與共國，以雪先王之耻，孤之願也。敢問以國報讎者奈何？」（説出報讎宗旨。）郭隗先生對曰：「帝者與師處，王者與友處，霸者與臣處，亡國與役處。詘指而事之，北面而受學，則百己者至。先趨而後息，先問而後嘿，則什己者至。人趨己趨，則若己者至。馮几據杖，眄視指使，則厮役之人至。若恣睢奮擊，呴籍叱咄，則徒隸之人至矣。此古服道致士之法也。（五「至」字一氣寫，與上「得」字應。）王誠博選國中之賢者，而朝其門下，天下聞王朝其賢臣，天下之士必趨于燕矣。」（此段言興國之道，宜尊賢敬師。）

昭王曰：「寡人將誰朝而可？」郭隗先生曰：「臣聞古之君人，有以千金求千里馬者，三年不能得。涓人言于君曰：『請求之。』君遣之。三月，得千里馬，馬已死，買其骨五百金，反以報君。（奇談怪論，趣味盎然。）君大怒曰：『所求者生馬，安事死馬而捐五百金？』涓人對曰：『死馬且買之五百金，況生馬乎！天下必以王爲能市馬，馬今至矣。』于是不能期年，千里馬之至者三。今王誠欲致士，先從隗始。隗且見事，況賢于隗者乎！豈遠千里哉！」（此段以買馬骨喻致賢士之道。）於是昭王爲隗築宫而師之。

樂毅自魏往，鄒衍自齊往，劇辛自趙往，士争湊燕。（極言招賢之效。）燕王弔死問生，與百姓同甘苦。二十八年，國殷富，士卒樂佚輕戰。於是遂以樂毅爲上將軍，與秦、楚、三晉合謀以伐齊。齊

〔一〕「之」字，《高等小學國文讀本》闕。

兵敗，閔王出走於外。燕王獨追北，入至臨淄，盡取齊寶，燒其宮室宗廟。齊城之不下者，唯獨莒、即墨。（極言報讎之效。）〔一〕

前半篇英姿爽颯，後半篇以馬骨作喻，極奇闢。凡文以奇爲主，不奇則不能靈警。而欲求文之奇，先求理想之奇，初學當於此注意。

讀「亡國與役處」一句，深爲慨然。好諛之極，日與僕役處，不亡得乎？抑非特有國者然也，破家亡身，亦必由之，人可不親師而善取友哉？

方山子傳〔二〕　蘇軾（宋嘉祐間人，字子瞻，號東坡居士，謚文忠。）

方山子，光、黄間隱人也。（先提「隱」字作綱領。）少時慕朱家、郭解爲人，閭里之俠皆宗之。（次提「俠」字作脈絡。）稍壯，折節讀書，欲以此馳騁當世，然終不遇。（「不遇」二字爲「隱」字伏綫。）晚乃遁於光、黄間，曰歧亭，庵居蔬食，不與世相聞。棄車馬，毁冠服，徒步往來，山中人莫識也。（寫隱

〔一〕「樂毅自魏往」至「唯獨莒、即墨」之文，《高等小學國文讀本》省略。
〔二〕此文又選録在《高等小學國文讀本》第四册之第三課中。

士景象。）見其所著帽，方屋而高，曰：「此豈古方山冠之遺像乎？」因謂之「方山子」。（方山子是想象得名，真能隱者。）余謫居於黃，過岐亭，適見焉。曰：「嗚呼！此吾故人陳慥季常也！（從假名點出真名。）何爲而在此？」方山子亦矍然，問余所以至此者。余告之故。俯而不答，仰而笑。（摹寫兩人情景逼真。）呼余宿其家，環堵蕭然，而妻子奴婢，皆有自得之意。（伏下「此豈無所得」句。）余既聳然異之。（此段寫其隱之狀況。）

獨念方山子少時，使酒好劍，用財如糞土。前十九年，余在岐山，見方山子從兩騎，挾二矢，遊西山。鵲起於前，使騎逐而射之，不獲。方山子怒馬獨出，一發得之。因與余馬上論用兵，及古今成敗，自謂一時豪士。今幾日耳，精悍之色，猶見于眉間，而豈山中之人哉！（此段摹其俠之神情。）

然方山子世有勳閥，當得官。使從事於其間，今已顯聞。（此言其棄貴從隱。）而其家在洛陽，園宅壯麗，與公侯等。河北有田，歲得帛千匹，亦足以富樂。（此言其棄富從隱。）皆棄不取，獨來窮山中，此豈無得而然哉？（應上「自得」句。）余聞光、黃間多異人，往往佯狂垢污，不可得而見，方山子儻見之歟？（拓開一筆，神韻悠然。）

第一段，隱方山子名，第二段始出陳慥季常，此文家匣劍帷燈法，初學最宜注意學步。第二段神采奕奕，原文云「精悍之色，見於眉間」，愚謂精悍之色，亦見於筆墨之間。末數句如神龍掉尾，可望不可即，韓、蘇兩家，慣用此法。

秦士録〔一〕　宋濂（字景濂，浙江金華人，明太祖徵儒學提舉。）

鄧弼，字伯翊，秦人也。身長七尺〔二〕，雙目有〔三〕紫棱，開闔閃閃如電。能以力雄人，鄰牛方鬬不可擘，拳其脊，折仆地；市門石鼓，十人舁，弗能舉，兩手持之行。然好使酒，怒視人，人見輒避曰：「狂生不可近，近則必得奇辱。」（以上叙士平日恃力行徑。）一日獨飲娼樓〔四〕，蕭、馮兩書生過其下，急牽入共飲。兩生素賤其人，力拒之。弼怒曰：「君〔五〕不我從，必殺君。亡命走山澤耳。不能忍君苦也。〔六〕」兩生不得已，從之。弼自據中筵，指左右，揖兩生坐，呼酒歌嘯以爲樂。酒酣，解衣箕踞，拔刀置案上，鏗然鳴。兩生雅聞其酒狂，欲起走。弼止之曰：「勿走也。弼亦粗知書，君何至相視如涕唾？今日非速君飲，欲少吐胸中不平氣耳。四庫書從君問，即〔七〕不能答，當血是刃。」兩生曰：「有是哉！」遽摘七經數十義叩之。弼歷舉傳疏，不遺一言。復詢歷代史，上下三千年，纚纚如貫珠。

〔一〕此文又選録在《高等小學國文讀本》第四册之第四、五課中。
〔二〕「身長七尺」四字，《高等小學國文讀本》闕。
〔三〕「有」字，《高等小學國文讀本》闕。
〔四〕「獨飲娼樓」句，《高等小學國文讀本》作「獨飲市中」。
〔五〕「君」字後，《高等小學國文讀本》有「終」字。
〔六〕「不能忍君苦也」句，《高等小學國文讀本》闕。
〔七〕「即」字，《高等小學國文讀本》闕。

弼笑曰：「君等伏乎未也？」兩生相顧慘沮，不敢再有問。弼索酒，被髮跳叫，曰：「我今日壓倒老生矣！古者學在養氣，今人一服儒衣，反〔一〕奄奄欲絶，徒欲馳騁文墨，兒撫一世豪傑，此何可哉！此何可哉！君等休矣。」兩生素負多才藝，聞弼言，大愧，下樓，足不得成步。歸，詢其所與游，亦未嘗見其挾册呻吟也。（以上叙士讀書博而且精。）

泰定末，德王執法西御史臺，弼造書數千言，袖謁之，閽卒不爲通。弼曰：「若不知關中有鄧伯翊耶？」連擊踣數人，聲聞於王。王令隸人捽入，欲鞭之。翊〔二〕盛氣曰：「公奈何不禮壯士？今天下雖號無事，東海島夷，尚未臣順。間者駕海艦，互市於鄞，即〔三〕不滿所欲，出火刀斫柱，殺傷我中國民。諸將軍控弦引矢，追至大洋，且戰且却，其虧國體爲已甚。西南諸蠻，雖曰稱臣奉貢，乘黄屋左纛，稱制與中國等，尤志士所同憤。誠得如弼者一二輩，驅十萬横磨劍伐之，則東西爲日所出入者，莫非王土矣。公奈何不禮壯士？」庭中人聞之，皆縮頸吐舌，舌久不能收。王曰：「爾自號壯士，解持矛鼓譟，前登堅城乎？」曰：「能！」「百萬軍中，可刺大將乎？」曰：「能！」「突圍潰陣，得保首領乎？」曰：「能！」王顧左右曰：「姑試之。」問所須，曰：「鐵鎧、良馬各一，雌雄劍二。」王即命給與，陰戒善槊者五十人，馳馬出東門外，然後遣弼往。王自臨觀，空一府隨之。暨弼至，衆槊並進。

〔一〕「反」字，《高等小學國文讀本》闕。
〔二〕「翊」字，《高等小學國文讀本》闕。
〔三〕「即」字，《高等小學國文讀本》闕。

弼虎吼而奔，人馬辟易五十步，面目無色。已而煙塵瘴天，但見雙劍飛舞雲霧中，連斫馬首墮地，血涔涔滴。王撫髀驩曰：「誠壯士！誠壯士！〔一〕」命酌酒勞弼，弼立飲不拜。由是狂名振一時，至比之王鐵槍云。（以上叙士之武藝絶世。）王上章薦諸天子，會丞相與王有隙，格其事不下。弼環視四體，嘆曰：「天生一具銅筋鐵肋，不使立勳萬里外，乃槁死三尺蒿下，命也！亦時也，尚何言！」遂入王屋山爲道士，後十年終。（以不遇結。）

史官曰：「弼死未二十年，天下大亂，中原數千里，人影殆絶。玄鳥來，亦失其家，競棲林木間。使弼在，必當有以自見。惜哉！弼鬼不靈則已，若有靈，吾知其怒髮上衝也。」〔二〕

文境前半篇如天馬行空，不可羈勒。後半篇如風雨雷電一時並至，唯奇人乃有此奇作。

明熊廷弼督學閲文時，座間置劍一、酒杯一，遇劣卷則舞劍以抒其鬱氣，遇奇文則引杯豪吟以賞之。讀此文能無浮一大白？

古人云：「膽欲大，而心欲細。」品行文章皆然。能多讀熟此等文，則膽量自然

〔一〕此處兩句「誠壯士」，《高等小學國文讀本》只録一句。
〔二〕「王上章薦諸天子」至文末，《高等小學國文讀本》省略。

雄大。

義虎記〔一〕　王猷定（字予一，清江西南昌人，著有《四照堂集》。）

明嘉靖時，山西孝義縣，傳有義虎逸事。縣郭外高唐、孤岐諸山多虎，一樵者朝行叢箐中，忽失足墮虎穴。兩小虎卧穴内。穴如覆釜，三面石齒廉利，前壁稍夷，高丈許，蘚落如溜，爲虎徑。樵踴而蹶者數，徬徨繞壁泣，待死。日落風生，虎嘯逾壁入，口銜生麋，分飼兩小虎。見樵蹲伏，張爪奮搏。俄巡視，若有思者，反以殘肉食樵，入抱小虎卧。樵私度虎飽，朝必及。昧爽，虎躍而出。停午，復銜一麂來，飼其子，仍投餕與樵。樵餒甚，取啖。如是者彌月，浸與虎狎。一日，小虎漸壯，虎負之出。樵急仰天大號：「大王救我！」須臾虎復入，拳雙足，俯首就樵。樵騎虎，騰壁上。虎置樵，復携子行。陰崖灌莽，禽鳥聲絶，風獵獵從黑林生。樵益急，呼「大王」，虎却顧，樵跽告曰：「蒙大王活我，今相失，懼不免他患，幸終活我，導我中衢，吾死不忘報也。」虎頷之，遂前至中衢，反立視樵。樵復告曰：「小人西關窮民也，今去，將不復見。歸當畜一豚候大王，西關三里外郵亭之下，某日時過饗。無忘吾言。」虎點頭。樵泣，虎亦泣。（此段叙樵遇虎救始末。）

迨歸，家人驚訊。樵語故，共喜。至期具豚，方事宰割。虎先期至，不見樵，竟入西關。居民見

〔一〕此文又選録在《高等小學國文讀本》第四册之第八、九課中。

之，呼獵者，閉關柵，矛梃鋭弩畢集，約生擒以獻邑宰。樵奔救，告衆曰：「虎與我有大恩，願公等無傷。」衆竟擒詣縣。樵擊鼓大呼。官怒詰，樵具告前事。不信，樵曰：「請驗之，如誑，願受笞！」官親至虎所，樵抱虎痛哭曰：「救我者大王耶？」虎點頭。「大王以赴約入關耶？」復點頭。「我爲大王請命，若不得，願以死從大王。」言未訖，虎淚墮地如雨。觀者數千人，莫不歎息。官大駭，趣釋之。驅至亭下，投以豚，矯尾大嚼，顧樵而去。後名其亭曰「義虎亭」。（此段叙樵之救虎，益以見虎之義。）

王子曰：余聞唐時有邑人鄭興者，以孝義聞，遂以名其縣。今亭復以虎名。然則山川之氣，固獨鍾於兹邑歟！世往往以殺人之事，歸之猛獸，聞義虎之説，其亦知所愧哉！（結有斷制。）

作文與圖畫無異，有采更須有神，方能處處生動。此文第一段，「穴如覆釜」、「三面石齒廉利」，及「陰崖灌莽」、「禽鳥聲絶」、「風獵獵從黑林生」等句，亦係繪聲繪色法，由是神來氣來。第二段「樵擊鼓大呼」及「虎淚墮地如雨」等句，亦係描寫之法，文境乃更淋漓酣暢。

顧亭林先生云：「凡文非有關於世道人心不苟作。」〔一〕此文題面係叙義虎，而其

〔一〕顧炎武《與人書三》曰：「夫《春秋》之作，言焉而已。而謂之行事者，天下後世用以治人之書，將欲謂之空言而不可也。愚不揣，有見于此，故凡文之不關於六經之旨、當世之務者，一切不爲。」

本意則爲振起人心而作。末段斷制，語不多而足以風世，是結出命意法也。

精誠之品第二

何謂精誠之品？「誠者天之道，思誠者人之道。」〔一〕惟天至誠，故四時無愆序，寒暑無愆時，晝夜無愆候。人禀天地正大之氣以生，故性中莫不秉精誠之德。《禮記》曰：「幼子常示毋誑。」〔二〕所以塞詐僞之源也。自古以來聖賢豪傑、忠臣孝子精誠之行，足以感天地而泣鬼神；而其文章傳之百世，其精神志氣躍然如生，後之人亦且聞風而興起者何也？惟其精誠之至，而又得其人以傳之，故其文之精誠，亦歷世而不泯也。愚惟願各校諸生，皆爲聖賢豪傑。爰録精誠之文如下。

〔一〕《孟子·離婁上》文。

〔二〕《禮記·曲禮》曰：「幼子常視毋誑，童子不衣裘裳。」

前漢書·朱雲傳〔一〕（節録）　班固（字孟堅，東漢扶風人，彪之子，超之兄，著《西漢書》。）

漢成帝時，朱雲上書求見。公卿在前，雲曰：「今朝廷大臣，上不能匡主，下無以益民，皆尸位素餐，孔子所謂『鄙夫不可與事君』，『苟患失之，無所不至』者也。（統論大臣之素餐。）臣願賜尚方斬馬劍，斷佞臣一人頭〔二〕，以厲其餘。」上問：「誰也？」對曰：「安昌侯張禹。」（落到張禹。）上大怒，曰：「小臣居下訕上，廷辱師傅，罪死不赦。」御史將雲下。雲攀殿檻，檻折。雲呼曰：「臣得下從龍逢、比干遊於地下足矣，未知聖朝何如耳！」御史遂將雲去。（叙雲之忠直。）於是左將軍辛慶忌免冠，解印綬，叩頭殿下，曰：「此臣素著狂直於世，使其言是，不可誅；其言非，固當容之。臣敢以死争。」慶忌叩頭流血，上意解，然後得已。（叙辛慶忌之爲雲緩頰。）及後當治檻，上曰：「勿易，因而輯之，以旌直臣。」（叙成帝之明察。）

此文本爲第一節，無須分段。「斷佞臣一人」句，及「臣得下從龍逢、比干遊於

〔一〕此文又選録在《高等小學國文讀本》第四册之第十課中。
〔二〕「頭」字，《高等小學國文讀本》闕。

地〔一〕下足矣」句，足振庸主之聾。惟其直之至、誠之至也，故叙直言者，文當有直氣。孟子論浩然之氣，不過曰「以直養而無害」〔二〕，「氣」「直」二字，乃學文者第一要旨也。

後漢書・楊震傳〔三〕（節録）　范曄（字蔚宗，南北朝人，仕宋爲祕丞，著《後漢書》。）

楊震少好學，明經博覽，世稱關西孔子。常客居於湖，不答州郡禮命數十年，衆人謂之晚暮，而震志愈篤。後有冠雀銜三鱣魚，飛集講堂前。都講取魚進曰：「蛇鱣者，卿大夫服之象也。數三者，法三台也。先生自此升矣。」年五十始仕。鄧騭聞其賢而辟之，舉茂才，累遷東萊太守。當之郡，路經昌邑，故所舉荆州茂才王密爲昌邑令，夜懷金十斤以遺震。震曰：「故人知君，君不知故人，何也？」密曰：「莫夜無知者。」震曰：「天知地知，我知子知，何謂無知者。」密愧而出。震性公廉，子孫常蔬食步行，故舊或欲令爲開産業，震不肯，曰：「使後世稱爲清白吏子孫，以此遺之，不亦厚乎！」

此文叙事用小段落，亦可無須細分。唯文氣雖似迂緩，而正大誠慤之意，自然流

〔一〕「地」原誤作「殿」。
〔二〕《孟子・公孫丑上》文。
〔三〕此文又選録在《高等小學國文讀本》第四册之第十一課中。

露行間。

云「天知地知」者，非天地果有所知也，所以自盟其心也。《大學》曾子言「十目所視，十手所指」，實即此意。

張中丞傳後序〔一〕（節録） 韓愈（字退之，唐南陽人，憲宗時貶潮州，封昌黎伯。）

南霽雲之乞救於賀蘭也，賀蘭嫉巡、遠之聲威功績出己上，不肯出師救。愛霽雲之勇且壯，不聽其語，强留之。具食與樂，延霽雲坐。霽雲慷慨語曰：「雲來時，睢陽之人，不食月餘日矣。雲雖欲獨食，義不忍；雖食，且不下咽。」因拔所佩刀，斷一指，血淋漓，以示賀蘭。一座大驚，（聲色壯烈，千載下之尚有生氣。）皆感激爲雲泣下。雲知賀蘭終無爲雲出師意，即馳去。將出城，〔二〕抽矢射佛寺浮圖，矢著其上甎半箭，曰：「吾歸破賊，必滅賀蘭，此矢所以志也。」愈貞元中，過泗州，船上人猶指以相語。（此段言霽雲之忠勇慷慨。）

城陷，賊以刃脅降巡。巡不屈，即牽去，將斬之。又降霽雲，雲未應。巡呼雲曰：「南八，男兒死耳，不可爲不義屈。」雲笑曰：「欲將以有爲也。公有言，雲敢不死？」即不屈。（此段言霽雲之尚欲

〔一〕此文又選録在《高等小學國文讀本》中第四册之第十二課及《國文經緯貫通大義》卷二「段落變化法」目下。

〔二〕「將出城」三字，《高等小學國文讀本》闕。

謀賊，而巡勉其速死。）

凡作文必須有生氣。生氣者，正氣也。天地正氣，塞乎蒼冥之間，人得之以爲生理。故發之於言，則爲忠憤慷慨之語；發之於文，則爲正大激昂之聲。如此等人，如此等文，方可千古不朽。

今人多諱言忠字，非也。盡己之謂忠，凡盡己心者皆可爲忠。凡人對於社會，對於天下，無所不盡其心，即無所不盡其忠。且以忠、孝二字而論，孝指家庭而言，忠指一國而言。蓋忠者，忠於一國，非忠於一家一姓也。如張睢陽南將軍，可謂忠矣。豈可違言忠乎！

萬里尋兄記〔一〕　黄宗羲（字太沖，號梨洲，浙江餘姚人，與顧亭林、王船山齊名。）

宗〔二〕羲六世祖小雷府君，諱璽，字廷璽。兄弟六人。長伯震，商於外，逾十年不歸。府君魂祈

〔一〕此文又選録在《高等小學國文讀本》第四册之第十三、十四課中。
〔二〕「宗」字，《高等小學國文讀本》闕。

夢請卜之，茫然〔一〕不得影響。（叙事立案。）作而曰：「吾兄不過在域内。吾兄可至，吾〔二〕獨不可至乎？」躡屩出門，鄉黨阻之，曰：「汝不知兄之所在，將何之？」〔三〕府君曰：「吾兄，商也。商之所在，必通都大邑。吾盡歷通都大邑，必得兄矣。」（此段述尋兄之理由。）

於是裂紙數千，〔四〕繕寫其兄里系、年貌，爲零丁，榜之所過之處，冀兄或見之。即兄不見，而知兄者或見之也。（此段述尋兄之方法。）

行經萬里，獠洞蠻陬〔五〕，蹤迹殆遍，卒無所遇。府君禱之衡山，夢有人誦「沈綿盜賊際，狼狽江漢行」者，覺而以爲不祥。遇士人占之，問：「君何所求？」府君曰：「吾爲尋兄至此。」士人曰：「此杜少陵《春陵行》中句也。春陵，今之道州也。子至道州，定知消息。」（此段述尋兄之誠感。）

府君遂至道州，傍徨訪問，音塵不接。一日如廁，置傘路旁。伯震過之，見傘而心動，曰：「此吾鄉之傘也。」循其柄而視之，有字一行，曰「姚江黄廷璽記」。伯震方驚駭未決，府君出而相視，若夢寐，慟哭失聲，道路觀者，亦歎息泣下。時伯震已有田園妻子於道州，府君卒挽之而歸。（此段叙兄

〔一〕「卜之，茫然」四字，《高等小學國文讀本》闕。
〔二〕「吾」字後，《高等小學國文讀本》有「何」字。
〔三〕「曰：汝不知兄之所在，將何之」句，《高等小學國文讀本》闕。
〔四〕「裂紙數千」四字，《高等小學國文讀本》闕。
〔五〕「獠洞蠻陬」四字，《高等小學國文讀本》闕。

弟相見時之悽楚。)

嘗觀史傳,人子所遭不幸,間關踣頓,求父求母者不絶書,而獨不聞有爲人弟而求兄者,豈世無其事歟?抑有其事,而紀載者忽之歟?方府君越險阻,犯霜雪,跋涉山川,餓體凍膚而不顧,箝口槁腸而不恤,窮天地之所覆載,際日月之所照臨,汲汲皇皇,惟此一事,視天下無有可以易吾兄者。而其時當景泰、天順之際,英宗、景皇獨非兄弟耶?景皇唯恐其兄之入,英宗唯恐其弟之生,富貴利害,伐性傷恩。以視府君,愛惡頓殊,可不謂天地綱常之寄,反在草野間乎!(末段由「尋兄」二字借點英宗、景皇往事,生出無窮感慨。)

凡文之悱惻纏綿懇摯處,讀之往往下淚者,何也?孟子道性善,東海西海,南〔一〕海北海,此心同,此性同也。以古人精誠之性,感動今人精誠之性,故不自知其歌且泣也。此文動人,全在第一段出門時之誠意,與第二段相見時之情況,字字皆含血淚。故不獨當時道路觀者歎息泣下,後世讀者無不皆然也。

或問此文後段,是結出命意法否?愚曰:非也。命意者,正意也。凡文章前

〔一〕「南」前原衍「不覺」二字。

半篇隱藏正意，至末段點醒，乃謂之結出命意。此文命意，在第一、二段之尋兄，末段乃推而言之，謂天地綱常之紀，何以反在草野之間。此爲感慨贊歎之法，乃旁意，非正意也。古人文字於後幅中，恒有用陪襯，或推廣餘意作結者，說詳《作文法》〔一〕中。

許孝子傳〔二〕　吴敏樹（字南屏，湖南巴陵人，清咸豐間，著《柈湖文集》。）

許孝子，巴陵人，縣之學生，名伯泰，康熙間人也。歲大疫，伯泰之父聖行，客長沙而病。伯泰馳侍疾。父病已，（以上叙父病。）而聞母在家病急。時官有施藥者，其藥良，急求得之，犯風下湘，溺死洞庭中。其夕，母見伯泰來，飲己以藥，頃而汗出，病大蘇。呼伯泰，家人告未至。始言夢，（以上叙病母。）已乃知伯泰死也。（此段叙孝子之爲母而死，是爲傳文。）

吴敏樹曰：孝子之爲孝也，豈不悲哉！方其犯風泛舟，意急歸，誠不知擇。及溺以死，魂魄猶

〔一〕此處所謂《作文法》，即指《國文經緯貫通大義》。書中卷一「奇峰突起法」開示出奇制勝之作法，謂於文中穿插轉折，使篇章奇意屢出，不流於板滯。其中分析韓退子《柳子厚墓誌銘》作法便提到：「近來桐城派傳授，皆用此法。或突然叙於篇首，或於中間，或於結處；或叙天時，或叙地理，或叙人情；或用陪襯，或感慨時事。」將奇峰突起法用於結處，即此處所謂「推廣餘意作結」之意也。

〔二〕此文又選録在《高等小學國文讀本》第四册之第十五課中。

切切以母病爲急，何其孝也！（扼出孝出。）世之人子，或父母病篤，漠然若無有，而許君獨至於此耶！夫死而猶孝，孝安窮耶！夫許君之孝，不得生盡其孝，而以死，可不悲耶！（此段是傳後論贊。）

司馬遷曰：「父母者，人之本也。」人之所以爲人者，孝而已矣。此文叙事，得悽楚二字法，吾輩讀之，能無酸鼻？

自《朱雲傳》起，至此篇爲止，初學能熟讀之，作文修身之道，皆備於是矣。

靈警之品第三

何謂靈警之品？吾心之神謂之靈，吾心之覺謂之警。人之一心於宇宙之形形色色，可以無所不知，無所不照，而靈警之官，恒有時而窒塞者，氣質拘之，事物蔽之也。故欲濬一心之靈覺，在祛嗜欲，養神明；濬文章之靈覺，在通義理，歷世變。萬事之始末，皆有綫索；文章之始末，亦皆有綫索。吾人生此時代，靈警爲尤要矣。無靈警之識者，不可以辦事，即不可以言文。兹特選靈警文如下。

三國攻秦〔一〕　戰國策

三國攻秦，入函谷。秦王謂樓緩，曰：「三國之兵深矣，寡人欲割河東而講。」對曰：「割河東，大費也；免于國患，大利也。此父兄之任也，王何不召公子他〔二〕而問焉？」（割地而講秦，前此未有是事，故緩不肯言而諉之公子他。）王召公子他〔三〕而問之，對曰：「講亦悔，不講亦悔。」（奇峰突起。）王曰：「何也？」對曰：「王割河東以講，三國雖去，王必曰：『惜矣！（描得聲色俱動。）三國且去，吾特以三城從之。』此講之悔也。（縱逸有天然之味。）王不講，三國入函谷，咸陽必危，王又曰：『惜矣！（情趣酷肖，詞極蹻宕，住得妙。）吾愛三城而不講。（住得妙。）』此又不講之悔也。」王曰：「鈞吾悔也，寧亡三城而悔，無危咸陽而悔也。寡人決講矣。」（筆意醒透。）卒使公子他〔四〕以三城講於三國，三國之兵乃退。

初學讀此文，莫名其妙，問余靈警之法安在？告之曰：樓緩知講和之利，而唯

〔一〕此文又選録在《高等小學國文讀本》第四册之第二十七課及《國文經緯貫通大義》卷四「短兵相接法」目下。
〔二〕「他」字，《高等小學國文讀本》作「池」。
〔三〕「他」字，《高等小學國文讀本》作「池」。
〔四〕「他」字，《高等小學國文讀本》作「池」。

恐講和之後，負其責任，故諉於公子他，此其靈警一也。公子他知講和之利，而又逆知講和之後，秦王必悔，故並不言講和之利，突然曰「講亦悔，不講亦悔」，此其靈警二也。秦王聞公子他之言，比較輕重，知安危之分，立時決講，此其靈警三也。而尤妙者，曰：「三國且去，吾特以三城從之。」其愛惜悔恨之意，溢於言外。又曰：「吾愛三城而不講。」即此頓住欲吞不吞，欲吐不吐，含無窮之悔意。司馬遷即常用此法。唐介軒評此篇云：「寥寥數語，錚錚有聲。」此猶皮毛之見也。

齊威王信匡章不叛[一]　戰國策

秦假道韓、魏以攻齊，齊威王使章子將而應之。與秦交和而舍，（可疑者一。）使者數相往來。（可疑者二。）章子爲變其徽章，以雜秦軍。（可疑者三。）候者言章子以齊入秦，威王不應。（見信者一。）頃之間，候者復言章子以齊兵降秦，威王不應，（見信者二。）而[二]此者三。有司請曰：「言章子

[一] 此文又選録在《高等小學國文讀本》中第四册之第二十八課「齊威王信用章子」中。

[二] 「而」字，《高等小學國文讀本》作「如」。

之敗者，異人而同辭，王何不發將而擊之？」王曰：「此不叛寡人明矣，曷爲而〔一〕擊之？」頃間，言〔二〕齊兵大勝，秦兵〔三〕大敗，於是秦王稱西藩之臣而謝於齊。（此段叙齊王信章子之堅，故能取勝。）

左右曰：「何以知之？」曰：「章子之母啓，得罪其父。其父殺之，而埋馬棧之下。吾使章子將也，勉之曰：『夫子之强，全兵而還，必更葬將軍之母。』（示及先人以示優。）對曰：『臣非不能更葬先妾也。臣之母啓，得罪臣之父。臣之父未教而死。夫不得父之教，而更葬母，是欺死父也。故不敢。』夫爲人子，而不欺死父，豈爲人臣欺生君哉！」（此段叙齊王所以信章子之由。）

讀此文，不獨當知齊王之靈警，要宜玩文章之靈警。齊王因章子不敢改葬其母，即信其不叛，因細故以知人，可謂靈警矣。而本文自「使者數相往來」以下，令人迷離惝怳，莫測其故。至齊兵大勝，秦兵大敗，益懷疑莫釋。直至末段揭出「爲人子，而不欺死父」兩句，於是知章子所以不叛之由，於是知齊王所以信章子之由，於是知齊王所以勝

〔一〕「而」字，《高等小學國文讀本》闕。
〔二〕「言」字，《高等小學國文讀本》闕。
〔三〕「兵」字，《高等小學國文讀本》作「軍」。

秦兵之由。故末之二句宜急讀，亦宜重讀。所謂圖窮而匕首見，通篇靈警，全在於此。

史記・孟子荀卿列傳淳于髡一段　司馬遷（字子長，漢武時人，龍門太史談之子，著《史記》。）

淳于髡，齊人也。博聞强記，學無所主。其諫説慕晏嬰之爲人也，然而承意觀色爲務。（先點髡之爲人。）有見髡於梁惠王，惠王屏左右，獨坐而再見之，終無言也。（次點髡之行徑。）惠王怪之，以讓客曰：「子之稱淳于先生，管、晏不及。及見寡人，寡人未有得也。豈寡人不足爲言耶？何故哉？」客以謂髡。髡曰：「固也。吾前見王，王志在驅逐；後復見王，王志在音聲。吾是以默然。」（次點髡之神變。）客具以報王，王大駭，曰：「嗟乎！淳于先生，誠聖人也。前淳于先生之來，人有獻善馬者，寡人未及視，會先生至。後先生之來，人有獻謳者，未及試，亦會先生來。寡人雖屏人，然私心在彼有之。」（此點王之不自隱，愈見髡之神變，自是正文。）後淳于髡見，壹語連三日三夜無倦。（反照前文，靈警無比。）惠王欲以卿相位待之，髡因謝去。於是送以安車駕駟，束帛加璧，黄金百鎰。終身不仕。

或謂此段係髡之偵探而來，非關靈警，此説亦足開發心思。唯讀此文，却不必論髡之靈警，宜知史遷文章之靈警。蓋髡見惠王，未必果有是事，史遷欲狀其承意觀色，特妝點以成之。故自「王大駭曰：嗟乎！淳于先生，誠聖人也」至「私心在彼有之」，學者重讀此一段，益驚淳于髡之靈警，不知皆史遷妝點之神也。韓文公云「左氏浮夸」，不獨左氏爲然，史遷浮夸處，亦復不少。唯愚有進者。文人作文，固不妨於妝點，然君子議論，成人之美，不成人之惡，此則關於心術之微，不可不慎也。

童區寄傳〔一〕 柳宗元（字子厚，唐河東人，貞元間貶永州，著《柳柳州詩文集》。）

柳先生曰：越人少恩，生男女，必貨視之。自毁齒以上，父兄鬻賣以覬其利。不足，則盜取他室，束縛鉗梏之。至有鬚鬣者，力不勝，皆屈爲僮。當道相賊殺以爲俗。（前清廣西、雲、貴尚有此風。）幸得壯大，則縛取幺弱者。漢官因爲己利，苟得僮，恣所爲不問，以是越中户口滋耗。少得自脱，唯童區寄以十一歲勝，斯亦奇矣。（扼一「奇」字爲全篇攬綱。）桂部從事杜周士，爲余言之。（此段始叙作傳大意。）

〔一〕此文又選録在《高等小學國文讀本》中第四册之第三十課中。

童〔一〕寄者，郴州蕘牧兒也。（以下入傳文。）行牧且蕘，二豪賊劫持反接，布囊其口，去逾四十里之虛所，賣之。（叙二賊賣童。）寄僞兒啼恐慄，爲兒恒狀。賊易之，對飲酒醉。一人去爲市，一人卧，植刃道上。童〔二〕微伺其睡，以縛背刃，力下上，得絶，因取刃殺之。（辣手殺卧者，奇一。）逃未及遠，市者還，得童〔三〕，大駭。將殺〔四〕童，遽曰：「爲兩郎僮，孰若爲一郎僮耶？彼不我恩也。郎誠見完與恩，無所不可。」（設計語妙，默應「奇」字。）市者良久，計曰：「與其殺是僮〔五〕，孰若賣之；與其賣而分，孰若吾得專焉。幸而殺彼，甚善！」（中童之計中。）即藏其尸，持僮〔六〕抵主人所，愈束縛牢甚。夜半，童〔七〕自轉，以〔八〕即爐火燒絶之，雖瘡手勿憚，復取刃殺市者。（辣手殺市者，奇二。）因大號，一虛皆驚。童〔九〕曰：「我區氏兒也，不當爲僮。賊二人得我，我幸皆殺之矣。願以聞於官。」（此段叙童寄之機警善謀，正應「奇」字。）

〔一〕「童」字後，《高等小學國文讀本》有「區」字。

〔二〕「童」字，《高等小學國文讀本》作「寄」。

〔三〕「童」字，《高等小學國文讀本》作「寄」。

〔四〕「殺」字，《高等小學國文讀本》後有「之」。

〔五〕「僮」字，《高等小學國文讀本》作「童」。

〔六〕「僮」字，《高等小學國文讀本》作「寄」。

〔七〕「童」字，《高等小學國文讀本》作「寄」。

〔八〕「以」字後，《高等小學國文讀本》有「縛」。

〔九〕「童」字，《高等小學國文讀本》作「寄」。

虚吏白州，州白大府。大府召視兒，幼愿耳。〔一〕（反照「奇」字。）刺史顔證奇之，（應上「奇」字。）留爲小吏。不肯。與衣裳，吏護還之鄉。鄉之行劫殺者，側目莫敢過其門，皆曰：「是兒少秦武陽二歲，而計殺二豪，豈可近耶！」（此段以結束作餘波。）

有極靈警之心，乃能有極靈警之事，與極靈警之言，相逼而來。此文「以縛背刃，力下上，得絶，因取刃殺賊」，又「以縛即爐火燒絶之，雖瘡手勿憚，復取刃殺市者」，令人不覺驚怖，此極靈警之事也。「遽曰：爲兩郎僮，孰若爲一郎僮耶」云云，事急計生，臨時脱口而出，此極靈警之言也。於是其文亦靈警欲絶。第二段當重讀，亦可急讀。

今人動稱機警二字，以爲皆出於一心，其言誠然。然愚有别解曰：天下皆機也，以吾心之警，應天下之機，是謂機警。若天下之機速，而吾心之警遲，則敗矣。童寄之所以能殺賊者，其警速也。而文之警亦貴乎速，若以紆徐之筆叙之，則呆滯失神矣。

〔一〕「虚吏白州，州白大府，大府召視兒，幼愿耳」四句，《高等小學國文讀本》省略。

桑懌傳〔一〕（節録）　歐陽修（字永叔，八家之一，晚號六一居士，卒謚文忠。）

桑懌，開封雍丘人。其兄慥，舉進士有名。懌亦舉進士，再不中，去遊潁汝間，得龍城廢田數頃，〔二〕退而力耕。歲凶，汝旁諸縣多盜，懌白令：「願爲耆長，往來里中〔三〕察奸民。」因召里中少年戒曰：「盜不可爲也。吾在此，不汝容也。」少年皆諾。（先教後疑，是第一段。）

里〔四〕老父子死，未斂，盜夜脱其衣。里老父怯，無他子，〔五〕不敢告縣。羸其屍，不能葬。懌聞而悲之，然疑少年王生者〔六〕，（「疑」字伏下「不疑」。）夜入其〔七〕家，探其篋，不使之知覺。（夜入密探，必獲真贓。）明日遇之問曰：「爾諾我不爲盜矣，（戒之在先，故不敢怨。）今又盜里父子屍者非爾

〔一〕此文又選録在《高等小學國文讀本》中第四册之第三十一、三十二課中。

〔二〕「其兄慥，舉進士，有名，懌亦舉進士，再不中，去遊潁汝間，得龍城廢田數頃」，《高等小學國文讀本》省作「舉進士，不中」五字。

〔三〕「往來里中」四字，《高等小學國文讀本》闕。

〔四〕《高等小學國文讀本》「里」下有「有」字。

〔五〕「里老父怯，無他子」，《高等小學國文讀本》省作「怯」字。

〔六〕「然疑少年王生者」句，《高等小學國文讀本》闕。

〔七〕「其」字，《高等小學國文讀本》作「少年王生」。

耶？」少年色動，即推仆地，縛之。詰共盜者，王生指某少年。懌呼壯丁守王生，〔一〕又自馳取少年者〔二〕送縣，皆伏法。（送縣伏法，是第二段。）

又嘗之郟城，遇尉方出捕盜，招懌飲酒，遂與俱行至賊所藏。尉怯陽爲不知以過。（爲尉者大都操此術。）懌曰：「賊在此，何之乎？」下馬獨格殺數人，因盡縛之。又聞襄城有盜十許人，獨提一劍以往，殺數人，縛其餘。（於此見其勇。）汝旁縣爲之無盜。京西轉運使奏其事，授郟城尉。（奏功授尉是第三段。）〔三〕

天聖中，河南諸縣多盜，轉運奏移澠池尉。崤古險地，多深山，而青灰山尤阻險，爲盜所恃。惡盜王伯者，藏此山，時出爲近縣害。當此時，王伯名聞朝廷，爲巡檢者，皆授名以捕之。既懌至，巡檢者僞爲宣頭以示懌，〔四〕將謀招出之。懌信之，不疑其僞也。（「不疑」，應上「疑」字。）因諜知伯所在，挺身入賊中招之。與伯同卧起十餘日，信之，（於此見其信。）乃出。巡檢者〔五〕反以兵邀於山口，懌幾不自免。懌曰：「巡檢授名，懼無功爾。」即以伯與巡檢，使自爲功，不復自言。巡檢俘獻京師，朝廷知其實，罪黜

〔一〕「懌呼壯丁守王生」七字，《高等小學國文讀本》闕。

〔二〕「者」字，《高等小學國文讀本》闕。

〔三〕此段《高等小學國文讀本》省略。

〔四〕「當此時，王伯名聞朝廷，爲巡檢者，皆授名以捕之，既懌至巡檢者，僞爲宣頭以示懌」，《高等小學國文讀本》省作「當時爲巡檢者，皆授名捕王伯。懌既至，巡檢僞爲宣頭以示懌」。

〔五〕「者」字，《高等小學國文讀本》闕。

巡檢。（巡檢因罪見黜，是第四段。以下節數句。）〔一〕

明道、景祐之交，天下旱蝗，盜賊稍稍起，其間有二十三人，不能捕。〔二〕樞密院以傳召懌，至京，授〔三〕二十三人名，使往捕。懌謀曰：「盜畏吾名，必已潰，潰則難得矣。宜先示之以怯，（「怯」字與上數段反照，妙在假怯耳，真怯則不可。）至則閉柵，戒軍吏無一人得輒出。」居數日，軍吏不知所爲，數請出〔四〕自效，輒不許。既而夜與數卒變爲盜服以出，（於此見其智。）迹盜所常行處，入民家。民皆走，獨有一媪留，爲作飲食，饋之如盜，乃歸。復閉柵，三日又往，則携其具，就媪饌，而以其餘遺媪。媪待以爲真盜矣，乃稍就媪，與語及群盜輩。媪曰：「彼聞桑懌來，始畏之，皆遁矣。又聞懌閉營不出，知其不足畏，今皆還也。某在某處，某在某所矣。」懌盡鉤得之。復三日，又往，厚遺之，遂以實告，曰：「我桑懌也，煩媪爲察其實，而慎勿泄。後三日，我復來矣。」後又三日往，媪察其實，審矣。明旦，部分軍士，用甲若干人，（於此見其嚴。）於某所取某盜；卒若干人，於某處取某盜。其尤彊〔五〕者在某所，則自馳馬以往。士卒不及從，惟四騎追之，遂與賊遇，手殺三人。凡二十三人者，一

〔一〕「巡檢俘獻京師，朝廷知其實，罪黜巡檢」句，《高等小學國文讀本》省略。

〔二〕「其間有惡賊二十三人，不能捕」十二字，《高等小學國文讀本》其下尚有「惡賊」二字。

〔三〕「授」字，《高等小學國文讀本》省略。

〔四〕「出」字，《高等小學國文讀本》闕。

〔五〕「彊」字，《高等小學國文讀本》誤作「疆」。

日皆獲。二十八日，復命京師。（奉命捕盜，就擒復命，是第五段。以下節去，就此作結。）

盧陵歐陽修曰：「勇力人所有，而能知用其勇者少矣。若憚可謂義勇之士，其學問不深而能者，（拈出本領。）蓋天性也。」余固喜傳人事，尤愛司馬遷善傳。而其所書，皆偉烈奇節，士喜讀之。欲學其作，而怪今人如遷所書者何少也，乃疑遷特雄文，善壯其説，而古人未必然也。及得桑憚事，乃知古之人有然焉，遷書不誣也。知今人固有，而但不盡知也。憚所爲壯矣，而不知予文能如遷書，使人讀而喜否？姑次第之。〔一〕

清高宗〔二〕評：「修爲《五代史》，又爲《唐書》紀、書、表，修之史，列在學官矣。顧大卷積帙，讀者須累月經年，録此稗傳，以見其史筆之大略，所謂嘗鼎一臠。」〔三〕

文治按：叙事諳練，極似子長之文。

登泰按：桑憚固靈警之人，其所傳者，爲靈警之事；盧陵以靈警之筆，寫此靈警之文，可稱雙絶。

〔一〕「盧陵歐陽修曰」至「姑次第之」之文，《高等小學國文讀本》省略。
〔二〕清高宗即乾隆帝。
〔三〕文出《御纂唐宋文醇》中《桑憚傳》後御評。

雅逸之品第四

何謂雅逸之品？古人有言：「其雅在骨，其俗在骨。」夫雅俗豈真天生之骨哉？平旦清明之氣，得之愈多，則雅勝矣；委瑣齷齪之氣，得之愈多，則俗勝矣。一雅一俗，而人品分焉，而文品亦分焉。其人而入於俗，終身不可變者也；其文而入於俗，亦終身不可療者也。老子曰：「金玉滿堂，莫之能守。」〔一〕何其言之俗也。陶淵明詩云：「采菊東籬下，悠然見南山。」〔二〕李太白詩云：「借問此何日，春風語流鶯。」〔三〕何其言之雅也。知此者，可與言雅俗之分矣。兹特選雅逸文如下。

〔一〕《道德經》第九章文。
〔二〕陶淵明《飲酒》詩。
〔三〕李白《春日醉起言志》詩。

後漢書·郭林宗傳〔一〕（節録）　范曄（見前）

漢郭林宗，家世貧賤，早孤。母欲〔二〕給事縣廷，林宗曰：「大丈夫焉能處斗筲之役乎？」遂辭。就成皋屈伯彦學，三年業畢。（此段言林宗之學業。）

博通墳籍，善談論。遊於洛陽，見河南尹李膺。膺大奇之，遂相友善。（此段言林宗之友誼。）於是名震京師。後歸鄉里，衣冠諸儒，送至河上。車數十兩。林宗惟與李膺同舟而濟，衆賓望之以爲神仙焉。（此段言林宗之物望。）

性明知人，好獎訓士類。身長八尺，容貌魁偉，褒衣博帶，周遊郡國。嘗於陳、梁間行遇雨，巾一角墊，時人乃故折巾一角，以爲「林宗巾」，其見慕如此。（此段言林宗之行徑。）

茅容者，陳留人也。一日耕於野，避雨樹下，衆皆夷踞，容獨危坐愈恭。林宗行見之，而奇其異，遂與共言，因請寓宿。旦夕〔三〕容殺雞爲饌，林宗謂爲己設，既而以供其母，自以草蔬與客同飯。（此段言林宗之識人。）

〔一〕此文又選録在《高等小學國文讀本》第四册之第十六課中。

〔二〕「欲」字，《高等小學國文讀本》其下有「使」字。

〔三〕「夕」字，《高等小學國文讀本》作「日」。

林宗起拜之曰：「卿賢乎哉！」因令勸〔一〕學，卒以成德。（「成德」二字爲全文綱要。）

清氣往來，庸人豈能道其隻字。

歸去來辭〔二〕　陶潛（字淵明，一字元亮，潯陽柴桑人，時爲彭澤令歸。）

序曰：余家貧，又心憚遠役。彭澤去家百里，故便求之。及少日，眷然有歸歟之情，自免去職。因事順心，故命篇曰《歸去來》。（淵明爲彭澤令，郡遣督郵至，吏白當束帶見之。因歎曰：「我不能爲五斗米折腰，乃自解印綬歸。」）〔三〕

歸去來兮，（就彭澤言，謂之歸去。就南村言，謂之歸來。篇中從思歸至到家，步步叙明，故合言之曰「歸去來」。）田園（「田園」總提，開下文兩二大段。）將蕪胡不歸！（「歸去來」爲全篇總綱，提「田園」二字，所以爲歸之地步。）既自以心爲形役，（心爲形役，與樂夫天命針對。）奚惆悵而獨悲？（四句密處歸計。「自」字、「獨」字，猶之自作自受，徒悲無益。末段「寓形」、「委心」句，與此句呼應，極

〔一〕「勸令」，《高等小學國文讀本》作「令勸」。
〔二〕此文又選録在《高等小學國文讀本》第四册之第十八課及《國文經緯貫通大義》卷六「皎潔無塵法」目下。
〔三〕「序曰」至「歸去來」之文，《高等小學國文讀本》省略。

靈。）悟已往之不諫，知來者之可追。（二句本《論語》楚狂接輿語脱化而來。）實迷途其未遠，覺今是而昨非。（《離騷》云「回朕車以復路兮，及行迷之未遠」，爲此句藍本。「覺」字承上「悟」字、「知」字來，與「迷」字對針，見得是非較明，只有歸去一着爲上策。）舟摇摇以輕颺，風飄飄而吹衣。（舟行之況。）問征夫以前路，恨晨光之熹微。（陸行之況。）乃瞻衡宇，（愈行愈近，望見南村。）載欣載奔。（寫樂歸情景。）僮僕懽迎，稚子候門。（到家及門。）三徑就荒，松菊猶存。（入門之況。）携幼入室，有酒盈罇。（入室之況。）引壺觴以自酌，（室中飲酒之況。）眄庭柯以怡顔。倚南窗以寄傲，審容膝之易安。（室中住下之況。）園日涉以成趣，（以下八句皆叙園中之樂，應篇首「園」字。「成趣」在下面六句上見。）門雖設而常關。策扶老以流憩，時矯首而遐觀。（有自得無欲氣象。）雲無心以出岫，鳥倦飛而知還。（根蟠首句來，有萬物静觀皆自得之妙。）景翳翳以將入，撫孤松而盤桓。（即景縈情，繳〔一〕歸來意。林西仲以此八句了園中事。）

歸去來兮！（以上爲上半截，再提「歸去來兮」一句，爲下半截，透不再出意。）請息交以絶游。世與我而相遺，復駕言兮焉求？（申息交絶游之意。）悦親戚之情話，樂琴書以消憂。（言情話，見天倫，自有樂趣，可絶口不談世事。憂世之心雖未遽忘，然得琴書，尚友古人，亦自有樂。即尼山樂以忘憂之意。）

〔一〕繳，即纏繞之意。

農人告余以春及，將有事乎〔一〕西疇。（以下數句，皆叙農事之樂，應篇首「田」字。）或命巾車，或棹孤舟。既窈窕以尋壑，（舟之所至。）亦崎嶇而經丘。（車之所至。）木欣欣以向榮，泉涓涓而始流。（是早春光景，從「春及」二字生來。）善（一作「羨」。）萬物之得時，感吾生之行休。（説到曠達，是第二次繳歸來意。林西仲以爲了田中事。）已矣乎！（再提此三字，爲全篇總結。）寓形宇内復幾時，曷不委心任去留，（死爲去，生爲留，委心聽其自然，是老莊一死生之意。寓形、委心，正以心爲形役，勘破塵俗，純歸大化。）胡爲乎（一無「乎」字。）遑遑欲何之？（此句爲「心爲形役」的「役」字勘破。）富貴非吾願，帝鄉不可期。（富貴指形之留時説，形留則思富貴；帝鄉指形之當去説，形去則思帝鄉。皆癡妄耳！非吾願不可期，又欲何之？正見老莊之曠達。）懷良辰以孤往，或植杖而耘耔。登東皋以舒嘯，臨青〔二〕流而賦詩。（四句是委心處。）聊乘化以歸盡，（「乘化」啓下「樂天」。）樂夫天命復奚疑！（樂天命，通攝「歸去來」之正意。千里來龍，至此結穴。非但得老莊之曠達，正合孔孟之工夫。）

林西仲曰：「陶元亮作令彭澤，不爲五斗米折腰，竟成千秋佳話。」「蓋元亮生於晉祚將移之時，世道人心，皆不可問，而氣節學術，無所用之，徒勞何益？五斗折腰之説，有託

〔一〕「乎」字，《高等小學國文讀本》作「於」。
〔二〕「青」字，《高等小學國文讀本》作「清」。

而逃，猶張翰因秋風而思蓴鱸，斷非爲饞口垂涎起見。故前半段以『心爲形役』一語，後半段以『世與我遺』一語，微見其意也。篇首『田園』兩字，是通篇綱領。歸計已定，即日俶裝，所謂見幾而作，不俟終日也。從茲而舟行，而陸行，而至門，而入室，而飲酒，而安居，煞有次第。然後以涉園一段，了却園事。」「以西疇一段，了却田事。」「篇首曰『獨悲』，篇中曰『自酌』，篇末曰『孤往』，如人飲水，冷暖自知。」「及結出『乘化歸盡』，『樂乎天命』等語，則素位而行。」「本領盡情拈出。自首至尾，凡五易韻，爲騷之變體。」〔一〕

桃花源記〔二〕　陶潛

晉太元中，武陵人捕魚爲業。緣溪行，（點溪。）忘路之遠近，（「忘」字妙。）忽逢桃花林。（「忽」字妙，點林。）夾岸數百步，中無雜樹，芳草鮮美，落英繽紛。漁人甚異之，（十分春色，本是無意中逢。）復前行，欲窮其林。林盡水源，（點水。）便得一山。（點山亦是無意中得。）山有小口，仿佛若有光。便捨船，從口入。初極狹，纔通人。復行數十步，豁然開朗。（別有天地非人間，下文全從此開出。）土地平

〔一〕林雲銘《古文析義》卷一〇文。
〔二〕此文又選録在《高等小學國文讀本》第四冊之第十七課及《國文經緯貫通大義》卷二「空中樓閣法」目下。

曠，屋舍儼然，有良田、美池、桑竹之屬，（點池、桑竹。）阡陌交通，雞犬（點雞犬。）相聞。（叙山中景物。）其中往來種作，男女衣著，（點人。）悉如外人。黄髮垂髫，並怡然自樂。（叙山中人純然古風。）見漁人，乃大驚，問所從來。具答之。便要還家，設酒殺雞作食。（初只一人獨見。）村中聞有此人，咸來問訊。（因而衆人共見。）自云先世避秦時亂，率妻子邑人來此絶境，不復出焉，遂與外人間隔。（自叙到山中來歷。）問今是何世，乃不知有漢，無論魏、晉。此人一一爲具言，所聞〔一〕皆歎惋。（數語包括無數句，非他人所能措手。）餘人各復延至其家，皆出酒食。停數日，辭去。此中人語云：「不足爲外人道也。」（此中異境，於此勒住，逸韻悠然。）既出，（「出」字應上「入」字。）得其船，便扶向路，處處誌之。（爲再來計。）及郡下，詣太守説如此。太守即遣人隨其往。尋向所誌，遂迷（「迷」字妙，不粘住。）不復得路。（此境原非有意求得。）南陽劉子驥，高尚士也。聞之，欣然親往，未果，尋病終。（爲上文「不復得路」作引，所以謝後來之俗客。）後遂無問津者。（有此一句方結得住，所以杜後人之妄想。）〔二〕

此文工於點綴，無待言矣。其妙處在「豁然開朗」四字。有豁然開朗之心，斯有豁然開朗之境，乃有豁然開朗之文。世界有一綫之光明，即憑乎一心而已，故讀此文者，當别

〔一〕「聞」字，《高等小學國文讀本》作「問」。
〔二〕「既出」至「後遂無問津者」之文，《高等小學國文讀本》省略。

具思想。林西仲曰：「唐舒元輿《桃花源畫記》〔一〕，謂武陵之源，分靈洞三十六之一支，似漁人所遇，實有其處矣。愚以爲元亮生於晉、宋之間，遐思治世，不欲作三代以下人物，爲此寓言寄興，猶王績之醉鄉，不必實有是鄉。白玉蟾之寂光國，不必實有其國也。」〔二〕

登泰按：篇中「不足爲外人道」一句、篇末「後遂無問津者」一句，正以結出作意。寓言寄興，於言外見得。

春夜宴桃李園序　李白（字太白，天寶中，草《和番書》，拔郭汾陽於行伍，稱謫仙。）

夫天地者，萬物之逆旅；光陰者，百代之過客。（言不留。）而浮生若夢，爲歡幾何？（言不久。）古人秉燭夜遊，（先點「夜」字，言當及時行樂。）良有以也。（起筆天空海闊。）況陽春召我以煙景，大塊假我以文章。（次點「春」字，觸目烟景，皆供詩料。）會桃李之芳園，（又次點宴所。）序天倫之樂事。（又次點宴中人。）羣季俊秀，皆爲惠連；（羨諸弟之才。）吾人詠歌，獨慚康樂。（謙言己之拙。）幽賞未已，高談轉清。（言宴之樂。）開瓊筵以坐花，（切桃李園。）飛羽觴而醉月。（切春夜。）不有佳作，何伸雅懷？如詩不成，罰依金谷酒數。（收筆勁鍊。）

〔一〕「《桃花源畫記》」，《古文析義》作「《桃源畫記》」。
〔二〕林雲銘《古文析義》卷一〇文。

幽懷逸趣，辭短韻長，讀之令人滌悶。

愛蓮説　周敦頤

（字茂叔，道州人，著《太極通書》，二程師之，稱濂溪先生。）

水陸草木之花，可愛者甚蕃。（先提可愛者，寬一層説。）晉陶淵明獨愛菊。（陸而草本者，陪襯第一筆。）自李唐來，世人甚愛牡丹。（陸而木本者，陪襯第二筆。）予獨愛蓮之出淤泥而不染，（出題，喻不污於人，可愛一。）濯清漣而不妖，（喻不媚於世，可愛二。）中通外直，（心不窒而行不邪，可愛三。）不蔓不枝，（喻無煩文苛禮，可愛四。）香遠益清，（清風遠被，可愛五。）亭亭凈植，（卓然自立，可愛六。）可遠觀而不可褻玩焉。（喻威儀嚴肅，於此小結。）

予謂菊，花之隱逸者也；牡丹，花之富貴者也；蓮，花之君子者也。（辨花之品，斷案如山。上二句是賓，下一句是主。）噫！菊之愛，陶後鮮有聞。（真隱難得。）蓮之愛，同予者何人？（知德者鮮。）牡丹之愛，宜乎衆矣！（人孰不愛富貴？撇筆作結，語帶諷刺。）

《史記·屈原傳》云：「浮游塵埃之外，不獲世之滋垢。」此文近之。

林西仲云：「濂溪得千聖不傳之緒，所作《愛蓮説》，實借題自寫其所學耳。」「余

少夢讀《蓮花圖説》云：『一切惟心心可憐，朝朝學種火中蓮。一脚踏破蓮中火，始信蓮花九葉全。』」[一]

登泰按：此内典所以有妙法蓮花之説也。濂溪特提，以比君子，行文亦瀟灑絶俗。

倜儻之品第五

何謂倜儻之品？虬髯公見太原公子裼裘而來，即默然而退，曰：「吾不能與之並驅於中原。」後唐太宗果得天下，虬髯公卒爲海外扶餘國王，倜儻之致亦雄矣哉！古人有以數十言而却强兵數十萬者，得倜儻之神也，然而有辨焉。孟子曰：「説大人則藐之，勿視其巍巍然。」[二]可謂倜儻矣。蘇秦擁金玉錦繡之雄，遊説諸侯，天下莫之抗，亦不得不謂之倜儻也。然一則配道義之尊，一則逞虚憍之氣，吾黨之士何去乎？何從乎？兹特選倜儻文如下。

[一] 林雲銘《古文析義》卷一五文。
[二] 《孟子·盡心下》文。

史記·信陵君列傳〔一〕（節録）　司馬遷

公子與魏王博，〔二〕而北境傳舉烽，言「趙寇至，且入界」。（此段言公子之倜儻，當與謝安圍棋別墅同看。）魏王釋博，欲召大臣謀。公子止王曰：「趙王田獵耳，非爲寇也。」復博如故。王恐，心不在博。居頃，復從北方來，傳言曰：「趙王獵耳，非爲寇也。」（複筆，見公子之賢能。）魏王大驚，曰：「公子何以知之？」公子曰：「臣之客，有能探得趙王陰事者，趙王所爲，客輒以報臣。臣以此知之。」是後魏王〔三〕畏公子之賢能，不敢任公子以國政。（一「驚」字，一「畏」字，隱寫魏王之忌。）

魏有隱士曰侯嬴，年七十，家貧，爲大梁夷門監者。公子聞之，往請，欲厚遺之。不肯受，曰：「臣脩身潔行數十年，終不以監門困故而受公子財。」（此寫侯嬴之修潔，正以增隱士之俠氣。）公子於是乃置酒，大會賓客。坐定，公子從車騎，虚左，自迎夷門侯生。侯生攝敝衣冠，直上載公子上坐，不讓，欲以觀公子。（此寫侯嬴之傲骨。）公子執轡愈恭。（「愈恭」二字，爲下文虚籠。）侯生又謂公子曰：「臣有客在市屠中，願枉車騎過之。」公子引車入市，侯生下見其客朱亥，俾倪，故久立，與其客

〔一〕此文又選録在《高等小學國文讀本》第二册之第十九課「魏公子信陵敬禮侯生」及《高等學堂國文講義》卷七「司馬子長文」之《魏公子傳（太陽）》中。

〔二〕「公子與魏王博」，《高等小學國文讀本》前尚録「魏公子無忌者，魏安釐王異母弟也」二句。又，「與」上有「嘗」字。

〔三〕「曰公子何以知之」至「是後魏王」文，《高等小學國文讀本》省略。

語，微察公子。公子顔色愈和。（「愈和」二字與「愈恭」對寫，見公子之謙抑。）當是時，魏將相宗室賓客滿堂，待公子舉酒。市人皆觀公子執轡。從騎皆竊罵侯生。侯生視公子色終不變，乃謝客就車，至家。（此段歷寫公子迎侯生之情狀。）

公子引侯生坐上坐，徧贊賓客，賓客皆驚。酒酣，公子起，爲壽侯生前。侯生因謂公子曰：「今日嬴之爲公子亦足矣。嬴乃夷門抱關者也，而公子親枉車騎，自迎嬴於衆人廣坐之中，不宜有所過，今公子故過之。然嬴欲就公子之名，故久立公子車騎市中，過客以觀公子，公子愈恭。（「愈恭」二字，在侯生口中説出，得畫龍點睛法。）市人皆以嬴爲小人，而以公子爲長者能下士也。」（此句爲此段主意，於此點出。）於是罷酒，侯生遂爲上客。〔二〕

吾嘗論戰國時四公子，當以魏公子無忌爲最，即三代以下人物，如無忌者亦不多。覩司馬子長爲之作傳，低徊不置，有以也。

史記·酈生列傳（節録）　司馬遷

酈生食其者，陳留高陽人也。好讀書，家貧落魄，無以爲衣食業，爲里監門吏。然縣中賢豪不敢

〔二〕「酒酣，公子起」至「侯生遂爲上客」文，《高等小學國文讀本》省略。

役，縣中皆謂之狂生。（「狂生」兩字，寫出豪俠氣象，虛籠下文兩「狂生」字。）

及陳勝、項梁等起，諸將徇地，過高陽者數十人。酈生問其將皆握齱，好苛禮自用，不能聽大度之言，（此寫諸將握齱之情狀。）酈生乃深自藏匿。後聞沛公將兵略地陳留郊，沛公麾下騎士，適酈生里中子也，沛公時時問邑中賢士豪傑。（此寫沛公之能訪賢。）騎士歸，酈生見，謂之曰：「吾聞沛公慢而易人，多大略，此真吾所願從游，莫爲我先。若見沛公，謂曰：『臣里中有酈生，年六十餘，長八尺，人皆謂之狂生，生自謂我非狂生。』」（應上狂生。）騎士曰：「沛公不好儒，諸客冠儒冠來者，沛公輒解其冠，溲溺其中。與人言，常大罵。未可以儒生説也。」（沛公輕儒，從騎士口中説出。）酈生曰：「第言之。」騎士從容言，如酈生所誡者。（此寫騎士之荐酈生。）

沛公至高陽傳舍，使人召酈生。酈生至，入謁。沛公方倨牀，使兩女子洗足，而見酈生。酈生入，則長揖，不拜，（實寫狂生氣象。）曰：「足下欲助秦攻諸侯乎？且欲率諸侯破秦也？」（兩句兩意，正爲揣摩主意而説，妙，妙。）沛公罵曰：「豎儒！（開口便罵，坐實騎士之言。）夫天下同苦秦久矣，故諸侯相率而攻秦，何謂助秦攻諸侯乎？」酈生曰：「必聚徒合義兵，誅無道秦，不宜倨見長者。」（自稱長者，益見其狂。）於是沛公輟洗，起攝衣，延酈生上坐，謝之。（唯狂能藥沛公之倨。）酈生因言六國從横時。沛公喜，賜酈生食，問曰：「計將安出？」（寫沛公問計。）酈生曰：「足下起糾合之衆，收散亂之兵，不滿萬人，欲以徑入彊秦，此所謂探虎口者也。（「虎口」二字，嚇倒沛公。）夫陳留，天下之衝，四通五達之郊也，今其城又多積粟。臣善其令，請得使之，令下足下。即不聽，足下舉兵攻之，臣爲内應。」（儼然六國從横之術。）於是遣酈生行，沛公引兵隨之，遂下陳留。號酈食其爲廣野君。

落拓不羣之中，時露倔强氣。

史記・陸賈列傳〔一〕（節録）　司馬遷

陸賈者，楚人也。以客從高祖定天下，名爲有口辨士。居左右，常使諸侯。（「口辨」二字，爲本傳主腦。）及高祖時，中國初定，尉佗平南越，因王之。高祖使陸賈賜尉佗印爲南越王。（此段言賈奉使至越。）

陸生至，尉佗魋結，箕倨見陸生。陸生因進説佗曰：「足下中國人，親戚昆弟墳墓在真定。今足下反天性，棄冠帶，欲以區區之越，與天子抗衡爲敵國，禍且及身矣。（妙在實説不隱，用折尉佗之氣。）且夫秦失其政，諸侯豪傑並起，唯漢王先入關，據咸陽。（先言沛公之得形勢。）項羽倍約，自立爲西楚霸王，諸侯皆屬，可謂至彊。然漢王起巴蜀，鞭笞天下，劫略諸侯，遂誅項羽滅之。（次言沛公

〔一〕此文又選録在《高等學堂國文講義》卷二「論文之神」之「豪邁之神」目下。

滅項羽。）五年之間，海内平定，此非人力，天之所建也。（説出「天」字，明天命不可抗。）天子聞君王王南越，不助天下誅暴逆，將相欲移兵而誅王。天子憐百姓新勞苦，故且休之，（次言沛公待尉佗之大度。）遣臣授君王印，剖符通使。君王宜郊迎，北面稱臣，迺欲以新造未集之越，屈彊於此。（「屈强」二字，足褫尉佗之魄。）漢誠聞之，掘燒王先人冢，夷滅宗族，使一偏將將十萬衆臨越，則越殺王降漢，如反覆手耳。」（説得輕易，使尉佗反省。）於是尉佗乃蹶然起坐，（與初見時之箕倨狀態不同。）謝陸生曰：「居蠻夷中久，殊失禮儀。」（謝罪之詞。）因問陸生曰：「我孰與蕭何、曹參、韓信賢？」陸生曰：「王似賢。」（下一「似」字，妙，妙。）復曰：「我孰與高帝賢？」（玩此似有與漢比權量力之意。）陸生曰：「皇帝起豐沛，討暴秦，誅彊楚，爲天下興利除害，繼五帝三王之業，統理中國。中國之人以億計，地方萬里，居天下之膏腴，人衆車轝，萬物殷富，政由一家，自天地剖判，未始有也。（頌贊沛公何等煊赫。）今王衆不過數十萬，皆蠻夷，崎嶇山海間，譬若漢一郡，王何乃比於漢！」（兩兩相衡，使尉佗不敢輕漢。）尉佗大笑曰：「吾不起中國，故王此。使我居中國，何渠不若漢？」（聊以自解。）迺大説陸生，留與飲數月。曰：「越中無足與語，至生來，令我日聞所不聞。」（足見陸生之口辯。）賜陸生橐中裝直千金，佗送亦千金。陸生卒拜尉佗爲南越王，令稱臣奉漢約。歸報，高祖大悦，拜賈爲太中大夫。（專述陸賈使越事，《史記》本傳至此一結。）

英姿颯爽，睥睨一切，文境亦有别開生面之致。

讀文法卷下

恬適之品第六

何謂恬適之品？古人云：「道法自然。」〔一〕又云：「與道大適。」〔二〕沖乎自然謂之恬，怡然愉快謂之適，由是而得静中之趣焉，由是而得幽人之貞焉，由是而得名教之樂焉。《詩》曰：「碩人之寬，獨寐寤言。」〔三〕言恬之至也。又曰：「衡門之下，可以棲遲。」〔四〕言適之至也。推而至於心性之間，莊生之濠梁觀魚，周子之不除庭草，生意滿

〔一〕《道德經》第二十五章文。
〔二〕方苞《通蔽》曰：「同乎己則疑焉，疑有所蔽而因是以自堅也；異乎己則思焉，去其所私以觀異術，然後與道大適也。」
〔三〕《詩·衛風·考槃》文。
〔四〕《詩·陳風·衡門》文。

腔矣，蓋樂亦在其中矣。兹特選恬適文如下。

黄州竹樓記〔一〕　王禹偁（字元之，七歲善屬文，舉進士，爲左拾遺。）

黄岡之地多竹，大者如椽。竹工破之，刳去其節，用代陶瓦，比屋皆然，以其價廉而工省也。（從竹瓦説起，文有閑致。）予城西北隅，雉堞圮毁，榛莽荒穢，因作小樓二間，與月波樓通。（次説因竹作樓。）遠吞山光，平挹江瀨，幽闃遼敻，不可具狀。（寫樓外所見之態，就山水上言。）夏宜急雨，有瀑布聲；冬宜密雪，有碎玉聲。宜鼓琴，琴調和暢；宜詠詩，詩韻清絶；宜圍棋，子聲丁丁然；宜投壺，矢聲錚錚然。皆竹樓之所助也。（連寫六「宜」字，歸到竹樓上，以有聲之物描情景。上二「宜」就天時言，下二宜就人事言。）公退之暇，被鶴氅衣，戴華陽巾，手執《周易》一卷，焚香默坐，消遣世慮。江山之外，第見風帆沙鳥，烟雲竹樹而已。待其酒力醒，茶烟歇，送夕陽，迎素月，亦謫居之勝概也。（上寫竹樓之景，令讀者心開目朗。此寫登樓之勝，妙在提出「江山之外」四字，生出無限妙景。）彼齊雲、落星，高則高矣；井幹、麗譙，華則華矣；止於貯妓女，藏歌舞，非騷人之事，吾所不取。〔二〕（舉

〔一〕此文又選録在《高等小學國文讀本》第四册之第三十八課中。

〔二〕「彼齊雲」至「吾所不取」之文，《高等小學國文讀本》省略。

四樓之高華相形，以明竹樓韻致，絶不易得。）吾聞〔一〕竹工云：「竹之爲瓦僅十稔，若重覆之，得二十稔。」噫！吾以至道乙未歲，自翰林出滁上。丙申移廣陵。丁酉又入西掖。戊戌歲除日，有齊安之命。己亥閏三月到郡。〔二〕四年之間〔三〕，奔走不暇，未知明年又在何處，豈懼斯樓之易朽乎！（細數歷年景況，如閑雲野鶴，去留無定。）後之人與我同志，嗣而葺之，庶斯樓之不朽也。〔四〕（又從竹瓦上發議作結，有隨寓而安之意。）

謝立夫曰：「以瀟灑出塵之筆，寫瀟灑出塵之心胸，恰與斯題相稱。」〔五〕林西仲曰：「以竹瓦起，以竹瓦結，中間撰出六『宜』，俱在竹瓦聲音相應上描寫，皆非尋常意想所能至。叙登樓對景清致，飄飄出塵，可上追柳州〔六〕諸作。」〔七〕

〔一〕「吾聞」，《高等小學國文讀本》作「聞之」。
〔二〕「噫」至「己亥閏三月到郡」之文，《高等小學國文讀本》省略。
〔三〕「四年之間」前，《高等小學國文讀本》有「余今」二字。
〔四〕「嗣而葺之，庶斯樓之不朽也」，《高等小學國文讀本》作「其或嗣而葺之歟？是未可知也」。
〔五〕謝有煇《古文賞音》卷一一文。
〔六〕「柳州」後，《古文析義》有「得意」二字。
〔七〕林雲銘《古文析義》卷一四文。

喜雨亭記〔一〕　蘇軾

亭以雨名，志喜也。（將題字拆開倒點，妙。）古者有喜，則以名物，示不忘也。（「不忘」是通篇本旨，承上志喜説。）周公得禾，以名其書；漢武得鼎，以名其年；叔孫勝狄，以名其子。其喜之大小不齊，其示不忘一也。〔二〕（引古志喜找足「示不忘」三字。）予至扶風之明年，始治官舍。爲亭於堂之北，而鑿池其南，引流種樹，以爲休息之所。（先記作亭。）是歲之春，雨麥於岐山之陽，其占爲有年。（插此三句，使下文「不雨」、「乃雨」等句自然躍出。）既而〔三〕彌月不雨，民方〔四〕以爲憂。（頓一句用「憂」字，繫動「喜」字。）越三月乙卯乃雨，甲子又雨，民以爲未足。（又頓一句。）丁卯大雨，三日乃止。（寫出異樣雨來。）官吏相與慶於庭，商賈相與歌於市，農夫相與忭於野，（「慶」「歌」「忭」三字，從「喜」字分詮。）憂者以樂，病者以愈，（寫出異樣喜來。）而吾亭適成。（點睛有力。）於是舉酒於亭上，以屬客而告之，（開出波瀾。）曰：「五日不雨可乎？」曰：「五日不雨，則無麥。」「十日不雨可乎？」曰：「十日不雨，則無禾。」「無麥無禾，歲且薦饑，獄訟繁興，而盜賊滋熾。則吾與二三子，雖

〔一〕此文又選録在《高等小學國文讀本》第四册之第三十七課中。
〔二〕「叔孫勝狄，以名其子，其喜之大小不齊，其示不忘一也」句，《高等小學國文讀本》省略作「是也」。
〔三〕「雨麥於岐山之陽，其占爲有年，既而」，《高等小學國文讀本》闕。
〔四〕「方」字，《高等小學國文讀本》闕。

欲優游以樂於此亭，其可得耶？（説得此亭與雨關係甚大。）今天不遺斯民，始旱而賜之以雨，使吾與二三子得相與優游而樂於此者，皆雨之賜也，其又可忘耶？」（應前「示不忘」句，結住大意，已盡自然，要携出歌來。）既以名亭，又從而歌之，曰：「使天而雨珠，寒者不得以爲襦；（韻。）使天而雨玉，飢者不得以爲粟。（韻。）一雨三日，緊誰之力？（韻。作勢跌到亭上，直接太空，絶妙文心。）民曰太守。太守不有，歸之天子。天子曰不，（「不」，讀若否，與「守」有叶韻。舊本連下「然」字爲句，亦通。）然歸之造物，造物不自以爲功，（韻。）歸之太空。（韻。）太空冥冥，（韻。）不可得而名。（韻。蕩蕩乎民無能名。）吾以名吾亭。（韻。志喜雨何故必於亭。此理還未説出，因借歌以發之。文筆凌空，歌韻繞梁。）」

有大適意之事，乃有大適意之文。信筆所之，無不如志，固由其天資之高，實由於讀書之多也。

登泰按：此文亦有與民同樂之意，毋論官吏、商賈、農夫，即天子、造物、太空，無不一齊攙入，林西仲所謂異樣大觀。

新城遊北山記〔一〕　晁補之（字無咎，舉進士，知泗州，以詞謁東坡，著《雞肋》百卷。）

去新城之北三十里，山漸深，草木泉石漸幽。（沿途風景總叙。）初猶騎行石齒間，旁皆大松，曲者如蓋，直者如幢，立者如人，卧者如虯。（分叙松形。）松下草間，有泉沮洳，伏見墮石井，鏘然而鳴。〔二〕松間藤數十尺，蜿蜒如大虺。其上有鳥，黑如鴝鵒，赤冠長喙，俛而啄，磔然有聲。〔三〕（分叙松上、下、中間之物。已上皆騎行所見。）稍西一峰高絶，有蹊介然，僅可步。繫馬石觜，相扶携而上，篁篠蔽天，仰不見日。過四五里，乃聞雞聲。（已行至絶頂，非復人間矣。）有僧布袍躡履來迎，與之語，愕而顧，如麋鹿不可接。（疑入皇古之世，非復人間。）頂有屋數十間，曲折依崖壁爲欄楯，如蝸形繚繞，乃得出門牖相值。〔四〕既坐，山風颯然而至，堂殿鈴鐸皆鳴，二三子相顧而驚，不知身之在何境也。（疑非人間境。已上皆步行所見，比前更深更幽。）日莫皆宿。於時九月，天高露清，山空月明，仰視星斗，皆光大如適在人上〔五〕。窗間竹數十竿，相摩戛，聲切切不已。竹間梅棕，森然如鬼魅離

〔一〕此文又選録在《高等小學國文讀本》第四册之第三十九課中。
〔二〕「松下草閑，有泉沮洳，伏見墮石井鏘然而鳴」，《高等小學國文讀本》省略作「有泉墮石井鏘然而鳴」。
〔三〕「其上有鳥黑如鴝鵒，赤冠長喙，俛而啄，磔然有聲。」句，《高等小學國文讀本》省略。
〔四〕「乃得出門牖相值」七字，《高等小學國文讀本》省略。
〔五〕「仰視星斗，皆光大如適在人上」句，《高等小學國文讀本》闕。

立突髩之〔一〕狀，二三子又〔二〕相顧愧動而不得寐。遲明皆去。（所見所聞，皆迷離變幻，令人不能留寄。甚奇情奇景，令人不忘。）既還家數日，猶恍惚若有遇，（神爲之移。）因追記之。後不復到，然往往想想其事〔三〕也。

林西仲曰：「以『漸深』、『漸幽』二句作骨，步步寫來，無非奇景。末段深幽處，猶咄咄逼人，讀之如置身其際，文中有畫矣。」〔四〕

文治按：清浄幽潔，爲遊記之正宗。

説釣〔五〕　吴敏樹

（字南屏，湖南巴陵人，咸豐間官訓導，著《柈湖文集》。）

余村居無事，喜釣游。（提出「釣」字。）當初夏時，望見村中塘水，晴碧汎然，疾理竿絲，持籃而往。至於塘岸，擇水草空處，投食其中，餌鉤而下之，蹲而視其浮子，思其動而掣之，則得大魚焉。

〔一〕「突髩之」三字，《高等小學國文讀本》闕。
〔二〕「二三子又」四字，《高等小學國文讀本》闕。
〔三〕「因追記之後，不復到，然往往想想其事」句，《高等小學國文讀本》闕。
〔四〕林雲銘《古文析義》卷一五文。
〔五〕此文又選録在《高等小學國文讀本》第四册之第四十課中。

（述釣之方法。）無何，浮子寂然，則徐牽引之，仍自寂然。已而手倦足疲，倚竿於岸，游目而觀之，其寂然者如故。其寂然者如故。蓋逾時始得一動，動而掣之，則無有。余以爲魚將至矣，又逾時，動者稍異，掣之得鯽，長可四五寸許。余以爲魚至矣，大者可得矣。起立而伺之，注意以取之，間乃一得，率〔一〕如前之魚，無有大者。乃收竿持魚以歸。（述釣之情形。）歸而妻子勞問有魚乎，余示以籃，而一相笑也。（逸趣神往。）余疑釣之不善，問之常釣家率如是。（結束「釣」字。）噫！此可以觀矣。吾嘗試求禄於時矣，與吾之此釣有以異乎哉？（以釣況干禄，即小以見大。）夫大之上有大焉，得之後有得焉，勞神僥倖之門，辛〔二〕苦風塵之路，終身無滿意時，（慨干禄者之乏趣。）求如此之日暮歸來，而博妻孥之一笑，豈可得耶？（雙喻夾寫，結到「釣」字。）

先儒詩云：「淡如秋水貧中味。」〔三〕士可貧也，而志氣必宜高尚。此文亦淡如秋水，所以往復而不厭者，其氣骨高也。

〔一〕「率」字，《高等小學國文讀本》作「適」。
〔二〕「辛」字，《高等小學國文讀本》作「忍」。
〔三〕吴與弼《草廬日録》文。

名雋之品第七

何謂名雋之品？世有以澆薄尖巧爲名雋者，非也；有以詼諧縱恣爲名雋者，亦非也。惟其言之可名，故曰名。惟其味之永久，故曰雋。晉嵇康謂鍾會曰：「何所聞而來？何所見而去？」會曰：「聞所聞而來，見所見而去。」〔一〕清談亂政，徒鬬機鋒耳！吾所謂名雋者，即小物而見至理，有以味道之腴耳！兹特選名雋文如下。

鄒忌諷齊王〔二〕　戰國策

鄒忌脩八尺有餘，而形貌昳麗。（暗提「美」字作骨。）朝服衣冠，窺鏡，謂其妻曰：「我孰與城北徐公美？」（問法一。）其妻曰：「君美甚，徐公何能及君也！」（答法一。此段與妻之問答。）城北徐公，齊國之美麗者也。（補插一筆，《左傳》《史記》往往有此筆法。）忌不自信，而復問其妾

〔一〕劉義慶《世説新語·簡傲》文。

〔二〕此文又選録在《高等小學國文讀本》第四册之第二十二課中。

曰：「吾孰與徐公美？」（問法二。）妾曰：「徐公何能及君也！」（答法二。此段與妾之問答。）旦日，客從外來，與坐談，問之：「吾與徐公孰美？」（問法三。）客曰：「徐公不若君之美也。」（答法三。此段與客之問答。）

明日，徐公來，熟視之，自以爲不如。窺鏡而自視，又弗如，遠甚。（將胸中疑竇作兩番寫，妙。）暮寢而思之，（暮與朝對，文中叙旦日明日，叙次井然。）曰：「吾妻之美我者，私我也；妾之美我者，畏我也；客之美我者，欲有求於我也。」（曰私、曰畏、曰有求，各抱隙見，交口贊美，人情歷歷勘破。）於是入朝，見威王曰：「臣誠知不如徐公美。臣之妻私臣，臣之妾畏臣，臣之客欲有求於臣，皆以美於徐公。（現身説法，説到齊王身上，實情實理。）今齊地方千里，百二十城。宫婦左右，莫不私王；朝廷之臣，莫不畏王。四境之内，莫不有求於王。由此觀之，王之蔽甚矣。」（跌出「蔽」字，從人情上推勘出來。）王曰：「善。」乃下令：羣臣吏民，能面刺寡人之過者受上賞；上書諫寡人者受中賞；能謗譏於市朝，聞寡人之耳者受下賞。（賞分三等，總由齊王之納諫。）令初下，羣臣進諫，門庭若市。數月之後，時時而間進。期年之後，雖欲言，無可進者。（直寫納諫，文凡三變。）燕、趙、韓、魏聞之，皆朝於齊。此所謂戰勝於朝廷。（斷語作結，有斬釘截鐵之妙。）

林西仲曰：「自首至尾，俱用三疊法。」「《國策》中最昌明正大者。」〔一〕吴楚材曰：「鄒忌細細詳勘，正欲於此參出微理。千古臣諂君蔽，興亡關頭，從閨房小語破之，快哉！」〔二〕

周訢止魏王朝秦〔三〕　戰國策

秦敗魏於華，魏王且入朝於秦。（入朝起案。）周訢謂王曰：「宋人有學者，三年反而名其母。（第一喻，懸遠得妙。）其母曰：『子學三年，反而名我者，何也？』其子曰：『吾所賢者，無過堯、舜，堯、舜名；吾所大者，無大天地，天地名。今母賢不過堯、舜，大不過天地，是以名母也。』（說出名母之意，神氣絶妙。）其母曰：『子之於學者，將盡行之乎？願子有以易母名也。子之於學也，將有所不行乎？〔四〕願子之〔五〕且以名母爲後也。』（面兩折轉，雋絶。）今王之事秦，尚有可以易入朝者乎？（「易」字婉刻。）願王之有以易之，而以入朝爲後。」（借上語法剔醒，快甚。）魏王曰：「子患寡人入而

〔一〕林雲銘《古文析義》卷五文。
〔二〕吴楚材、吴調侯選注《古文觀止》卷四文。此處乃節取吴氏之説，非完整記録。
〔三〕此文又選録在《高等小學國文讀本》第四册之第二十三課中。
〔四〕「乎」字，《高等小學國文讀本》作「也」。
〔五〕「之」字，《高等小學國文讀本》闕。

不出耶？（用王言一曲，追出利害來。）許綰爲我祝曰：『入而不出，請殉寡人以頭。』」周訢對曰：「如臣之賤也，（就利害上設喻，痛快解頤。）今人有謂臣曰『入不測之淵而必出，不出，請以一鼠首爲汝殉』者，（奇情發粲。）臣必不爲也。今秦不可知之國也，猶不測之淵也；許綰之首，猶鼠首也。（兩喻兩解，已盡事情。下申明正旨。）納王於不可知之秦，而殉王以鼠首，臣竊爲王不取也。（談笑而道之，將愚蒙説破。）且無梁孰與無河内急？王必曰梁急。無梁孰與無身急？王必曰身急。（又就王身設喻，從目前説破。）曰〔一〕以三者，身，上也，河内其下也。秦未索其下，而王效其上可乎？」（正言婉諷，語氣飄逸。）

引喻奇而有味，文亦屈曲變幻。鮑彪曰：「周訢之愛王也甚忠，其諭王也甚切。」「鳌王不能聽，而聽支期。」「蓋期之所効者事，而訢之所諭者理。庸人固可示以事，而難以理諭也。微二臣者，鳌其爲楚懷歟？」〔二〕

〔一〕「曰」字，《高等小學國文讀本》闕。
〔二〕《戰國策·魏策三》鮑彪注文。

蝜蝂傳〔一〕　柳宗元

蝜蝂者，善負小蟲也。（「善負」二字，提挈全篇。）行遇物，輒持取，卬其首負之。背愈重，雖困劇不止也。其背甚澀，物積因不散，（形容善負狀態。）卒躓仆不能起。人或憐之，爲去其負。苟能行，又持取如故。（前既遇險，後不知戒。）又好上高，極其力不已，至墜地死。（其性善負，至死不悟，借此以喻世人。）今世之嗜取者，（説到世人，題之正義。）遇貨不避，以厚其室，不知爲己累也，（遇物持取，絶似蝜蝂。）惟恐其不積。及其怠而躓也，（與蝜蝂之躓仆不能起相應。）黜棄之，遷徙之，亦以病矣。（與蝜蝂之「人憐，去負」相應。）苟能起，又不艾，（與蝜蝂之「苟能行，又持取」相應。）日思高其位，大其禄，而貪取滋甚，以近於危墜，觀前之死亡不知戒。（又與蝜蝂之「好上高，墜地」相應。）雖其形魁然大者也，其名人也，而智則小蟲也，（舉嗜取者與善負者兩兩相對勘，死亡立見，足以唤醒愚蒙。）亦足哀夫！（拍合題旨，弈弈有神。）

孔子曰：「力小而任重，鮮不及矣。」〔二〕言鮮不及於禍也。今之日求高位，而不自

〔一〕此文又選録在《高等小學國文讀本》第四册之第二十四課及《國文經緯貫通大義》卷五「刻畫物理法」目下。

〔二〕《易傳·繫辭下》文。

知其力之不勝以至危亡其身者，正苦不讀書耳！

賣柑者言〔一〕　劉基（字伯温，青田人，朱太祖開國，密謀最多，著《郁離子》十卷。）

杭有賣果者，（先點「賣」字。）善藏柑。（次出「柑」。）涉寒暑不潰，出之燁然，玉質而金色。剖其中，乾若敗絮。（金玉其外，敗絮其中，映衍外意。）予怪而問之曰：「若所市於人者，將以實籩豆，奉祭祀，供賓客乎？（賓。）將衒外以惑愚瞽乎？（主。）甚矣哉，爲欺也！」（提「欺」字作主，通篇從此發論。）賣者笑曰：「吾業是有年矣，吾業〔二〕賴是，以食吾軀。吾售之，人取之，未聞有言，（足見世無識者。）而獨不足於子〔三〕乎？世之爲欺者不寡矣，而獨我也乎？吾子未之思也。（欺世盜名，滔滔皆是，而官吏尤甚。）今夫佩虎符，坐皋比者，洸洸〔四〕乎干城之具也，果能授孫、吴之略耶？（武將欺。）峨大冠，拖長紳者，昂昂乎廟堂之器也，果能建伊、皋之業耶？（文臣欺。）盜起而不知御，（忽發兩段大議論，文臣武將，何處可置面目。）民困而不知救，吏奸而不知禁，法斁而不知理，（用四「不知」，分摘官吏之罪。）坐糜廩粟而不知耻。（用一「不知」，總結四「不知」語，妙。）

〔一〕此文又選録在《高等小學國文讀本》第四册之第二十五課中。
〔二〕「業」字，《高等小學國文讀本》闕。
〔三〕「於子」，《高等小學國文讀本》作「子所」。
〔四〕「洸洸」，《高等小學國文讀本》作「煌煌」。

觀其坐高堂,(應上廟堂。)騎大馬,(應上干城。)醉醇醴而飫肥鮮者,(應上坐糜廩粟。)孰不巍巍乎可畏,赫赫乎可象也?(應上「洸洸乎」,「昂昂乎」。)又何往而不金玉其外,敗絮其中也哉?(到此結穴,罵世之文,淋漓酣暢。)今子是之不察,而以察吾柑。」(反面作結,語極冷雋。)予默然〔一〕無以應。退而思其言,類東方生滑稽之流。豈其忿世嫉邪者耶?而託于柑以諷耶?(結出立言之旨。)

諷世之言,借賣柑影喻,以「欺」字作骨,以「金玉其外,敗絮其中」二語寫盡天下欺世盜名之狀態。吴楚材謂:「滿腔憤懣之言,而以痛哭流涕出之。」〔二〕洵然。

文治按:君子之道,闇然而日章;小人之道,的然而日亡。古之衣錦者,猶且尚絅矣。〔三〕世衰道微,敗絮其中者,無不金玉其外,上之人以其爲金玉也而尊之,此民生凋敝,所以日甚一日也。

〔一〕「默然」,《高等小學國文讀本》作「默默」。
〔二〕吴楚材、吴調侯選注《古文觀止》卷一二文,文中「憤懣之言」作「憤世之心」。
〔三〕《禮記·中庸》曰:「《詩》曰『衣錦尚絅』,惡其文之著也。故君子之道,闇然而日章;小人之道,的然而日亡。」

司馬季主論卜[一]　劉基（善經學，旁通天官、陰符家言，佐明祖有功，封誠意伯。）

東陵侯既廢，（「廢」字爲問卜之原，全篇之綱。）過司馬季主而卜焉。季主曰：「君侯何卜也？」（設問。）東陵侯曰：「久卧者思起，久蟄者思啓，久懣者思嚏。（三句從人事上求，否極泰來之象，是喻意。）吾聞之，蓄極則洩，閟極則達，熱極則風，壅極則通。（四句從天道上合否極泰來之占，亦喻意。）一冬一春，靡屈不伸，一起一伏，無往不復。（四句合天道人事而言，仍用喻意，不外廢久必用之意。）僕竊有疑，願受教焉。」季主曰：「若是則君侯已喻之矣，又何卜爲？」（伏下結筆。）東陵侯曰：「僕未究其奥也，願先生卒教之。」季主乃言曰：「嗚呼！天道何親？惟德之親。鬼神何靈？因人而靈。夫蓍，枯草也；龜，枯骨也，物也。人靈於物者也，何不自聽，而聽於物乎？（泛論不必卜之理，仍從天道人事著筆，妙。）且君侯何不思昔者也？（「思」字應上三「思」字。）有昔者必有今日，（此是論卜正旨，一語道破。）是故碎瓦頽垣，昔日之歌樓舞館也；荒榛斷梗，昔日之瓊蕤玉樹也；露蠶風蟬，昔日之鳳笙龍笛也；鬼燐螢火，昔日之金釭華燭也；秋荼春薺，昔日之象白駝峰也；丹楓白荻，昔日之蜀錦齊紈也。（連用六疊筆，由今思昔，全從人事上推出循環之理。）昔日之所無，今日有之不

[一] 此文又選録在《高等小學國文讀本》第四册之第二十六課中。

爲過；（暗指昔廢今用，是賓。）昔日之所有，今日無〔一〕之不爲不足。（暗指昔用今廢，是主。）是故一晝一夜，華開者謝；一春一秋，物故者新。（又從天道上推出循環之理。）激湍之下，必有深潭；高丘之下，必有浚谷。（復從天道人事外推出循環之理。）君侯亦知之矣，何以卜爲？」（與上作收。與《卜居》鄭詹尹意正同。）

《易》之道，一消一息而已。剥極則復，泰極則否，此天行之理也。是以老子曰：「功成名遂身退。」〔二〕「知足不辱，知止不殆。」〔三〕

詼詭之品第八

何謂詼詭之品？始於《左傳》《莊子》，而司馬子長作《滑稽傳》，則更擅其妙，所謂妙語解頤者也。雖然，《滑稽傳》之所載，要以諷諫爲主。古人有所謂譎諫者，吾謂譎

〔一〕「無」字，《高等小學國文讀本》闕。
〔二〕《道德經》第二十九章文。
〔三〕《道德經》第四十四章文。

而諫斯可矣，若譎而不諫，則浮滑無根之談耳，君子惡之矣。兹特選詼詭之文如下。

左傳・晉侯使張骼輔躒致楚師〔一〕（襄公二十四年）　左丘明（孔子弟子，因《春秋》作傳。杜預云：「仲尼爲素王，丘明爲素臣。」）

冬，楚子伐鄭以救齊，門于東門，次于棘澤。（以伐鄭救齊領起，爲齊無宇乞師故。）諸侯還救鄭。（諸侯違反楚子意，故救鄭。）晉侯使張骼、輔躒致楚師，求御於鄭。（點出「御」字，藉作嚮導。）鄭人卜宛射犬吉。子太叔戒之曰：「大國之人，不可與也。」對曰：「無有衆寡，其上一也。」太叔曰：「不然。部婁無松柏。」（喻意雋快，絶妙。）二子在幄，坐射犬於外，既食而後食之。使御廣車而行，己皆乘乘車。將及楚師，而後從之乘，皆踞轉而鼓琴。近，不告而馳之。（射犬惧二子之慢己，故近敵不告而馳。）皆取胄於橐而胄，入壘，皆下，搏人以投，收禽挾囚。弗待而出。（射犬又不待二子而出。）皆超乘，抽弓而射。既免，復踞轉而鼓琴，曰：「公孫！同乘，兄弟也，胡再不謀？」對曰：「曩者志入而已，今則怯也。」皆笑曰：「公孫之亟也。」（結語冷雋，妙。）

傳神皆在空際，故趣味亦皆在字句之外。

〔一〕此文又選録在《高等學堂國文講義》卷二「論文之神」之「冷雋之神」目下。

列子・天瑞篇〔一〕（節録）　列禦寇（周鄭穆公時人，作《列子》八篇，劉向序云：「學本黃帝、老子。」）

杞國有人，憂天地崩墜，（起首天地並提，下分兩段疏解，是行文一頭兩脚法。）身亡〔二〕所寄，廢寢食者。（特著「憂」字，設想大奇。）又有憂彼之所憂者，因往曉之曰：「天積氣耳，亡處亡氣。若〔三〕屈伸呼吸，終日在天中行止〔四〕，（積氣之説，即今日氣學之説所本。）奈何憂崩墜乎？」（解杞憂却是正理。）其人（指杞人。）曰：「天果積氣，日月星宿，不當墜耶？」（仍根上崩墜立説。）曉之者曰：「日月星宿，亦積氣中之有光曜者，只〔五〕使墜，不能有所中傷。」（《左傳》《史》《漢》載隕星不一，杞人崩墜，不無理想，故以不能中傷曉之。　以上曉天不崩墜。）其人曰：「奈地壞何？」（復憂地壞，承上天墜説。）曉者曰：「地積塊耳，（與天積氣對説。）充塞四虛，亡處亡塊。汝躇步跐蹈，終日在地上行止，

〔一〕此文又選録在《高等小學國文讀本》第四册之第三十三課中。
〔二〕「亡」字，《高等小學國文讀本》作「無」。
〔三〕「若」字，《高等小學國文讀本》作「汝」。
〔四〕「行止」二字，《高等小學國文讀本》闕。
〔五〕「只」字，《高等小學國文讀本》作「即」。

柰何憂其壞？」（以上曉地之不壞，與上天不崩墜相對。）其人舍然〔一〕大喜，曉之者亦舍然〔二〕大喜。（兩「喜」字應上兩「憂」字。）長廬子聞而笑之曰：「虹霓也，雲霧也，風雨也，四時也，此積氣之成乎天者也。（天以積氣言。）山岳也，河海也，金石也，火木也，此積形之成乎地者也。（地以積形言。）知積氣也，知積形也〔三〕，奚謂不壞？（仍返到崩、墜上説。）夫天地空中之一細物，有中之最巨者，（按地球爲八大行星之一，地球外又有大於地球者，古人理想，亦曾見到。）難終難窮，此固然矣；難測難識，此固然矣。憂其壞者，誠爲大（音泰。）遠。（世俗混沌之説，却杳渺難憑。）言其不壞者，亦爲未是。（道家歷劫之説，亦自有本。）天地不得不壞，則會歸於壞。〔四〕（古人十二萬年後混沌之説，畢竟可以推算，此邵康節所以著《皇極經世書》也。）遇〔五〕其壞時，奚爲不憂哉〔六〕？」（《洪範》「會其有極，歸其有極。」既云有極，便有壞時。杞人之憂，不無理想。）子列子聞而笑曰：「言天地壞者亦〔七〕謬，（指上杞人與長廬子之説。）言天地不壞者亦謬。（指憂杞人所憂者之説。）壞與不壞，吾所不能知也。

〔一〕「舍然」二字《高等小學國文讀本》闕。
〔二〕「舍然」二字《高等小學國文讀本》闕。
〔三〕「知積，氣也。知積，形也」，《高等小學國文讀本》省略作「積氣積塊」。
〔四〕「夫天地空中之一細物」至「則會歸於壞」之文，《高等小學國文讀本》省略。
〔五〕「遇」字，《高等小學國文讀本》作「過」。
〔六〕「哉」字，《高等小學國文讀本》闕。
〔七〕「亦」字，《高等小學國文讀本》闕。

（聖人法天地，不必論及天地之壞與不壞，故云不能知。）雖然，彼一也，（指言天地不壞者。）此一也。（指言天地壞者。）故〔二〕生不知死，死不知生；來不知去，去不知來。（生死就生命言，來往就事物言。「不知」二字承上「不能知」來，下得很妙。）壞與不壞，吾何容心哉！」（孔子罕言命，子貢不聞性與天道。「吾何容心」，正得此旨。）

設一義能窮到底，而皆以變化出之，學此自無陳腐之弊。

登泰按：篇首天地總提，中間分説，後復合説，章法完密。綜其大要，不外壞與不壞兩層，而以「不知」二字渾括之，極化工妙。

列子·周穆王篇〔三〕（節録）　列禦寇（著《列子》八篇，劉向序曰：「學本黄帝、老子，號曰道家。」）

鄭人有薪於野者，遇駭鹿，（先點鹿。）御而擊之，斃之。恐人見之也，遽而藏諸隍中，覆之以蕉，（次

〔二〕「彼一也，此一也。故」七字，《高等小學國文讀本》闕。
〔三〕此文又選録在《高等小學國文讀本》第四册之第三十四課中。

點蕉。）不勝其喜。（掩人所見，且志其處，故喜鹿爲己有。）俄而遺其所藏之處，（因恐而遽，既遽又喜，七情顛倒，自然遺忘。）遂以爲夢焉。（次點夢。）順途而詠其事。（真得鹿而妄謂之夢，故沿途歌其事，不慮人聞。）旁人有聞者，（不慮人聞，而人適聞之。）用其言而取之。（所詠有「藏隍」、「覆蕉」句，可以覓取。）既歸，告其室人曰：「向薪者夢得鹿而不知其處，吾今得之，彼直真夢矣。」（旁人以薪者爲真夢。）室人曰：「若將是〔一〕夢見薪者之得鹿邪？詎有薪者邪？（疑夢中所見薪者，非真有其人。）今真得鹿，是若〔二〕之夢真夢邪〔三〕？」（今以爲真，安知此真非夢，無得鹿之人乎！奇幻語。）夫〔四〕曰：「吾據得鹿，何用知彼夢我夢邪！」（現鹿在此，則我得鹿爲真。若彼夢鹿，我夢薪者，俱不必辨。）薪者歸，不厭〔五〕失鹿，（藏鹿是真，故不服其失鹿。）其夜真夢藏之之處，又夢得之之主。（此夢又從不厭之心生積想，而鬼神通之，亦自然之理。）昧爽，案所夢而尋得之。（得其處，又得其主。）遂訟而爭之歸之〔六〕士師。（因鹿而訟，兩下皆夢。）士師曰：「若初真得鹿，妄謂之夢；真夢得鹿，妄謂之實。（斥

〔一〕「若將是」三字，《高等小學國文讀本》作「汝」字。
〔二〕「若」字，《高等小學國文讀本》作「汝」。
〔三〕「邪」字，《高等小學國文讀本》作「也夫」。
〔四〕「夫」字，《高等小學國文讀本》闕。
〔五〕「厭」字，《高等小學國文讀本》作「忘」。
〔六〕「歸之」二字，《高等小學國文讀本》作「於」。

薪者之過。）彼真取若鹿，而與若争鹿，（斥得鹿者之過。）室人又謂夢認人鹿，無人得鹿。〔一〕（斥室人之過。）今據〔二〕有此二〔三〕鹿，請二分之。」（薪者既前後顛倒如彼，而得鹿者與室人又各持一説，是真是夢，總不可辨，不如將現前之鹿兩分之，可以息争也。）以聞鄭君。鄭君曰：「嘻！士師將復夢分人鹿乎？」（以士師亦夢得聽訟。）訪之國相。（問此案誰真誰夢。）國相曰：「夢與不夢，臣不能辨也。（此關實參不透。）欲辨覺夢，惟黄帝、孔丘。今亡〔四〕黄帝、孔丘，孰辨之哉？（唯聖人知之。）且恂〔五〕士師之言可也。」（結穴在國相教語，知天下事無一是夢，無一非夢，以不辨辨之而已。）

林西仲曰：「莊子言夢覺，多以生死爲喻。此則言人在世間，動静云爲，無一是夢，無一非夢。」「猶《金剛經》所云：『一切有爲法，如夢幻泡影，如露亦如電，應作如是觀。』」「若世人日在勞擾中，能把這些關頭，參勘得破，則無在非夢，無在非覺。即

〔一〕「彼真取若鹿而與若争鹿，室人又謂夢認人鹿，無人得鹿」句，《高等小學國文讀本》省略。
〔二〕「據」字，《高等小學國文讀本》作「既」。
〔三〕「二」字，《高等小學國文讀本》闕。
〔四〕「亡」字，《高等小學國文讀本》作「無」。
〔五〕「恂」字，《高等小學國文讀本》作「徇」。

軒轅、宣聖，亦不過此種學問。」〔一〕

登泰按：此篇大旨，亦與《南華》蝶夢相類。

史記·滑稽列傳〔二〕（就淳于髡、優孟、優旃三段中節録。）　司馬遷

《索隱》曰：「滑，謂亂也。稽，同也。以言辯捷之人，言非若是，説是若非，能亂同異也。」「崔浩云：『滑，音骨。稽，流酒器也。』轉注吐酒終日不已。言出口成章，詞不窮竭，若滑稽之吐酒，故揚雄《酒賦》云『鴟夷滑稽，腹大如壺，盡日盛酒，人復藉沽。』是也。又姚察云：『滑稽，猶俳諧也。滑，讀如字。稽，音計。言諧語滑利，其知計疾出，故云滑稽。』」〔三〕

齊威王之時喜隱，（「隱」字一篇主腦。）好爲淫樂長夜之飲，沉湎不治，委政卿大夫。百官荒亂，諸侯並侵，國且危亡，在於旦暮，（欲叙威王之勵治，先以淫樂起案。）左右莫敢諫。（此句爲下文作勢。）淳于髡説之以隱曰：（應上「隱」字。）「國中有大鳥，止王之庭，三年不蜚又不鳴，王知此鳥何也？」（以鳥作喻，説之以隱奇。）王曰：「此鳥不飛則已，一飛沖天；不鳴則已，一鳴驚人。」（語意警

〔一〕林雲銘《古文析義》卷六文。

〔二〕此文又選録在《高等小學國文讀本》第二册之第三十六課「淳于髡以隱詞諫齊威王」、第三十七課「優孟哭馬」、第三十八課「優孟像孫叔敖以悟楚王」，並録於《國文經緯貫通大義》卷三「逸趣横生法」目下。

〔三〕《高等小學國文讀本》闕收録「索隱」一段文字。見《史記》卷一二六《滑稽列傳》司馬貞索隱。

鬬，亦納之以隱。）於是乃朝諸縣〔一〕令長七十二人，賞一人，誅一人，（刑賞得其平，則天下治。）奮兵而出。諸侯振驚，皆還齊侵地，威行三十六年。（此段以大鳥喻，以朝諸縣令數句結之。）語在田完世家中。〔二〕（此句插筆，言因此以見彼也。）

威王八年，楚大發兵加齊。齊王使淳于髡之趙，請救兵，（此段言楚侵齊，使髡請救于趙。）齎金百斤，車馬十駟。淳于髡仰天大笑，冠纓索絶。（以四字描摹大笑之神情畢現。）王曰：「先生少之乎？」髡曰：「何敢！」（妙極。）王曰：「笑豈有説乎？」髡曰：「今者臣從東方來，見道傍有禳田者，（又以禳田作隱語。）操一豚蹄，酒一盂，祝曰：『甌窶滿篝，汙邪滿車，五穀蕃熟，穰穰滿家。』臣見其所持者狹，而所欲者奢，故笑之。」（一語兩關，滑稽之極，仍説之以隱。）於是齊威王乃益齎黄金千鎰，白璧十雙，車馬百駟。（此段以禳田喻，以「益齎黄金」數句結之。）髡辭而行，至趙。趙王與之精兵十萬，革車千乘。楚聞之，夜引兵而去。

吴楚材曰：「史公一書，上下千古，無所不有。乃忽而撰出一調笑嬉戲之文，但見其齒牙伶俐，口角香豔，另用一種筆意。」〔三〕

〔一〕《高等小學國文讀本》無「縣」字。
〔二〕《高等小學國文讀本》無「語在田完世家中」句。
〔三〕吴楚材、吴調侯選注《古文觀止》卷五文。

優孟者，故楚之樂人也。長八尺，多辯，（多辯爲滑稽家長技。）常以談笑諷諫。（承上多辯言，是綱。）楚莊王之時，有所愛馬，衣以文繡，置之華屋之下，席以露牀，啗以棗脯，馬病肥死。（此段是目楚莊霸主，亦有愛馬之癖。）

使羣臣喪之，欲以棺槨大夫禮葬之。左右争之，以爲不可。（提出左右之諫，爲下優孟譎諫伏案。）王下令曰：「有敢以馬諫者，罪至死。」（叙楚莊之拒諫。）優孟聞之，入殿門〔一〕，仰天大哭。（淳于髡仰天大笑，優孟却仰天大哭，總是滑稽一流人。）王驚而問其故。優孟曰：「馬者，王之所愛也。以楚國堂堂之大，何求不得？而以大夫禮葬之薄，請以人君禮葬之。」（透過一層，亦是譎諫。）王曰：「何如？」對曰：「臣請以雕玉爲棺，文梓爲槨，楩楓豫章爲題湊，發甲卒爲穿壙，老弱負土，齊、趙陪位於前，韓、魏翼衛於後，（此兩層萬辦不到，故以難莊王。）廟食太牢，奉以萬户之邑。諸侯聞之，皆知大王賤人而貴馬也。」（緩諷直諫，妙語泠雋。）王曰：「寡人之過一至此乎，爲之奈何？」優孟曰：「請爲大王六畜葬之，以壠竈爲槨，銅歷爲棺，齎以薑棗，薦以木蘭，祭以粳稻，衣以火光，葬之於人腹腸。」於是王乃使以馬屬太官，無令天下久聞也。（以楚莊之悔過作結。）

《史通》云：「優孟在春秋楚莊王時，淳于髡在戰國齊威王時，《史》謂『後百餘年，

〔一〕「門」字，《高等小學國文讀本》作「間」。

楚有優孟』，誤矣。」〔一〕

登泰按：「賤人貴馬」，快人快語，口齒伶俐，已開戰國策士之風。

楚相孫叔敖知其賢人〔二〕也，善待之。病且死，屬其子曰：「我死，汝必貧困，若往見優孟，言我孫叔敖之子也。」（宛如後世遺囑。）居數年，其子窮困負薪，逢優孟，與言曰：「我孫叔敖之子也。（複筆，却在兩人口中説出。）父且死時，屬我貧困，往見優孟。」（聲明先人遺囑。）優孟曰：「若無遠有所之。」即爲孫叔敖衣冠，抵掌談語〔三〕。歲餘，像孫叔敖，（指聲音笑貌言。）楚王左右不能别也。莊王置酒，（跌出莊王來。）優孟前爲壽。莊王大驚，以爲孫叔敖復生也，（神情活現。）欲以爲相。（驚人之筆，何等凌空。）優孟曰：「請歸與婦計之，三日而爲相。」莊王許之。三日後，優孟復來。王曰：「婦言謂何？」孟曰：「婦言慎無爲，楚相不足爲也。（伏下「不足爲」三字。）如孫叔敖之爲楚〔四〕相，盡忠爲廉以治楚，（「盡忠爲廉」四字，評定孫叔敖臣節。）楚王得以霸。今死，其子無立錐之地，貧困負薪，以自飲食。必如孫叔敖，不如自殺。」（述婦言打動莊王，語意冷雋。）因歌曰：「山居耕田

〔一〕武英殿本《史記考證》引劉知幾《史通》文。
〔二〕「其賢人」，《高等小學國文讀本》作「優孟之爲賢人」。
〔三〕「語」字，《高等小學國文讀本》作「話」。
〔四〕「楚」字，《高等小學國文讀本》闕。

苦，難以得食。起而爲吏，身貪鄙者餘財，不顧耻辱。身死家室富，又恐受賕枉法，爲奸觸大罪，身死而家滅。貪吏安可爲也！念爲廉吏，奉法守職，竟死不敢爲非。廉吏安可爲也！（貪吏可爲而不可爲，廉吏可爲而亦不可爲，於兩意中夾出孫叔敖來。）楚相孫叔敖持廉至死，方今妻子窮困，負薪而食，不足爲也！」（應上「不足爲」三字。）於是莊王謝優孟。乃召孫叔敖子，封之寢丘四百户，以奉其祀，後十世不絶，此知可以言時矣。〔一〕

焦竑曰：「此傳載孫叔敖、優孟事甚詳。」「予得漢延熹中碑，書是事，微不同，云：『病甚，臨卒，將無棺槨，令其子曰：「優孟嘗許千金貸吾。孟，楚之樂長，與相君善，雖言千金，實不負也。」卒後數年，莊王置酒以爲樂，優孟乃言孫君相楚之功，即慷慨高歌，涕泣數行。王心感動，覺悟問孟。孟具列對。即求其子，而加封焉。子辭父有命：「如楚不忘亡臣社稷功，而欲有賞，必於潘國下濕磽埆，人所不貪。」遂封潘鄉。潘即固始也，而所載歌絶奇：「（中略）貪吏常苦富，廉吏常苦貧。獨不見楚相孫叔

〔一〕「乃召孫叔敖子，封之寢丘四百户，以奉其祀，後十世不絶，此知可以言時矣」，《高等小學國文讀本》省略作「乃封孫叔敖子」。

敖，廉潔不愛錢。」』其語憤世嫉邪，含思哀怨，過於慟哭，比此傳所書遠甚。」〔一〕

優旃者，秦倡侏儒也。善爲笑言，（提綱。）然合於大道。（一篇主腦。）秦始皇時，置酒而天雨，陛楯者皆沾寒。優旃見而哀之，謂之曰：「汝欲休乎？」陛楯者皆曰：「幸甚！」優旃曰：「我即呼汝，汝疾應曰：『諾。』」居有頃，殿上上壽呼萬歲。優旃臨檻大呼曰：「陛楯郎！」郎曰：「諾。」優旃曰：「汝雖長，何益，幸雨立。我雖短也，幸休居。」（兩意感悟始皇。）於是始皇使陛楯者得半相代。始皇嘗議欲大苑囿，（始皇欲苑囿，是目。）東至函谷關，西至雍、陳倉。（頗有阿房宮之規畫。）優旃曰：「善。多縱禽獸於其中，寇從東方來，令麋鹿觸之足矣。」（微諷泠雋，極得大體。）始皇以故輟止。（此段結始皇。）

二世立，又欲漆其城。（二世欲漆城，又是目。）優旃曰：「善。主上雖無言，臣固將請之。漆城雖於百姓愁費，然佳哉！漆城蕩蕩，寇來不能上。即欲就之，易爲漆耳，顧難爲蔭室。」（語意泠雋，情韻悠然。）於是二世笑之，以其故止。（此段結二世。）

居無何，二世殺死。優旃歸漢，數年而卒。

〔一〕焦竑《焦氏筆乘》卷二《孫叔敖》文，「比此傳所書遠甚」作「比之《史記》所書遠勝，聽者安得不感動也」。

登泰按：優旃之諷始皇、二世，與優孟之諷楚莊，同一滑稽，要以合於大道爲主。全篇以「置酒天雨」爲一段，「欲大苑囿」爲一段，「欲漆其室」爲一段，總歸「善爲笑言」、「合於大道」二句上。與優孟諫楚莊止葬馬及封孫叔敖子，同是効忠國家。史公與淳于髡事，銜接而下，足徵特識。

總評　文治按：四段均妙趣横生，而中二段尤爲奇特。此等文字，若以迹象求之，則失之遠矣。

前漢書·東方朔傳〔一〕（節録）　班固（字孟堅，超之兄，明帝時典校祕書，續成父彪所著之《西漢書》。）

武帝初即位，使待詔金馬門，稍得親近。上〔二〕嘗使諸數家射覆，置守宫盂下，射之，皆不能中。（明數家之數術不精，引起朔之善占。）朔自贊曰：「臣嘗受《易》，請射之。」迺别蓍布卦而對曰：「臣以爲龍又無角，謂之爲虵又有足，跂跂脈脈善緣壁，是非守宫即蜥蜴。」（朔之占《易》，神

〔一〕此文又選録在《高等小學國文讀本》第四册之第三十五課中。
〔二〕「武帝初即位，使待詔金馬門，稍得親近，上」，《高等小學國文讀本》省略作「漢武帝時」。

乎其神。）上曰：「善。」賜帛十匹。復使射他物，連中，輒賜帛。（是史家省文法。）時有幸倡郭舍人，滑稽不窮，常侍左右，（又引出郭舍人來作陪。）曰：「朔狂，幸中耳，非至數也。臣願令朔復射，朔中之，臣榜百，不能中，臣賜帛。」（神氣逼肖。）迺覆樹上寄生，令朔射之。朔曰：「是寠藪也。」舍人曰：「果知朔不能中也。」朔曰：「生肉爲膾，乾肉爲脯；著樹爲寄生，盆下爲寠藪。」上令倡監榜舍人，舍人不勝痛，呼謈。朔笑之曰：「咄！口無毛，聲謷謷，尻益高。」（詼諧之至。）舍人恚曰：「朔擅詆欺天子從官，當棄市。」上問朔：「何故詆之？」對曰：「臣非敢詆之，迺與爲隱耳。」（「隱」字爲上下文之關鍵。）上曰：「隱云何？」朔曰：「夫口無毛者，狗竇也；聲謷謷者，鳥哺鷇也；尻益高者，鶴俛啄也。」舍人不服，願復問朔隱語。朔應聲輒對，變詐鋒出，莫能窮者，左右大驚，上以朔爲常侍郎。〔一〕

文章之妙，在隨意所之。而隨意所之，決非初學者所能到。蓋機鋒百出，敏妙無倫，此實原於天資，非可强而致也。然多讀此等文，則自然能得詼詭之趣。故學者無論天資靈鈍，均以多讀爲第一要旨。

〔一〕「舍人不服，願復問朔隱語，朔應聲輒對，變詐鋒出，莫能窮者，左右大驚，上以朔爲常侍郎」，《高等小學國文讀本》省略作「上聞之大笑」。

郁離子・無支祈與河伯戰〔一〕　劉基

（精天文兵法，元末隱西湖，有異雲起西北，曰：「此天子氣，應在金陵。」）

無支祈與河伯鬭，以天吴爲元帥，相抑氏副之，（拜將。）江疑乘雲，列缺御雷，泰逢起風，薄號行雨，蛟鱓鱷鮫，激波濤而前驅者三百朋。（出師。）遂北至於碣石，東及吕梁。（點戰地。以上叙無支祈。）河伯大駭，欲走，靈姑胥止之曰：「不如且戰，不捷而走，未晚也。」（定謀。）乃謀元帥。靈姑胥曰：「贔屓可。」河伯曰：「天吴八首八足，而相抑氏九頭實佐之；雷、風、雨、雲之神，各專其能，以衛中堅；蛟、鼉、鱷、鮫，莫不尾劍口鑿，鱗鋒鬣鍔，掉首摧山，捷髻倒淵，而豈贔屓所敢當哉！」（兵法所謂知己知彼。）靈姑胥曰：「此臣之所以舉贔屓也。夫將，以一身統三軍者也。三軍之耳目，齊於一人，故耳齊則聰，目齊則明，心齊則一，萬夫一力，天下無敵。今天吴之頭八，而副之者又九其頭。臣聞人心之神，聚於耳目，目多則視惑，耳多則聽惑。今以二將之心，而御其耳目六十有八，則已不能無惑矣。加以雲、雷、風、雨之師，各負其能，而畢欲逞焉，其孰能一之？故惟贔屓爲足以當之。（知己知彼，百戰百勝。）贔屓之冥冥，不可以智誘、威脅而謀激也，而其志有必至，破之必矣。」

〔一〕此文又選録在《高等小學國文讀本》第四册之第三十六課中。

（定大計。）乃使贔屓帥九夔以伐之，大捷。故曰：衆志之多疑，不如一心之獨決也。（得畫龍點睛法。）

《郁離子》之文，專以詼詭勝，而此篇爲最。要知讀古書既多，然後能醞釀而出此，譬諸建屋，必須備資料。此讀文時所以仍須多讀經書也。

登泰按：此文亦青田寓意文字。元末群雄並起，鹿逐中原，而鹿卒死於朱元璋之手，蓋掃除羣雄而統一之也。然最後尚有張士誠、陳友諒之盤踞要地。篇中以二將之心，御其耳目六十有八，不能無惑，或即指此。

姸麗之品第九

何謂姸麗之品？陽春布景，旭日和風，萬葩齊放，雅人逸士，遊賞而不置者，惟其姸麗也。文之色澤，有在無形之中者，有在有形之中者。能者即有形之中，以致之於無形，然初學要必先於有形中求之也。子雲、相如，同工異曲，詞章之輩，尚非莊嚴，兹姑弗述。特録淺近易誦者如下。

北山移文（蕭子顯《齊書》云：「周顒，字彦倫，常隱於北山。應詔出爲海鹽令，秩滿入京。後經此山，孔生乃借山靈之意移之。」） 孔稚圭（字德璋，會稽人。韻清竦，好文詠。仕南齊，累遷都官尚書。）

鍾山之英，草堂之靈，（起便點出北山。）馳煙驛路，勒移山庭。（次點移文，四句渾括題旨。）夫以耿介拔俗之標，（立節。）蕭脱出塵之想，（存心。）度白雪以方潔，（言操之清。）干青雲而直上，（言志之高。）吾方知之矣。（此等人爲第一流，山靈欣悦，可與問隱。）若其亭亭物表，皎皎霞外，（言言行之潔白。）芥千金而不盼，屣萬乘其如脱；（本心不染。）聞鳳吹於洛浦，值薪歌於延瀨，（隱士氣概。）固亦有焉。（雖在人間世，能不爲富貴動，不失爲隱士。）豈期始終參差，（備歧路喻之。）蒼黄翻覆，（借素絲喻之。）淚翟子之悲，慟朱公之哭；（墨翟泣素絲，楊朱哭歧路。周子隱而復出，猶染絲之素、遇路之歧，且爲楊、墨所悲。）乍迴迹以心染，（甫避世山林，而心猶染俗。）或先貞而後黷，（先貞後黷，是移文主腦，下分兩截寫。）何其謬哉！（謬託隱士，暗責周彦倫。以上言隱士有此三等，虚起作冒。）嗚呼！尚生不存，仲氏既往，（尚向平、仲長統，二人爲真隱，今已渺矣，使山阿寂寥。）山阿寂寥，千載誰賞？（四句虚籠，喝起下文。）世有周子，（點出周彦倫。）儁俗之士，（在流俗中爲儁士。）既文既博，（能文章與學問，此言其學之博。）亦玄亦史。（通老莊玄學，兼史氏之長，此言其學之專。）然而學遁東魯，習隱南郭，（東魯顏闔、南郭子綦，均古隱士。曰學曰習，見周彦倫無隱之本意。）竊吹草堂，濫巾北岳；（言盜居草堂，僭服幅巾。）誘我松桂，欺我雲壑。（曰誘曰欺，一字誅心。）雖假容於江皋，乃攖情於好爵。（「假」字與上「竊」、「濫」、「誘」、「欺」等字相應，所謂「迴迹心染」者。以上總寫，以下分作兩截寫。）

其始至也，將欲排巢父，拉許由，傲百氏，蔑王侯。風情張日，霜氣横秋。或歎幽人長往，或怨王孫不游。談空空於釋部，覈玄玄於道流。務光何足比，涓子不能儔。（始隱入山，此爲前一截。林西仲云：「此寫假容江皋之狀，應上『先貞』二字。」〔一〕）

及其鳴騶入谷，鶴書赴隴，形馳魄散，志變神動。（初心遂改。）爾乃眉軒席次，袂聳筵上；焚芰裳而裂荷衣，抗塵容而走俗狀。風雲淒其帶憤，石泉咽而下愴。望林巒而有失，顧草木而如喪。（應詔出山，此爲後一截。林西仲曰：「此寫攖情好爵之狀，應上『後黷』二字。」〔二〕）

至其紐金章，綰墨綬，跨屬城之雄，冠百里之首，結英風於海甸，馳妙譽於浙右。（出爲海鹽令。）道帙長殯，法筵久埋。敲扑諠囂犯其慮，牒訴倥偬裝其懷。（應上「釋部」、「道流」句，至此一齊拋棄。）琴歌既斷，酒賦無續。常綢繆於結課，每紛綸於折獄。（結課指考第，折獄指理刑。至此所談者非空空，所覈者非玄玄矣。）籠張趙於往圖，架卓魯於前錄。希蹤三輔豪，馳聲九州牧。（繼志如此，是後一截

〔一〕林雲銘《古文析義》卷一〇文。
〔二〕林雲銘《古文析義》卷一〇文。

人。）使我高霞孤映，明月獨舉；青松落陰，白雲誰侶？磵户摧絶無與歸，石徑荒凉徒延竚！（鍾山中已闃無其人。）至於還飈入幕，寫霧出楹，蕙帳空兮夜鶴怨，山人去兮曉猨驚！（草堂中亦闃無其人。）昔聞投簪逸海岸，今見解蘭縛塵纓。（昔人聞有辭官入山，今人反辭山入官，可怪之至，結上先貞後黷意。）於是（由此轉到正面寫移文之意。）南嶽獻嘲，北隴騰笑，列壑争譏，攢峰竦誚。（賤之也。）慨游子之我欺，悲無人以赴弔。（哀之也。）故其林慚無盡，澗愧不歇，（雖林澗亦羞。）秋桂遣風，春蘿罷月。（風日所以滋松桂之美，今既無人，故遣罷之。）騁西山之逸議，馳東皋之素謁。（逸議、素謁，即指移文，以上言遣羞山靈，所以移之。）今又促裝下邑，（海鹽起行。）浪栧上京，（建康。）雖情投於魏闕，或假步於山扃。（言周彦倫情實在朝廷，又欲假迹再過此山。）豈可使芳杜厚顔，薜荔蒙耻，碧嶺再辱，丹崖重滓，塵遊躅於蕙路，汙淥池以洗耳。（不可使其再至，復受穢辱。）宜扃岫幌，掩雲關，斂輕霧，藏鳴湍，截來轅於谷口，杜妄轡於郊端。（理當拒絶，不令再進。林西仲云：「所以移山庭之意如此。」〔一〕）於是叢條瞋膽，叠穎怒魄；或飛柯以折輪，乍低枝而掃迹。（言山中樹木争起而截來轅，杜妄轡矣。）請迴俗士駕，爲君謝逋客。（山靈得文，爲之抗拒。文筆亦勁氣直達。）

張侗初云：「意極孤高，語多獨創，轉接遞送，固屬天成。點綴吟咏，尤有巧

〔一〕林雲銘《古文析義》卷一〇文。

處。」[一]林西仲云：「此以賦體爲文者也。」「中間寫周子趨名嗜利，一段熱腸，可賤可耻，能令天下處士，借終南爲捷徑者，無所施其面目。看來層層段落，却是一氣呵成，但因其詞華過於典贍，讀者祇賞心其語句，反不得篇中照應安頓之妙，故爲之逐段分疏。凡讀六朝、唐初之文，若得此法，無不迎刃而解也。」

阿房宫賦　杜牧（字牧之，萬年人，杜佑孫。善屬文，能詩，有奇節，太和初進士，著《杜樊川集》。）

六王畢，四海一，蜀山兀，阿房出。（四句總冒，便籠罩始皇一世之雄氣概。）覆壓三百餘里，（言其廣。）隔離天日。（言其高。）驪山北構而西折，（言其曲折。）直走咸陽。二川溶溶，流入宫牆。（此段寫倚山跨水，見宫址之廣大。）

五步一樓，十步一閣；廊腰縵迴，簷牙高啄；各抱地勢，鈎心鬭角。（此段寫形制之奇巧。）盤盤焉，囷囷焉，蜂房水渦，矗不知其幾千萬落。（此段寫佈置之縝密。）長橋卧波，未雲何龍？複道行空，不霽何虹？高低冥迷，不知西東。（此段寫橋梁道路之遠。）

歌臺暖響，春光融融；舞殿冷袖，風雨淒淒。一日之内，一宫之間，而氣候不齊。（此段寫宫殿

[一] 張鼐《評選古文正宗》文。「語多獨創」作「句多獨創」。

歌舞之盛，總勒一筆，妙奪化工。）

妃嬪媵嬙，王子皇孫，辭樓下殿，輦來於秦，朝歌夜絃，爲秦宫人。（承上歌舞，寫宫人之多。）明星熒熒，開妝鏡也；緑雲擾擾，梳曉鬟也；渭流漲膩，棄脂水也；烟斜霧横，焚椒蘭也。雷霆乍驚，宫車過也；轆轆遠聽，杳不知其所之也。（此段描摹宫人狀態。五「也」字都用倒句，第六「也」字，整齊中又極參差。）

一肌一容，盡態極妍，縵立遠視，而望幸焉。有不得見者三十六年。（此段寫宫中美人之多，並推出美人心事。）

燕、趙之收藏，韓、魏之經營，齊、楚之精英，（横寫六國珍奇。）幾世幾年，摽掠其人，倚叠如山。（竪寫六國珍奇。）一旦不能有，輸來其間。鼎鐺玉石，金塊珠礫，棄擲邐迤，秦人視之，亦不甚惜。（此段寫宫中珍奇之多。）

嗟乎！一人之心，千萬人之心也。（阿房之紛華富麗，以上描寫已盡，以下用「嗟乎」二字，生出感慨。）秦愛紛奢，人亦念其家。奈何取之盡錙銖，用之如泥沙？（此段寫是宫之成，無非斂怨於民，而致族滅。以下用二「使」字貫下多字，文勢壯盛。）

使負棟之柱，多於南畝之農夫；架梁之椽，多於機上之工女；釘頭磷磷，多於在庾之粟粒；瓦縫參差，多於周身之帛縷；直欄横檻，多於九土之城郭；管絃嘔啞，多於市人之言語。（此段以農夫、工女、粟粒、帛縷等，與有關治要者對照視上「明星」，句尤奇絶。）使天下之人不敢言而敢怒。獨夫之心，日益驕固。（以上總結秦侈且暴，止此。）戍卒叫，函谷舉，（緊接上文，筆致夭矯。）楚人一炬，可憐焦土！（一篇無數壯麗，只以四字了之。以上歸結阿房。）嗚呼！滅六國者，六國也，非秦也；（迴映起句，斷結六國。）族秦者，秦也，非天下也。（斷結秦。此段嘆六國與秦之自取敗亡，以垂戒後世。）嗟夫！使六國各愛其人，則足以拒秦；秦復愛六國之人，（痛惜六國。）則遞三世可至萬世而爲君，誰得而族滅也？（痛惜秦。）秦人不暇自哀，而後人哀之；後人哀之而不鑑之，亦使後人而復哀後人也。（言盡而意無窮，長歌可以當哭。將盛衰循環之理揭出，足以唤醒千古。）

謝疊山曰：「宏壯巨麗，馳騁上下，累數百言。至『楚人一炬，可憐焦土』，其論盛衰之理，判於此矣。末一段尤含鑑〔一〕戒，讀之有餘味焉。」〔二〕

怪奇之品第十

何謂怪奇之品？聖人語常不語怪，言正不言奇，然非所語於文也。文章之道，

〔一〕「鑑」字原作「監」，據謝文改。
〔二〕謝枋得《文章軌範》文。

若必以常以正爲主，則必至於平庸敷衍，而無驚人動目之處。觀左氏之文，如「石言於晉」、「神降於莘」之類，其怪奇者何可勝道！兹特就初學所喜，略選數首如下。

後漢書·華佗傳〔一〕　范曄（字蔚宗，南北朝人，仕宋，爲祕丞，左遷宣城太守。）

華佗〔二〕字元化，沛國譙人也。遊學徐土，兼通數經。〔三〕曉養性之術，（此句是全傳樞紐。）年且百歲，而〔四〕猶有壯容，（明養性工夫。）時人以爲仙。（俗稱仙師，蓋本於此。）沛相陳珪舉孝廉，太尉黄琬辟，皆不就。〔五〕（得力於養性，故等富貴如浮雲。）精於方藥，處齊不過數種；（簡而要。）心識分銖，不假稱量；（古人所謂心秤平也。）鍼灸不過數處。（以鍼灸濟方藥之窮。）若疾發結於内，鍼藥所

〔一〕此文又選録在《高等小學國文讀本》第四册之第二十課中。
〔二〕「華佗」前，《高等小學國文讀本》有「漢」字。
〔三〕「遊學徐土，兼通數經」文，《高等小學國文讀本》省略。
〔四〕「而」字，《高等小學國文讀本》闕。
〔五〕「沛相陳珪，舉孝廉，太尉黄琬辟，皆不就」句，《高等小學國文讀本》闕。

不能及者，〔一〕令先以酒〔二〕服麻沸散，既〔三〕醉無所覺，因刳破腹背〔四〕，抽割積聚。（又以剖解濟鍼灸之窮。）若在腸胃，則斷截湔洗，除去疾穢，既而縫合，傅以神膏，四五日創愈，匝月平復。（精於剖解之術，不知傳自何人，却爲今日西人剖解之祖。）

佗嘗行道，見有病咽塞者，因語之曰：「向來道隅，有賣餅人，蓱虀甚酸，可取三升飲之，病自當去。」即如佗言，立吐一蛇，乃懸於車而候佗。時佗小兒戲於門中，逆見，自相〔五〕謂曰：「客車邊有物，必是逢我翁也。」及客進，顧視壁北懸蛇以十數，乃知其奇。（前段歷載佗技術之神，總賅大體，此段舉一事以証明之。本傳歷舉各事，兹節删要，以「乃知其奇」一語括之。）

廣陵吴普從佗學，佗語普曰：「人體欲得勞動，但不當使極耳。動摇則穀氣得銷，血脈流通，病不能生，譬猶户樞，終不朽也。（妙喻解頤。）是以古之仙者，爲導引之事，（應上「養性之術」句。）熊經鴟顧，引挽腰體，動諸關節，以求難老。吾有一術名五禽之戲，一曰虎、二曰鹿、三曰熊、四曰猨、五

〔一〕「處齊不過數種；心識分銖，不假稱量；鍼灸不過數處。若疾發結於内，鍼藥所不能及者」，《高等小學國文讀本》省略作「遇重症，非鍼藥所能及者」。
〔二〕「先以酒」三字，《高等小學國文讀本》闕。
〔三〕「既」字，《高等小學國文讀本》闕。
〔四〕「因刳破腹背」五字，《高等小學國文讀本》作「因刳腹」。
〔五〕「自相」二字，《高等小學國文讀本》闕。

曰鳥，亦以除疾，兼利蹏足，以當導引。體有不快，起作一禽之戲，怡而汗出，體輕便而〔一〕欲食。」（皆有實驗，非若今醫家之以病體爲嘗試品也。）普施行之，年九十餘，耳目聰明，齒牙完堅。（以下删彭城樊阿事。）

養生之説，始於《内經》〔二〕。《内經》云：「服天氣而通神明。」此即近人所謂空氣是也。華佗之術，實皆古法，而後代則失傳矣。讀此文便可開拓心胸，不徒賞其奇奥處也。

登泰按：剖解之學，西醫得傳爲奇術。試讀范書《華佗傳》，見佗之醫術，奇之又奇。譬之兵家，方藥是其正兵；方藥不治，濟之以鍼灸，不治，濟之以剖解，皆奇兵也。全篇不外一「奇」字，「乃知其奇」一句，是全篇骨子。今歐西醫學家，往往以剖解傳奇，不知中國於東漢時代，早已發明，勿誚吾中國學術之空疏也。

〔一〕「輕便」二字，《高等小學國文讀本》闕。
〔二〕即《黄帝内經》。

後漢書·費長房傳〔一〕（節録）　范曄（仕宋不得志，乃删《後漢書》，自爲一家之作。）

費長房者〔二〕，汝南人也。曾爲市掾。市中有老翁賣藥，懸一壺於肆頭，及市罷，輒跳入壺中。（先叙壺公之神異。）市人莫之見，（妙在莫之見。）惟長房於樓上覩之，異焉，（可稱識者，亦自有緣。）因往再拜，奉酒脯。翁知長房之意其神也，（「神」字全篇骨子。）謂之曰：「子明日可更來。」長房旦日復詣翁。（與張子房遇圯上老人，同一行逕。）翁乃與俱入壺中。（壺公之神異一。）惟見玉堂嚴麗，旨酒甘肴，盈衍其中，共飲畢而出。（壺中别有天地。）翁後就樓上，候長房，曰：「我神仙，以過見責。今事畢當去，子寧能相隨乎？〔三〕樓下有少酒，與卿爲别。」長房取之，不能勝。令十人扛之，猶不舉。翁聞笑而下樓，以一指提之而上。（壺公之神異二。）視器如一升許，而二人飲之，終日不盡。（壺公之神異三。）長房遂欲求道，隨從〔四〕入深山。踐荆棘於羣虎之中，留使獨處，長房不恐。又卧於空室，以朽索懸萬斤石於心上，衆蛇競來齧，索且斷，（壺公之神異四。）長房亦不移。翁還，撫之曰：「子可教也。」（與「孺子可教」語氣相肖。）復使食糞，糞中有三蟲，臭穢特甚，（故意設難，仙家自

〔一〕此文又選録在《高等小學國文讀本》第四册之第十九課中。
〔二〕「費長房者」前，《高等小學國文讀本》有「漢」字。
〔三〕「今事畢當去，子寧能相隨乎」，《高等小學國文讀本》省略作「今當去，子能相隨乎」。
〔四〕「欲求道，隨從」，《高等小學國文讀本》作「從翁求道」。

有此行徑。)長房意恶之。翁曰:「子幾得道,恨於此不成,如何!」長房辭歸,翁與一竹枝,曰:「騎此任所之,〔一〕則自至矣。(壺公之神異五。)既至,可以杖投葛陂中也。」長房乘杖,須臾來歸,自謂去家適經旬日,而已十餘年矣。即〔二〕以杖投陂,顧視則龍也。(壺公之神異六。)

此爲小説家文字之祖。讀此等文,以開瀹性靈爲主。

登泰按:全篇以「神」字爲骨子,將壺公之神異,連寫五六段。見長房雖一市掾,而具有特識,非同俗眼。必如此,鈍根方能開瀹性靈。

後漢書·左慈傳〔三〕(節録)　范曄

左慈〔四〕,字元放,廬江人也。少有神道。(「神道」二字,一篇主腦。)嘗在司空曹操坐,操從容顧衆賓曰:「今日高會,珍羞略備,所少吴松江鱸魚耳。」(畢竟奸雄口胳。)元放於下坐應曰:「此可得

〔一〕「任所之」三字,《高等小學國文讀本》闕。
〔二〕「即」字,《高等小學國文讀本》闕。
〔三〕此文又選録在《高等小學國文讀本》第四册第二十一課及《高等學堂國文講義》卷二「論文之神」之「怪神」目下。
〔四〕「左慈」前,《高等小學國文讀本》有「漢」字。

也。」因求銅盤貯水，以竹竿餌釣於盤中，須臾引一鱸魚出。操大拊掌笑，會者皆驚。操曰：「一魚不周坐席，可更得乎？」（又是奸雄氣象。）放乃更餌鈎沈之，須臾復引出，皆長三尺餘，生鮮可愛。操使目前鱠之，周浹會者。操出近郊，士大夫從者百許人。慈乃齎酒一升，脯一斤，手自斟酌，百官莫不醉飽。操怪之，（怪其有神道。）使尋其故，行視諸鑪，悉亡其酒脯矣。操懷不喜，因坐上欲收殺之。（放出奸雄手段。）慈乃却入壁中，霍然不知所在。或見於市者，又捕之，而市人皆變形，與慈同，莫知誰是。後人逢慈於陽城山頭，因復逐之，遂入走羊羣。操知不可得，乃令就羊中告之曰：「不復相殺，本試君術耳。」（又是奸雄變態。）忽有一老羝屈前兩膝，人立而言，曰「遽如許」，即競往赴之，而羣羊數百皆變爲羝，並屈前膝人立，云：「遽如許。」遂莫知所取焉。

附録

讀文法講義

【釋】文載《廣播周報》第十九期「雜俎」，一九三五年，頁二四。原題下注云：「一九三五年二月五日講。」原編者云：「唐先生爲當代國學鉅子，通國皆耳其名。兹本處節目中初添國學叢談一項，商請先生演講，因年高不便遠行，以此稿見惠，由傳音科播送股職員代爲講述，爲特刊登，以便收聽諸君參閲。」按：唐先生提倡讀文，不限於無錫國專，亦於地方中小學演説示範。根據考察所得，一九三四年初出版之《江蘇無錫縣立初級中學校五年計劃》（載《無錫文庫》第二輯），記録唐先生在一九三〇年二月二十九日上午「演講讀文法」之活動。唐先生本篇提出「讀文十六字訣」，是爲「神中有情，情中有神；神寓於氣，氣行於神」，乃其觀念與實踐之概括，實爲先生「讀文法」神髓所在。

讀文有抗墜抑揚、曲直斂侈之妙。質而言之，讀法有五：曰急讀、緩讀、極急讀、極緩讀、平讀。其音亦分五，曰長音、短音、高音、輕音、平音。其氣爲二，曰疾、曰徐。

大抵陽剛之文，宜急讀，極急讀，高音短音，而其氣疾；陰柔之文，宜緩讀，極緩讀，長音輕音，而其氣徐；少陽少陰之文，宜平讀平音，而其氣在不疾不徐之間。然亦須因時制宜，未可拘泥。韓子所謂：「氣盛，則言之長短與聲之高下皆宜。」柳子所謂：「激而發之欲其清，固而存之欲其重。」皆論讀文法之最精者也。而初學用功，尤當致意者，在一「頓」字。古人之文，無論陽剛陰柔，其妙處全在於頓。一頓之後，或一提，或一推，或一宕，便處處得勢矣。

聖人云：「神也者，妙萬物而爲言者也。」〔一〕初學讀文，首宜體會「神氣神情」四字。文之渾灝流轉而能鼓盪萬物者，莫盛乎氣；文之可歌可泣而能感動人心者，莫深乎情。《詩》《書》《左傳》《史記》、韓、歐之文，所以千載如新者，惟在神氣神情之不泯而已。鄙人有「讀文十六字訣」曰：「神中有情，情中有神；神寓於氣，氣行於神。」

〔一〕《易·説卦傳》文。

領悟及此，自得妙蘊。而其要處總不外一「頓」字訣。能於頓處留意，則凡讀文時，心之奔馳於外者，漸能收斂，自然日進一日，久之神與古會矣。

論讀文法

【釋】文載《國專月刊》第五卷第五期，一九三七年，頁七五至七七。

作文之氣，當與天地清明之氣相接〔一〕。諒哉顧亭林先生之言！天地闔闢之氣不可見，可見者則晝夜之運行而已。人生節宣之氣不可聞，可聞者文章之誦讀而已。然則誦讀者所以節天地清明之氣，而與爲節宣者也。養天性在此，感人心亦在此。是以孔子言誦《詩》三百。子路謂「何必讀書，然後爲學」，孔子斥之。孟子言誦《詩》讀《書》。荀子言

〔一〕語意出乾隆時彭紹升《亭林先生餘集序》所云：「文之至者，必根於天性。古之人忠孝之實鬱於中，磅礴於外，明而爲日月，怒而爲雷霆，流而爲江湖。其氣充乎天地，故天地間氣之所之，莫非其文之所著也。其有不容已於言者，於以自宣其忠孝之實，而其文亦遂與天地之氣上下同流，亘古而不息。」非顧氏原文。

「誦數以貫之，思索以通之」，誦數者，思索之本也，非誦讀何以能精思哉！自古聖賢皆以誦讀爲我儒之先務，宋朱子《讀書法》言之尤詳。乃近時學校於誦讀絶不措意，甚至有笑爲守舊者，吾不知其何説。凡東西國學校，非特文字當熟讀，即史地等書亦無不熟讀。惟熟讀乃能印入腦筋，書乃爲我所有。故凡考察學校誦讀之聲朗然者，其校必興盛可知也；誦讀之聲寂然者，其校必腐敗可知也。爰述先儒之説，略示讀文之法。

養氣之説，倡自孟子，非爲作文言。然孟子之文，實有至大至剛之氣，人與文表裏如一也。唐代韓子得其傳，其《與李翊論文書》曰：「氣，水也；言，浮物也。水大而物之浮者大小畢浮，氣之與言猶是也。」非即本於孟子之言「流水之爲物，不盈科不行。君子之志于道，不成章不達」乎？

近代文章，自推桐城，其論陽剛陰柔、因聲求氣之法，莫精於姚姬傳先生。姚氏之言曰：「大抵學古文者，必要放聲疾讀，又緩讀，至久之自悟。若但能默看，即終身作外行也。」又曰：「急讀以求其體勢，緩讀以求其神味。得彼之長，悟吾之短，自有進也。」均〔二〕《與陳碩士書》，此外集中論讀文甚多，不備録。蓋姚先生得劉海峰先生師傳。劉先

〔二〕「均」字下疑脱「見」字。

生年八十餘，尚能取古文縱聲朗誦；姚先生體氣較弱，低徊諷誦爲多。厥後姚氏傳四大弟子，首推梅伯言先生。見曾文正《歐陽生文集序》。梅氏之言曰：「夫氣者吾身之至精者也，以吾身之至精，御古人之至精，是故渾合而無有間。」《與孫芝房書》。又曰：「羅臺山氏與人論文，自述其勤於讀文之法，此世俗以爲迂且陋者也。然世俗之文，揚之而其氣不昌，誦之而其聲不文，循之而詞之豐殺厚薄緩急，與情事不相稱，若是者皆不能善讀文者也。」《臺山論文書後》。

王益吾先生編《續古文辭類纂》，盛稱梅氏，以爲與曾文正相埒。然文正體大思精，爲文有排山倒海之勢，非梅所能幾及，故世尊之爲湘鄉派。其論讀文法甚夥，兹録其最精者二則曰：「熟讀而强探，長吟而反覆，使其氣若翔翥於虛無之表，其辭跌宕俊邁而不可以方物，抗吾氣以與古人之氣相翕，有欲太簡而不得者。」《復陳右銘書》。又曰：「四書、《詩》《書》《易經》《左傳》《昭明文選》、韓、歐、曾、王之文，非高聲朗誦，則不能得其雄偉之概；非密詠恬吟，則不能探其深遠之趣。二者并進，使古人之聲調，拂拂然若與我之喉舌相習，則下筆時必有句調凑赴腕下，自覺琅琅可誦矣。」《家訓》。

文正學派傳張廉卿、吴摯甫兩先生。張初晉謁時，文正爲讀王介甫《秦州海陵縣主簿許君墓誌銘》。張大有會悟，其論讀文法曰：「文以意爲主，而詞欲能副其意，氣欲能舉其辭。譬之車然，意爲之御，辭爲之載，而氣則所以行也。其始在因聲以求氣，得其氣則意與辭往往因之而並顯，而法不外乎是矣。」又曰：「作者之亡也久矣，而吾欲至乎其域，則務通乎其微，以其無意爲之，而莫不至也。故必諷誦之深且久，使吾之心與古人訢合於無間，然後能深契自然之妙，而究極其能事。若夫專以沈思力索爲事者，固時亦可以得其意，然與夫心凝形釋，冥合於言議之表者，則或有間矣。故姚氏與諸家因聲求氣之説爲不可易也。」同上。

以上諸家之言，均極精覈。余猶及見吴摯甫先生，謂「曾文正、張廉卿先生讀文，雖在平屋中，而聲達二十家以外。文正讀文較遲，字字若履危石而下」云云。余因掇拾往昔所聞，並參己意，别爲「簡易讀文法」列後。

一、讀文法有抗墜抑揚、曲直斂侈之妙。質而言之，讀書有五，曰長音、短音、高音、輕音、平音。其氣爲二，曰疾，曰徐。大抵陽剛之文宜急讀、極急讀，高音、短音而其氣疾；陰柔之文，宜緩讀、極緩讀，輕音、長音而其氣徐；少陽、少陰之文，宜平讀平音，而其氣在不疾不徐之間。然亦須因時制宜，未可拘泥。韓子謂：「氣盛，則言之短長與聲之高下皆宜。」柳子所謂：「抑之欲其奥，揚之欲其明，激而發之欲其清，固而存之欲其重。」皆論讀文法之最精者也。而初學用功，尤當注意者，在一「頓」字。古人之文，無論陽剛陰〔一〕柔，其妙處全在於頓。一頓之後，或一提，或一推，或一宕，便處處得勢矣。

二、聖人云：「神也者，妙萬物而爲言者也。」初學讀文，首宜體會「神氣神情」四字。文之渾灝流轉而能鼓盪萬物者，莫盛乎氣；文之可歌可泣而能感動人心者，莫深乎情。《詩》《書》《左傳》《史記》、韓、歐之文，所以千載如新者，惟在神情神氣之不泯而已。余有「讀文十六字訣」，曰：「神中有情，情中有神；神寓於氣，氣行於神。」領悟及此，自得妙藴。而其要處，則總不外一「頓」字訣也。能於頓處留意，則凡讀文時心之奔馳於外者，漸能收斂，自然日進一日，久之神與古會。所謂誦讀法如是而已。更進而求之，則妙合自然，通於神明，非言語所能擬議也。

論讀文作文法

【釋】載《交通大學演講録》第四集（下）之第一期。

〔一〕「陰」字原誤作「陽」字。

昔姚姬傳先生論文，有神、理、氣、味、格、律、聲、色八者，余於《國文大義》中詳論之。曾文正論文，有雄、直、怪、麗、茹、遠、潔、適八者，余於《古人論文大義》及《國文經緯貫通大義》中詳論之。顧學者或未能徧觀盡識，兹特約舉簡明淺近法數條，先示徑涂，有志之士，深造精研，仍非熟讀以上三書不可。

一、段落

昔曾文正謂：「文章之法，積字而爲句，積句而爲段，積段而爲篇，可詎淺明矣。」〔一〕蓋文章段落，即層次也。例如一篇文分四段：首段總冒，第二段到題，第三段發揮義理或事實，第四段餘意或去路。譬諸造屋，必先畫圖，分清幾幢，庶免東拉西扯，雜亂無章之弊。至於每段起訖承接，皆有法度。進而上之，惟《經史百家雜鈔》分段落最

〔一〕咸豐十一年(1861)三月曾國藩《復許振禕書》：「古文者，韓退之氏厭棄魏晉六朝駢儷之文，而反之於六經、兩漢，從而名焉者也。名號雖殊，而其積字而爲句，積句而爲段，積段而爲篇，則天下之凡名爲文者一也。國藩以爲欲著字之古，宜研究《爾雅》《説文》、小學、訓詁之書，故嘗好觀近人王氏、段氏之説；欲造句之古，宜仿效《漢書》《文選》，而後可砭俗而裁僞；欲分段之古，宜熟讀班、馬、韓、歐之作，審其行氣之短長，自然之節奏；欲謀篇之古，則群經諸子以至近世名家，莫不各有匠心，以成章法。如人之有肢體，室之有結構，衣之有要領。大抵以力去陳言、戛戛獨造爲始事，以聲調鏗鏘、包蘊不盡爲終事。」

精細縝密。

二、柱意

作文命脈，首在柱意。凡遇一題，必須審察本題精義若何，他人作此題，其命意若何。倘用意比人高一層、深一層，自能制勝。至讀文時研究法，有全篇之柱意，有每段之柱意，有在文字之外之命意。全篇柱意，若韓退之《送孟東野序》以「鳴」字作柱意；蘇子瞻《韓非論》刑名原於道德，《留侯論》專拈一「忍」字是也。

每段柱意，若歐陽永叔《瀧岡阡表》，第一段總冒，揭出「有後」「能養」二意；中間一段「能養」，一段「有後」，歸結於仁孝。范文正《岳陽樓記》，一段憂，一段樂，歸結於先憂後樂皆是也。

其文字外之命意，若《史記·封禪書》隱指漢武之迷信，《伯夷列傳》宗旨在尊孔；韓退之《送鄭尚書序》隱指尚書之不勝任，《送董邵南序》隱指其至燕、趙皆是也。若夫精能至極，變化有方，其柱意每超於象外，學者熟讀精思，庶能得之。

三、綫索

文家綫索，有在有形中者，有在無形中者。

淺而言之，如歐陽永叔《黄夢升墓誌銘》，以文章意氣作柱意，而以「悲」字作綫索，銘詞結處亦以「徒爲夢升而悲」作結。

進而言之，如韓退之《進學解》，分兩大段，上半篇以勤學爲文、有勞爲人作四排，下半篇以「學雖勤而不由其統」四句遥應作綫索。上半篇以「然而」一轉，下半篇亦以「然而」一轉作遥應。上半篇「冬暖而兒號寒」二句，下半篇以「子不知耕」二句作遥應。又下半篇以「匠氏」「醫師」「宰臣」作三排，至結處言「宰臣不見黜」，亦以「匠氏」「醫師」作遥應。此等文法，蓋本於《孟子·矢人函人章》，綫索錯綜，各盡其妙。

再進一層，若韓退之《送窮文》第一段「携朋挈儔，去故就新」，第二段「單獨一身，誰爲朋儔」，第三段「子之朋儔，非六非四」云云，遂分出「五鬼」名目。綫索在有意無意之間，或臨時偶得之，可謂神明變化矣。

又進一層，如韓退之《送李愿歸盤谷序》，倘將「愿之言曰」四字删去，改作「嗚呼！人之稱大丈夫者，李君其知之矣」，下文「我」字均改「李君」，結處「昌黎韓愈」下改作「與之別而爲之歌」，文已瑰琦矣。而忽用「愿之言曰」，全從李愿口中自言，遂覺分外飛揚生動。其胸有成竹歟？抑或臨時潤色歟？綫索至此，可謂金鍼度盡，神而明之，出奇無窮矣。

此外文中並有用虛字或實字作綫索者，如《左氏傳・吕相絶秦書》用「我」字、「是以」二字作綫索〔一〕。《張骼致師》以「皆」字作綫索〔二〕。又如賈生《過秦論上》，以「於是」二字作綫索。韓退之《原道》，以「古之」「今也」「今其言曰」作綫索。陶淵明《桃花源記》以「人」字、「便」字作綫索。此等微妙處，在學者自求之。

四、精神

人無精神，不成爲人；文無精神，不成爲文。先聖昔賢之精神，所以傳諸後世而不泯者，惟賴有文章在；後賢之精神，又傳諸後世者，亦惟賴有文章在。文章之傳於世界，即所謂「精神教育」是者。讀歷史中忠義、孝友、儒林、道學列傳，與其奏議書札

〔一〕《春秋左傳・成公十三年》文。
〔二〕《春秋左傳・襄公二十四年》文。

等，精神奕奕如生。最著者如《史記·屈原傳》、《漢書·蘇武傳》、諸葛武侯《出師表》、韓退之《張中丞傳後叙》、宋胡澹庵《上高宗封事》、文信國《正氣歌》之屬，議論叙事，聲韻精神，各極其至。學者誠能熟讀，則在我之精神，與先哲之精神相契合矣。且文有精神而後有精采，精采者，神氣聲光迸而出焉者也。初學作文，所以索然無聲氣者，由於無精神；所以平庸無奇者，由於無精采。能背誦百篇古文，則精神振作而精采飛騰矣。

五、品格

文章品格，隨人品人格爲高下，若人品人格卑劣，其文未有能傳世者。故凡文之博大昌明者，必其人光明磊落者也；文之精深堅卓者，必其人忠信篤實者也。至尖巧怪僻，則人必乖戾；圓熟輭媚，則人必鄙陋。或牛鬼蛇神，欺人眩俗，甚至以不正當小説作課本，涉於盜竊邪淫，戕害子弟，《書》所謂「自作孽」〔一〕者是也。故學者作文，當先從立品格、端心術始。

〔一〕《書·商書·太甲中》文。

立品格，端心術，自家庭孝弟、見利思義始。推而廣之，閲歷世變，通達人情，先知先覺，用以開物而成務，則其文自能行世而垂遠。然則爲文者於品行心術，可不慎哉！可不勉哉！

讀文法綱要

【釋】載《中華》雜誌第一卷第一期，一九三八年，頁五。又收入《交通大學演講録》第一集下卷（文學類）第一期。

文章音節，應古時樂律，有抑揚呑吐、抗墜歛侈之妙。《樂記篇·師乙》所謂「言之不足，故長言之。長言之不足，故嗟嘆之。嗟嘆之不足，故不知手之舞之足之蹈之」也。而究其奥旨，不外陰陽剛柔而已。

文者，天地菁英，陰陽剛柔之發也。曾文正編《古文四象》，分太陽氣勢、太陰識度、少陽趣味、少陰情韻四種。余因之，分讀法有急讀、緩讀、極急讀、極緩讀、平讀五種。大抵氣勢文急讀、極急讀，而其音高；識度文緩讀、極緩讀，而其音低；趣味情韻文平讀，而其音平。然情韻文亦有愈唱愈高者，未可拘泥。韓子所謂「氣盛，則言之長短與聲之高下相宜」，柳子厚所謂「抑之欲其奥，揚之欲其明，激而發之欲其清，固而存之欲其重」。皆讀文要法也。

文章之妙，在神、氣、情三字。余嘗有「十六字訣」曰：「氣生於情，情宣於氣；氣合於神，神傳於情。」然初學未易領會，當先學運氣鍊氣，俾之縱横奔放，高遠渾灝，自有抱負不凡之概。而最宜注意者，在頓挫之間。蓋初學讀文，往往口中吟哦，而心不知其所之者，惟於段落頓挫之際，急將放心收斂，則我之神氣始能漸與文章會合。且一頓一挫之後，必有一提或一推。細加玩味，則起承轉合之法，不煩言而解矣。《論語》聖人論樂曰翕如純如、皦如繹如，此不啻明示讀文之法。翕如者文章開始，翕聚全篇之神氣也。於是放而縱之，其音節則純而和，其條理則皦而明。至全篇結束時，則絡繹奔騰，如百川之歸海，八音之齊奏，故曰繹如。學得此法，於布局鍊氣，思過半矣。余編《國文經緯貫通大義》有「翕純皦繹法」，選《過秦論》《原道》等三篇。然此法韓、歐文中多有之，故所授以韓、歐文爲主〔一〕。諸生當推類以盡其餘也。

〔一〕「故所授以韓、歐文爲主」句，《演講録》無。又，「所」後原衍「謂」字。

讀文篇目

【釋】此陰陽讀文之篇目，見附於《交通大學講演録》第一集下卷（文學類）第四期《歐陽永叔〈秋聲賦〉》之後。

第一期講「讀文法」，有太陽氣勢、太陰識度、少陽趣味、少陰情韻之别。恐諸生未能領會，且《古文四象》不易購得，茲略分目録如左。

陽剛之文

《孟子·莊暴章》（太陽）

《莊子·齊物論篇》（少陽）

賈生《過秦論上》（太陽）

陶淵明《桃花源記》（少陽）

韓退之《原道》（太陽）、《原毁》（太陽）、《進學解》（少陽）、《張中丞傳後序》（太陽）、《送孟東野序》(太陽)、《平淮西碑》(太陽)、《南海神廟碑》(少陽)、《曹成王碑》(太陽)、《柳子厚墓誌銘》(太陽)、《王適墓誌銘》(少陽)、《送窮文》(少陽)、《送鄭尚書序》(太陽)、《送李愿歸盤谷序》(少陽)

柳子厚《封建論》(太陽)、《乞巧文》(少陽)

蘇明允《項籍論》(太陽)

蘇子瞻《論始皇漢宣李斯》(太陽)、《赤壁賦》(少陽)

曾滌生《歐陽生文集序》(太陽)

陰柔之文

《孟子》「致爲臣而歸」四章(太陰)

《莊子·秋水篇》(太陰)、《繕性篇》(太陰)

諸葛武侯《出師表》(太陰)

李遐叔《弔古戰場文》(少陰)

范希文《岳陽樓記》(太陰)

歐陽永叔《五代史·伶官傳序》(少陰)、《一行傳序》(少陰)、《瀧岡阡表》(少陰)、《秋聲賦》(少陰)、《送楊寘序》(少陰)、《送徐無黨南歸序》(少陰)、《蘇子美文集序》(少陰)、《釋秘演詩集序》(少陰)、《豐樂亭記》(少陰)、《有美堂記》(少陰)、《張堯夫墓誌銘》(少陰)、《黄夢升墓誌銘》(少陰)、《張子野墓誌銘》(少陰)、《石曼卿墓表》(少陰)、《徂徠先生墓誌銘》(太陰)

歸震川《先妣事略》(少陰)

姚姬傳《復魯絜非書》(太陰)

曾文正選《古文四象》,以經史百家分目,右列不過略舉大概,俾識徑途。至《孟子·尹士章》兼情韻,《史記·屈原傳》四象中列入氣勢,蓋專指「王聽不聰」一段,竊以爲亦兼有情韻。《出師表》《岳陽樓記》兼情韻,歐文各篇皆少陰丰神兼有識度。以意逆志,是爲得之。